BEFORE・ラディカル・オーラル・ヒストリー

保苅実著作集

Book 1

生命あふれる大地

HOKARI Minoru

保苅実

BEFORE・ラディカル・オーラル・ヒストリー

保苅実著作集

Book 1

目次

アボリジニの世界へようこそ！……〇〇五
生命あふれる大地——アボリジニの世界……〇二九
ミノのオーラル・ヒストリー——ピーター・リードと保苅実……〇六三
誰が歴史家なのか——ラディカル・オーラル・ヒストリー……一一一
Just Who is a Historian? On Radical Oral History……一一一
オーストラリア先住民の歴史——アボリジニと近代［卒業論文］……一二七
保苅実習作時代……三一一
解説エッセイ 保苅実がまだ何者でもなかった頃の話▼山本啓一……三四四
解説エッセイ 月へ旅立った彼▼保苅由紀……三五八
［附録］闘病中のメッセージ……三六七

アボリジニの世界へようこそ！

BEFORE・ラディカル・オーラル・ヒストリー

保苅実著作集

Book 1

「アボリジニの世界へようこそ!」は、ディンカム・オージー倶楽部発行のメールマガジン『ドリーム・タイムズ』の二〇〇〇年八、九月号から二〇〇一年八、九月号に掲載された。全七回。ディンカム・オージー倶楽部は、一九九五年にオーストラリアの情報紙を発行しはじめ、その後も、アボリジナル文化やディジュリドゥ(アボリジニの楽器)に特化したイベントやライブ、ワークショップを開催していた。現在はディンカム・ジャパンと名称を変え、東京都練馬区でディジュリドゥやアボリジナルアート・クラフト等の展示販売を行っている。

第1回

日本で観たディジュ・ライブの感想

　はじめまして。僕はオーストラリアの大学でアボリジニの文化と歴史を勉強している学生です。今回からドリーム・タイムズにコラムを書かせてもらうことになりました。普段は謹厳実直な学術研究者をめざしているのですが、「学問」というのはじつに肩がこるものでして、要するにくたびれるんですね。そこで、ここでは気ままにアボリジニ・トークをしたいと思っています。

　僕は、ノーザンテリトリーにあるダグラグという村に住む、グリンジと呼ばれるアボリジニの人々と一九九六年以来、個人的なつきあいを続けています、が、今回はその話はあまりしません。というのも、忘れないうちに、先日東京で行われた、TOKYO DIDGE LIVE Vol.5. の感想を書きたいのです。――びっくりしました。本当にライブができるほど日本にディジュリデュのファンがいるのかなぁ、と思っていたのですが、出かけていったら会場は超満員。しかも今回は宣伝も少なく、普段はもっとたくさんの人がつめかけるというではありませんか！　いったい皆さんどこでアボリジニの民族楽器のディジュリデュを知ったのでしょう？　まさか、ものごころついた頃から、ディジュリデュとともに育ったわけではないでしょうに……。

　ついそういうことを気にしてしまうんです。というのも、オーストラリアでアボリジニ研究をしていると、「どこでアボリジニを知ったの？」とか「何で日本人なのにアボリジニの研究を？」とか、しょっちゅう聞かれるんですよ。皆さんは、考えたことありますか？　自分がなぜディジュリデュに惹かれるのか？　なぜ、アボリジニに関心をもったのか？　もちろん、それには皆さん一人ひとりが個人的なストーリーをもっているだろうし、僕にもあります。でもね、よくよく考えてみると、アボリジニやディジュリデュに出会った「きっかけ」なんて偶然でしょう？　僕らが思い当たる「理由」なんて、出会いの偶然さの前にはホント無力なんです。だから、正直に認めちゃったほうがいい——僕ら日本人の多くにとって、アボリジニとの出会いは偶然にすぎないんです。

というわけで、グリンジの長老に「お前は、なぜここにやってきたのか知ってるのかい？」と聞かれたときに、僕は正直に答えたんです。

「いやー、それがよくわからないんですよー。」

すると、いつもアボリジニの「法」や歴史を教わっていた、ジミー・マンガヤリという村の最長老は、僕にこう言いました。

「大地がお前をここに呼んだんだよ。」

僕はびっくりして、聞き返しました。「でも、僕なんにも聞こえなかったけど……？」すると、彼の答えはこうです。「あぁ、だから大地がお前をここに連れてきたんだ。お前の頭はまだ眠ってるんだよ。だから訓練して目覚めさせなくちゃいかん。そのためにお前はここまでやって来たんだ。」

謹厳実直な学術研究者をめざしている僕は、この話を聞いて驚き戸惑い、しかし嬉しくも思い、とはいえ今だに消化不良のまま。なにが「偶然」でなにが「必然」かなんて、文化がちがえば自然と違ってくるんです。グリンジの長老の話を真剣に引き受けようとすればするほど、僕はこの異文化という厚い壁に頭をたたきつけているような気分になります。だから、大勢の日本人が、東京という大都会でディジュリデュを求めて集まってくるという不思議な光景をみたとき、僕はそこにいるすべての人にこう聞きたかったんです。

大地があなたにディジュリデュを吹かせているとしたら？

大地があなたにディジュリデュを聴かせているとしたら？

あなたが、ディジュリデュを単なる楽器として演奏することも、鑑賞することも、もちろんあなたの自由です。しかしその一方で、あなた自身は気づいていないところで、大地があなたという媒体を利用して、日本でディジュリデュを演奏している、と考えることもまた自由であるはずですよね。僕が、グリンジの長老たちから学んだ、世界の見かたというのはそういうものでした。僕らは、僕らが望むと望まないとにかかわらず、大地に対して責任があるし、大地も僕らの存在に対して責任を引き受けているんです。

あなたが、アボリジニの文化を「彼らの文化」としてだけみている限り、ディジュリデュはあなたにとって単なる楽器です。でも、もしあなたが、アボリジニの文化を部分的にでも共有したいと真剣に考えるとき、もはやあなたの意志とか、個人的理由のようなものは、大地にお返ししたほうがいいのかもしれません。だからここが入り口です。

――アボリジニの世界へようこそ。

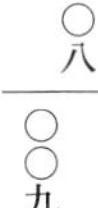

第2回

現代人アボリジニの多様性

今回はとても当たり前のはなしです。つまり、アボリジニは現代人なんだっていう、ただそれだけのこと。

アボリジニは、太古の昔からオーストラリア大陸に暮らしています。だからといって、今を生きているアボリジニが、太古の昔のアボリジニなわけがない。まぁそんなことは当たり前なんだけど、アボリジニを「原始人」かなにかだと勘違いしている人って意外といるんですよね。タイムマシンでもない限り、原始人なんかに会えはしません。だから僕らがオーストラリアで出会うアボリジニは、僕らとともに二一世紀を共有する現代人なんです。

例えば、こう言う人がいます――「アボリジニは内陸の砂漠地帯にしか住んでいないし、そんな彼らもすっかり西洋化して、本当のアボリジニはもういない。」――これは、二重に間違いです。まず、内陸地帯にしかアボリジニが住んでいない、というところが間違い。さらに、西洋化したアボリジニは「本当のアボリジニ」ではない、というところが大間違い。

ちょっと面倒だけど、この点をもう少し説明させてください。

西洋人がオーストラリア大陸を植民地化する以前、アボリジニは、オーストラリア全土に広がって狩猟採集生活をしていました。今ではシドニーやブリスベンなんかの大都市がある、気候が温暖な南部の海岸地帯は、内陸部よりも多くのアボリジニが暮らしていたようです。一七八八年に始まるオーストラリアの植民地化以降、入植者による虐殺や、彼らが持ち込んだ病気の蔓延などによって、アボリジニは、一旦人口を急速に減らしていきます。それでも生き残ったアボリジニは、伝統文化を徐々に失い、白人との混血がすすみますが、それでも自分たちはアボリジニであるという意識を（例えば白人によって差別されるという経験によって）持ちつづけるのです。だから、意外と知られていませんが、現在でもアボリジニの多くは、シドニーやメルボルンといった大都市やその周辺に暮らしています。その一方、オーストラリアの内陸や北部は、植民地化による人口の集中が南部ほどには進まなかったので、この地域のアボリジニは、比較的伝統文化が残った暮らしを今も続けています。混血も、都市部に比べるとあまり多くはありません。もちろん、そんな彼らも、今は狩の時には4WDやライフルを使うし、そもそも狩猟採集にたよって暮らしているわけではないですけども。

数年前に、マルロ・モーガンというアメリカ人が書いた『ミュータント・メッセージ』という本が、評判になりました。近代西洋文明と無縁のアボリジニに出会って、一緒にオーストラリアを旅した経験談として書かれたこの本は、世界的にベストセラーになり、日本語にも翻訳されています。でもこの本が、その後むちゃくちゃに批判されたってことは、あまり知られていません。これは、その内容が事実にもとづかない、作者のでっちあげだったというだけの理由ではありません（ちなみにアボリジニ本人たちから攻撃された作者は、ついにこの本がでっち上げだったことを認めました）。問題だったのは、しかしそれだけではなく、マルロ・モーガンが、西洋文明に触れていないアボリジニが「本当のアボリジニ」である、というイメージを助長したことにもあるんです。これを読んだ、都市に暮らす現代人アボリジニが、腹を立てたのも当然でしょう。あたかも、自分たちが「ニセモノのアボリジニ」であるかのような印象を読者に与えるんですから。これじゃあ、サムライや忍者でない、スーツを着て会社で働く現代の日本人は「本物の日本人じゃない」と、いっていることと同じでしょう？

「自分たちは、時代とともに変化（進歩？）していくが、アボリジニは、昔のままでいなければならない」なんていう、僕らの自分勝手な「理想のアボリジニ」の押し売りが、多くの現代人アボリジニにとって、どれだけ迷惑かわかったもんじゃない。というわけで、都市や町に暮らすアボリジニに関心のある方は、ぜひ鈴木清史著『都市のアボリジニ』（明石書店）、あるいは上橋菜穂子著『隣のアボリジニ』（筑摩書房）を読んでみてください。

で、ここまで書いておいてなんですが、ここでもうひとつの間違ったイメージを生んでしまうことを僕は心配してしまう。つまり、都市に住むアボリジニが「現代のアボリジニ」で、内陸に暮らすアボリジニは「滅びゆく昔のアボリジニ」だという誤解。——大陸の内陸部や北部に暮らす多くのアボリジニは、僕がつきあいをはじめた一九九〇年代後半でも、今この瞬間でも、ドリーミングと呼ばれる、アボリジニ独自の思想を大切にして生きています。だから、ドリーミングにもとづいて大地と交流し、世界を維持するための儀式をおこなうアボリジニもまた、二一世紀を生きる「現代人アボリジニ」なんだということも、やっぱり強調しておきたい。

大学に通うアボリジニ、失業とアルコール中毒に苦しむアボリジニ、先住民の権利回復運動に熱心なアボリジニ、4WDでカンガルーを追いかけるアボリジニ、そして、儀式が始まると夜明けまで歌い踊りつづけるアボリジニ——これらはすべて、オーストラリア各地で、今現在を生きているアボリジニであり、これが現代人アボリジニの多様性なんです。

グリンジ・カントリーへの道のり――アボリジニの村に入る方法

ドリームタイムズの一一号の巻頭で、アボリジニの居住区に入ってみたいという日本人がたくさんいるということを知り、「へー、そうなの？」とちょっとびっくりしてしまった。どうしてアボリジニの村に入ってみたいんでしょう？　好奇心？　なにか面白い出会いがありそう？　アボリジニから「何か」を学びたい？　アボリジニの世界を体験してみたい？　というわけで、今回のテーマは、なぜアボリジニと暮らすのか、どうやって村に入るのか、です。

まず最初にバッドニュースから。はっきりさせておきたいのは、アボリジニの村は「観光地」ではない、だからあなたは「観光客」になるわけにはいかない、ということ。興味本位で、アボリジニの生活をちょっとのぞいてみたい、という「のぞき根性」は、むちゃくちゃ失礼なのでやめましょう。

アボリジニのコミュニティーに入るには、入村許可が必要です。そこでは、なぜあなたがアボリジニの村を訪問したいのか？　村に知りあいはいるのか？　いつからいつまで滞在を希望しているのか？　村まではどのような道のりでくるのか？　などを書類に書いて申請します。この申請書をアボリジナル・ランドカウンシルという、アボリジニの土地権を管理している機関に提出して、許可が下りるのを待つのです。ここで厄介なのが、ランドカウンシルは、入村許可を出すための条件として、しばしば村からの招待状を要求してきます。そして、アボリジニの村は、よほどのことがない限り、見ず知らずのよそ者に、招待状なんか書くことはない……

というわけで、いきなりどんづまりにぶちあたるわけです。

招待状をもらうためには、招待状を書いてもらえるくらいしっかりした「訪問の理由」が必要になります。だから、アボリジニのコミュニティーで暮らしてみたい、と考えている人は、ぜひ真剣に、どうして自分はアボリジニと暮らしてみたいのかを考えてほしいのです。繰り返すけど、「興味本位」なだけだったら、観光業になっているアボリジニ文化体験ツアーがお勧めです。これなら、遠慮なく「興味本位」でOKなわけですから。さらに付け加えると、僕らにとって、アボリジニの村で暮らすことは、確かに面白い体験だし、様々なメリットがあるかもしれない。でも、アボリジニの人達があなたを村に受け入れることのメリットって何なのでしょうね？　それがちゃんと説明できないと、許可をもらうのは難しいかもしれない。

とはいえ、グッドニュースもあります。要するにアボリジニと友達になればいいんです。入村許可が必要な、遠く離れたコミュニティーにいきなり入ることはできなくても、誰もが訪ねることのできる普通の町に暮らしているアボリジニの人たちもたくさんいます。彼らとじっくり時間をかけて友達になって、一緒に彼・彼女の故郷に遊びに行くのだったら、入村許可も難しくないでしょう。結局、嫌がられているのは、ハッキリした目的もないよそ者が、コネもないのに勝手にやってきて、数日滞在して、アボリジニと暮らした「証拠写真」を撮って、そのくせ二度と現れない、といった非礼・野蛮行為なのです。これって、彼らの立場に立ってみたら、当然ですよね。

ここでは、僕が準備した申請書の具体的な内容はヒミツにさせていただきますが、結果だけ報告すると、一九九六年に一〇か所のコミュニティーに入村申請して、七か所に無視され、二か所に断られ、唯一グリンジのカントリーから入村許可が下りました。許可が下りた時のそりゃ嬉しかったこと……。

当時、車の免許を持っていなかった僕は、ホンダＮＸ６５０をブイブイいわせて、グリンジの村に向かいました。ダーウィンから約八〇〇キロメートル。暑い暑い。。。僕はバイクの免許は持っていたけど、ツーリングを目的にオーストラリアの荒野（アウトバック）にやってくる世界のバイカーさん達とは、バイクに対する思い入れもテクニックもぜんぜん違う。だから、オーストラリアの内陸を走っていると、キャンプ場などでよく「ツーリングですか？」と聞かれ、そんな時つい真面目に「いいえ、必要にせまられてバイク乗ってるだけなんですー。」なんて答えて相手を混乱させてしまっていた。「は？　必要ってこの砂漠にですか⁇」心配して、メンテナンスやドライビングテクニックをいろいろ教えてくれる親切な人にもずいぶん会いました。途中でエリマキトカゲをひきそうになったり、牛やカンガルーにひかれそうになったりしながら、必死のツーリング。頭の中では、村に着いたときに何と言って自己紹介しようとか、英語通じなかったらどうしようとか、ショウモナイ心配事が次々浮かぶ。果ては、人種差別されたらどうしよう？　なんて、妄想が頭をよぎっていく。今にして思えば、緊張と暑さと長時間のツーリングで、かなり意識がもうろうとしていた、というか、頭がおかしくなっていたんだろう。

　こうして、僕が初めてグリンジのカントリー（土地）に到着したのが一九九七年の一月一〇日。ちなみに僕が最初に言った言葉は「ハロー」でした。そしたらグリンジの人達も「ハロー」と言ってくれました。あっはっはー。

　それ以降、なるべく毎年村に遊びに行くようにしています。ずっとつきあっていきたい、そう思える教師や友人にたくさん出会えたので。

第4回

グリンジ・カントリーへの道のり——アボリジニは旅人か？

ブルース・チャトウィンという イギリス人が書いた『ソングライン』という本があります。英語圏でベストセラーになり、日本語にも翻訳されました。とてもいい本です（と言っておこう）。僕は、一九九四年に初めてオーストラリアを訪れたときに、ダーウィンで出会った日本人にすすめられて、まず英語版を読み、でも当時の語学力では半分くらいしか理解できず、後になって翻訳があることを知ってそれを読んだのですが、その時は一気に読んでしまった。

僕はその頃、移動生活に対する憧れのようなものが強くあって（今もあるのだけれど）、そこでこの本のなかのチャトウィンの問いかけ、「人はなぜ旅（放浪）したがるのか？」に自分をつなげていたように思います。ちなみにチャトウィンは、英語圏ではよく知られた旅行記作家です。残念ながら中国で患った風土病が原因で、『ソングライン』出版後まもなく亡くなりました。とにかく、この本のなかで、チャトウィンは、アフリカにおける人間の起源にたちもどり、もともと定住型ではなく、移動生活を前提にした進化を遂げた動物である人間（ホモ・サピエンス）には、根源的に旅（放浪生活）への希求があるのではないかと考えたようなのです。そして、現代に生きる移動生活民、アボリジニのことを知るためにオーストラリアにやってきます。

チャトウィンがオーストラリアで出会うのは「ソングライン」と呼ばれる歌の道です。アボリジニは、オーストラリアの大地をかけめぐるこの歌の道を「地図」として記憶している。これは、アボリジニの間で先祖代々伝わる物語（神話）です。祖先の神々である動植物が、オーストラリアの大地に出現し、地上の景観をかたちづくり、水場や食糧を後世に残します。そして、この物語は歌によって語り継がれ、その歌の道筋を頼りに移動してさえゆけば、食糧や水場に困ることは無い。アボリジニは、代々受け継がれてきたこの歌の地図を使って、オーストラリアの大地を自由に旅することができる、というわけです。僕がアボリジニの移動生活のあり様に興味をもったのも、こんなチャトウィンの考察がどこかで影響していたように思います。

ところが、その後多くの文献を読み、そしてグリンジの人々と約一年にわたって共に生活し、たくさんのことを学び経験した今、僕はチャトウィンと全く正反対の結論に達しました。それは「アボリジニは旅人なんかじゃない！」というものです。

歌の地図としての「ソングライン」は実在します。僕はそれを実際に体験したし、グリンジの長老達と一緒に何度も歌いました。彼らは歌を歌いながら、今の歌詞はグリンジのカントリーのどのあたりを歌っているのか、何について歌っているのかを僕に説明してくれました。本当は、ソングラインのことを詳しく説明するためには、「ドリーミング」と呼ばれるアボリジニの思想（法）に触れないわけにはいかないのです。が、それはあまりにも問題が深く、複雑なので、今回は扱いません。ただ、ハッキリさせておきたいのは、このアボリジニのソングラインは、「未知の土地を旅するための地図」では絶対にない、ということです。

というのも、歌の知識だけでは、特定の水場や狩場にたどり着くことは不可能だし、そうでないと困るのです。ソングライン、つまり「歌の地図」は、確かにその地図上に暮らす者にとっては、具体的な場所をイメージできるのですが、それ以外の人にとっては、水場、聖地、狩場に関する漠然とした情報以上のものではないのです。というわけで、自分の知らない「未知の土地」を旅するためには、そこの「歌の地図」の所有者・生活者とその精霊の許可を受けて、その土地を彼らと共有しなければなりません。つまりソングラインは、「未知なる土地の道しるべ」ではなく、その反対に、各自の暮らしの場所を確認し、そこをお互いに訪問しあい、共有するための「地図」なのです。

アボリジニは自分のカントリーを隅々まで知りつくしています。それは自分と家族が暮らす広大な「家」のようなものです。自分の暮らす土地を移動することは、旅でも放浪でもなく、我が家での日々の暮らしなのです。ただし、この広大な「家」は、自分が好き勝手できる「私有地」なのではなく、周囲の人々や動植物、さらには聖霊達と共有する場所でもあります。だから、——実はここがすごく重要なんだけど——それぞれの「家（自分のカントリー）」は、お互いの私有地として分割されているのではなく、むしろ、常につなぎ合わせて共有するためにあるのです。だってソングラインは、それぞれのカントリーの地図をつなぎ合わせることによってオーストラリア大陸を縦横断する広大な「歌の地図」つくりあげるんだから。

アボリジニは放浪しません。移動生活民は絶対に放浪しないのです。彼らにとって、好き勝手に放浪することは、共有の精神に反した自分勝手な行為です。だから日本人を含めて、世界の定住型民族の「旅好き・放浪癖」は、聖霊や隣人と共有する広大な大地としての「家」をもたず、壁に囲まれた小さな箱、「建物としての家」に我が家を限定された人々に特有の（つまり人間の起源とは無関係な）比較的新しい欲求であるように僕には思えます。

僕らがアボリジニから学ぶべきことは、「旅の思想」や「放浪生活」ではなく、「壁なき家での暮らし方」なのです。そして「壁なき家」を獲得するために必要なのは、おそらくは「共有の思想」なのだと思います。最後にとってつけたように言いますが、僕はそれでもチャトウィンの『ソングライン』が大好きです。チャトウィン自身が、旅する生活の価値を深く理解していたことは疑いようもない、と思うからです。

第5回

カル・ドリーミングの恐怖

ダグラグの村で暮らしていたある晩、僕は不思議な夢を見ました。二匹のヘビが、互いに絡まりあうようにダンスを踊っている夢です。それは、確かにヘビでしたが、人が何人もつながってできた列のようにも見えました。僕は、その二匹のヘビのうち、一匹が男でもう一匹が女であることがはっきりと分かっていました。そして、女性のヘビは赤ん坊を抱えていたのです。ヘビの夢なんかあんまりみたことなかったので、これはグリンジのカントリーに宿るドリーミングと関係あるのかな？と思って、グリンジの長老達に夢の内容を話し、彼らの意見を聞きいてみることにしました。

夢の内容を詳しく説明すると、誰の答もみんな同じでした。

「あぁ。お前、じきに子供ができるよ。」

それは、カル・ドリーミングだったのです。「カル」とはグリンジ語で子供のこと。ダグラグは、カル・ドリーミングが宿る丘のすぐ近くに集落があります。僕がしばらく住んでいたキャンプ地から、この丘はすぐ目と鼻の先。長老達の説明によれば、ダグラグに子供がたくさんいるのは（本当にたくさんいる）、このカル・ドリーミングのおかげなのです。彼らは、カル・ドリーミングの精霊が僕についたといい、ナントこのドリーミングは日本まで僕についてくるというではないですか！

「子供ができたら、ここに連れてくるといいよ。」

と、どこまでも平和で親切な老人達。その一方で、まだまだ独身でいたいと思っている僕は、イロンナナコトに頭をめぐらして――ちょっとそれ、ジョオダンでしょう？　俺まだ子供なんて欲しくないぜー。自分の世話もままならないのに、子供の世話ができるわけがない。

　というわけで、これからは、いつもコンドームを持ち歩こう。そう、堅く決心したのであります。でもこの先、もしかして子供つくったら、このカル・ドリーミングのことを思いだしてしまいそう。そう思えるくらい、ドリーミングというのはアボリジニのカントリーではリアルなのです。将来、このドリーミングにちなんだ名前を子供につけたりして。「ほかりかる」とか……

　まあ、それはいいとして。

　ドリーミングあるいはドリーム・タイムって結局何なんでしょうね？　この連載でも、これまでほんの少し触れても、詳しくは立ち入らないできました。「ドリーム・タイムって何なんですか？」と日本人だけでなく、オーストラリア人にもよく聞かれます。そんな時、僕はつい「まったくこっちの気も知らないで……」とブツクサしてしまう。それぐらい複雑で難しい問題だってことです。世界の大学者さん達が、一〇〇年くらい議論してるのに、今だにどうもよく分からんのです。アボリジニの人達だって、地域や人によっていろいろに異なる説明をします。

　だから、アボリジニでもなく、まるっきり大学者でもない僕が、この難問を気ままなアボリジニ・トークで説明するのは、どうせ無理なんです。とにかく「ドリーミング概論」をやろうとすると、どうしても学問的で難解な言葉を使って意味不明な抽象論をするはめになってしまいそうなので、それはなるべく避けたい。そのかわり、カル・ドリーミングみたいな具体例を少しずつ積み重ねていって、僕がグリンジの長老や文献から学んだドリーミングの世界を皆さんに少しずつ説明していこうと思っています。このドリームタイムズで翻訳を連載しているデボラ・ローズ著「アボリジニ文化とエコロジー」も参考にしてみてください。

　ところで僕は「ドリーム・タイム」という言葉は使いません。いつも「ドリーミング」と呼んでいます。この呼称をめぐってもいろいろな議論があります。ちなみに、グリンジの人達はというと、ドリーム・タイムとも、ドリーミングともいいます。グリンジ語では「ガランガニ」、ウルル（エアーズロック）を聖地にもつ、ピチャンチャチャラの人々の言葉では「チュクルパ」。地域によって名称はそれぞれ違います。なぜ僕がドリーム・タイムという訳語に反対なのかというと、ドリーミングは絶対に「タイム（時間・時代）」ではないからです。ドリーミングは神話的物語ですが、僕らが普通イメージする（例えばヤマタノオロチやイカロスといった）神話と違って、「大昔に起こった神々の時代のできごと」ということでもないのです。ドリーミングは、確かに大昔に起こったのだけど、それは今この瞬間も起こりつづけている物語です。だから、ドリーム・「タイム」という、特定の時間も時代も存在しません。ドリーミングは、「いつもある」としか表現しようがない、太古の昔から、今この瞬間も絶え間なくつづいている物語なのです。

じゃあなんで、例えばグリンジの人達が「ドリーム・タイム」と言ったりするのかというと、それは彼らが話す英語が、じつは、僕らが学校で習う英語ではなく、アボリジナル・クリオール（あるいは、ピジン・イングリッシュ）だからです。グリンジや、その他ノーザン・テリトリーなどのアウトバックで暮らすアボリジニの人々が話す英語は、往々にしてこの伝統語と英語が混ざり合ってできた、独自の言語（クリオール）であることが多いのです。だから彼らが、ドリーム・タイムといったからといって、すぐに「時間・時代」という、学校で習った英訳を当てはめるわけにはいかないのです。ね、メンドクサイでしょう？

ドリーミングと呼ばれる祖先たちの物語は、時間を超越したできごとです。確かにドリーミングは、太古の昔に生じた天地創世のドラマです。その一方で、ドリーミングは今この瞬間も、この世界の創世と維持を絶え間なく続けています。ドリーミングによって、大地は豊かな恵みをもたらすし、ドリーミングの法を無視すれば、ドリーミングがその人を罰するし、ドリーミングによって人は生まれ変わりもするのです。こうしてドリーミングは、今現在を生きている人々に直接影響を与えます。

だから、コンドームは欠かせないのです。

第6回

ジミー爺さんの思い出

ジミー・マンガヤリに、僕がはじめて出遭ったのは一九九七年一月。ダグラグで以前フィールド調査をしたことのある先輩たちから、この老人の話は聞いていました。大変歳をとっているがまだ頭脳明晰な老人なので、必ず会うようにと薦められていたのです。僕が出会った当時の彼の推定年齢は九〇歳前後。アボリジニの平均寿命がたしか四〇～五〇歳くらいだったと思うから、驚くべき長寿です。その丈夫な健脚で、若いときに彼が働いていたリンバニヤ牧場からキャサリンまで、約七〇〇キロメートルを一人で歩いたという話を聞いたことがあります。

ダグラグの老人たちは、儀式などがない平穏な昼間は、たいてい村の一角にある集会所で時間を過ごしています。のんびり世間話をしている老人もいれば、日がな一日トランプに興じている人、儀式の準備のための相談事をしている老人などが、ここでたむろしています。ダグラグの村に到着して数日後、僕はこうした老人たちに、

「ジミー・マンガヤリに会いたいんだけど……」

と切り出しました。すると彼らはすぐ脇で昼寝をしている小柄の老人を揺り起こします。半分寝ぼけ眼の老人は、僕をちらりと見ると、「誰だこいつ?」的表情で周りを見渡し、もう一度僕の顔をみつめました。鋭い目つきをしたその老人に、以前深い付き合いのあった僕の先輩の名前を告げて、

「あなたにぜひ会うように言われてきました。」

と言い、先輩が撮ったジミー爺さんの写真を手渡しました。老人はしっかり座りなおすと、懐かし

そうに名前を繰り返し、「俺があの白人たちにたくさんの物語を教えたんだ。」と、誇らしげに言いました。僕とジミー爺さんとの交流はこうして始まったのです。

自分の人生に大きな影響をおよぼした人物や出来事なんて、そうたくさんはないものですが、ジミー爺さんとの出会いは、僕にとってそうした数少ない「事件」の一つでした。ジミー爺さんと対話を続けていくうちに、僕は本来の目的だった博士論文の研究テーマをがらりと変えることになりました。それだけでなく、僕自身の人生観までもが変わってしまったのです。

ジミー爺さんは、いまどきの世の中すっかり流行らなくなった「賢者」という言葉を使いたくなるような存在でした。彼は僕に世界の成り立ちについて語り、諸民族の共存可能性について語り、カントリーの大切さについて語り、植民地主義の不道徳性について語り、どうすれば「大地の教え」に耳を傾けることができるのかについて語りました。僕は、博士論文のデータ収集のために、グリンジの村を訪れました。でも、（当たり前といえば当たり前なんだけど）ジミー爺さんは、「博士論文研究用のデータ」を提供することになんか興味なかったのです。

ジミー爺さんは、「大地がお前をここに呼んだんだ」と言いました。

だからジミー爺さんのほうが、僕よりもずっと、ずっと真剣だったのです。

彼は、〈ほかりみのる〉という外国からやってきた人物に、アボリジニの法や歴史を教えることで、少しでも多くの人々に、自分の考えを聞いてもらおうとしていたのだと思います。結局僕の論文は、「アボリジニを研究する論文」から、「アボリジニの教えをいかに学ぶかを研究する論文」へと軌道修正することになりました。

去年の七月にグリンジの村を再訪したときに、僕はジミー爺さんに論文の草稿を見せて内容を説明しながら、ジミー爺さんの教えを真剣に受け止めたこと、多くの人にそれを聞いてもらい、分かってもらうための努力をすることを伝えました。僕の説明を聞き終えると、ジミー爺さんはこう言いました。

「(ジミーが僕に語って聞かせた)物語は人々を幸福にする。この本を書いてくれて、俺は幸福だよ。」

もちろん、ジミー爺さんは字が読めないから、僕の書いた本が本当に彼が納得する内容であるかは分からないし、僕も自信があるわけじゃありません。でも、少なくともジミー爺さんとの交流を通じて、アボリジニ社会とは、僕らが興味本位で調べるものではなく、もっと謙虚になって彼らの語り・教えに耳を傾けなければならないのだということを学びました。彼らが真剣であるなら、僕らも彼らの真剣さに対して誠実でなければならないのです。

二〇〇一年三月四日、ジミー・マンガヤリはこの世を去りました。

それは、ジミー爺さんの教えを根幹にした博士論文が完成して約一ヶ月後のことでした。彼がキャサリンの病院に運び込まれて数日後、ダグラグに大洪水が起こり、老人が亡くなった時には、ダグラグの人々は全員がキャサリンに避難していました。ジミー爺さんの死に合わせて、水をつかさどるクラッジ(虹ヘビのドリーミング)が大暴れしたようです。僕は、ジミー爺さんの死と、彼に導かれた博士論文の完成と、ダグラグの大洪水とが、とても大切な符合のように感じています。

ジミー爺さんは口癖のように僕にこう語っていました。

「自分のカントリーに帰ったら、ここで学んだことをしっかりと人々に伝えなきゃいかん。正しい道を進まなければならない。そして、私の物語をお前のカントリーの人々がどう思ったかを聞かせてほしい。」

本を完成させて彼に見せたかった。読者の感想をジミー爺さんに報告したかった……

ジミー爺さんとの心の旅はこれからも続いていくのだと思います。

第7回

アボリジニの権利

「権利」という、かたくるしい言葉をあえて使います。『ドリーム・タイムズ』を読んでいる皆さんは、アボリジニの文化に強い関心をもっているのだろうと思うのだけど、この「関心・興味」というのは意外とやっかいなシロモノで、そのつもりがなくても相手を傷つけたり、怒らせたりすることがある。アボリジニのまわりにはそんな話がごろごろしています。今回は、アボリジニの文化に興味をもっている僕たちだからこそ知っておきたいいくつかのルールについてご紹介します。

(1) 言葉づかいについて

アボリジニについて人と話すときに、何気なく「部族」、「未開社会」、「原始的」、「野蛮」なんて言葉を使っていませんか? こういった用語は使わないようにしてもらいたい。というか、こういった言葉に代表されるようなアボリジニを「遅れた人たち」とするイメージは、間違いだと思います。了見が狭く、文明主義に毒されている人には、アボリジニ社会は「文明化していない遅れた社会」に見えるかもしれないけれど、アボリジニの視点に立てば文明社会のほうがアボリジニよりずっと遅れている点だってたくさんあるのです。例えば自然環境との共存の知恵はアボリジニの方がはるかに進んでいるし、女性の権利だって現代日本よりずっと保障されています。過労死で死んだアボリジニの話なんてのも聞いたことがない……。

「進んでいる」とか「遅れている」とかいった判断をあなたの基準で勝手に決めつけることはアボリ

ジニの人々に失礼です。言葉づかいに注意するのは「差別語を使わなければそれでいい」ということじゃ全然なくて、言葉づかいに気をつけることで、自分の中にある「無意識の人種差別」に注意を向ける、ということなんだと思います。

それから宿泊先などで、「アボ」という蔑称を（そうと知らずに？）使っている文字どおり「野蛮な」日本人に出会いますが、マジでやめてほしい。あなたの教養が疑われます。

（2）秘密・聖地

先日友人の家で、アボリジニの聖物（儀式などで使う、選ばれた人だけが見ることを許されている物）を堂々と写した日本語の自費出版の本を見つけて度肝を抜いてしまった。この人アボリジニの知的所有権侵害で訴えられても仕方がないんじゃないかな……。

世界中の多くの社会がそうであるように、アボリジニ社会にも秘密の場所や道具があります。その多くは儀式に関するもので、責任・権利のない人物が許可なく訪問・使用することは絶対に許されません。日本でも機密書類を盗み出したり許可なく公開したりすれば立派な犯罪です。それはアボリジニ社会でも同じこと。ことと次第によっては死罪を免れないこともあります。

アボリジニの文化にどんなに関心があるからといって、アボリジニ社会のルールを破って何かを知ろうとする行動は、アボリジニ文化を全く理解していないことと同じです。だからぜひ覚えておいてください。——多くの重要な秘密が交錯するアボリジニ社会では、すべてを知っている人などいないし、すべてを知る必要もないのです。

（3）いつも尋ねること

「アボリジニじゃない私がどうしたらアボリジニのルールを知ることができるというの！」

という当然の疑問をもつ人へお答えしましょう。アボリジニ社会のもっとも基本的なルールを一つだけ覚えておけばいいのです。それは今月の「アボリジニ文化とエコロジー」の連載に出ています。

――いつも尋ねることです。

あなたはアボリジニのルールについて何も知りません。そのことはアボリジニの人たちも良く知っています。ならばそれぞれの場面で、どうすればよいのかを尋ねればよいのです。「尋ねられること」も重要なアボリジニの権利なのです。

例えば、旅行先であなたがアボリジニの写真を撮りたいとする。写真を撮っていいかを尋ねましょう。いいと言う人もいるし、だめと言う人もいる。撮っていいけど私にも写真をくれ、という人もいるでしょう。そのとおりにすればいいのです。

それから多くの地域で死者の写真や名前を出すことを嫌う場合があるので、気をつけましょう。前回の『ドリーム・タイムズ』で、亡くなったジミー爺さんの思い出話をしましたが、これはグリンジの村では、死者の名前を口に出すことは禁じられていますが、文字にしたり写真を掲載することは比較的自由だからです。しかしこれは地域によって違います。

というわけで繰り返すけど、その地域のアボリジニの人にルールを尋ねることが何よりも大切なのです。

BEFORE・ラディカル・オーラル・ヒストリー

保苅実著作集

Book 1

生命あふれる大地——アボリジニの世界

「生命あふれる大地　アボリジニの世界」は、保苅実の出身地である新潟の地方紙、『新潟日報』に二〇〇三年六月一七日から一〇月七日まで連載された。全一五回。

オーストラリア・アボリジニの世界へ

新潟で生まれ育った。子供の頃、僕は魚釣りが大好きだった。せせこましい住居や学校や街並みと違って、浜辺や堤防のむこう側には海が水平線のかなたまで広がっていた。まだ小学生だった僕は、魚との駆け引きといった釣りの醍醐味より、むしろ海を前にして世界の広さを、そして自由の何たるかを身体で感じていたのだと思う。もちろん海での遊びには危険がつきものだった。テトラポットで何度も足を滑らせた。防波堤から落ちそうになったこともある。まだ受験や仕事の心配などしないで済んだ子供の頃、この自由で危険な海で、僕は一心不乱に遊んでいた。

「本当にやりたいことだけをやる。」そう自分に言い聞かせている。新潟を飛び出したくて東京の大学に進学。しばらくして、今度は日本にいたくなくなってオーストラリアに渡った。気がつくと、オーストラリアの先住民アボリジニとともに暮らし、彼らの文化と歴史を学んでみたいと真剣に考えるようになっていた。

シドニーから、オーストラリア大陸中北部にある滞在予定のアボリジニ村落まで、片道六〇〇〇キロを下らない。砂漠の道をバイクでひたすら走り続けた。摂氏四〇度近い灼熱の日が続く。人に出会うことはほとんどない。どこを見回しても真平らな大地にただ一人立つと、世界の大部分が空であることに気づかされる。大地は堂々として、巨大な空の重みを全身で受け止めていた。少年時代に経験した、あの自由で危険な感覚がよみがえってくる。中学・高校・大学と人並みに「世間」とつきあわざるをえなかった僕には、こうした開かれた場所に身を置きなおすことが絶対に必要だったのだ。そして、これは僕に限らないのではないか、と思う。

この荒涼とした大地に、アボリジニの人々は狩猟採集生活をしながら五万年以上暮らしてきた。彼らは、世界でもっとも水の乏しいオーストラリア大陸を「生命あふれる豊穣な大地」だと教えてくれる。土地を熟知し、神話界をリアルに生きるアボリジニにとって、そこは文字どおり豊かな大地なのだ。圧倒的に過酷としか思えない環境のなかで、アボリジニの人々は、何万年ものあいだたいした労働もせず（おそらくは労働という発想すらなく）、さっさと食物を確保した後には、儀式や交流をつうじて豊穣な精神世界を培ってきた。広大な大地がもたらす自由と危険を、あたりまえの日常として生きてきた人々。巨大建造物も弓矢も車輪もつくりださなかったオーストラリア先住民は、五万年以上という膨大な時間をかけて、「文明」とは異なる何かを築きあげてきたはずだ。僕は、その「何か」に関心をもっている。

閉塞感ただよう時代状況ではあるが、アボリジニもまた二一世紀の始まりを僕らと共有している。なんと喜ばしいことだろう。「人生なるようにしか、ならない」などと言って、シニカルになっている暇などないのだ。僕はオーストラリアでの体験を通じて、自由で危険な広がりのなかで一心不乱に遊びぬく術を学び知りたいと思っている。

二つのオーストラリア

日本を発って約一〇時間、シドニー空港に降り立つと、いつもほっとした気分になる。最初にオーストラリアにやってきたときからそうだ。逆に日本に帰ってきて成田空港に到着すると、なんとなく陰鬱な気分になる。普通は逆だろう、と思うのだが。

断っておくが、僕は日本が別段嫌いなわけではない。旧友がいる、家族がいる、食べ物が美味しい。僕は音楽や映画が大好きなのだが、日本の方がオーストラリアで暮らすよりもはるかに多様な作品に接することができる。そして、なんと言っても日本語が通じる。これは便利だ。英語で暮らしていると忘れているが、帰国して日本語を話しだすと、意識せずとも言葉がつるつると流れ出てくるのを感じる。英語ではこうはいかない。脳みそのどこかにフィルターがあり、それが言葉に負荷をかけているのだ。そういえば、新潟弁と標準語のあいだでも微妙な負荷がかかっているような気もする。

とはいえオーストラリアには、どこかたがが外れてしまったような能天気さを感じることができる。ここは良くも悪しくも、入植者たちが好き放題に新しい国を創り上げていった植民地社会なのだ。先住民アボリジニの伝統の重要性に気づきもしなければ尊重もしなかった白人社会は、一七八八年の入植以来、「無」から文明を築き上げてきた。アボリジニによるゲリラ的な抵抗は、白人に「報復」を正当化させただけだった。絶滅の危機に瀕したアボリジニの人権や先住権が注目されるようになるのは、せいぜい一九六〇年代以降のことである。

先住のアボリジニ文化を暴力的に否定し、そこから分断したところで築き上げられた白人オーストラリア文化は、どこか危うくて脆弱だ。街並みが映画のセットのように偽物っぽい。文明が大地から遊離している。そういえば入植オーストラリア人の大多数は、今でも海岸沿いに暮らしている。この大陸からいつでも逃げ出せるように備えているのだろうか。オーストラリアを代表する観光名所が、シドニーのオペラハウスであるのも肯ける。あの世界的に有名な建築外観は、船の帆をイメージするデザインだ。入植社会は、今だ洋上で不安定に揺れているのだ。

オーストラリアのもう一つの観光名所といえばエアーズロックである。アボリジニの言葉ではウルル。オーストラリア大陸のほぼ中央にある巨大な赤色岩は、この地に暮らすピチャンチャチャラと呼ばれるアボリジニの人々の聖地だ。そこでは「時の始まり」以来の大地と生命の歴史物語が語り継がれている。オーストラリアを旅行する人には、ぜひオペラハウスとエアーズロックの両方を訪れてほしい。そして、浮遊するオペラハウスと不動のウルルの両方を身体で感じ取ってみてはどうだろう。

僕は、この植民地文化がもたらす文明の浮遊感覚と、先住民文化がもたらす大地の不動感覚の両方が好きだ。この分断された二つのオーストラリアのあいだに身を置くと、文明礼讃とも伝統回帰とも異なる新しい道があるように感じるからなのかも知れない。

砂漠を走る、孤独とつきあう

一般的に、孤独は不健康でよくないことと考えられているようだ。「〈人〉という漢字を見れば分かるように、人は互いに支えあってこそ人なのです。」昔、学校の先生がそんな説明をした。なんだかウソ臭いな、外国にはいろんな文字があるはずだけどな、と思った。

孤独は、確かにつらい。特に自分の意思とは無関係に、たった一人の状況に追い込まれたときの寂しさは、耐えがたいものがある。大切な人を失ったとき、いじめにあったとき、どこかに閉じ込められたとき。孤独は人を不安定にするし、心の病を引き起こしかねない。しかし、アンソニー・ストーという心理学者は、孤独には積極的な側面もあると指摘している。多くの芸術家や哲学者が、孤独の中で創造的な仕事を成し遂げてきた。問題は意志だ。孤独を選び取ること。

オーストラリア大陸の内陸部を何度も一人で行き来している。車の免許がなかった当初は、バイクで走っていた。最近は体力の限界と機材の重荷のために4WD車で移動することが多い。本格的な冒険なら隊を組織してグループ行動するのだろうが、僕の仕事は探検というほど大げさでもないので、たいてい一人である。炎天下の中、丸一日バイクや車を走らせる。まっすぐな道を何時間もただ黙って走り続けていると、気が遠くなって頭がおかしくなる（ように感じる）。そういえば何日も声を発していない。わざと声を出してみると、耳にコトバが聞こえてくる。あっ俺、ちゃんと喋ってるし、ちゃんと聞こえている。大丈夫ダイジョウブ。

ある夜、キャンプした場所からそれほど遠くないところに大規模なブッシュ・ファイアー（山火事）が起こった。燃えさかる炎の背後には、まばゆいまでの満月が浮かんでいる。オレンジ色に燃える大地と、立ち昇る黒煙の隙間に照り輝く月は、圧倒的な美しさで僕を混乱させた。「この眺めを誰かと共有したい」と切に思うが、もちろん誰もいない。火が迫ってきていたので多少の身の危険を感じてもよかったはずなのに、僕はたった一人でその光景にすっかり魅了され、立ち尽くしていた。

だが後になって思うのだが、もしあの時友人と一緒だったら、きっと「わー、きれいだねぇ。」とか「逃げたほうがいいんじゃない？」とかいう話をして、目の前で起こっている炎と月光の奇跡的な共奏を深く身体に刻み込むことができなかったのではないだろうか。自己を風景に完全に明け渡していた僕は、（あとで真剣に後悔したのだが）写真を撮ることすら忘れていたのだ。

立ち昇る煙のむこうから満月が僕を見下ろしていたあの数十分間のあいだだけ、僕は詩人になれていたのかもしれない。もちろん実際に詩を書くという意味ではなく、詩人的に風景とむかいあっていた、というほどの意味だが。孤独とつきあうことで、人は思いもよらない仕方で世界とつながることができる。毎日の暮らしに騒々しく追い立てられる日常生活のなかで、人はどのようにして、詩人的に生きる瞬間を確保してゆけるのだろうか。

第四回 グリンジの人々を訪ねる

一九九七年の一月一〇日、僕は、その後長くつきあってゆくことになる、グリンジの人々にはじめて出会った。オーストラリア・アボリジニは、細かく分けると約六〇〇の異なる言語集団からなる。グリンジは、こうしたグループの一つである。昔ならこうした集団単位を「部族」と呼び、例えば「グリンジ族」と呼んだところだが、最近は部族という表現に差別的な意味が込められるのを嫌って使われない傾向にある。別に使ってもいいのだろうが、それなら「日本部族の首長である小泉純一郎」とか「新潟族の親族構造と交易文化圏」とか「ヨーロッパ連合における部族抗争の激化」といった表現も当然採用すべきだろう。いまさら〈進歩史観〉もあるまい。

都市に暮らすアボリジニも多数いるが、大陸中央部や北部のアボリジニの多くは、一九七〇年代以降の法的措置によって、土地権を保有している。土地権をもったアボリジニの村落を訪問するには、あらかじめ許可の申請が必要だ。僕はグリンジの人々が暮らす集落、ダグラグ村の入村許可を得た。「あなたがたの歴史と文化を学びたい。」そんなことを説明し、後は彼らのペースに身をゆだねた。グリンジの人々がまず僕に要求したことは、言語の習得だった。ダグラグ村での標準語は、グリンジ語と英語が交じり合ったクリオール（混成語）だ。老人はグリンジ語とクリオール語を話し、若者はクリオール語と英語を話している。

言葉を必死に学んでいると、しばらくして「ジャバラ」という名前を与えられた。グリンジ社会では、それぞれの固有名とは別に、皆がスキンネームと呼ばれるもう一つの名前をもつ。スキンネームは、男性に八種類、女性に八種類の合計一六種類に限定されている。「ジャバラ」は、こうした名前の一つだ。通常、自分のスキンネームは、両親のスキンネームによって決まる。例えばジャバラはジュラマを父にもち、ナナクが母である。ニマラは僕の姉妹でナニリは僕の妻だ。するとどうなるか。ダグラグ村のすべてのジャバラは僕の兄弟であり、すべてのジュラマは僕の父だ。すべてのナニリは僕の形式的な妻となる。「実際の妻」はナニリの中から選ばれる。

こうして、社会全体が緊密な親族の網の目によって結びつく。興味深いのは、一六種類の名前のあいだで、相互依存的な権利と義務の関係が生まれる点である。例えばジャバラは、ナニリにはいろいろと要求できるが、ナニリの母であるナンガラには、話しかけることすら許されない。男女それぞれ八種類のスキンネームは、世代が変わることで循環するようになっているから、どの人物にも、必ず自分が要求する権利をもつスキンネームの集団があり、逆に自分が命令に従わなければならないスキンネームの集団がある。結果として、どの集団も社会全体に対して絶対的な権威をもつことができない。中央集権的な政治機構をもたずに、社会運営が行なわれる。権力が一ヶ所に集中することがない、このアボリジニ独自の親族-政治システムは、長いあいだ人類学者の関心を引いてきた。これを国連で採用してみてはどうだろう、と思うのだが。

狩に参加する

ダグラグ村に暮らし始めてしばらくすると、狩に誘われるようになった。

一九世紀半ば以降、オーストラリア北部では牧場開発が進んだ。白人入植者による初期の殺害をまぬがれたアボリジニも、狩猟採集生活を追われ、半ば強制的に白人が経営する牧場で使役されるようになった。そんな彼らが土地権を獲得し、ふたたび自分たちで社会運営できるようになったのは、一九七〇年代以降である。当然、伝統的な狩猟技術の多くが失われた。今日では、移動には4WD車を、ブーメランや槍の代わりにライフル銃を、魚釣りには（釣竿は使わないが）既製品の釣糸と釣針を使用する。その上、普段は村内の売店で牛肉や野菜を購入しているので、狩猟活動を生業としているわけでもない。とはいえ狩は、今でも老若男女問わず彼らの楽しみである。

まず皆で4WD車に乗り込み、草原やら渓流やらの道なき道を走る。急斜面や岩石地をどんどん進むので、いつ車がひっくり返るかと気が気でない。川渡りは特に不安だ。水深が深いと車体がすこし浮かぶのが分かる。毎年、何台かの車が川渡りに失敗して流されている。車を走らせているとき、老人たちはその土地にまつわる神話物語を歌うことがある。こうやって移動の最中でも、自分たちと土地との霊的な結びつきを強めておく。

突然若者が叫んだ。「ここだ、止まれ！」僕以外の全員が同じ方向をむいて、なにやらあわただしく喋っている。僕には何も見えない。「ほら、あそこにカンガルーがいるだろう？」いや、さっぱり。草木が邪魔して全然見えない。ライフルを持った男が車から降りて静かに数歩前にでる。息を殺してライフルを構える。相変わらず、僕だけが何も見えていない。ズドーン！　しばらくして数人の男たちがカンガルーを抱えて帰ってきた。

目的の湖沼に到着すると、まず老人がその土地に歌いかける。「私たちは、何処そこのカントリーの者です。子供たちがお腹をすかせています。どうぞ私たちに魚を与えてください！」すると湖沼は、彼らの声を聞きとり、よそ者や敵でないことが分かると食べ物を分け与えてくれる。フナやカメ、そして体長一メートル以上の巨大ナマズが何匹も釣れる。ライフルを持った男は、周囲を歩いて鳥やゴアナ（オオトカゲ）をしとめてくる。女性たちは木の実や果実を集めることが多い。

獲物は、その場で焼いて食べる。焚火を囲んでの小宴会だ。互いにどうやって獲物をしとめたのかを自慢しあう。食べきれない分は、ダグラグ村にもち帰って親族に配る。信じてもらえないかもしれないが、トカゲやカメや木の実は意外に美味しい。野生の食材は、人工的に育てられた農業食品よりもずっと栄養価が高いという。アボリジニの友人が、「おまえのカントリーでは何を食べるんだい？」と尋ねた。「日本ではサシミといって生魚を食べる。」と答えると、「ウソだろう、信じられない！」という顔をされた。

激流で溺れる

少年たちに釣りに行こうと誘われ、ワイワイと無邪気に４ＷＤ車に乗りこんだ。おめあての釣り場に着くには、その手前にある支流を一つ越えなければならない。しかし、この支流は水位があがりすぎていた。車を止めて、歩いて渡ることにする。荷物を頭の上に抱えて、ゆっくりと川に入る。流れが速いのでバランスを崩さないようにして渡りきった。胸までびしょびしょになったが、誰も気にしていない。今日も暑い。ほうっておけばそのうち乾くだろう。

この日はとりわけ大漁だった。バッグの中がフナやナマズでいっぱいになる。夕方、陽も暮れかかってきたので、もと来た道を歩いて車を止めた場所へむかう。だが、上流で降雨があったためだろうか、来たときには胸までだった支流は、とんでもない激流に変わっていた。「ダメだ、これは絶対渡れない。ここでキャンプして一晩明かそう。」と僕は提案したのだが、少年たちは聴き入れてくれない。「大丈夫、泳いで渡ろう。」無茶だと思ったが、さらに水量が増えたら今立っている中州全体が水没するかもしれない。少年たちが僕に尋ねる。「おまえ、泳げるよな?」もちろん、プールとか海とかでは泳いでいた。でも、こんな激流で、しかも水没した木々や岩がどこにあるか分かったものではない中を泳いだ経験などあるわけがない。

川幅は五〇メートルほどだ。普段は水が流れていないところなので、背の高い木の幹や枝が水流の上に顔をのぞかせている。飛び込み地点に着くと、少年たちは、そこから流れに身を任せるようにして泳ぎ、水面から出ている木々の幹や枝に捕まりながら、対岸まで渡るという。もし、幹を捕らえ損ねたりすれば、一気にはるか下流に流されてしまう。そんなことになったら、絶対に行方不明だ。実際、川に流されて帰らぬ人となったアボリジニや白人の話を何度も聞いていた。

僕はこのとき、初めて心の底からこのアボリジニの大地と精霊に助けを求めた。「僕は決して怪しい者ではありません、どうか、僕を安全に対岸まで運んでください。」何語でそう言ったのかは覚えていない。他に頼るものがないとき、命の危機にあっては、学問的で合理的な理性など吹き飛んでしまう。「アボリジニの信仰文化を尊重する」などといったきれいごとではまったくない。僕はリアルに、大地と精霊に救いを請うた。

激流に飛び込む。泳ぐ、というよりは、沈まないように無我夢中でもがく。遠くで少年たちの叫び声が聞こえたような気がする。「アブナイ!」木の幹に腹からぶつかった。激痛。朦朧とするが、まだ先がある。流れに押し流されそうになりながら必死に幹にしがみつき、次の中継地点を探す。再び飛び込む。もがき、流され、幹にぶつかり、しがみつく。恐怖と動揺で半泣きになりながらそれを四~五回くり返し、ようやく川岸にたどり着いた。身体に力が入らない。全身がガクガクと震えている。体中の引っかき傷から血がにじんでいるが、とにかく助かったのだ。僕はこうして、生まれてはじめて命乞いを経験したのである。

第七回

アボリジニ絵画への招待

アボリジニ絵画をご存知だろうか。世界的なアボリジニ・アーティストになると、一つの作品に数千万円の値がつくこともあるという。投資目的でアボリジニ絵画を買う人がいるという話を聞くと、なんだか少し残念な気もするが、貧困に苦しむ先住民社会の経済援助になるなら、文句を言うべきではないのかもしれない。新潟でも、現在松之山にある「森の学校」キョロロで、アボリジニ美術展を開催している（九月上旬まで）。足を運んでみてはいかがだろう。

アボリジニ絵画は、大きく二種類ある。ひとつは、オーストラリア北部沿岸地域で描かれている樹皮画（バーク・ペインティング）。木の幹から樹皮を剝ぎとって平らにし、そこに人間や動物、あるいは精霊などの図柄を描きこむ。もう一つは、中央砂漠地域のアボリジニの人々が描く点描画（ドット・ペインティング）。こちらは、キャンバス一面に色彩豊かな点と線を打ち込む。抽象的な模様なので、ちょっと見ただけでは何が描かれているのか分からない。かれらに尋ねると、たいていは、「これが私のカントリーだ」という答えが返ってくる。樹皮画の場合も点描画の場合も、そこにはさまざまな物語が描きこまれている。聖なる歴史の場合もあるし、狩の様子といった日々の暮らしの場合もある。

樹皮画の原型は、世界最古ともいわれているアボリジニ岩画（ロック・ペインティング）にある。アボリジニ岩画はオーストラリア各地の洞窟や岩面に残っているが、ノーザン・テリトリー準州北部地域は、幾重にも重ね描かれた豊富な岩画群が多数残っている。ダーウィンから日帰りツアーで行けるカカドゥ国立公園をぜひ訪れてみてほしい。数万年という年月をかけて重ね塗られていった岩画の数々を見て、日本から来た僕の友人は、「こうやって魂を重ね合わせていったのかもしれない」とつぶやいた。

一方、点描画の原型は、儀式の最中に砂上に描かれる模様である。秘密の知識がそのまま公表されてはいけないので、こうした模様を一般向けに修正したものがキャンバスに描かれている。カンディンスキーやモネを連想させるこの幾何学的な点描の配置は、じつに謎めいている。そこには、世界の秘密が間接的に描きこまれているはずだ。カンガルーやゴアナやヘビなどの霊的祖先が、世界を創造してゆく物語、一般に「ドリーミング」と呼ばれているアボリジニの神話世界の一端を、こうした絵画に垣間見ることができる。

アボリジニ絵画をみていると、僕はなぜかジャズ音楽を連想してしまう。そういえばジャズの巨匠ジョン・コルトレーンは、きわめてスピリチュアルな音楽家だった。アボリジニ絵画には、伝統に深く根ざした形式がもたらす高度な精神性と、そんな形式をもろともしない奔放な自由さが見事に共存している。自分の魂と地続きの大地、そこに暮らす動植物や精霊たち。大地から溢れ出す生命の躍動が、キャンパスにも流れ出ている。今度コルトレーンの名盤「至上の愛」を聴きながら、アボリジニ絵画を鑑賞してみよう。

第八回

儀式に参加する（上）

不信心な両親のもとで育った。初詣に連れて行ってもらった記憶がない。家を新築したとき、祖母に強く言われて居間に神棚をつくったらしいのだが、母親は「神様はおばあちゃんの家に引越し中よ」などと言ってほったらかしにしていた。さすがにお盆では、親戚たちとお墓参りをした。まだ子供の頃、僕はこのお墓参りの最中に、〈先祖代々の墓〉を前にして、「これは生きている人間の自己満足だ」と言い放ち、親戚のひんしゅくを買ったことがある。もっとも父親にはこれが自慢だったらしく、「みのるは、賢い子だった」と今でもこのときの思い出話をすることがある。無神論、合理主義、近代主義、世俗主義、科学主義、なんと呼んでもいいが、我が家は、高度成長期とバブル期をへた新潟の、戦後日本の、極端なまでに典型的な近代家族だったのかもしれない。

アボリジニ社会における儀式の重要性について、話には聞いていた。だから、グリンジの村にも随分住み慣れてきていたのだが、儀式に参加したいと安易に申し出ることはしないでいた。そんなとき、長老の一人が僕の前に現れ、「おまえは、ここに暮らしてしばらくたつ。もうそろそろ儀式に参加してもよかろう」と言った。村から車で二〇分ほど走ったところに連れて行かれると、そこには成人男性だけに入場を許されている秘密の儀式会場があった。集まっていた大勢のアボリジニの人々が、僕の姿に目をとめる。「なぜよそ者がここに来るのだ？」という不穏な表情をする者もいたが、多くは「ようこそ！」と笑顔で合図を送ってくれた。日常生活から切り離された、もう一つのアボリジニの世界がそこにあった。

多くの日本人にとって、宗教的世界のリアルさほどピンとこないものもないかもしれない。日本で宗教を語ると、オカルトめいた怪しげな話と受けとられることが多い。そうでなければ、お盆や初詣のように、宗教的内実よりも昔からの習慣といった程度の役割しか与えられていない儀式が多い。だがグリンジ社会においては、それを遂行しなければ世界が正常に機能しなくなるという、深刻で具体的な必要のためにこそ儀式が行なわれている。

アボリジニの人々が執り行なう儀式にはたくさんの種類がある。動植物の数をバランスよく増やすための増殖儀礼、大人になるための成人儀礼、法を破った者に罰を加えるための儀式、子供の誕生を祝う儀式、お葬式など。儀式の多くは、男と女がそれぞれ別々に行ない、お互いに相手の儀式の内容を知ることも、見ることも許されない。だから、僕は女性の儀式を全く知らない。また男性の儀式には参加したが、その内容をここで紹介することも許されていない。儀式を通じて与えられる知識は、世界の起源に関わる重大な情報であり、そう簡単に不特定多数に開示するわけにはいかないのだ。

許された者だけが、許された場所で、世界存立の神秘の一部を知ることが許されるアボリジニ社会では、社会全体がもっている知識の総体を知る者はいないし、すべてを知ろうと望む者もいない。全体像を知ろうとする欲望は、アボリジニ社会とは無縁である。

第九回

儀式に参加する（下）

アボリジニ社会は伝統的には衣類を着用しなかったが、現在はほとんどの人が服を着て暮らしている。しかし、儀式によっては全裸になることがある。当然僕も全裸で参加する。若者たちにからかわれながら、身体に赤色土や白色土で模様をほどこしてもらい、日暮れから明け方まで踊りあかす。それが数週間続くこともある。そんなときは、儀式会場からほとんど離れることがない。一ヶ月近く水浴びひとつできずに、野外でのキャンプ。皮膚は装飾用の赤土と汗とほこりでガリガリになる。頭皮は最初の一週間ばかりかゆかったが、その後は何も感じなくなった。毎日、毎晩、歌いどおし踊りどおしなのだ。疲労困憊して、かゆさなどもはやどうでもよくなる。

男女が共同で行ない一般公開される儀式に、一〇歳前後の少年を青年にする儀式がある。子供を母親の世界から引き離すまでの最初の数日が男女合同で行なわれ、成人男性の世界へと迎え入れる後半は男性だけの秘密の儀式となる。女性たちの嘆きと見送りの踊りが披露された後、その日の夜は、一晩中男たちが歌い続け女たちが踊り続けるお祭り騒ぎとなる。村人全員が参加して少年たちの大人への船出を祝う。

翌日に、少年たちは長老から世界の成り立ちについての最初の教えを受けることになる。その具体的な内容を公表することは許されていない。重要なのは、かれらが分け入る世界の広がり、受けとる責任の重さだ。日本でも成人式はある。成人を迎えると、大人として社会的責任を果たすことが期待される。だが、「世界」や「宇宙」にたいする責任はどうか。アボリジニ社会では、成人儀礼を通過するということは、たんに社会的責任を果たす大人になるというだけではなく、世界の存立を支える神秘に自分を関わらせてゆくことを意味する。つまり、日常的な社会生活を超えでて、より巨大な宇宙的神秘に出会う機会と責任を引き受けることになるのだ。

「荒海や　佐渡によこたふ　天の河」

芭蕉は、どんな宇宙感覚でこの句を詠んだのだろう。人はどこかで、家族や世間との日常生活だけに埋没しきれない切実さをもっている。宗教が形骸化し、そうでなければカルト化してしまう現在の日本で、僕たちが宇宙とのつながりに想いを馳せる機会は失われてしまったのだろうか。死者を想い、この世のものならざる力を恐れ、時空を超えた広がりへと身を預ける場を、人はもはや必要としないのだろうか。近代的で合理的な人間は、そんな怪しげな感性などなくても、面白おかしく人生を歩むことができるというのか。宗教性が取り返しのつかないほどに廃れた時代に、僕たちはいかにして、静かに充足した奥深い生を歩むことができるのだろう。これは、現代社会が抱える大きな課題であるように思う。

いつの日か子供ができて、その子がお墓参りの最中に、「これは生きている人間の自己満足だ」と言ったら、僕はどう応えるだろう。「確かにそうかもしれない。でも、本当にそれだけなんだろうかね。」そんなふうに話して、我が子をオーストラリアの大地に連れ出そう。

第一〇回

砂漠で干上がる（上）

はるか南方の砂漠のコミュニティーで、大きな儀式を準備中だという。今までにない大規模なものだと噂（うわさ）されるこの儀式について、村のあちこちで情報が飛び交っていた。よくよく聞いてみると、グリンジの長老たちは、ダグラグ村から一二〇〇キロメートルほども南の砂漠の人々から、この大儀礼の招待を受けていた。

電話と4WD車の普及、特にトヨタ・ランドクルーザーの登場は、オーストラリアの辺境地帯に暮らす人々の生活に革命的な変化をもたらした。もちろん、それ以前にも英国製の4WD車があったが、高価なうえに故障が多く、一般庶民の生活にはあまり利用されていなかった。

辺境での暮らしの必需品として4WD車が普及するのは、ランドクルーザーの登場以降である。アボリジニ社会も例外ではない。

現金収入が少ないので、ふだんは質素な暮らしをしているが、何かの機会にまとまったお金が入ると、小額ならライフル銃、多額なら4WD車を購入する人が多い。もともとノマド（移動生活民）だったアボリジニ社会にとって、ランドクルーザーの登場は、自分たちの移動距離を飛躍的に増大させる画期的事件だった。これを「トヨタ＝アボリジニ革命」と呼びたいくらいだ。実際ダグラグ村では、日産車でもフォード車でも、4WD車はすべてトヨタと呼ばれている。オーストラリア北部に暮らすアボリジニの人々のあいだでは、「トヨタ」が4WD車を意味する普通名詞になった。

電話も画期的だった。長いあいだ、辺境に暮らす白人たちは自家発電の無線を使っていたが、アボリジニの人々が遠隔地と手軽に交信できるようになるのは、各コミュニティーに公衆電話が設置されるようになってからである。今ではコミュニティーの一角に、たいてい一台か二台の公衆電話がある。なぜかほとんど壊れているので、あまりあてにはできない。とはいえ、僕もこれで日本に国際電話をかけてみたことがある。ハエの襲来と戦いながら番号を押すと、受話器の向こうから日本語で「もしもし？」の声。

「あ、もしもし？　俺だよ、おれ。いまね、オーストラリアのアボリジニの村から電話してるんだけどさ……。」

なんとも感慨深い。

一二〇〇キロメートルも先にあるコミュニティーと連絡を取りあい、お互いを訪問して合同の儀式を行うことなど、電話と４ＷＤ車の普及なくしては考えられなかった。近代のテクノロジーは、アボリジニ社会の伝統を終焉(しゅうえん)させるどころか、むしろその爆発的な拡大を引き起こしたのだ。

「おまえもこの大儀礼の旅に参加するかい？」と誘われたとき、僕はグリンジの長老たちに心の底から感謝した。かれら自身もはじめて体験するような大掛かりな旅への参加が許されたのだ。車六台に分乗し、意気揚揚と南の砂漠へ向けて出発した。

僕が運転していたのは、一九八一年モデルの旧型ランドクルーザーだった。なけなしの奨学金を切り詰めて買ったのだ。おんぼろでも文句は言えない。途上にガソリンスタンドなどないので、ジェリー缶と呼ばれる容器に予備のガソリンを搭載して南方のタナマイ砂漠をひた走る。

昼間は車を走らせながらカントリーの歌を歌い、夜は焚(た)き火を囲んで予定されている儀礼の準備をする。

何度もタイヤが砂に埋まり、そのたびに皆で穴を掘り、車を押す。どうしても掘り起こせない車は、そこにほうっておいて、目的地に着いたら助けを呼ぶことにする。いったいいつになったら到着するのやらと、へとへとになっていたとき、ラジエーターに穴があいて冷却水が噴きだした。このままだとオーバーヒートして走れなくなる。

選択肢は二つだった。二〇リットルほどの非常用水を冷却水に使い、目的地に到着することに賭けるか、そうでなければ、この非常用水を飲みながらここで助けが来るのを待つか。

うーん、まずい……。

砂漠で干上がる(下)

目的地まであとどれくらいあるのか、ラジエーターの漏水穴がどのくらいの大きさなのか、見当もつかない。漏水が分かっているラジエーターに非常用の水を使うのはあまりに危険だ。不安だが、とにかく止まって助けを待つことにした。他の車は、コミュニティーに到着できたら助けを呼ぶといって、先に行ってしまった。砂漠のど真ん中なので、まともな木陰すらない。気温は、四〇度を軽く超えている。動き回ってはあっという間にのびてしまう。なるべくじっとして、少しずつ水を飲む。二日間位ならなんとか水がもつだろう。それでも一台も現われなかったら、そのときは遺書を書こう。

まぁ、家族は悲しむだろうが、僕が死んでも経済的に困る人はいない……あぁ、でもまだ死にたくないなぁ……アボリジニの長老から学んだことをちゃんと世に残すまでは、とにかく死にたくない……英語とグリンジ語と日本語とクリオール語がぐちゃぐちゃに書き付けてあるノートを解読できる人なんて、世界広しといえども僕だけじゃないか……それにしても暑いな……雪山で遭難すると穴を掘って避難するらしいけど、砂漠のばあいどうするんだろう……。そんなことを何時間もぼんやりと考えている。何時間も何時間も、ただじっと風景を見つめている……いや、どう考えても、あと一日かそこらで先方隊がコミュニティーに到着するはずだ。そしたら、助けが来る。大丈夫だ。これまでも死にそうになったという話はたくさん聞いたが、死んじゃった人の話はめったに聞かない。大丈夫だ、あとでいい思い出話になるさ……。

遠くから排気音が聞こえた。ついに助けの車がやってきた。大地は僕を見放してはいなかったのだ。

ほうほうの体で目的地に到着すると、すでに到着していたグリンジの人々は、拍手喝采で僕を迎えてくれた。大声で僕の名前を呼び、手に手に握手をしたり、肩をくんだりしてくれる。感動と安堵で涙がぼろぼろでた。

ドッカー・リバーと呼ばれているその砂漠のコミュニティーには、一〇〇〇人を超えるアボリジニの人々が各地から集まっていた。グリンジ社会で経験した儀式とはまったく異なる歌や踊りが次から次へと披露されてゆく。もちろん、成人男性だけの秘密の儀式であり、その様子を撮影することはおろか、メモすることも許されない。すべては、現場にいる者だけが体験し記憶することを許されている。記録に残すことを許さないという、まさにその厳しさによって、アボリジニ文化の深遠さを学ぶ。グリンジの番がやってきた。僕は、はじめて出会った多数のアボリジニ男性たちの鋭い視線を感じながら、さんざん世話になってきたグリンジの長老たちに導かれて、歌と踊りに参加した。

帰りの車の中で、僕は隣に座っていた長老に、「来年は、この砂漠のコミュニティーで暮らしてみようかな」となにげなく言った。すると即座に、「いや、それはよせ」と厳しい口調の返事がかえってきた。慌てて尋ねる。「えっ、どうして?」しばらく沈黙の後、つぶやくような声がした。「ここは遠すぎるよ。おまえにはもっと近くにいてもらいたい。」

苦難の歴史

ダグラグ村の人々に限らず、オーストラリア北部の辺境地域で出会ったアボリジニの人々は、感情にとても素直だった。大声で笑い、激しく怒り、わんわん泣く。そしてまた笑う。感情と言葉のあいだ、身体と頭のあいだが直結していて無駄がない。気持ちを正直に表現することは、決してはしたないことではないようだ。社会全体が、人々の感情の表出をなにごともなく受け入れている。人間は、笑うし、怒るし、泣くのだ。こんな当たり前のことを覆い隠す必要などない。それにしても、かれらはどうしてこうも〈まっすぐ〉なんだろう。深くまっすぐに生きる——なんと困難な道だろうと僕には思えてしまう。

白人が入植して以来の、オーストラリア先住民社会の歴史は悲惨である。大勢が虐殺された。ライフル銃で撃たれたり、毒殺されたりした。白人の持ち込んだ伝染病が蔓延して死んでいった者も多い。生き残った人々も、オーストラリア社会の最下層民として、長いあいだ差別と貧困に苦しんできた。白人オーストラリア社会は、長いあいだアボリジニの人々を「絶滅する運命にある劣等人種」と決めつけて自分たちの植民地化を正当化し、かれらの聖なる土地を奪い、労働力を使役し、貧困や人口減少には対策らしい対策をたててこなかった。二〇世紀になると、さすがにアボリジニの保護が深刻に叫ばれるようになる。だが、かれらを強引に西洋化・近代化しようとする同化政策が採用された結果、今度は伝統文化の抹殺が始まった。そんな同化政策が改めて批判され、アボリジニの人権、先住権、自己決定権などが政策に反映されるようになるのは、ようやく一九六〇年代以降のことである。

とはいえ現在でも、アボリジニ社会の多くは、高い失業率、低い平均寿命、アルコール依存症の問題など、貧困層に特有の深刻な社会問題を抱えている。

　僕がこれまで綴ってきたような、狩や儀式といった豊かな生命世界を維持しているアボリジニ社会は、こうした植民地主義の傷跡をもろに引きずっている社会でもある。自分たちの植民地経験を語るとき、アボリジニの長老たちは声を荒げる。ある長老は、祖母と母親の両方を目の前で殺されたという。まだ子供だった彼は、白人を怖がって泣いていた。この白人は、子供を泣きやませるよう母親を脅した。ますます怖がって泣き声をあげる子供の前で、白人は母親を殴り、蹴り、最後に銃殺した。死体は焼かれ、川に流されて、証拠は隠滅された。祖母も同じような運命だった。「わしはすべてを、自分の目で見たんだ。決して忘れない。白人は、ひどいことをしたもんだった！」老人は僕を見つめ、そう語った。

　ダグラグ村から見える小さな丘がある。かつて、白人に追われたアボリジニの人々は、この丘に逃げ込んだ。すそ野を周回しながら、ライフルを撃ち続ける白人に対して、アボリジニたちは丘の上から槍を投げて応戦した。多数が死んだ。長老たちは、ライフルを構える白人の格好を真似しながら「やつらは、犬でも撃つかのようにわれわれを撃ち殺していった」と語った。

　それでも、かれらは歪まない。長老たちは、まっすぐに怒った後に、まっすぐに笑う。「もうあんなことはあってはならない。おたがいに学びあって、一緒に暮らしてゆけばいい。その方がずっといい。」そう言って笑っている。

第一三回

アボリジニとジャパニーズ

オーストラリア・アボリジニというと、日本人にはどうも身近に感じられないかもしれない。遠くの世界の人々、遠くの世界の文化、そんな印象をもつ人が多いのではないか。しかし、日本人とオーストラリア先住民とのあいだには、一九世紀以来の長いつきあいがある。

一九世紀半ば、オーストラリア北部沿岸地域に真珠貝の好漁場が発見された。現在は真珠の粒が装飾用に売られているが、当時のヨーロッパでは、ボタン産業の原料として真珠貝の貝殻の需要が高かった。だが、潜水具を着て水中で真珠貝を拾い歩く労働はあまりに危険で過酷なため、白人たちはやりたがらなかった。一方当時の日本は、明治維新を迎えていた。鎖国政策が終わり、出稼ぎ移民が可能になると、真珠貝産業で働くために何千人という日本人がオーストラリアに渡った。二〇世紀初頭までには、オーストラリア北部の小さな町ブルームや木曜島に、日本人街ができた。

真珠貝産業では、オーストラリア先住民も多数働いていた。アボリジニと日本人は、共にこの過酷な労働に従事していたのである。町では、アボリジニ女性とのあいだに子供をもうけた日本人男性がいた。アボリジニ女性と結婚し、オーストラリアに定住した人もいる。だが第二次世界大戦がはじまると、日本人は収容所に入れられ、戦後は強制的に帰国させられた。

アボリジニの母のもとで育ち、大人になってから父親が日本人であること知らされたルーシー・ダンは、日本人ジャーナリストの助けを借りて、数年前についに父親との再会を果たした。この物語は「ハート・オブ・ジャーニー」というタイトルのスライド・ドキュメンタリーになって、好評を博しながら各地で上映されている。

アボリジニ社会と日本人との密接な関係は、真珠貝の歴史だけではない。僕たちはオーストラリア産の牛肉（オージー・ビーフ）を食べているが、オーストラリアの牧場開発は、アボリジニの土地を無断で占拠し、初期の虐殺の後は、生き残ったアボリジニを劣悪な労働条件で利用した植民地収奪の上に成り立っている。また世界遺産でもあるカカドゥ国立公園に囲まれた地で計画されているウラン鉱山開発にたいして、現地のアボリジニ社会や環境団体による開発反対運動が続いているが、そこで採掘されるウランの購入を予定しているのは日本の電力会社だ。僕たち日本人は、そうと気づかないうちに、アボリジニの生命の大地を掘り崩そうとしている。

二一世紀を迎えたこのグローバルな時代に、自分とは無関係だと言いきれるほど遠い場所などありはしない。僕たちは、オーストラリア先住民の大地から生命の豊かさを学ぶことができるかもしれないが、その一方で、そんな生命の大地を決定的に破壊してしまうかもしれない。僕たちの現在と未来にとってアボリジニ社会が無縁ではないように、アボリジニ社会の現在と未来にとっても、僕たちは無縁ではないのである。

第一四回　ニュー・ジェネレーション

アボリジニの文化や歴史を学ぼうとすると、どうしても長老たちとの付き合いが多くなる。しかし新しい時代を担ってゆくのは若者たちだ。アボリジニの若者たちの話をしよう。

ダグラグ村の若者たちは、自分たちを「ニュー・ジェネレーション（新しい世代）」と呼んでいる。伝統と近代化のはざまで、新しい道を模索している。成人儀礼を通過しない若者はいない。みな厳しい儀式をくぐりぬけて、アボリジニ社会の伝統を引き継いでいる。しかし、若者たちは西洋文化に敏感だ。例えばロック・ミュージックは、ダグラグ村だけでなく、アボリジニのコミュニティーではどこでも大人気だ。どの村にもいくつかのロックバンドがあり、年に数回野外ライブを行なっている。オーストラリア最北部アーネムランド出身のヨス・インディというバンドは、全国的に成功し、日本でもライブを行なったことがある。

ダグラグ村の若者とは、狩をつうじて一緒に過ごすことが多かった。狩や釣りの目的地に向って車を走らせているあいだ、老人たちだとカントリーの歌を歌うが、若者たちと一緒だとロックを歌うことが多い。一度日本のラップだといってブッダ・ブランドの「人間発電所」を歌って、大喝采をあびた。その後、少年少女に会うたびに、「ジャパニーのラップを歌ってくれ」と何度もせがまれて困った。

アボリジニの若者たちをめぐる環境は決してバラ色ではない。失業率は絶望的に高く、ドラッグやアルコール依存症は深刻だ。犯罪率も高い。老人たちの教えを守り、厳しい儀式を誠実に行なってゆくだけではつまらないと感じている若者がほとんどだ。かといって、白人社会で受け入れられるような教育をまじめに受けて西洋化したいわけでもない。将来が不透明だ。何をしてよいのか分からない。しかし溢れんばかりのエネルギーはある。セックス・ドラッグ・ロックンロールといえば格好いいかもしれないが、彼らの不確実な未来に対する苛立ちと、やり場のないエネルギーをひしひしと感じる。

そんなかれらに、「アボリジニの伝統文化を大切にして、あまり近代主義に呑み込まれないように」などと軽々しく言う気にはとてもなれない。僕が新潟での生活に苛立ちを感じ、めぐりめぐってアボリジニの大地に出会ったのも、結局は現状に満足できない切実な欲求があったからだ。彼らはかれらで、自分たちの道を模索するのは当然だ。

――

僕は新潟を出て、アボリジニの生命の大地に出会った。生命の大地を出てゆこうとするアボリジニの若者たちは、これから何に出会ってゆくのだろう。ただ、僕が新潟を捨てたわけではないように、彼らにも生命の大地を捨てて欲しくないと願っている。

第一五回（最終回）

自分のために、世界のために

君は、あちこち飛び回っているけれど、この先どこで就職して腰を落ち着けるつもりなんだ？」と聞かれることがある。そんなとき僕は、半ば冗談半ば本気で「新潟以外なら、世界中どこでもいい」と答えている。とはいえ、新潟が嫌いなのかといえば、そう単純な話でもない。こうして新潟日報に連載させてもらったのも、故郷の新潟に特別な思い入れがあるからだ。この感情は、〈愛憎〉としか言いようがない。ふと、坂口安吾を思い出す。彼も新潟に対して、複雑な感情をもっていた。

ダグラグ村の長老に聞かれたことがある。「おまえは、なぜここにやってきたのか知ってるのかね？」僕は、「アボリジニの文化と歴史を学びたかったからです」と応えた。しかし、この老人は僕の目をじっと見つめると、「大地がおまえをここに呼んだんだよ」と言い、声をたてて笑った。アボリジニの大地、この生ける大地を前にして、僕が持ち出す〈訪問の理由〉などあまりに無力だ。「大地が正しい道を教えてくれる。」彼は、繰り返しそう語っていた。大地が語る声に耳を傾けること――このあまりにも困難な課題を前にして、自分がまだまだアボリジニの世界から学びきれていないと感じる。

日本でも、オーストラリアでも、「何でアボリジニなんですか。そんなこと研究して何かの役に立つのですか。」と、不思議そうな顔をして尋ねる人がいる。「大地が僕を呼んだんですよ」と応えてもあまり納得してくれない。ましてや「世界をより良くするためです」なんて言うと、もっと納得してくれない。

デボラ・B・ローズ著『生命の大地――アボリジニ文化とエコロジー』(平凡社)という本を翻訳した。エコロジーや先住民文化に興味をもっている方に、ぜひ読んでもらいたい。例えば、環境問題という地球規模の課題ひとつとってみても、アボリジニの人々から学ぶべきことはたくさんある。「最先端」や「超大国」だけが、世界を支えているわけではない。いや、最先端や超大国だけが世界を支えようとすると、ロクなことにならない。IT革命と東京文化だけで、日本社会が良くなってゆくはずもない。

アボリジニの大地と故郷の新潟、シドニーと東京、オーストラリアと日本を何度も往復しながら生活していると、世界は地続きで、相互に繋がっているということを改めて実感する。アボリジニ社会にもグループ間の境界線があるが、それは相互に依存するためであって、お互いを排除するためではない。グローバル化の時代、僕たちは、その気さえあれば世界の中心と周縁を、大都市と地方と辺境とを頻繁に往き来することができる。将来はパスポートなど必要なくなって、新潟から長野に出向くように、世界各国を訪問できるようになればいい。

最後に、二一世紀を担ってゆくはずの新しい世代に向けて、とはいえ何よりも僕自身のために、連載の第一回に記した言葉を繰り返しておきたい。「人生なるようにしか、ならない」などと言って、シニカルになっている暇などないのだ。自由で危険な広がりのなかで、一心不乱に遊びぬく術を学んでゆこう。

BEFORE・ラディカル・オーラル・ヒストリー

保苅実著作集
Book 1

ミノのオーラル・ヒストリー——ピーター・リードと保苅実

「ミノのオーラル・ヒストリー」は二〇〇二年一二月一九日に、ピーター・リード氏が保苅実にインタビューした録音テープを内田恭子さんが英文に起こし、それを更に日本語に訳したものです。このインタビューの一部が、Peter Read, *Haunted Earth*（2003）の最終章、また、保苅実『ラディカル・オーラル・ヒストリー』（二〇〇四年）の第六章になっています。

オリジナルの録音テープを送ってくださり、このテープを文章に起こして公開することを相談した際に、「より多くの人が このテープを聴き、ミノの知恵を理解し共有できたほうがいい」「貴方はとても重要な仕事をしているのですよ」と励ましてくださったピーター・リード氏に心から御礼申し上げます。

（保苅由紀）

リード　では始めようか。

保苅　ええ、どうぞ。

リード　（二〇〇二年）一二月一九日年ピーター・リード、ミノ・ホカリとの談話。ピーター・リード宅のキッチンでのインタビュー。まず最初に少し自分のことを話して貰えるかな。ミノ、君はどんな養育を受けた？　日本では標準的な、普通の家庭で育った？

保苅　どういう意味で？

リード　家庭環境とか、どんな教育を受けたかとか。日本でどんな少年時代を過ごした？

保苅　新潟というところで生まれ育ちました。地方の町、否、地方都市と言えるかな。特に何と言うこともないところだけど、地理的には東京から北西四〇〇キロの、中国大陸に面した側、つまり東京とは反対側に位置しています。日本を西日本と東日本に分けた場合には東日本、つまり東京と同じ地域に属し、別の分け方をすると、これは多少問題視すべき言い方なんだけど、「表日本」と「裏日本」に分けた場合には「裏日本」と呼ばれる側。「裏」というのは必ずしも良くない表現だけど、要するに東京とは反対側ということ。水田地帯だけど、僕は新潟県最大の都市で育ちました。

リード　お父さんの仕事は？

保苅　父ですか？　当時は銀行に勤めていましたが、今は退職して家でのんびりしてますよ。

リード　日本には、他のアジア諸国に比べて伝統的な宗教がまだまだ生き残っているような印象を私は持っているんだが、本当はどうなのだろう？

保苅　なぜそう思うのですか？

リード　なぜかな。恐らく、アンテ・ダブロ（リードの友人でオーストラリア人彫刻家）が京都に行った時、そんなふうに感じたという話からだろう。何か……霊的なものが伝わってきたというような印象を受けた。

保苅　面白いですね。僕はいつも、日本人以外の人に日本のスピリチュアリティ（霊性）や宗教について説明するのに苦労するんですよ。なぜなら、政治体制を見ると、一方では日本人は極めて世俗主義的だから。世俗主義的といえばオーストラリアも世俗主義的だけど、アメリカに比べればかなりキリスト教重視の国でしょう。ところが日本では、信心深いかどうか聞かれたら大半の日本人は「いいえ」と答えるというのが全般的な印象です。でも、オーストラリアでもそうかもしれない。

リード　考えられるね。

保苅　ところが日本では、皆「いいえ」という一方で、宗教的な行事を見てみると、例えば初詣とか、大半の日本人が仏教の葬儀を行うとか、宗教的な面があって……日本が（他国に比べて）より宗教的かどうか、簡単に比較できないんです。唯、先祖の霊が戻ってくる八月のお盆には、家族全員が集まって先祖代々の墓の前でお経を上げて貰ったりしますね。

リード　八月に？

保苅　ええ、八月です。

リード　中国で確か「餓鬼仏の夜」と呼ばれる行事と似ていない？

保苅　そうですか、それは僕は知らないな。

リード　いつだったかな、七月か八月に行われると思うのだが。突然亡くなった人や悲惨な死に方をした人の魂が往生できず亡霊となって徘徊するんだ。ある夜は先祖の霊を家に招き入れて食べ物を供えておくんだが、そうした「餓鬼仏」や悪さをしかねないその他の亡霊は別の夜に来る。その夜は家の外に食べ物を供えておく。それはともかく、七月のその夜（行われる宗教行事）が亡くなった人たちが最も近く感じられる時なんだ。

保苅　そう、お盆に実によく似ています。基本的に、亡き先祖の霊が皆家族の元へ戻って来る。

リード　一晩限り？

保苅　お盆自体は三日間続くけど、霊が三日間ずっと戻って来ているかは僕も自信ないな。とにかく家族揃って先祖代々の墓へ出かけて、お坊さんがお寺から来てお経をあげる。近所の家でやってました。

リード　そう。君の家族もその行事を行ったの？

保苅　ええっと、日本の家族構成を説明する必要がありますね。僕の父は次男で、家というか広い意味での家、家族を継ぐのは長男なので、法事を取り仕切るのも長男の役目なんです。僕の両親と家族はいつも、そうして決められた行事に集まった。そういうことです。

リード　なるほど。ということは、君の伯父が「こうする」と言えば皆それに従ったわけだ。それで、家族がそうした宗教行事を行った際には君も参加した？

保苅　ええ。

リード　「なぜこんなことをするのか分からない」とか「こんなことしたくない」といったコメントは出なかった？　皆が真面目に受け止めていた？

保苅　少なくとも長男である伯父は真剣でした。……時々、スローダウンして（言いたいことを）考え直しても良いですか？　これは面白い発見だ、僕にとってはアボリジニ文化について語るよりも日本文化について語る方が難しいかもしれない。

リード　私がいずれ聞きたいのは、日本での培われたものが（アボリジニ文化に対する）君の反応にどう影響したか、なのだが。

保苅　ええ、解ります。両親は基本的に無神論主義だと言います。

リード　無神論主義。

保苅　そう、無神論主義。だから僕は無神論の家庭で育ったわけだ。例えば大抵の家には神棚、つまり小さな、何て言うんだっけ、小さな……

リード　神社？

保苅　そう、小さな小さな神社みたいなものがあります。両親は家を新築する時に、必要ないと言って神棚を置こうとしなかったんだけど、祖母がどうしてもと言うので、つまり神棚を置くのは大事だと強く言うので、最後には両親が折れて作ったんです。

リード　お母さん方、それともお父さん方の？

保苅　父方の祖母です。お盆の法事の準備をするのも父方です。

リード　お祖母さんは信心深かったわけだ。それは興味深い。

保苅　ええ、祖母は亡くなりましたが、生前は非常に信心深い人で、毎日朝晩、お経をあげていた。僕はよく伯父の家で従兄弟と遊んでいたので、祖母がいつもお経をあげているのを見て育った。

リード　君は当時、お祖母さんがあげていたお経の意味が解っていたのかな？

保苅　お経の意味？　祖母自身解っていたのかどうか怪しいですよ。単にいずれかのお経を読み上げていただけです。僕の理解では、日本人は読経したとしても大半はその意味は解っていないと思うな。（内容が解って読んでいるというより）むしろ音読しているようなものでしょう。

リード　ディペッシュ・チャクラバルティから聞く話でも、ヒンズー教の祈禱の内容は、祈禱をあげている僧自身必ずしも正確には理解していないらしい。

保苅　そう、その通り、基本的には同じような状況です。

リード　お祖母さんに比べれば、君は宗教にある程度健全な距離を置いていたと言えるかな。

保苅　両親は例の神棚を作ったものの、完全にほったらかしにしていました。時々、神様は伯父の家へ引っ越し中でここは単に仮住まい、みたいなことを冗談で言いましたが、それはあくまでも冗談で、神様は信じてはいませんでした。コンファレンスで発表した論文でも言及したけど、僕はある年、お盆の法事でお坊さんの読経の後で、「これは生きている人間の自己満足だ。死んだ人間はもう存在しないじゃないか」といったことを言い放ったんです。

リード 本当にそう言ったの？

保苅 そう言ったら、両親は大喜びで「この子は賢い子だ、頭の良い子だ」と褒めましたよ。

リード でも、お祖母さんは喜ばなかっただろう。

保苅 ええ。まだ子供だったので他の人達の反応ははっきり憶えていないけど、親戚、遠戚のひんしゅくをかったのは確かだと思う。

リード それはいくつの時だった？

保苅 いくつだったか両親に聞いてみないと分からないけど、五歳から七歳くらいだろうな。

リード ふうん、私は一六歳くらいの時かと思った。

保苅 いや、もっともっと幼い時ですよ。

リード それで君は大きくなるにつれて、両親と同じ方向へ進んだ、それともお祖母さんと同じ方向へ？

保苅 主に両親と同じ方向でしたね。（話を戻すと）この研究と関係あるかどうか分からないけど、最近思い出したことがあるんです。コンファレンス発表にこれも含めたかったんですが、時間制限のため取り上げられなかった。今の話と同じ頃、五歳から一〇歳の間、僕は夜空を見上げるのがとてつもなく怖かった。今でもその理由は説明できないけど、夜空に何か危険なもの、コントロールできないものがあるような気がして、夜空を見た後は寝付けなかった。夜空。他の人にも経験あることなのか知らないけど、両親にも話さなかったと思う。実際、僕自身長い長い間忘れていて、つい最近思い出した話なんです。きっかけは憶えていないけど、「そうだった、子供の頃、夜空を見上げるのが恐ろしく怖かった」と思い出し始めた。そしてその僕は、「これは生きている人間の自己満足だ」と言い放ったのと同じ僕だった。

リード なるほど。神道には何か、夜空を危険と見なすものがあるのかな。

保莉 ないと思う。あったとしても、僕の恐怖感は異なるものだと……

リード そう。そして君は一種の合理主義、実証主義、不可知論主義を維持した?

保莉 ええ、どちらかというと……両親はそういうことに興味がなかったので、初詣に神社に連れて行って貰うこともなかった。強いて言えば、祖母が神社のお守りをくれた時、僕はそれを捨てたり馬鹿にしたりせず、運のために取っておいたと思う。でも「信心深いか」「それを信仰しているか」と聞かれたら、きっと「いいえ」と答えただろうな。

リード 君は経済を学んだんだね。

保莉 ええ。

リード どこの大学で?

保莉 一橋大学です。

リード それはどこにあるの?

保莉 東京にある小さな国立大学です。主に経済学、商業学の分野が専門で、経済商業学部は知られているけど、人文学や宗教学ではそうでもないですね。

リード 日本人は人文学やスピリチュアリティの分野ではあまり知られていないと言える?

保莉 ええ。唯一興味深いのは、オウム真理教という宗教団体が地下鉄サリン事件で毒ガスを使ったでしょう。

リード うん、知っている。

保莉 とても興味深いことに、当時、日本のトップ2大学の東大と京大の学生にオウム真理教の信者が結構いて逮捕されたんです。ところが一橋にはひとりもいなかった。これは僕が出た大学がいかに世俗主義的だったかを表していると思う。

リード　なるほど。それで日本を出たのはいくつの時？

保苅　いくつの時に――？

リード　いくつだったと思う？

保苅　――日本を出たか？

リード　――そしてここへ来たのは。

保苅　二六歳？　ちょっと待って、修士課程は終えていたわけだから二二歳、二四歳……。一九九六年だったから、僕は一九七一年生まれということは二六歳？　二五、二六歳でしょう。

リード　学士号を取った後に修士課程へ？

保苅　ええ、日本で修士号を取りました。

リード　その後でここで暮らした。

保苅　ええ、そうです。

リード　興味深いのは、例えばディペッシュのキャリアを辿ってみると、彼はヒンズー教の環境で育ったが寺院にはあまり行かなかった。距離を置こうとしていたんだね。その後マルクス主義者になるが、四〇歳になる頃には自問し始める。私も同じ経過を辿った。宗教を拒否する上ですべてを否定し過ぎ、大事なものまで捨てていたのではないか、と疑い始める。つまり地元の、その地域の日常生活に密着した神様には、（ディペッシュの場合）大学で学んだ普遍化されたマルクス主義からは得られない、そして私の場合西洋中心の社会科学的な世界観からは得られない何かがあるような気がしてくる。自分たちは何かを見落としたのではないか、何かが欠けているのではないか、と問い始めるんだ。だから今私が、そしてある意味ではディペッシュも経験しつつあるのは、二〇代の時に拒否したものに応えようとする過程だと思う。私たちの中にまだそれに応える可能性があり、今やっとそれを理解し始めたというところだろうか。そこで私が知りたいのは、君の中にどんな可能性があるかだ。大学では経済専攻の合理主義者、恐らくは実証主義者だった君の中には、どんな可能性が解き放たれるのを待っていたのだろう？　それとも何もなかった？

保苅　もう少し明確に説明して貰えますか？　面白い質問だけど、今ひとつ……

リード　私はイングランド国教会の信者として育てられ、子供の頃は家族で教会に行っていた。何と言うのか忘れてしまったが、四歳から八歳くらいの時に入信する、つまり教会の一員になる一種の聖餐式みたいな儀式があるが、それもやった。ユダヤ教の成人式みたいなものだ。大学進学後も教会に通っていたが、二一歳前後の時に、基本的にすべて嘘っぱちだと判断して教会を捨てたんだ。三〇年間そのままだった。今でもイングランド国教会の信者ではないが、以前に比べれば遥かに宗教に関したことに興味を持つようになったんだ。ではなぜ、今になって関心を持つようになったのか？　答えは、恐らく一歳から一五歳くらいまでの間に築かれた基盤があるからじゃないかと思う。それは既に切り捨てたものだと思っていたのだが、実は頭の隅に潜んでいて、今になって再び前面に出てきたのではないか。言い換えれば、二〇年間何も信じていなかったにも拘らず、そうした可能性、スピリチュアリティに対する可能性をずっと持っていたわけだ。そこで、君の中にはどんな可能性があったと思う？

保苅　僕自身探ってみたいのは、なぜ最近になって子供時代の夜空に対する恐怖感を思い出したのか。なぜそれまで忘れていたのに今思い出したのか。はっきりした答えは出ていないけど、まずそれが一つ目です。二つ目は、さっき説明した通り、僕はこれまでずっと、つい最近まで無神論主義か極めて世俗主義だったということ。アボリジナルの歴史を研究し始めた時でさえ経済史の観点からスタートして、スピリチュアリティは問題にしていなかった。正直に言って、グリンジ・カントリーでの先生だったジミー・マンガヤリとの出会いが、彼がきっかけとなって……
まず、経済学に飽き飽きしていた頃、僕は特に人類学や歴史や哲学の本を読み漁るようになったんです。当時はスピリチュアリティに注目していたわけではないけど、間違いなくそれに向けての第一歩だったと言えると思う。僕は何か、世間に期待されている以外の何か、当たり前と思われているのとは異なる考え方を求めていた。でも、その時は明確に、スピリチュアリティについて意識的に考えてはいなかった。でも東京にいて、そうした文化とは全く繋がりのない環境にあって、何故アボリジナル文化、そして歴史に強く惹かれたのか、それ以外に説明できないんです。それで僕自身、日本の神道の伝統を受け継いでいたと言ったら嘘になるでしょうね。そうは決して言えない。うん、面白いですね、大学で受けた教育からではなくて、学生時代にいろいろな本を読み漁った結果、世界が広がったわけだ。なぜ僕がアボリジニ文化に強く惹かれたのか、いくつか理由を挙げてみることもできるけど、僕はオーストラリアへ渡り、ニューサウスウェールズ大学で博士課程を始めました。でもその時点でもまだ、焦点はスピリチュアリティじゃなかった。まだキーワードじゃなかった。僕はグリンジ・カントリーでの経験、グリンジ・カントリーそのものを通じて、スピリチュアリティの問題と向き合わざるを得なくなったんです。彼らについて本を書くには、その問題を避けて通ることはできない——彼らはそういう言い方をしなかったけど、スピリチュアリティに向き合わなければ、彼らの歴史を書くことはできない、僕自身がそう感じたんです。

リード　私の友人イアン・グリーンも同じことを発見したね。オーストラリア中央部とデイリー・リバー流域でフィールドワークをしたんだが、君と全く同じことを言っていた。ウェーブヒルのブッシュにいるとそれまで信じていたことが変わってくると。その通りのことを言っていた。

保苅　ええ、解ります。

リード　君のオーストラリア先住民に対する関心は日本で芽生えたわけだ。

保苅　そうです。

リード　なぜウェーブヒルを選んだの？

保苅　なぜウェーブヒルか？　最初はクイーンズランドを考えていたんですよ。クイーンズランドでリサーチをしたかったのは、ひとえにヘンリー・レイノルズの研究に没頭していたから。アボリジナル文化について学び始めたばかりの時で、まず最初にレイノルズの『国境の向こう側』を読まされるでしょう。ヘンリーは素晴らしい歴史家ですよね。それで、よし、クイーンズランドで研究しよう、と思った。ところが鈴木教授（鈴木清史、文化人類学者）ご存じですよね、彼が、歴史に関心があるならグリンジのウェーブヒル牧場退去を見てみると良い、あれは興味深い話だ、と勧めたんです。それでウェーブヒルを調べて歴史を見てみた。

リード　歴史的な観点から？　あれは殆ど経済的な話ではないのかな。

保苅　ええ、その通りです。だから日本での修士論文の時点で既にグリンジの人々の歴史について書いていたんです。グリンジの人々の経済史だけど。

リード　なるほど、面白い。それでここへ来た当初の博士論文の草稿案も同様のアプローチだったわけだ。

保苅　そう……最初の草稿案は……いや、違います。博士課程に入った当初は、グリンジの歴史は止めて数地域の比較研究をしようと思っていたんです。ただ、オーストラリアでフィールドワークをしたかった。本を読むのにはうんざりしていたから。一日中古文書を読んでばかりいるのが歴史家だとしたら、僕はある意味では性格的に歴史家に向いていないんです。あなたもそういう歴史家ではないでしょう。

リード　私はブッシュに出かけているのが好きだ。

保苅　僕はオーラル・ヒストリーをやりたかったのだけど、日本ではあまり人気がないというか、広く研究されていないんです。日本の歴史学は日本史、中国史、西洋史、という風に分かれていて、すべてが古文書、古文書ばかりでオーラル・ヒストリーには殆ど関心がない。僕はフィールドワークをやりたいのが理由でオーストラリアへ来たんだけど、それでも当初のテーマは半分くらい経済、巡回（ウォーカバウト）経済その他についてでした。そう、思い出した、ウォーカバウトの歴史を研究するつもりだったんだ。経済史のフィールドワークをしたくて、グリンジの人々はひとつのオプションに過ぎなかった。でも以前話したと思うけど、リサーチャーとして僕を受け入れてくれるよう依頼の手紙を一〇のコミュニティに送った結果、七つからは返事がなく、二つには断られ、グリンジの人々だけが承諾してくれた。それで引き続きグリンジの歴史を研究することになったんです。

リード　初めて行った時、デビー・ローズが行った時と同じように様々な場所を見せられ、その名を教えて貰った？

保苅　いや、そうでもなかったですね。初めて行った時、「何を学びたいのか」と聞かれて、「あなたがたの歴史と文化を学びたい」と答えたら「よし、解った」ということになって、言語から教えられました。例えば狩に出かける時には誘ってくれて、（いろいろな場所を）紹介してくれたけど、「さあ、お前は来たばかりだから、これからカントリーのあちこちを見せて廻ってやる」というのはなかったですね。そういう案内はなかったな。

リード　でも折には文化を紹介してくれたんだね。

保苅　ええ。

リード　いずれはひとりで出かけられるところまで行った？　ひとりで出かけるようになった？

保苅　セブン・マイル・クリークの一ヶ所だけです。あそこはいつも子供たちが泳ぎに行っているのを知っていたので、ひとりで出かけても心配ないことが分かっていたから。でも大抵は、九九パーセントはどこへ行くにもアボリジニの友人達と一緒でした。

リード そういう形で（カントリーに）紹介されるのは良かった？

保苅 ええ、とても。

リード もしひとりで出かけた場合、ひとりでも自己紹介をしたのかな。カントリーの先祖たちに自分が何者かを思い出してもらうために挨拶した？

保苅 面白いことに今ではどこへ行っても挨拶するんですよ。

リード 本当？

保苅 ある意味でね。日本へ帰る飛行機の中で、グリンジ・カントリーに近い所を通る時、挨拶するんです。ほら、この方向から行くとあの辺でしょう。それに、キャンベラで先住民の人に会って以来、キャンベラを訪れる時も挨拶する。声に出してではなく、心の中でするんです。面白いですね、以前はグリンジ・カントリーでは挨拶していても、シドニーやキャンベラではあまり気にしていなかったけど、いろいろな人に出会ったりいろいろなことを経験したりするうちに、もっと広く挨拶するようになった。僕はそう感じていますね。

リード （グリンジ・カントリーで）最初に出会った重要な人物は誰？

保苅 勿論ジミー・マンガヤリです。彼は狭義ではグリンジではなくマルギンです。パトリック（マコンヴェル、人類学・言語学者）はマルギンをグリンジの一方言としていますが、彼自身はマルギンを自称していた。マルギン・ビリナラで、ダグラグ村に住んでいた人物です。

リード 「マルギン」はどういう綴り？

保苅 M-a-l-g-i-n だと思うけど。

リード ああ、なるほど。それで彼が君の主な教師となるんだね。彼は君を大地へ連れ出した？　カントリーで彼から教わった？

保苅　主にダグラグ村で教わりました。彼はあちこち移動するには歳を取り過ぎていたから。だから僕は若い人たち、つまり青年や一部の大人たちと狩に出かけたけど、ジミーじいさんは年寄り過ぎたんです。大半はダグラグ村で過ごし、時々、ヤラリンへ行くくらいでした。ヤラリンには彼の親戚に会いに度々行っていました。ティンバー・クリークで会ったこともありましたね。ヤラリンかティンバー・クリークへ連れて行くよう頼まれると、大抵は行きましたね。

リード　西洋文化的な確信が少しずつ崩れ始めたのはいつだったか憶えている？

保苅　どういう意味で？

リード　自分が誰なのか、なぜ存在するのか、何が目的でそこにいるのかといったこと、君の世界観が揺らぎ始めた時があった？　それまで築いてきた世界に対する確信が初めて揺らいだのはいつだった？

保苅　はっきりと憶えているのは、ジミーじいさんに「お前はなぜここにやってきたのか知ってるのかね？」と聞かれた時です。何回か聞かれたんですが、一回は録音したので後で見せられるけど、今憶えている限りでは、僕は「（アボリジニの）歴史と文化を学ぶためです」と答えた。すると彼は「カントリーがお前をここに呼んだんだよ」と言う。「僕、聞こえなかったけど……カントリーに呼ばれたなんて憶えてないけど……」と言うと、ジミーじいさんは僕の頭を指して「それはお前の記憶、お前の感性が死んでいるからだ。ここでそれらを目覚めさせないといけない。目覚めろ！そのためにここにいるんだ」と言うんです。それが一つ。他にもそういう瞬間はあるだろうけど、（スピリチュアリティと）向き合わなければならないことを実感した、強烈な瞬間でした。博士号のためのリサーチだけではなくて、理解し、コミュニケーションするには世界観を変えなければならないのだということを実感しました。あの時のことは何度も思い出します。村の売店の近くに座っていたことまで憶えています。

その他には、川で溺れかけた時がありますね。どうしてもその川を渡らなければ車を止めたところまで戻れないという状況で、ものすごい激流で、僕は渡り方を知らなかったんです。アボリジニの少年たちと釣りに行った帰りで、彼らは「お前、泳げるよな？」と聞いてくる。勿論プールでは泳いでいたけど、こんな激流を泳いだ経験なんかあるわけない。でも他にどうしようもなかったんです。皆が対岸へ泳ぎ着いたのに、ひとりでそこに留まっているわけにもいかない。それで飛び込んだんです、もう死に物狂いで木の枝に捕まろうとしながら。川を泳いで渡ったことありますか？　とにかく水に飛び込む前に、カントリーに助けを求めました。命乞いをしたんです。その時僕は真剣だった。「アボリジニの信仰文化を尊重する」といったきれいごとじゃ全然なかった。真剣に、リアルに、カントリーに命を救ってくれるよう請うたんです。

保苅　ええ。

リード　そして（カントリーは）助けてくれた。

保苅　その時点では、（グリンジ・カントリーに）どのくらい滞在していたの？

リード　雨が降っていたということは夏だったから……リサーチを始めたのは六月か七月から滞在していたから、六ヶ月くらいですか。

保苅　六ヶ月前後だね。それで、ジミーじいさんがなぜ君がそこにやって来たのか聞いて、君に答えを教えてくれたのはいつだった？　その前のこと？

リード　正確には思い出せないけど、四ヶ月から六ヶ月くらいだと思う。三ヶ月過ぎると、初めての儀式に招待されました。もう十分長くここに暮らしていると言って儀式に招待してくれたんです。いずれにしても冬はあまり頻繁に儀式がないので、それが大きな理由だったのかどうかは確かじゃないけど。とにかく「お前は、ここに暮らしてもうしばらく経つ。もう儀式に参加してもよかろう」と言われ、成人男性だけの儀式会場に連れて行かれて儀式のすべてに参加しました。でもその時でさえ、スピリチュアリティの面ではさほど強い印象を受けたわけではなかったような気がします。（儀式に招待されたことを）それは大変名誉に思ったし、人々が僕を信用してくれたことをありがたく思ったけど。彼らがようやく僕に秘密の世界、それについて書くことは許されていないけど、その秘密の世界に触れる第一歩を許してくれたことはものすごい名誉でした。同時に、ものすごく多くを学ぶ機会だった。人間として成長したというか。でもその瞬間、突然宗教的になったわけじゃない。そうじゃないと思う。

リード　川渡りのエピソードが最も重要な物語と言えるだろうね。今思い返してみて、君がなぜやって来たのかという問いについて、カントリーが君を呼んだっていうことを、どう考えている？ジミーは正しかったと思う？

保苅　――その言葉と格闘していますね。そうとしか言いようがない。その言葉を僕が無視することができなくなっているっていうことは、一〇〇パーセント確かなことです。それはいつだって僕に問いかけてくるんです。「お前は一体どのくらい真剣なんだ」って。でも、はっきりとした答えはありません。即、答えを出すことはできません。

リード　確信できたら、と思う？

保苅　ええ、でも断っておくけどそう言ったのはジミーじいさんだけで、他のグリンジの人々はそんなことは言わなかったと思います。僕も今のところ、他の人にカントリーが僕をここに呼んだと思うかどうか聞いてないし。

リード　彼らもそう思うのではないかな。

保苅　そうかもしれませんね。

リード　聞いてみたらそうかもしれないね。君の答えには役立たないだろうが。ローカルな真実の問題だから、つまりそこでは、或いは彼らにとっては真実であることが必ずしも君にとっての真実とは限らないから。真実はいくつもある。イアン、そして私が例の記事を書く際に話を聞いた人は皆極めて奥深い学者たちだが、「アボリジナルのカントリーにいる時は殆どアボリジナルになり切ってしまう、まるでずっとそこに暮らしていたかのようだ。でも他の場所へ出かけた後そう感じることはない」と言っていた。だから君が過去一年間ずっとグリンジ・カントリーに住んでいたとして、私が同じ質問をしたら、君は「勿論そうに決まってます」と答えたかもしれない。どう思う？　違うかな？

保苅　どういう意味ですか？

リード　君がグリンジ・カントリーに丸一年間ずっと暮らしていて、私がテープレコーダーを持って訪れて、「ミノ、ジミーじいさんが君がここに来たのはカントリーに呼ばれたからだって言っているが、本当だと思う？」と聞いたら、君は……

保苅　「ええ、本当です」と言うかもしれませんね。ええ、確かに。

リード　では単に距離空間だけでも時間空間だけでもないわけだ。そこにいて一種のローカルな真実を吸収して学ぶことに関係あるのかな。そう言えるかな？

保苅　それは、ある時の真実でもありますね。ここ「キャンベラ」にいる時でも、僕は時々「それが道なんだ、それでいいんだ」って本当に信じる時があります。見方って変わります。変わるのかな、それとも二つの異なる見方が同時にあるのかな？

リード　そう言う方が正確だろう。

保苅　ええ、そう言い直せますね。

リード　君がカントリーに戻ると、カントリーは君のことを憶えている？

保苅　ええ、カントリーは僕のことを知っていますよ、うん。

リード　それなら道半分は行っているわけだ。グリンジ・カントリーに戻った時はカントリーには心の中で挨拶する、それとも声に出して？

保苅　声に出す時も、心の中だけの時もあります。

リード　そう。特定の先祖の精霊や聖地や歌との繋がりは？

保苅　特定のドリーミングはあります。個人的に気になるドリーミングが二、三ありますね。「気になる」とはこういう言い方で良いのかな。でも特定の聖地は必ずしもない。でも、人々がある特定のドリーミングについて語ったり、ある歌を歌ったりすると強い繋がりを感じることがあります。僕は特に気に入っている歌があって、そのある部分を歌うのが好きなんです。長老たちは僕がその部分が好きなのを知っていて、歌うよう促してくれる。

リード　具体的に話せる？　それとも……

保苅　いえ、秘密です。

リード　ではいたずら者の幽霊の話は？　ほら、どのカントリーにも言い伝えがあるだろう。シドニーの辺りでは昔は結構取り上げられたが、「グブジャ」と呼ばれる、要するに小人の一種というか、突然現れて悪さをして消える小妖精のような幽霊だ。単にいたずら者のこともあればかなり危険な場合もある。彼らのカントリーで捕まってしまうと、男は殺され女はレイプされることもある。

保苅　「ブッシュ・ブラックフェラ」のことじゃないんですね？　人間じゃない？

リード　違う、違う。

保苅　ああ、カヤのことでしょう。

リード　オーストラリア南部ではユリマンとも呼ばれる。

保苅　でもカヤは犬に似た形をしている。

リード　何に似た形？

保苅　犬です。

リード　本当？　そうなのか。

保苅　ええ、人によってはがい骨の姿で現れるとも言うし、暗闇の中で目だけが光るのが見えるとも言うけど、人間を襲うそうです。

リード　襲う？　それ以外にも悪いことをする？

保苅　ええ、危険なんです。幽霊だけど、犬の姿だったり、がい骨の姿だったり、犬がい骨の姿だったりするんです。

リード　ミノ、カヤを見たことある？

保苅　いや、ないな。

リード　先々見ることがあると思う？

保苅　――（沈黙）。あるだろうという答えよりは、ないだろうという答えに近いな。でも、絶対にない、とはいえない。

リード　なるほど。それで、見たことがあるという人たちをどう捉えている？

保苅　どう捉えているか？

リード　つまり彼らはカヤを見たのか、妄想していたのか、作り話なのか？　どれだと思う？　彼らは実際に見たのだと思う？

保苅　時々カヤは家のドアを開けようとするんですよ。ある夜、アボリジニの人たちが、今、カヤが扉を開けようとしていると教えてくれたんです。彼らはカヤが入って来れないように、ドアノブのところを針金で厳重に縛ってましたよ。カヤについてのすごい話は、ベスティーの時代［ウェーブヒル牧場での労働を強いられていた時代のこと。「ベスティー」は牧場を経営する英国系の大畜産企業］のアボリジニのコックさんの物語だな。彼はコックだったから、いつも肉の近くにいたんです。で、カヤは肉を盗む。ある晩、彼は朝食を用意しようとして早く起き過ぎちゃったんです。そこでカヤは彼を連れ去ってしまった。それから数日間、みんなで彼のことを捜しました。結局、彼は巨木のてっぺんにぶら下がって発見されたそうです。その人の名前も教えてくれて、ダーウィンにいるということだったけど、まだ会う機会がないんです。いずれ会って是非話を聞きたいですね。

リード　木からぶら下がって発見されたものの生きていたわけだ。

保苅　ええ、無事だったそうです。命は救われたんです。

リード　「カヤ、K-a-y-a」で間違いない？

保苅　ええ、「カヤ」です。僕の個人的な経験では、狩の後川岸で小宴会をした時があります。その日は大変な大猟で、野生の七面鳥が二羽、カメが何匹も、そしてカンガルーも数匹獲れたので、すごい量の肉が何種類もあった。僕が行った最初の狩だったかもしれないな。それで友人がキャンプの周りに幾つもの焚き火を焚いていたので、「なぜそんなにたくさん焚き火が必要なの？」と聞くと、「カヤが俺たちの肉を狙っているからさ。用心として焚き火を焚かないといけないんだ」ということでした。

リード　なるほど。

保苅　それにヘンリー……じゃなくてレイモンド・エヴァンズ、違うな、彼は歴史家だ。何ていう名前だっけな、レイモンド……ピーター・レイモンドだ。素晴らしい人です。彼はカヤが近くにいると、カヤが脳を刺激して頭痛がするので分かるんだそうです。それで、アスピリンをくれって言うんですよ。僕はそうした恐怖感にもアスピリンが効くのかって、びっくりしたけど。カヤについてどう思うかですか？　いい質問ですねぇ。僕はカヤをリアルだと思ったんだろうか？　その時はそう思わなかったですね。最初の二ヶ月くらいは、彼らのそういった体験に興味は持っていたけど、自分のリアリティの位置としては受け入れていなかった。

リード　でもその後そう捉えるようになった。

保苅　後からそう捉えるようになりました。それでもカヤは……カヤについては確信できませんね。ドリーミングはもっと……でも、カヤもドリーミングの一種だな。もしかしたら僕の中に何らかの判断基準があるのかもしれない。今まで自覚したことなかったけど、「カヤはどう?」「じゃ、このドリーミングは?」と聞かれてみると、今言わせて貰えば、僕はアボリジニのリアリティのうちのいくつかを真剣に受け入れているし、そうでないものもありますね。

リード　そうすると、カヤはどちらのカテゴリーに入る?　真剣に受け止める現実、それともそう真剣には受け止めない現実?

保苅　こう言ってもいいですよ。僕はカヤが実在することを知っています。でも、それは僕に影響を及ぼさない。別に怖くないんです。

リード　じゃあ、なんで君はカヤを見たことがないの?

保苅　僕にとっては、グリンジの人々はどうか知りませんが、僕にとっては、カヤやそういった怪物たちは実在するけど、ピーター・リードが実在するように、客観的に実在するわけじゃないから。かといって僕の頭の中にだけ実在するわけでもない。そうじゃなくて、ある次元に実在しているんですよ、それはリアルなんです。

リード　(客観的に実在するのと頭の中にだけ実在するのと)二つの対極のどちらでもないということ?

保苅　ええ、僕は、最近になってそんな風に考えるようになったんです。グリンジ・カントリーでの体験なしではそうした考え方に辿りつかなかったでしょうね。でも今はそう感じるんです。

リード　それはいいね。

保苅　カヤは僕の頭の外側に実在しています。でも客観的に実在してるってわけじゃない。

リード　客観的に。

保苅　そう考えると、そのリアリティと比較的簡単に関係を持つことができますね。カントリーに親しめば親しむほど、このリアリティがそこにあるとますます理解するようになりますね。

リード　その通りだね。そしてそれは、グリンジの人々がより敏感で知覚力があるからではない。そのカントリーで生まれ育ち、何年もそれらを見て慣れ親しんできたから？

保苅　一つにはそうですね、でもそれがすべてじゃない。面白いですね。一つの解釈として、僕は当初は彼らの話を信用しなかったけど、後で信用し始めた、と言えるでしょう。でもこう言うこともできる、僕がカントリーに慣れ親しむにつれて、そのリアリティの実在を実感するようになった。そうも言えますね。微妙に違うでしょう？

リード　そうだね。イアンが言っていた通りだと思うよ。彼は当初君よりももっと不可知主義だったと思うね。君がさほど影響を受けないのは、君がその社会の、そのカントリーの一部になり切っていなかった、或いは多少距離を置いていたからだということだね。それで、ドリーミングの中でも一方では影響を受けないものもあり、他方では深く影響を受けるものもある。では、そうしたドリーミングについて、話せる範囲内で話してくれるかな。

保苅　何らかの超自然的なリアリティについて……？

リード　カントリーのドリーミングなり、何なり。

保苅　例えば、ジミーじいさんの教えは、大地が、カントリーが「正しい道」を示してくれるというものです。だから、トラックが路上で止まってしまったら、「あぁ、カントリーがこれ以上進まないように警告しているんだな」と素直に理解し受け入れることができるんです。また、僕はヘビを見ると、それが毒蛇かもしれないという恐怖とは別に、怖れを感じます。これは、ずっと前から気になっているドリーミングに、ジュンダガルという大蛇のドリーミングがあるからです。極めて強力なドリーミングで、主に男性だけの秘密になっている。ジミーじいさんが最もよく語ってくれたのがジュンダガルのドリーミングです。僕の理解する限りではジュンダガル自体は特定の種類のヘビではないけど、それ以来、ヘビを見ると僕は必ずジュンダガルを連想してしまうんです、無意識に。これは極めて強力な存在者で細心の注意を払わなければならない、同時に自分を守らなければならない、という恐怖感を感じる。僕はそれをとてもリアルに受け入れていて、大きな影響を受ける。他には、コンファレンスでも話したように、日本で開かれたアボリジニ絵画展のオープニングに行った時、誰かのスピーチの最中に雨が降り出すと僕は「あぁ、レインボーサーペントがアボリジニ絵画と一緒に日本へやって来たんだ」と思いました。そういう風に考えるのが、リアルに受け入れるのが自然になってきているんです。「リアルに」というのが正しい言葉なのかな、でもそれが一般的な表現ですよね。とにかくレインボーサーペントが絵画と共に日本を訪れている、ということを受け入れた。そう感じたというか、そうであることを発見したんです。

リード　このレインボーサーペントは、（川はいくつもあるけど）カヤとある程度似た位置付けになる？つまり、スピリチュアル・リアリティとして実在する一方で、必ずしも客観的な現実ではない？

保苅　ええ、そうですね。

リード　そして、グリンジのそのドリーミングなり何なりは主にそのカントリーと結び付いている。同じヘビがこの辺りにもいるかもしれないけど、そのヘビはカントリーと関連があるわけだ。

保苅　でも、僕がヘビのドリーミングを感じた日本でのアボリジニ絵画展には、グリンジの絵画はなかったんですよ。唯、ヘビの絵画があって、それだけでもヘビのドリーミングと結び付けたんです。

リード　それなら必ずしもカントリーに根付いたものではなくて、すべてのレインボーサーペントに通じるエッセンスみたいなものだったのかもしれないね。それは直接話しかけるような存在者なのかな？　それとも話しかけられるには用心深過ぎるのだろうか？　君は話しかけたことがある？　長老たちは誰か話していた？　それともそんなことをしてはいけないのだろうか？

保苅　話しかけるって……？

リード　レインボーサーペントに、或いは特定の場所で挨拶する時、ドリーミングは話しかけるべき存在者なのかな？　大声で呼びかけるとか？

保苅　そうだ、考えてみると、非常に興味深い体験があります。池というか湖というか、レインボーサーペントの住む池、湖、沼があって、僕は友人とそこへ……違う違う、僕自身はいなかったんだ、友人が話してくれたんだ。不思議ですね、僕自身が目撃したような気がする。とにかく友人が、白人ですけど、アボリジナルの青年たちと一緒にそこへ行って実験したんです。その池では泳いではいけないのに、泳ぎ始めたんです。でも彼らは怯え切っていて、大声で「僕たちは泳いでいるだけですよ！　悪さをするつもりはありません、ただ確かめているだけ、泳いでいるだけですよ！」と叫んでいる。その白人の友人は何らかの理由でそのコミュニティに暮らしていたんですが、断固とした無神論主義者なんです。彼はこのエピソードを、アボリジニの若年層はもうドリーミングを信じなくなっている証拠として捉えた。彼の理解では、レインボーサーペントの存在を確かめるために実験していたわけだから。でも僕にとって興味深いのは、彼らが何度も「大丈夫、悪さはしていませんよ！」と叫んで確認している点です。そうした実験をするということは、レインボーサーペントを大いに恐れているということでしょう。

リード　その通りだね。君だったらそこで泳ぐ？

保苅　いいえ。

リード　それはレインボーサーペントに対する恐怖から、それとも長老たちの意思を尊重するため？　その二つを別々に考えることはできる？

保苅　恐怖ですね。とにかく危険過ぎる。勿論問題は、何も知らなければ、そこに湖があれば泳ぐかもしれないですよね。泳ぐかな？　ローカルの人に、レインボーサーペントが住んでいるかどうか確かめてからの方が良いなぁ。カカドゥ国立公園のジムジム滝みたいな、誰もが泳いでいるようなところなら泳ぐけど、ひとりで車を走らせていて突然湖が現れたら、泳ぐかな？　泳がないかも。泳がないだろうな。水が必要だったら、「こんにちは」と声をかけるかもしれませんね。ところで僕は時々、日本語でカントリーに話しかけるんですよ。その方が僕には話しやすいし、もっとリアルに感じられるから。大抵は彼らも日本語でも解ってくれると思うんです。

リード　声に出して話しかけるの？

保苅　それも場合によりますね。声に出す時もあれば、心の中でだけの時もある。いずれにしても「レインボーサーペントがいたらごめんなさい、知らなかったんです。少しだけ水を貰います」みたいなことを言う。そんな風にします。

リード　それが正しいやり方かもしれないね。

保苅　そうかも知れませんね、念のために声をかけておくというのが。

リード　君の主な教師たちは誰？

保苅　グリンジ・カントリーでの教師ですか？　ジミー・マンガヤリ、彼のこと？

リード　彼以外の教師は？

保苅　ミック・ランギアリがいます。ミック・ランギアリはウェーブヒル牧場退去の体験者のひとりで、ウェーブヒルについてたくさんの物語を語ってくれた。それからビリー・バンター。ビリー・バンターは知ってますか？

リード　いや。

保苅　彼も多くを教えてくれました。この三人が、知識体系の面での主な教師たちです。他に狩仲間の友人もたくさんいるけど、ずっと若い世代です。彼らも物語りを語ってくれたけど、主に一緒に狩をしたりカントリーを駆け回ったりする仲間でした。

リード　彼らも長老たちと同様に、物語を維持していく義務を感じていた？　それとも数人集まると興で物語りを始めるという感じ？

保苅　それは女性の方に多かったというのが僕の印象です。男性はそうでもなかった。（長老たちと同じかどうかについては、違うと思う。でも（世代から世代への）継続性とか変化とかについてはあまり深く掘り下げたくないんです、退屈でしょう。でも若い世代も長老たち同様、スピリチュアルな経験について語りますよ。僕と同年代の青年がウェーブヒル牧場を訪れた時、先祖が「我々は大丈夫だ、ここに安眠している。だから我々のことは心配しなくていい」と言った、と話してくれた。

リード　女性も？

保苅　ええ、恐らく女性もそうでしょう。僕は特に若い女性とは一緒に出かけないようにしていたけど。後で、そんなに心配する必要はなかったことが分かったけどね。とにかく、女性とはあまり時間を過ごさなかったんです。でも一緒に釣りに行く女性もたくさんいて、彼女たちが先にカントリーに呼びかけていましたね。「子供たちがお腹を空かせています。どうぞ私たちに魚を与えてください」という風に。女性たちからは（話を聞くより）見て学ぶことが多かったです。それで僕も時々、カントリーに「僕はこういう問題に直面しているんですが、どう思いますか？」と疑問を投げかけたりします。大抵の場合は答えは返ってこないけど、聞いてみただけでもよかったという気がします。

リード　答えはあっても目に見えないものなのかもしれない。

保苅　そうですね。最近それが習慣になりつつあります。

リード　問題は、例えばグリンジ・カントリーの場合ブラック・マウンテンが昔宗教儀式を行う聖地だったと聞くけど、カントリーがスピリチュアルに生きているということは、人々が物語りを語らなくなってしまっても行き続けるのだろうか？　例えばキャンベラ周辺のカントリーはどうなのだろう？

保苅　さあ、一体どうなんでしょうね。まだ未確認なのでこの話は書いてないけど取り敢えず話すと、ある時皆が儀式をしているので何の儀式か訊ねると、葬式だそうです。「誰が亡くなったんですか？」と聞くと、「カントリーのある部分が死んだんだ」と言います。それで彼らは……秘密の儀式なのであまり詳しくは話せないけど、「この儀式の後でカントリーは生き返るんですか？」と聞くと、「いや、このカントリーは永久に死んだ」と言う。それでカントリーが死んだ理由を聞いてみると、シドニーから来た混血の女性画家か誰かがその場所を描いたから、だからカントリーが死んだということでした。

リード　何だって？

保苅　どこかの聖地だそうです。

リード　かなり強烈な話じゃないか？

保苅　ええ、かなり強烈ですね。僕はそれが誰で、どの場所なのかをつきとめようとしたけど、うまくいかなかった。いろいろ聞いて廻ったけど見つけることができなかったので、今でも不思議なんです。もしかしたら僕は彼らの説明を誤解したのかもしれない。でも「死んだのは人ではなくてカントリーで、これはカントリーのための儀式なんですね？」と何回も確かめたんですよ。「カントリーはいつ生き返るんですか？」と聞くと「永遠に生き返らない」と言われました。

リード　全く初めて聞く話だ。

保苅　今まで聞いたことなかった？

リード　ない。君は？

保苅　ないですね、その一回きりです。それは間違いないけど、（カントリーが死んだ）理由は確かじゃないんです。ある男性が、混血の女性画家がアボリジニ男性の聖地を描いた、云々と話してくれたんだけど、コミュニティ・カウンシルに問い合わせてみたら、誰も混血女性が絵を描くためか何かで来たかについては誰も知らない。だから僕もはっきり分からないんです。

リード　まあ、彼らの言う通りだったとしよう。きっとそうなのだろう。

保苅　僕に言いたくなかっただけかもしれない。あり得ますよ。いずれにしても、カントリーは死にます。永久に死にます。実際、デビー（ローズ）も同じことを聞いてきました。彼女は今の話に非常に関心を持ちましたね。

リード　そうだろうね。私はデビーにも同じことを聞いた。皆に聞く、なぜならカントリーは君が話したのとは別にもいろいろな形で死に得るから。人々が物語りを歌わなくなったり、単に移動していなくなってしまったり、まだそこに住んでいても知識が失われたり、虐殺されたり、人々はまだいてもその場所がコンクリートに覆われて駐車場になってしまったり。更に、カントリーが死んだと人々が判断しても、カントリーはすぐ死ぬのだろうか、それとも徐々に薄れていくのだろうか？　水が洩れるように消えていくのだろうか？　カントリーが生き続けるためにはどこまで人間が必要なのだろう。それともカントリーは人間とは何の繋がりもなく独立した存在なのかな。

保苅　これはアボリジニの教えとは関係ないけど、僕の個人的な意見では、カントリーが生き続けるには人間が必要だと思います。でも、そのカントリーを真剣に大事に思う人間なら、誰でもそのカントリーの管理者になれるはずです。管理者という言葉は正しくないかもしれないけど、そのカントリーを維持することができれば、カントリーは生きているんじゃないかな。逆に人間なしではカントリーは生き続けないと思います。カントリーが生きるためには人間が必要でしょう。

リード　人間が生み出さないといけない？

保苅　え？

リード　人間がそのカントリーの命を生み出さないといけないということ？

保苅　人間がエージェントだとは思わないけど。

リード　そう、私は君がそう言っているのかと思った。

保苅　いやいや、違います。

リード　ではどういう意味だったの？

保苅　カントリーは人間を必要としていて、人間はカントリーを必要としているけど、人間がカントリーをコントロールできるわけでもカントリーが人間をコントロールできるわけでもない。むしろ相互依存関係みたいものです。

リード　つまり共生関係のようなものだということ？

保苅　ええ。でもそうすると海はどうなんでしょう。海は……

リード　……

保苅　そして日本の国土は？　僕はあまり日本の国土には執着ないんです、おかしなことに。海外に住んで愛国主義者になって帰国する人もいるけど、僕はその方向には行きませんね。正直言ってそれがジレンマなんです。カントリーを大事にすることについて多くを学んでいるのに、日本に帰ると母国に対して極めて批判的なんです。

リード　それは政府に対して？

保苅　まだ答えが出てないんです。

リード　なぜこうしていろいろ聞いているかというと、間違った答えはないと思うが、私はこの本［*Haunted Earth*］の最初から最後まである疑問を提示しているんだ。ブンゲンドールとフリン（キャンベラ郊外）の近くにある教会では、イングランド国教会の司祭が集まって悪魔祓いをやっている。

サタニスト（悪魔崇拝者）が入り込んで棺桶を掘り起こして何らかの悪を……「悪霊」といった大袈裟なものではないがそうした悪い雰囲気を植えつけたからだと言う。それで悪魔祓いをしているんだがこれがすごいんだ、十字架を掲げて、吊り香炉を振って、聖水をそこらじゅうに振り撒いて、「神のものにあらざるものはすべて、この教会から去れ！」という感じでね。一方、フリンではインド系の人が「プジャ」と呼ばれる儀式をしているそうだ。悪魔祓いに似ているが、精霊を招き入れて「ここに留まりたい精霊は？」と聞く。そして「ここに留まりたいなら私たちに不幸をもたらさないでください」と言うんだ。だから比較的非暴力的な悪魔祓いだね。こういった儀式が行われているということは何を意味するのだろうか？（オーストラリア国立大学の）ジャッキー・ロウ教授の中国系の家族は、先祖が住んでいたクアラルンプールとシンガポールから先祖の霊をここへ呼び寄せる儀式をするそうだ。僧に頼んで、先祖の霊を向こうの墓地から呼び出して、ここの寺院に納める儀式をして貰うんだそうだ。

また、私のアボリジナルの友人リッキー・メイナード（タスマニア・アボリジナルの写真家）は、「スピリチュアル」という言葉は一切使わなかったにも拘らず、集合的なスピリチュアリティを意識してカントリーを巡回した唯一の人物だ。彼には数え切れないほどの親戚がいたから極めて幅広い知識を持っていたし、しかも思い出そうと思えば六、七世代前まで遡れたから、非常に奥深い知識だった。彼はいわゆる「ウォーカバウト」の一環として、よくケープ・バーレン島に滞在していたね。

更に作曲家のロス・エドワーズは、彼の音楽の一部は共通の「グラウンド・ベース」、つまり人間のあらゆる活動の地盤となる、人間が現れる前からあった何かを象徴するものと捉えている。というわけでスピリチュアリティの役割を巡って様々な見方があって、中には極めて具体的なものもある。例えばこの部屋でも度々、あそこにアボリジナルの産婦が座っているのが見えるという人がいる。私は見たこともないし、この先見ることもないだろうと思うが、他の人が見ることができるなら実に興味深いと思う。いつもここにいるのではなくて、このカントリーの中で移動するらしい。言い換えれば、私が言いたいのは、そしてこの談話の大半のポイントはというと、ローカルな真実があって、地域によっていろいろなリアリティが存在するとしよう。私は違う場所に行けばその地域特有のリアリティがあるという考えに概ね同意する。フリンではインド系の人が半日以上かかる複雑な儀式を行い、終わった後も一ヶ月間そのテープを毎日流して、儀式で燃した灰を投げ上げて、後で玄関先に銅製の皿で覆って埋めなければならないとか。それでも効き目がなくて、精霊がつきまとう場合もあるという。そこで、「霊はそこにいるのか？」と同じ質問をされたら私はまず「分からない」と答えるだろう。でも、問うべき質問はそれではない。問題はそれではないんだ。

保苅　その通りですね。問題は……

リード　問うべき質問は分からないが、霊がそこにいるのかどうかではないことは確かだ。むしろ異なるリアリティが存在すること、存在させれば存在することと関係がある。しかしそういう言い方をすると、本当は実存しないように聞こえるし、それも違う。すべてのリアリティは同じ現象の出現なのだろうか？　その家に住んでいるのが他の人だったら、彼らには霊など見えないかもしれない。何も気付かないかもしれないんだ。

保苅　そうですね。

リード　だからといってそれは霊がいないことを意味しない。いる、というのが何を意味するのかは別として。

保苅　複数の次元を持つリアリティがあるということでしょう。

リード　そうだ、ちょっとニュー・エイジっぽく聞こえるが。ある人が論じた別の考え方にこういうのがある。我々にこのテーブルが見えるのは我々自身が固体だから、つまり同じ原子構造の一部だからで、別の世界か何かからやって来たものはこの空間をすっと通り抜けることができる。ここに何かがあったことなど全く気付かず、宇宙空間を通って行くと。

保苅　その通りですね。

リード　君はそう思う？　面白いアイディアだね。このテーブルが存在するのは我々がその一部だからだ、と。

保苅　映画「マトリックス」も、理論上は可能ですからね。あの映画見ました？

リード　いや。

保苅　僕たちが今経験していることはすべて作られたものだという仮定なんです。忘れてしまったけど二〇五〇年か二一〇〇年の未来で、その時にはコンピュータが人間をコントロールしている。人間のすべての活動はコンピュータのバッテリーのように作用していて、人間は皆そのバッテリーのセルの一つとして、それぞれの毎日の生活を想像しているに過ぎないんです。僕たちの経験は想像されたものなんです。

リード　なるほど、それも一つのアイディアだね。我々にこのリアリティが見えるのはあくまでもそれと同じ分子・原子構造を持つからだ、という理論を受け入れれば、それなら異なるリアリティが存在することも可能だし、他の存在なり何なりが我々に全く気付かずここを通り抜けることも可能だ。また、これらにロジックがあるとすれば、特定の人々にとって特定のリアリティがあることも論理的に考えられる。レインボーサーペントについて考える上でも興味深い見方だね。そうした考え方は君の経験、つまりレインボーサーペントに敬意を示すにしても、川渡りの時に庇護を求めるにしても、そうしたことに沿っているね。しかし私はここの湖を泳いで渡ることがあったら、カントリーに助けを求めるのには抵抗があるな。

なぜだろう？　君は違う意見かもしれないが。ディペッシュはここでマレー川を越える時、バスを降りてガンジス川を越える時のように儀式を行いたくなると言う。他の乗客を見回して、「君たちは一体どうしたんだ、この川に敬意を表しないのか？　オーストラリアで最も重要な川じゃないか、川越えの儀式を行うべきだろう？」と思うのだそうだ。

保苅　いい質問ですね。でも彼は行動には移さない？

リード　勿論、そんなことをしたらバスから放り出されてしまうから、心の中で、精神的な儀式をするそうだ。

保苅　ええ、解ります。僕もオーストラリアに到着した時、シドニー空港やキャンベラ空港で（カントリーに向けて）歌ったり呼びかけたりし始めたのはかなり最近です。

リード　歌ったり呼びかけたりするの？　どんなことを？

保苅　「こんにちは、カントリー」という感じです。「こんにちは、カントリー、日本からやって来ました。以前にも来たことがあるのを知っているでしょう。戻って来ましたよ」といった挨拶です。アボリジナルの儀式ではないですね。むしろ、例えばあなたは犬に向かって話しかけるでしょう、犬とコミュニケーションするのと同じような感じで、僕はカントリーとコミュニケーションする。

リード　うん、犬は実際には理解できないが。

保苅　そういう感じだけど、僕はカントリーは理解しているものと思っている。必ずしもいつも……そうかな？　おかしな話ですが、日本に帰国している友人がいて、オーストラリアに戻って来るべきかどうか考え中なんです。彼女は猫を飼っていて、猫をオーストラリアに連れて来るには大金がかかるので迷っている。それで僕はすぐ、ごく普通に「日本に残りたいかどうか猫に聞いてみたら？」と言った。「猫にどうやって聞くの？」と言うので「ただ聞いてみれば答えてくれるよ、必ず答えるよ」と言ったんだけど、解って貰えなかった。でも、僕の観点からはカントリーにも聞けるし、猫にも聞ける。答えが返ってくる時とこない時とあるけど、聞いてみる価値はあります。

リード　オーストラリアの空港とグリンジ・カントリーとでは違いがありそうだね。グリンジ・カントリーは君が戻って来ると憶えていると言っていたが、オーストラリアも君を憶えている？

保苅　いや、オーストラリアは憶えていないですね。一方では、そこに住んでいたかどうかが重要だと言える。僕はシドニーにもキャンベラにも住んでいた、それが大切なんです。だからカントリーが僕を知っていると納得できる。だからオーストラリアが憶えていてくれるわけじゃない。他方では、訪れたことのないカントリーの上空を飛行機で通過する時、例えばクイーンズランドですね、僕は心の中で「まだ見たことないけど、そのうちお邪魔しますよ」と挨拶する。そういったコミュニケーションをします。でも、不思議なことにアメリカではしない。今初めて気付いたけど、アメリカの姉の所へ遊びに行く時にはしないな。だからアメリカには挨拶していないのに対してオーストラリアではすると言えるけど、オーストラリアという国全体にはしません。

リード　リンダル・ライアン教授にもタスマニアに行く時について同じことを聞いたら「ええ、勿論挨拶します」という答えだった。「カントリーはあなたが挨拶していることを知っている？」と聞くと「さあ、きっと知らないでしょう。知らないと思う。でも私自身にとって、挨拶することが重要なんです」と言っていた。そしてこれはある種の相互関係を示唆している。カントリーが君が挨拶していることを知らなくてもね。君がカントリーが知らないと言ったと言っているんじゃないよ、微妙な違いがある。カントリーは君が挨拶していることを知らなくても、相互関係の上では挨拶することが重要である、と。それは興味深いね。

保苅　ええ、面白いですね。僕は彼女と違って、カントリーは知っていると思う。カントリーが僕を知らなくても、僕の存在に気付く可能性があると感じたら、挨拶します。クイーンズランドとコミュニケーションするのもそういう形です。挨拶すれば、カントリーが僕に気付いてくれると思ったから。でも、なぜかニューヨークのケネディ空港に到着した時は挨拶しない。なぜかと聞かれたら、答えは多分、そのカントリーが僕に気付くと感じなかったから、でしょう。

リード そう。君もそのカントリーが君を知っているかどうかには関心がないのだろう。

保苅 ええ。

リード でもこのカントリーが君を知っていることは当然重要だろう？ どう思う？

保苅 カントリーが僕を知っていることは重要だと言えるけど、同時に、それが重要かどうかはあまり関係ないかもしれない。いずれにしてもカントリーは僕を知っているんです。

リード なるほどね。それでこれはアボリジナルの人々から君への贈り物なわけだ。アボリジナルの人々から、そしてジミーじいさんから君が授かったもの？

保苅 アボリジナルの人々から？ ええ、その通りです。

リード 君が（アボリジナル社会で）フィールドワークをしていなかったらあり得なかったわけだ。

保苅 え？

リード 君が（アボリジナル社会で）フィールドワークをしていなかったらあり得なかった。恐らくそうだろう？

保苅 ええ、その通りです。実はあるストーリーが……今話してもいいですか？ どこかに記録しておきたいのだけど、公の場で話すべきかどうか不安なので。いいですか？ ジミーじいさんが亡くなったのは二〇〇一年三月、僕が博士論文を提出してから二ヶ月後のことです。当時、大雨が降ってダグラグ村の住民は皆キャサリンに避難しなければならなかった。まだグリンジの人々とこの二つの事件の関連について話していないので、これはあくまでも僕の個人的な考えで、グリンジの人々の承諾を得たものではないんだけど、僕の論文の提出とジミーじいさんの死と洪水は繋がっていると思います。

リード　何に繋がっているって？

保苅　洪水です。洪水とジミーじいさんの死と僕の論文提出はすべて繋がっているんです。
　これは僕の夢、僕が見た夢に関するストーリーなんです。デビーの家で留守番をしている時、彼女の寝室に寝ていたんですが……金縛りって解ります？　眠っている時突然目が覚めて、意識ははっきりしているんだけど体が動かないんです。英語でなんて言うんだろう。そういう言葉があるのかな？

リード　（何と言うのかは）知らないが、言っている意味は解る。

保苅　その金縛りになって、そうしたら怪物が現れたんです。

リード　何人か……私の著書の中でも何人か、そうした状態になった時にアボリジナルの幽霊が現れたと話していた。調べておこう。

保苅　その時はそれがアボリジナルかどうかなんて分かりませんでした。とにかくそこに怪物がいて、
　僕が寝ていたベッドの傍にあった小さな机、何て言うんだっけ、ベッドサイド・テーブル？　それを指差すんです。それで怪物は指差しながら、「これがお前の数字だ」って言うんです。

リード　何を指差して？

保苅　そのテーブルを指差して、「これがお前の数字だ」って言うんです。

リード　数字だって？　ふうん。どんな怪物だった？

保苅　え？

リード　その怪物なり何なりはどんな形をしていた？

保苅　巨大な影みたいなものでした。

リード　影？

保苅　巨大な影です、天井に届くくらい大きな。

リード　アボリジナルかな？

保苅　いや、後からその可能性が出てきたけど、その時はアボリジナルだとは思わなかった。単なる怪物で、「これがお前の数字だ」と言う。それだけでした。翌朝普通に目が覚めて、不思議に思ってすぐテーブルを調べてみたけど、勿論その上に数字なんてなかったから、このテーブルが数字とどう関係あるんだろう、と首を傾げていました。それでシャンタルにこの話をしたら「引き出しが三つある」と指摘されて、「三」という数字がひとつの可能性となった。それでもこの体験の謎は解けないままで、僕は不思議で仕方がなかったんです。そうしたら帰国していた時……僕には人生で三人、本当に信頼できる、尊敬できる、彼らの言葉を真剣に受け入れられる人がいるんだけど、ひとりはジミーじいさん、ひとりは日本にいるこの人で、もうひとりは……まぁ、この物語には出てこない人です。日本にいるこの人は精神療法の専門家でカウンセラーなんですが、カウンセリング方法の一つに「フォーカシング」というのがあって、身体をフォーカスさせて身体と心理を結び付ける方法なんですね。それで僕は、この怪物のことがあまりにも気になるから「フォーカシング」をしてくれるよう頼んだ。それで僕はいくつかのことを発見しました。一つは、怪物は僕のことを怒っているということ。多分「フォーカシング」がどんなものかもっと説明する必要があるだろうから、詳しく知りたかったら聞いてください。とにかく「フォーカシング」の結果解ったのは、怪物が怒っているということ、そして数字は「三」だということ、それも「一〇中の三」だということ。また、怪物は僕に危害を与えるつもりはないということ。ただ怒っているんです。そうしたら「一〇中三」の意味は僕の博士論文の評価なのだというイメージが湧いてきました。怪物は僕が良い論文を書いたと自負し過ぎていることを怒っていたんです。意識的なレベルでの自己評価は一〇中七か八でした。僕は自分の論文を誇りに思っていたし、実際の評価は……

リード　一〇中一〇だった。

保苅　つまり怪物が僕に言っていたのは、「もっと謙虚になれ。お前はアボリジナル文化についてまだ何も解っていない」或いは「ジミーじいさんの教えや他のグリンジの人々の教えをどのくらい真に理解している？　評価はたったの三だ！」ということだと思います。「自分の知識やグリンジ・カントリーでの体験について自信過剰になってはいけない」というメッセージなんです。そしてそれを理解した直後に、同じ「フォーカシング」の過程で、ジミーじいさんが現れて僕のことを笑いながら、にこにこして言ったんです。「やっと解ったようだな。解ったな、どういう意味だったか」って。その後イメージは消えてしまったけど、その時点であの怪物はジミーじいさんの一面だったことが解った。同時に、怪物はドリーミングだったとも言えます。怪物か何かで、ジミーじいさんで、更にドリーミングで、更にはアボリジナルの何かだと。

リード　これは博士論文の提出とジミーじいさんの死との間に起きたこと？

保苅　その後です。

リード　ジミーじいさんの死の後？

保苅　ええ。ジミーじいさんが亡くなった直後にある夢を見ました。夢の中で僕は車を運転していて、隣に彼が乗っていた。僕がびっくりして「ああ、ジミーじいさん、亡くなったものと思っていたよ」と言うと、「いやいや、わしはまだここにいる、お前の傍にいる。お前の傍にいる。いつも傍にいるから心配するな」って言うんですよ。だから順序付けると、まずこれが最初に見た夢で、その意味は大体明らかで解りやすいですよね。その次に怪物の夢を見たんだけど、はっきりとは憶えていないけどずっと後で……

リード　怪物の夢はいつ？

保苅　怪物の夢はずっとずっと後のことです。数ヶ月、うん、数ヶ月かもしかしたら半年くらい後だったかもしれない。

リード　そう。ということは博士論文はまだ評価されていなかったわけだ。（査読報告を）受け取って論文を見直した前だった？

保苅　ああ、いい質問ですね。デビーが留守だったのがいつだったか調べなければならないな。シャンタルと留守番をしていた時だったのは確かだから。

リード　なるほど。

保苅　博士論文の評価はまだ……もしかしたらもう出ていたのかもしれない、ちょうど出たばかりだったかもしれない。というのは論文の査読報告があまりにも良く、賞賛的だったから、僕は良い論文を書いたと自信を持ったんだと思うな、うん。これは僕にとってとても大切なストーリーで、いつも僕を後押ししてくれる、僕を謙虚にしてくれる、僕はまだ学び始めたばかりで、まだ何も知らないんだという……

リード　グリンジ・カントリーと繋がりのある、少なくともアボリジニ関連の怪物だということを示唆しているね。とても大きかったって？

保苅　ええ、巨大でした。

リード　人間の形をしていた、それとも……？

保苅　人間っぽかったですね、ええ、人間っぽい形でした。動物じゃなかったな。人間の形をしていたけど、天井に届くほどだった。

リード　黒かった？

保苅　黒だけど真っ黒じゃなくて、灰色っぽい黒でした。

リード　顔には見覚えがあった？

保苅　いや、ただあの辺りが顔の部分だということが分かった程度です。腕みたいなものがテーブルを指すのが見えて、「これがお前の数字だ」って言われたんです。

リード　ずっと下まで見えた？

保莉　何だって？

リード　ずっと下まで見えた？

保莉　（見ようと思えば）見えただろうけど、僕はベッドに横たわっていて、ベッドがここだとすると、それはこういう風に出てきたから……

リード　確か「夜鬼婆症候群」［オールド・ハグ・シンドローム］と呼ばれる現象だ。

保莉　何て呼ばれるって？

リード　「夜鬼婆症候群」だ。いくつかそういうストーリーがあって、ウェブサイトを調べてみると、もう何世紀も前から知られている現象なんだ。勿論私はそれがリアルでないと言っているわけじゃないが、そう言う人もいる。

保莉　何て？

リード　心理学者の医学的な名称が「夜鬼婆症候群」（睡眠麻痺）なんだ。鬼婆、つまり魔女だ。身体の麻痺を伴う場合が多く、何か恐ろしいことを体験するんだが、心理学者は酸素不足か何かと関係があると言う。

保莉　ふうん。

リード　深い眠りについている時、レム睡眠中にある時点で酸素不足になった時と関係あるとか、大体そういった筋の説明だった。しかし、二つの説明が共存できない理由は全くない。その夜、君が酸素不足になったことで「夜鬼婆」が現れるちょうど良い機会となったと考えられるだろう。これは別の話だがついでだから話しておこうか、はっきりと意識があった時の話だが。（アボリジナル初の連邦政府部局の責任者だった）チャールズ・パーキンズのレイ（霊的使者）はカラスで、逆に彼にとって縁起の悪い鳥は大白オウムなんだ。私は著書を「カラスと大白オウム」という題にしたかったんだが、出版社が動物学の本か何かと間違われかねないと言って承知しなかった。それはともかく、チャーリーにとってカラスは大事な鳥だった。一九八八年か一九八九年に本が出版されると次々とインタビューに呼ばれて、一番最後がABC放送のブルー・ガワードとのインタビューだった。私が著書についての最後のインタビューを終えて出てくると、乗ってきた自転車の前輪の前に死んだカラスが横たわっているじゃないか。まだ温かかった。私は怖くなったよ。チャーリーには言わなかった。縁起が良いとは思えなかったからね。

保苅　ええ。

リード　だから彼には言わなかった。それにしても私は一〇分くらいしか局内にいなかったことを考えると特に異様な出来事だった。私が出てくると死んでいて、完全に死んでいたもののまだ温かくて、前輪の真ん前に横たわっているんだ。極めて異様だろう。そのことを話したかったんだ。

保苅　興味深いですね。

リード　その通り。一体何が……何からのメッセージだったのかも何も全く分からない。話を戻すと、怪物はある部分ジミーじいさんで、ある部分ドリーミングだった、という君の解釈はいいね。しかしジミーじいさんは怒りで幽霊になって出てくるような人だった？

保苅　いや、そんな人じゃなかった。

リード　（ある程度）満足していたという印象を受けるが。

保苅　でも、彼のことを思い浮かべると、僕が運転する隣に座って「心配するな、わしはまだここにいる」と言っているイメージと、怪物の意味が解った後でにこにこしながら現れて「やっと解ったようだな。やっと理解できたな。解ったな」と言っているイメージと両方浮かぶんです。

リード　確かに。

保苅　でも、それならある意味では怪物はジミーじいさんだけど、その怒りは………説明できないけど、怪物の一部はジミーじいさんでもジミーじいさん全体が僕を怒っているんじゃない。それは別なんです。

リード うん、そうだね、怒りのイメージを創り出すことと、実際に怒っていて危害を加えようとすることは別の概念だ。そうした体験はいつまでも残っているものなのかな、それとも何らかの形で強めなければならないもの？　今夜話してくれたことは、グリンジ・カントリーに戻って繋がりを維持しなければならないと思う？　それが可能だとしたら？

保苅 ええ、でも正直言って、ジミーじいさんが亡くなってからは以前ほど（グリンジ・カントリーへ行く）意欲がないんです。行ってもジミーじいさんに会えないし、一緒に座って話を聞くこともできないと思うと……。勿論、他にもたくさん……友人がたくさんいるし、彼らの言葉を借りると旅は一生終わらないのだけど、僕の博士論文という章は終わったんです。当然、これからも時々は行きたいし、グリンジ・カントリーは僕にとって大事だ。でも同時に、グリンジ・カントリーが大切なのだろうか、グリンジの人々が大切なのだろうか、それともひとりの人物が大切なのだろうか、と考えることもある。だって僕のグリンジ・カントリーでの体験はすべてジミーじいさんを通じて体験してるんです。時々そういう風に思います。彼は……僕にとって極めて秀でた人物です。ミック・ランギアリも素晴らしい人だし、ビリー・バンターも他の人も皆素晴らしいけど、キャンベラの素晴らしい人たち、あなたや僕の友人たちと同じ程度なんです。

リード ジミーじいさんは秩序に対する極めて奥深い、そして「健全な」意識を持っていた？

保苅 大体そういうことでしょうね。だから彼は僕にとって非常に大事な人なんです。僕がカントリーに戻る度に、「ああ、お前のことを考えていたところだ」と言っていました。

リード この辺りにも彼がいると感じる？

保苅 え？

リード　この辺りでも少しでも彼の存在を感じることがある？
保苅　いつもじゃないけど時々あります、ええ。
リード　（カントリーに）戻るとより強く（彼の存在を）感じる？　彼が亡くなってから一、二度行ったんだろう？
保苅　いいえ、行ってません。
リード　一度も？
保苅　ええ、一度も行ってないんです。
リード　ああ、そうか、君が博士論文を提出してから亡くなったんだったね。
保苅　だから論文の原稿を見せておいたのは絶妙のタイミングだったんです。論文を見せておいて本当にラッキーだった、そうでなかったら一生後悔するところだった。
リード　そうだね。その通りだね、ミノ。
保苅　あなたにお礼を言わなきゃ。論文を持って行って見せるよう強く勧めてくれたのはあなただったから。
リード　（ジミーじいさんは）すごく気に入ってくれたんだろう？
保苅　ええ。
リード　そうだろうね、論文には君に教えた通りのことがたくさん書いてあったんだから。ジミーじいさん自身のカントリーにいる時の方が、彼の存在をより強く感じると思う？
保苅　行ってみないと分かりませんね、彼のお墓へ。勿論行きます。彼のカントリーにはまだ行ったことがないんですよ、アボリジナルの自治領域内じゃなくて牧場だから。
リード　どの牧場？　ウェーブヒル牧場？
保苅　いいえ、リンバニア牧場です。

リード　リンバニア牧場？　ああ、そう。

保苅　ええ。いつかリンバニア牧場に連れて行ってくれると言っていたんだけど、ジミーじいさんはあまりにも年寄りだったので僕もあまり押さなかったんです。

リード　彼はいくつだった？

保苅　誰も知らないんだけど、ダレル・ルイスやデビーや僕らは皆、九〇歳を超えていたものと思ってます。

リード　九〇歳以上か。それで彼は結局リンバニア牧場には連れて行ってくれなかったんだね。彼はいつも遠いカントリーのことを話していたということ？

保苅　彼のカントリーね。リンバニア・カントリーやその土地の歴史についていろいろ話してくれたけど、連れて行ってはくれなかった。いつか連れて行ってやる、と言っていたんだけど、とにかく歳だったから。僕もあまり強く押せなかったんですよ、だって途中で彼に何かがあったら、と考えただけでも怖いでしょう。

リード　それで今、時々彼の存在を感じる時は……

保苅　ええ。

リード　ジミーじいさんは君に何か言う？

保苅　特別の場合、例えば亡くなった直後に現れて「心配するな、わしはまだお前の傍にいる」と言った時や、怪物の夢と「フォーカシング」の時に現れた時は別として、日常生活においてはあまり喋らない。でも時々そこに彼がいると感じることはあります。

リード　例えば今夜ここにいたとか？

保苅　え？

リード　今夜ここにはいなかった？　彼の存在を全く感じなかった？

保苅　う〜ん、もしかしたらいたかもしれないな。あり得る。でもどういう風に……今の何て質問でしたっけ？　彼がそこに……ここにいるかって聞いたんでしたっけ？

リード　ここに何らかの存在感がある？

保苅　うん、存在感というのは興味深い言葉ですね。ここでも、このリアリティの次元をどう受け止めるべきなのか解らない、つまり彼が物体のように存在するのか、それとも……僕の想像だけじゃないと思うんだけど。うん、存在感というのは良い言葉だなあ。でも、どういう形で存在するのかは解らない。ただ、ジミーじいさんのことを考えたり語ったりすると、僕が彼のことを話しているのを知っているような気がする。僕が彼について語っていることを聞いているような、そんな気がするんです。

リード　どこに埋葬されたの？

保苅　え？

リード　埋葬されているのはどこ？

保苅　ミスティ・クリークって聞きました。

リード　そう？

保苅　ええ、そういう話でした。そこで葬儀を行ったそうです。

リード　君は葬儀に出席できなくてさぞ残念だったろう。

保苅　え？

リード　出席できなくてさぞ残念だったろうね。

保苅　ええ、ええ、その通りです。出席できなかった理由は……そうだ、ビザが切れそうだったんだ。葬儀の準備をしている時はまだビザの有効期間が数週間残っていて、ビザが切れる前に葬儀が行われれば僕は飛ぶ準備があったんだけど、なぜか……きっと洪水が理由だったんだろうな、長い間葬儀を行えなかった。それでビザが切れそうだったので僕は日本へ行かなければならなかった。

リード 名前の綴りは？

保苅 彼の名前？　ジミー、J-i-m-m-y、マンガヤリ、M-a-n-g-a-y-a-r-r-iです。

リード それはどの言語の名前かな。

保苅 彼はマルギンを自称してたけど、基本的には殆どグリンジですよ。グリンジ・カントリーに住んでいたので、通常はグリンジの教師のひとりとしています。でもマルギンなんです。

リード 「これは君のカントリーでもある」と言ったことはあった？

保苅 「これはお前のカントリーだ」とは言いませんでしたね。他の……例えばビリー・バンターは「お前はわしの家族の一員だ。いつでも歓迎する。お前は我々のひとりだ」と言うけど。

リード でもそれは微妙に違うだろう。「これは君のカントリーだ」というのとは違うね？

保苅 ええ、そうですね。でもビリーがそう言ってくれた時はありがたかったのを憶えています。

リード 彼らは君がイニシエーション（通過儀礼）を経験すべきだと示唆したり、それに向けた準備をしたりはしなかった？

保苅 僕の理解では、僕はそうした儀式はすべて経験してるんです、通過儀礼もその他の試練的な儀式も。

リード そうだったのか。

保苅 でもアボリジナルの少年と同じような通過儀礼は経験しませんでした。むしろ、既に通過儀礼を済ませた成人として参加したんです。時々僕は「ビジネスマン」と呼ばれる、「ビジネス」をすべて済ませた男、という意味で。「ああ、あの日本から来たジャバラね、（ジャバラというのは僕のスキンネームです）あいつは「ビジネスマン」さ、ビジネスをすべて済ませている」という感じで。人々は僕のことを、ビジネスを経験済みの外人と見なしているんです。でも、アボリジニの少年たちと同じような通過儀礼を経験したかというと違います。

リード　この先経験してみたいと思う？　必ずしもそうでもない？

保苅　そうでもないですね。でも彼らがそれを求めたらやりますよ、当然やることを考えます。でも僕の方から彼らに求めることじゃない。

リード　しかも長い間そこに暮らした後でないといけないだろうね。ジミーじいさんは何でも打ち明けられるくらい君を信用していた？　君に教えられない秘密も恐らくあったんだろうね？　どう思う？

保苅　意識的に僕に言わないでいたことがあったか？　いや、ないと思います。

リード　ないと思う？

保苅　ない気がする。ないと思うな。

リード　そういう意味では「成人扱いだった」？

保苅　そういうことですね。

リード　言い換えれば、ジミーじいさんは通過儀礼がまだの少年たちには話さないことを君には話したということ？　彼らはまだ精神的な準備ができていないから？　どう思う？

保苅　まあ、確かに若い世代は年寄りの言うことを聞かない、といつも愚痴を言ってはいましたね……。

（内田恭子　訳）

BEFORE・ラディカル・オーラル・ヒストリー

保苅実著作集
Book 1

誰が歴史家なのか——ラディカル・オーラル・ヒストリー

Just Who is a Historian? On Radical Oral History

「誰が歴史家なのか――ラディカル・オーラル・ヒストリー」は、東京外国語大学地域社会先端教育研究センターの史資料ハブ地域文化研究拠点が刊行する『史資料ハブ地域文化研究』（二〇〇五年九月号）に掲載された。二〇〇三年三月一五日に開催されたシンポジウム「消えゆく声を聞く／見えないものを見る――オーラルヒストリーの可能性とアーカイヴの課題」の講演を文章化したもの。なお、この文章の一部が、『ラディカル・オーラル・ヒストリー』第一章「ケネディ大統領はアボリジニに出会ったか」でも使われている。

はじめまして、保苅と申します。なんか時間がすごくオーバーしているんで、きっちり二〇分で終わらせたいと思います。五分前くらいになりましたら、もしよろしければ、合図頂ければ、後半はしょりますので。みなさんお疲れだと思いますけれども。もうちょっとだけ我慢して下さい。

僕は、オーストラリアでPh.D.を取って来たんですけれども、僕の研究はオーストラリアの先住民族アボリジニの歴史でした。イギリスのオーラルヒストリー状況という話がありましたが、オーストラリアの場合、特にアボリジニの人々は文書を残してきませんでしたので、必然的に、オーラルヒストリーは全然違和感なく定着しています。とはいえ、その方法について言えば、僕はオーストラリアの研究状況に決して満足していないところがあって、今日はその辺の話をしたいと思います。ただその前に、これは後で重要になってくるんで、一言言っておきたいんですけれども、僕は歴史学者です。「お前は人類学者だ」とよく言われるし、僕の研究方法はたしかに人類学から多大な影響を受けてきました。とはいえ、僕自身は歴史学にこだわりをもって研究をしています。

さて、「誰が歴史家なのか」というタイトルをつけました。僕自身が、Ph.D.での研究をつうじて考えてきたことを、二〇分で小さくまとめてみたいと思います。

僕は、オーラルヒストリーには大きく三つの方法があると思っています。ひとつは今アーカイヴを作ろうという話が日本でも出てるようで、僕は素晴らしいことだと思うんですが、そういった既に保存されているテープや文書、つまり口述記録に歴史学者がアクセスして、それを史資料として歴史研究を行う方法があります。もうひとつは、これがオーストラリアで一番盛んだし、世界的にも多いと思うんですけれども、インタビュー形式のオーラルヒストリー研究です。歴史家が、自分で人に会って、そこでテープを録るなり、ビデオを撮るなりして、オーラルヒストリーを記録・分析してゆく方法ですね。さて、僕自身がこだわってやってきたのは、この二つのどちらとも違う、三番目の方法です。どういう方法かというと、ちょっと語弊があるんですけれども、もちろんテープをまわす時もあるんですが、ある時間を決めてその時間のあいだに、準備した質問に対して答えてもらうということをなるべくしないで、むしろアボリジニの人々が暮らすコミュニティーに滞在させていただいて、一緒に生活していく中で彼らが具体的に行っている歴史実践を一緒に経験していく。そんななかで、もちろん、「もうちょっとその話聞かせてよ」といってテープをまわすことはあります。ただ、アポイントをとって、インタビュー室みたいな場所で、つまり人工的に作り出した時空間のなかで過去を語ってもらうことはせず、むしろ彼らの生活のなかで生きている歴史経験にそくして歴史を一緒に体験してゆくというスタイルをとりました。それを僕は、フィールドワーク形式と呼んでいます。

具体的には、僕はたぶん人類学者の方々のフィールドワークとほとんど同じことをやったんですね。つまり許可をもらってコミュニティーに入って、言葉を学んで、人々と生活をともにする。あんまり好きな言葉ではないですが、要するに「参与観察」です。僕のばあい、ダグラグというアボリジニ・コミュニティーに延べ約一年、オーストラリアの奥地でうろうろしていた期間全部あわせると、たぶん二年間弱くらいになると思いますけれども、人類学者のフィールドワークとほぼ同じことをやりつつも、しかし歴史（学）にこだわった調査をしました。

そのときに、僕が考えていたこと、注意してきたことが、「歴史家は誰か」という問題でした。つまり、僕たち歴史学者がインフォーマントの話を聞くのではなくて、むしろ、インフォーマント自身を歴史家とみなしたら、彼らはどんな歴史実践をしているのだろう、というふうに考えたわけです。僕は僕で歴史学者ですけれども、彼らは彼らで「歴史家」であると。そういうふうに発想をかえてみると、歴史はどんなふうにみえてくるでしょうか。さきほど、インフォーマントが一人でもいいのかというご質問があったと思いますけれども、もしインフォーマントを歴史家として考えるならば、例えば大塚久雄が社会経済史を語り、E・H・カーが歴史とは何かを語ったように、あなたの目の前にいるたった一人のインフォーマントが、その人物の歴史（観）を語ったとしても、まったく問題ないんじゃないかと思うんです。

ただしそうすると、結局何が歴史なのかっていうことが問題になってくるんですよ。というのは、歴史家としてのアボリジニの人々が語る過去の物語っていうのは、荒唐無稽な話が次から次へと出てきて、研究者としてはどうにもならない状態に陥っちゃうんですね。ちょっとだけ、あまりたくさんは紹介できないですけれども、具体例をあげます。最初に、歴史を語るとかいう前に、まずは大地の声を聴けないといけない。大地があなたにいろんなことを教えてくれるわけです。そんなことを言われたって、僕には聞こえないわけですよ。でも彼らは大地の声を聴くわけですよね。その大地の声に従って、例えば、「あそこで白人が死んだのは、法を犯したあの白人に大地が懲罰を与えたからだ」と語りますよね。そのときに、僕らはどのようにしてこのアボリジニの人が語ってくれた歴史物語を聞くのでしょうか？　ここで、「ああ、アボリジニの世界観ではこの事件をそんなふうに理解するんだー。」というような聞き方ではなくて、彼らの話を歴史家の言葉として、つまり大塚久雄やE・H・カーと同様に、歴史家による歴史分析として受けとることはできるでしょうか。そういうふうに聴くように心がけてみるんです。

もしかしたら「大地の声を聴く」だと、なんとなく素敵なイメージなので、まだみなさんの共感を得られるかもしれませんが、もっと困っちゃうのは、例えば僕がつきあったダグラグ村のアボリジニの長老は、ケネディ大統領がこの村に来たっていうんですよ。来ているわけがないんですよ、僕は当然知っているわけです。しかし彼らには、彼らの歴史の文脈がある。これを詳細にご紹介する時間はないですが、すごく簡単にお話すると、一九六六年にそれまで牧場で使役されてきたアボリジニの労働者とその家族が、白人の牧場業者たちに対してストライキを宣言して、土地権運動を展開するんです。ダグラグ村に暮らすアボリジニの長老の多くは、この運動に参加しました。で、この土地権運動をはじめる前に、ケネディ大統領が来るんですよ。ケネディ大統領が来て、「お前たち、なんで白人にこんなひどい目にあっているんだ？」とアボリジニの人たちに聞くんですね。するとアボリジニの長老は、「実はこういうことがあって、イギリスからやってきたあいつらにひどいめにあっているんだ」と応えます。ケネディ大統領は、自分はアメリカ人のボスで、アメリカはお前たちに協力すると約束をします。「イギリスに対して戦争を起こして、お前たちに協力するよ」と言われて、それがきっかけになって、このストライキが始まるんですね。アメリカという強力なバックアップを受けて。さて、大地の声の場合もそうですが、歴史学者がこの物語を、歴史学の文脈で語ることができるんだろうか、という問題が当然でてきますね。

もうひとつご紹介したいのは、まだアボリジニの人々が白人の経営する牧場で働いていたときのできごとです。牧場が洪水で流されます。この洪水は一九二四年に起こっていて、僕は当時の新聞でもこの事件を確認しています。ただ問題なのは、この洪水が起こった原因です。レインボースネークと呼ばれている神話上の大蛇がいるんですけど、アボリジニの長老のひとりが、この大蛇に雨で牧場を流すように依頼したらしいんですよ。さて、やっぱりここで、この歴史をいったい僕たち歴史学者はどういうふうに扱えばいいのかっていう問題をたてるわけです。つまり彼らが歴史家だとしたら、たんなるインフォーマントじゃなくて、彼ら自身が歴史家として、そういう歴史分析をしているとしたら、それはアカデミックな歴史学者にとってどういう意味があるのか、という問題です。

僕がPh.D.論文でやりたかったのは、「我々」歴史学者が「彼ら」インフォーマントの話を聞くという態度、あるいは我々が知っている歴史（学）のなかに、彼らの物語をあてはめるという態度、そういった歴史構築のエージェンシーとしての「我々歴史学者」を強固に保持する努力をあえて放棄してみるという作業でした。いったん、僕らのエージェンシーを括弧で括って、彼らのほうにエージェンシーを預けたときに、いったい何がおこるのか。そのときに、既存の歴史学の方法にはどんな限界がみえてくるのかっていうことを考えたいんです。そうすると、これアボリジニ世界に特に顕著なのかもしれないんですけど、学術的歴史学の立場からしてみれば、もう無茶苦茶なことになってしまうんですよ。動物は話しかけてくるは、植物は話しかけてくるは、場合によっては、石だって歴史を語りだすわけです。そうすると、もはやこれはオーラルヒストリーじゃないんじゃないか。別に口（オーラル）だけじゃないんです。いろんなモノや場所から過去の声が聞こえてくるわけですから。そこで僕は、オーラルヒストリーという言い方をやめようかなと思ったときがありました。メキシコ・インディオの歴史研究をされている清水透氏は、ご自身の方法を「フィールド派歴史学」と呼んでいますが、僕もフィールドワーク・ヒストリーとか、フィールド・ヒストリーとか言おうかなと思ったんです。でも半年くらい前に、酒井順子さんにお会いしたとき、「オーラルヒストリー」ということを、ゆるやかに広く考えていいんじゃないかっていうふうにおっしゃってくださって、それだったら、オーラルヒストリーという文脈だったら、僕がやろうとしていることは、過激で極端なオーラルヒストリーなんじゃないかっていうふうに考えて、今回ラディカル・オーラル・ヒストリーというサブタイトルをつけさせて頂いたわけです。

　アボリジニの人々が行っている歴史実践はなにかという話を、もうちょっと続けます。僕たち歴史学者は、通常「歴史」を探索しますよね。searching for history ですよね。それに対して、僕はアボリジニの人たちから学んだことっていうのは、paying attention to history 歴史に注意を向けていく。つまり、僕たちが主体になって歴史を捜し求めていくのではない。というか、もう歴史というのはそこらじゅうにあるんですよ。歴史が僕らに語りかけてくる言葉に耳を傾ける。そういう歴史実践が行われていた。あるいはこう言ってもいいですね、僕たち歴史学者は、歴史を本にするわけですけれども、ということは歴史を構築するわけですよね。僕たちが歴史を紡ぎ出すとか、いろんな言い方がありますけれども、歴史を書いていく、僕らが主体的に……なんていうか、歴史を作り上げていくということが、避けがたくあるわけです。ですけれども、僕が訪問滞在したダグラグ村で行われていたことは、むしろ歴史をメンテナンスするっていう、これちょっと日本語にしづらいので困っているんですけれども、歴史はそこに常にあって、それを一緒に大切にしている。みんなで歴史をメンテナンスしていく。そういう歴史実践のあり方だったんですね。さらに別の言い方をすると、歴史にディップするでもいいかもしれません。ディッピング、つまり歴史に浸る生き方、歴史に取り囲まれて暮らす生き方、そういう生き方がある。

ここで話を僕たちの歴史実践にひきつけてみたいんですけれども、これはアボリジニだけの実践では必ずしもないはずなんです。僕らだって、日常生活の中で、やっぱり歴史のメンテナンスをやっているはずなんですよね。ただ僕らは普段これを歴史実践とは思っていない。僕たちは、歴史実践というものを、歴史学者が古文書館や研究室で行う作業だっていうふうに思いこみ過ぎているんじゃないか。もしこの思いこみが、一九世紀西洋に起源をもつ近代主義アカデミズムのひとつの足枷だとしたら、それを少しづつ解いていかなきゃいけないと思うんです。時代状況がそれを要請しているんじゃないかと。

ひとまずここでまとめます。「むずかしいですよ、でも試してみる価値はあるはずだから、一緒にやってみませんか?」という気持ちで言いますが、歴史学者である僕たちが、自分たちだけが歴史家なんだという思いこみを留保すると、たぶんいろんな歴史家が僕らに話しかけてくるはずです。もっと正確に言うと、歴史学者以外の多様な存在が語っている過去の声に歴史学者が気づくようになるかもしれない。とはいえ、いきなり石から歴史を聴くとか、大地の声を聴くっていうと、なかなかしんどいですよね。だからまずは、歴史学者以外のいろんな人たちが歴史家として僕らに話しかけてくる言葉に真摯に耳を傾けてみる、というのはどうでしょうか。多様な「歴史家たち」と付き合ってみる、対話してみる。倉石先生［倉石一郎］のご発表で「対話」ということが出てきましたが、そういうことも関係してくると思うんですね。

さて、ここから先はさらにやっかいなんですけれども、もしかしたら、歴史学者が、歴史を探索する主体としての歴史家であることを、本当に上手に括弧で括っちゃえれば、今度は「歴史」が僕たちに語りかけてきてくれるかもしれない。事実をして、文書をして、「歴史を語らしめる」っていう言い方は昔からあるようですね。それとはちょっと違う文脈なんですが、改めて歴史を探索する主体としての歴史学者の特権的な地位を揺さぶってみる。歴史学者中心主義っていいますかね、そういうものを一回括弧で括ってみる。そういう作業ができないだろうか、ということを僕は考えて、あれやこれや模索しています。

こういう話をすると、「今までだって、そんなことやっていたじゃん」と言われそうなので、もうちょっと詳しくお話しないといけません。先にご紹介したとおり、ケネディ大統領がアボリジニの村に来たっていう歴史がありますよね。あるいは大蛇が洪水で牧場を流したっていう歴史がありますよね。通常の、と言うべきかどうかわかりませんが、素朴実証史学のなかでは、こんな歴史は、まあ排除されるわけです。なんで排除されるかっていうと、これは事実じゃないからですね。

本当はここで、「事実とは何か」っていう問いをちゃんと考えなきゃいけないんですけれども、それだけで話が先に進めなくなると嫌なのでいったん置きます。とりあえず、こう言っておきましょう――史実性という呪縛から、歴史学は一度解放される必要があるのかもしれない。ただし、この点は慶応大学で発表したときも誤解されたようなので（僕は慶応大学の社会史ゼミで、松村先生［松村高夫］と長年バトルやってるんです）、補足します。例えば、こういう主張があるわけです。裁判の証拠提出に使えないような歴史は、歴史学の対象にはなりえない。つまり、大蛇が洪水を引き起こしたという話は、裁判では事実・証拠として扱われそうにない。だからそれは歴史学の対象にはならない、という考え方ですね。はっきりさせておきたいんですが、僕は、裁判所の証拠提出で使えるような歴史学などやめるべきだ、なんて全然思っていないんですよ。もちろんそういう歴史学はあっていいし、そういう歴史はこれからも必要とされていくだろう。ただ僕が言いたいのは、このグローバル化の時代、西洋中心主義が執拗に批判され、近代主義の限界と疲弊が叫ばれ、多文化主義が謳われ、民族文化がどんどん越境している、今この時代に要請されている歴史学は、本当に裁判に役立つような歴史学だけなんだろうか、ということなんです。

史実性の呪縛から解放されない限り、ケネディ大統領がアボリジニの村に来たっていう歴史は歴史学者によって排除され続けるでしょう。これに対して、「僕たちは排除しないよ」っていうグループがいくつかあります。典型的には、記憶論をやっている人たちです。あるいは、人類学の人たちが中心ですけれども、神話論というのも昔からあります。記憶論や神話論をやっている研究者たちは、たしかに排除しないんですけれど、そのかわり包摂しちゃうんですね。別の言い方をすると、記憶論や神話論は、アボリジニの人たちが実際に経験したという、その経験を無毒化してしまう。無毒化するというのはどういうことかというと、要するに、「それは事実じゃないけれども、でも、それはそれとして重要ですよね」って言って（今日もずっと気になっている言葉に、「掬いあげる」というのがあるんですけれども）、とにかく掬いあげるわけですよ。事実じゃないんだけれども、何かそこには大切なものがあるはずだと言って掬いあげる、あるいは、尊重する。でも僕はこの、「掬いあげて尊重する」という行為の政治学を問題にすべきだと思います。尊重するとはどういうことか？　例えば、「アボリジニの人たちは、ケネディ大統領がこの村にやってきたと信じている」と記述する歴史学や人類学は容易に可能なわけですよ。でも、これは知識関係が平等じゃないですよね、あきらかに。尊重はしているけど、「尊重」という名の包摂は、結局のところ巧妙な排除なんじゃないでしょうか。だってケネディ大統領が実際にアボリジニの長老に会ったなんて、研究者は誰も思っていないんだもん。思っていないんだけれども、「それはそれとして大切にしてますよ」というジェスチャーだけはしている。これでは、僕が提起している問題の解決には全然なっていない。僕はこの尊重の政治学というものの、隠蔽された権力構造に敏感でありたいと思いますね。

　じゃあケネディ大統領がアボリジニの村に来たということを、歴史学者として本当に書けるかどうか。僕は、書けると言いきるつもりはないんです。ただ、そこの問題を粘り強く考えていくことが、もしかしたら歴史学の新しい課題なのかもしれないと思っています。つまり、排除でも包摂でもない歴史叙述の方法はあるんだろうかっていう問いですね。そこで、これはPh.D.論文で多用した言葉使いなんですけれども、異なる歴史世界どうしが「コネクトする（接続する）」あるいは「共奏する」方法を模索してみる、というのはどうでしょう。歴史空間、歴史経験というものは、根源的に多元的なので、それはもう僕らが決して追体験できないような、理解できないような、決して埋まらないギャップが厳然としてある。それはそれでいいじゃないですか。だからこそ多元主義が謳われる昨今なんです。ただ、ギャップはあるんだけれども、ギャップごしのコミュニケーションは可能なはずだって思うんですよ。つまり、「あなたは本当にあったできごとだと思っているかもしれないが、それはじつは神話なんですよ。でもまぁ、僕としては神話・記憶としてそれを尊重しますよ」ということではなくて、「あなたの経験を深く共有することはできないかもしれないけれども、それがあなたの真摯な経験であるということは分かります。だから、あなたの歴史経験と私の歴史理解とのあいだの接続可能性や共奏可能性について一緒に考えていきましょう」ということはできるんじゃないか。

そのためのヒントになるような人たちがいるので簡単にご紹介します。まず、モリス・バーマンという人が、『デカルトからベイトソンへ』（国文社、一九八九年［二〇一九年、文藝春秋より再刊］）という著作の中で、「世界の再魔術化」ということを言っています。マックス・ウェーバーの言葉を借用しますけれども、近代化は、世界を脱魔術化していくプロジェクトとしてずっとあったと思うんですね。この脱魔術化の過程で、歴史学は多大な貢献を果たしてきた。しかし僕たちは、このように世界を世俗化していくことの暴力性とか、植民地主義とか、そういう問題が深刻に問われる時代に生きているのではないか。だから僕はむしろ、「歴史の再魔術化」の可能性を考えてみたい。僕は世俗主義が、近代主義の最後の牙城だというふうに思っています。近代の国民国家論を批判するっていうのは、わりとみんなできちゃうんですよね。ベネディクト・アンダーソンをあげるまでもなく、構築物としての国民国家なんてのは近年たくさんたくさん批判されている。それはそれで大切な作業なので、僕もそういう人たちと共に仕事をしているつもりです。ただ世俗主義の問題となると、みんな腰が引けますよね。世俗主義を超える、つまり精霊とか神様とかの世界を、私たちがもう一回リアルに引き受けることが、アカデミズムという枠組の中で果たして可能なのかどうかという問題。これ、もしかしたら、僕らに突き付けられている、さっき近代主義の最後の牙城という言い方をしましたけれども、とっても大きな課題であるというふうに思います。モリス・バーマンという人は、その辺のことを、どうも真剣に考えているんですよ。彼の主張は大雑把だし、ユングの錬金術研究に注目したりしていて、一九六〇年代に流行った議論の延長という印象をもたれるかもしれませんが、とはいえ整理としてはよかったのでちょっとお勧めの本です。

次に、ウィリアム・コノリーという人、政治哲学者ですけれども、ポスト・セキュラリズム（ポスト世俗主義）ということを提唱しています。この人はまあまあ有名なんですが、この *Why I am not a secularist?*（University of Minnesota Press, 1999）という本はあんまり有名じゃないですね。そこで彼は、深い多元主義（deep pluralism）ということを問題にしています。多文化主義や文化多元主義っていうと、通常は「いろんな文化があるのでお互い尊重し合いましょう」みたいな主張ですよね。でもこうした立場を擁護する人も、世俗主義っていう枠組自体は決して壊さないじゃないですか。コノリーは、そうではなくて、スピリチュアルな経験とか、宗教的な世界観なんかも排除しないで、多元主義をより深く押し進める可能性を模索する必要を訴えています。最後に *Provincializing Europe*（Princeton University Press, 2000）という本を出版したディペッシュ・チャクラバルティという人物がいます。彼は、ポストコロニアル理論で知られた人ですけれども、この人の意見は、宗教学者のミルチャ・エリアーデの仕事とも関係してきますが、つまりこういうものです。アカデミズムの世界で我々は世俗主義をやっている、つまり世俗的な歴史学の方法でしか研究をしていないけれども、具体的な僕らの日常世界のなかでは、精霊や神様は、やっぱりどこかで相変わらず有意味に存在している。だから、世俗主義的な歴史学の方法だけではなく、この日常世界のあり方にも意識の照準をあわせていけば、「彼らアボリジニは迷信的で、僕たちは近代的だ」っていうような単純な二項対立論にならないはずじゃないかっていうことを、doubled consciousness（二重の意識）という言い方で定式化しています。これもちょっと注目していいと思います。

あと五分くらいですか？　最後に、アーカイヴの話を少ししてほしいという依頼があったので、ちょっとそんなお話を。「消えゆく声」とか「見えないもの」っていうのは、無限にあるわけですよね。多元的な諸歴史空間のなかに無限にあるわけですよね。そのなかで、例えば大地の声は、アーカイヴには保管されませんよね、たぶん。僕は、これからも大地の声を聴けないと思うんですよ。ときどき聴けたような気がするときもあるんですけれども、それはそれでまずいよなぁって。向こうの世界にいっちゃっても困るしなあっていうところで、いつも混乱したり、立ち止まったり、考え込んだりしています。何が言いたいかというと、アーカイヴがどんなに充実しても、それで終わりっていうことはないんですよ。充実したアーカイヴを作ることはすごく重要だけれども、その一方で僕たちが決して忘れてはいけないのは、アーカイヴに保管されていない何かが、必ずアーカイヴの外側にある、ということだと思いますね。だから僕自身はむしろ、アーカイヴのなかには入っていない、もしかしたら保管の対象にすらならない、そんな外れた歴史に注意を向ける研究者でありたいと思っています。要するにアーカイヴがどんなに充実しても、僕はこれからもフィールドワークを続けていくだろうということです。

最初の、歴史学者としてのエージェンシーを相対化してみるというところで言いましたけれども、歴史学者以外のあらゆる存在から「歴史とは何か」を学ぶ必要があると思うんですね。それはもしかしたら、そこを歩いている人かもしれないし、自分の祖父かもしれないし、アボリジニの人々かもしれないし、うまくいくんだったら人間以外の、動物や植物や昆虫から歴史とは何かを学ぶことだってできるかもしれない。あるいは石や建物と一緒に、歴史とは何かを考えていくことだってできるかもしれない。歴史とは何かという問いを、歴史学者以外の人やモノに問いかけていく。なんていくのかな、歴史学を拓いていく可能性ってどのくらいあるんだろうか、僕はそういうことを考えたいと思っています。そういうプロジェクトを進めるうえで、オーラルヒストリーほど、有効な方法はないんじゃないでしょうか。

レジュメを書いたとき僕ちょっと怒ってたんだな、なんかここに「不毛な対立」とか変な言葉使ってますけど、記憶・ナラティヴを擁護する一派と、史実・真実を擁護する一派があって、なんかそこで一生懸命対立しているんですけど、僕にはそれがちょっとよく分かんないんですよ。ちなみに僕は、記憶・物語（ナラティヴ）派の方に押しつけられちゃうことが多いんですけど。僕は別にナラティヴを問題にしているつもりも記憶を問題にしているつもりもなくって、僕は経験を問題にしているんです。人間の歴史経験を問題にしているつもりなんです。で、人間の歴史経験を問題にする限りにおいて、記憶・物語と事実・真実との対立っていうのは、ほとんど意味を持たなくなってくると、僕にはそう感じられるんですね。

僕は、ひとつのキーワードとして、experience（経験）という語を使っています。歴史学はもう一度経験に戻らなくてはいけない――これは、僕のポストモダニズム批判です。いわゆる言語論的転回以降、歴史とはそもそもナラティヴである、ということが熱心に論じられてきました。それ自体としては面白かったんですけれども、やっぱり歴史学って経験の学なんじゃないかと僕は思っています。経験に真摯であるような歴史学。真摯っていう言葉で、僕は今、faithful（誠実な）という意味と truthful（本当の）という意味を合わせて使っています。歴史経験に真摯であるような研究方法を考えていくべきなのではないか。歴史経験に真摯であるということはつまり、牧場にケネディ大統領が来たということを誠実に考える歴史学です。歴史経験の多元性を誠実に考えられるような歴史学という意味です。だから僕は、自分が記憶論をやっているつもりも、物語論をやっているつもりもないんですね。むしろ、新しい経験主義と言ってもいいんじゃないかって思っているんです。僕は、empiricism に対して experientialism という言葉を使うこともあるんですけれども、新しい経験論が、もしかしたら必要とされているのかもしれない。そういう新しい経験論に基づいた歴史学というのがあるんだとしたら、それはどんな歴史記述を可能にしてくれるんだろうか。

オーラルヒストリーくらい、こういう問題に近いところに位置している歴史学の方法はないんじゃないかって感じているんですね。オーラルヒストリーの可能性について、僕が言いたいのはそういうことです。オーラルヒストリーという方法が、たんに今まであった歴史学に新しいメソッドが増えたとか、史料の量が増えたとかいう話に終わるんじゃなくって、むしろ「歴史とは何か」っていう問題を、もう一回根源的に問いなおせるような、そういうものとしてオーラルヒストリーを捉えたら、こんな面白いことはないって思っています。どうもありがとうございました。

BEFORE・ラディカル・オーラル・ヒストリー

保苅実著作集

Book 1

オーストラリア先住民の歴史——アボリジニと近代[卒業論文]

卒業論文目次

序章　問題設定と検討方法　一三〇
第Ⅰ部　白人入植以前のアボリジニ社会
第1章　自然環境とアボリジニ　一三五
第2章　移民過程と人口推移　一四〇
第3章　アボリジニの経済活動　一四八
第4章　社会過程　一八一
第5章　宗教世界　一九五
第6章　第Ⅰ部小括　二一三
第Ⅱ部　白人の入植過程とアボリジニ社会の変容
第7章　概論――植民地の拡大と人口推移　二一六
第8章　入植開始以前　二二五
第9章　入植初期　二三一
第10章　植民地の拡大　二四一
第11章　連邦成立と白豪主義　二五八
第12章　現代――文化多元主義　二六三
第13章　第Ⅱ部小括　二八一
終章　総括　二八五
注　二八八
参考文献　三〇五

※本卒業論文は、一九九四年、一橋大学経済学部に提出された。

Maddock Kenneth: *The Australian Aborigines: A Portrait of their Society*, second edition, Penguin Books, 1982

新保満『悲しきブーメラン』未来社、1988年

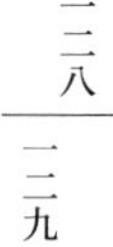

問題設定と検討方法

〈1〉はじめに

オーストラリア大陸の先住民であるアボリジニは[1]、オーストラリア史において、たいていの場合注目されることのない〈忘れられた人々（forgotten people）〉として扱われてきた[2]。通常のオーストラリアの歴史は、一七八八年一月二六日の白人入植に始まる[3]。これは、オーストラリア大陸での白人の開拓の歴史であり、近代国家成立の歴史であり、経済的自立と発展の歴史である。アボリジニは、一九六七年のオーストラリア連邦憲法の改正がおこなわれるまでは、国勢調査の対象にすらなっていなかったのである[4]。

だが、アボリジニ自身が自覚してるかいないかにかかわらず[5]、彼らは数万年におよぶオーストラリア大陸での歴史をもつ民族である。アボリジニは、オーストラリア大陸に移民してからヨーロッパ文明と接触するまでは、比較的変化の少ない安定した社会を築き上げてきた。そして、一七八八年の白人のオーストラリア大陸入植開始以降、急速な変容をとげ現在にいたっている。

忘れられたアボリジニのオーストラリア史を可能なかぎり記述すること。これが本論の目的である。次に、具体的な問題設定をおこなう。

〈2〉問題設定

1　近代文明との接触以前のアボリジニ社会

アボリジニは、遅くとも四万年前[1]、歴史家によっては六万年前[2]にはオーストラリア大陸に住みついていたという。以降一八世紀後半に、近代文明と直接的な接触が生じるまで、彼らは他の文明から隔離された大陸において、我々近代人の眼には極めて奇妙に映る、狩猟採集経済と神話にもとづく宗教世界を基礎とする社会を築きあげてきた。

本論はまず、白人入植以前のアボリジニ社会の歴史を検討する。ただし、例えば五万年前から現代まで、同じ石器加工の伝統が残されているという事実などからもわかるとおり[3]、白人入植以前のアボリジニ社会は、極めて緩慢な変化しか生じなかった。アボリジニ文化は、四万年以上にわたる連続性を保った文化なのである。[4]よって本論は、数万年の歴史の間に生じたいくつかの変化は、考古学的な事実などにもとづいて配慮しつつも、基本的には白人入植前後のアボリジニ社会の諸特徴の記述となるであろう。[5]

2　アボリジニ社会と近代社会の接触と変容

白人入植以前に、オーストラリア大陸が、外界から完全に隔離されていたわけではない。例えば、遅くとも一七世紀以降インドネシアからオーストラリア北岸へ、マカサンがナマコ漁に定期的に渡来していたことが知られているし[6]、トレス海峡の島々と交易がおこなわれていたことも知られている。[7]しかし、アボリジニ社会に、土地の喪失や人口の激減など、危機的で劇的な変化が生じたのは、疑いなく一七八八年一月二六日のフィリップを総督とした白人の入植開始以降の出来事である。

白人の入植、言い換えれば、近代文明がオーストラリア大陸に上陸して以降のアボリジニ社会の変容がいかなるものであったのか。これを明らかにするのが、二つめの課題である。

3　現代アボリジニをとりまく状況

現代アボリジニに特徴的な諸現象のなかから大きく次の三つを取り上げる。

①アウトステーション運動[8]

②都市民化
③土地所有権問題(9)

これらは、いずれも一九六〇年代以降に顕著になった、比較的新しい現象である。しかし、こうした諸現象が生じた背景には、それ以前の白人政府のアボリジニ政策の変遷やアボリジニ社会の伝統的習慣などが、深く関係しているはずである。

上記三つの現象が、近年になって生じるにいたる歴史的な背景を検討すること。これが、最後の課題である。

〈3〉 検討の方法

本論は二部構成とする。第Ⅰ部では、一七八八年の白人のオーストラリア大陸入植以前のアボリジニ社会を検討する。ついで第Ⅱ部では、一七八八年以降の白人の入植過程とアボリジニ社会の変容過程を検討する。

以下、具体的な方法を簡単に説明する。

1　第Ⅰ部　一七八八年以前のアボリジニ社会

第1章では、一七八八年の時点でのオーストラリア大陸全体の自然環境やアボリジニの諸言語、諸部族の分布状況を、次に第2章において、アボリジニのオーストラリア大陸への移民の過程とその後の人口推移の諸説を紹介する。

第3、4、5章では、アボリジニ社会の諸特徴をそれぞれ、経済活動、社会過程(1)、宗教世界と三つに整理し、独立に考察する。ただし、こうした整理は便宜上のものである。本論における検討の結果、実際のアボリジニの生活においては、こうした区別が極めてあいまいであり、かつ相互依存関係にあるということが明らかになるであろう。

第6章では、小括をおこない、最初の問題設定である「1 近代文明との接触以前のアボリジニ社会」の特徴を整理する。

2 第Ⅱ部 白人の入植過程とアボリジニ社会の変容

第7章は、第Ⅱ部の概論として、一七八八年以降のアボリジニの人口推移とオーストラリア全体の人口推移・植民地の拡大過程と、それに相関するアボリジニの土地の喪失過程の検討をおこなう。

第8、9、10、11章においては、白人の開拓・経済発展の過程に応じて各章別の時代区分をおこない、それぞれの章において〈1〉入植、経済発展の過程、〈2〉政府のアボリジニ政策、〈3〉アボリジニ社会の変容の過程の三つの視点で、その時代の特徴を整理する。なお、開拓・経済発展の過程は、オーストラリア経済史の従来の研究に依拠するが、オーストラリア経済史に関する研究は、大きく計量経済史のアプローチとマルクス主義史観によるアプローチがある。[2]本論では、資料上の制約と第Ⅰ部との一貫性という立場から、マルクス主義的な研究報告を軸とした記述となるであろう。

第12章においては、一九六〇年代以降の現代オーストラリア、現代アボリジニの状況を考察する。方法は第8～11章と同様に、三つの視点による整理をおこなう。

第13章は、第Ⅱ部の小括をおこない、「2 アボリジニ社会と近代社会の接触と変容」、「3 現代アボリジニをとりまく状況」という問題設定に対する見解を示したい。

3 終章総括

総括においては、第Ⅰ部、第Ⅱ部の小括をふまえ、伝統的アボリジニ社会とヨーロッパ近代文明との接触がもたらした意味をあらためて考察する。

〈4〉留意点

1 「アボリジニ」の呼称について

オーストラリア先住民族は、もともと総称はもっていなかった。[1] 白人入植者が、彼らを「アボリジニ」「アボリジナル」と勝手に呼んだのである。[2] 'aborigine' とは、ラテン語の 'ab origine'（最初からの）にもとづく、「原住民」を意味する普通名詞である。[3] これが固有名詞となり、'Aborig-ine' となるとオーストラリア先住民族を意味する。現在のところアボリジニ自身この呼称を否定していない。[4]

2 「先住民族」と「少数民族」の区別

「少数民族（minorities）」とは、自らの意思や合意で、独立した地位や民族自決権を放棄してその国家に統合された人々である。[5]

一方、「先住民族（indigenous people）」とは、自由な意思や合意なくその国家に編入されており、「民族自決権」が留保されている人々である。[6] アボリジニは明確に先住民族である。

第1章

自然環境とアボリジニ

〈1〉自然環境

1　地形と地勢

オーストラリア大陸は、総面積八〇六万二二〇〇平方キロメートルで日本の約二三倍、アラスカとハワイ諸島を除いたアメリカ合衆国の面積にほぼ等しい。[1]地形は三つに大別できる[2]（図1）。

東部高地：大陸東部海岸沿いに南北に大分水嶺山脈（EASTERN HIGHLANDS）がのびる高原地帯。

中央低地：大分水嶺西側の準平原地形。マレー水系を除いて川は、海にそそがず、恒常的な水流はほとんどない（図2）。

西部高原：大陸の約七〇％を占める西部の準高原地帯。ここには、いくつかの砂漠もあり、無水地帯、渇水地帯が広がる。

2　気候[3]

気候を決定する主な要因は、温度と降水量である。温度は、北部が熱帯、南部は温帯となる。温度差は、内陸部で激しく海岸部は安定している。降水量は、海岸部で多く内陸にはいるほど少ない（図3）。

以上から、オーストラリアは四つの気候区に分けられる（図4）。

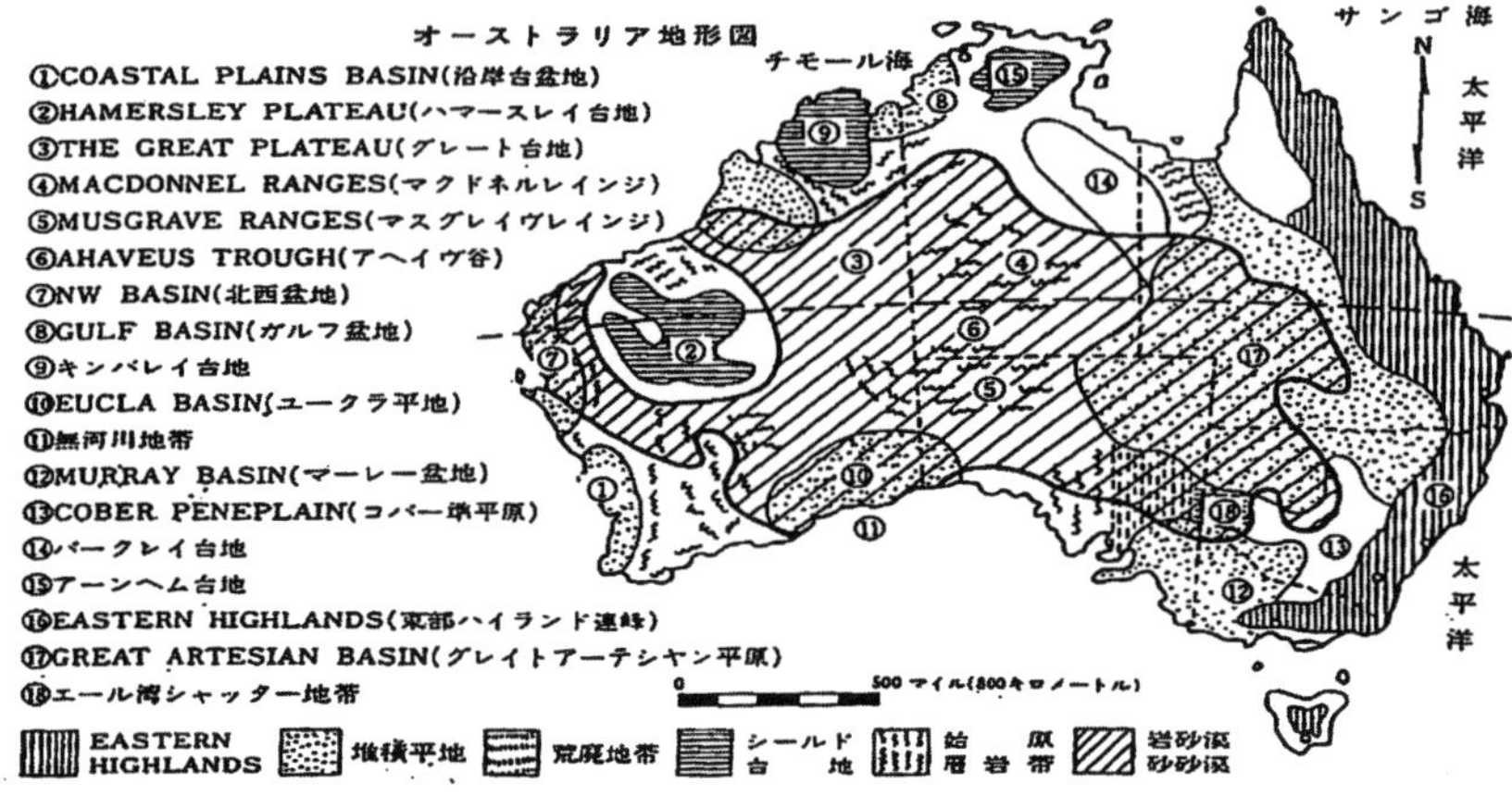

図1　駒井健吉『オーストラリア』科学新聞社、1982年（1978）、13頁

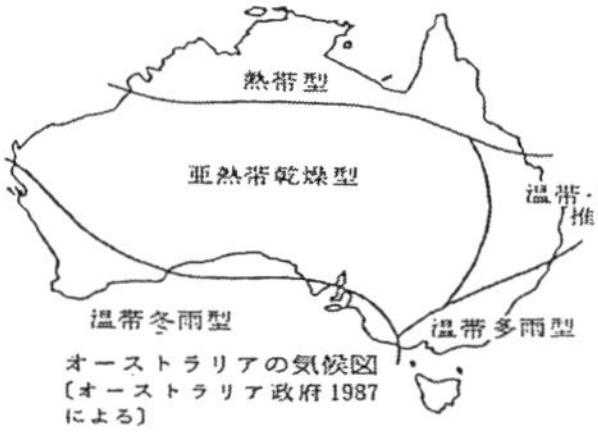

図3　駒井健吉（1982年）、24頁

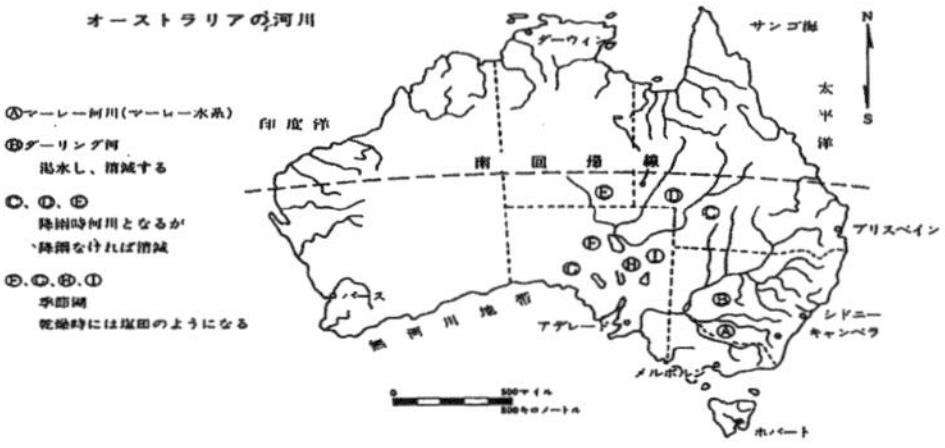

図2　駒井健吉（1982年）、19頁

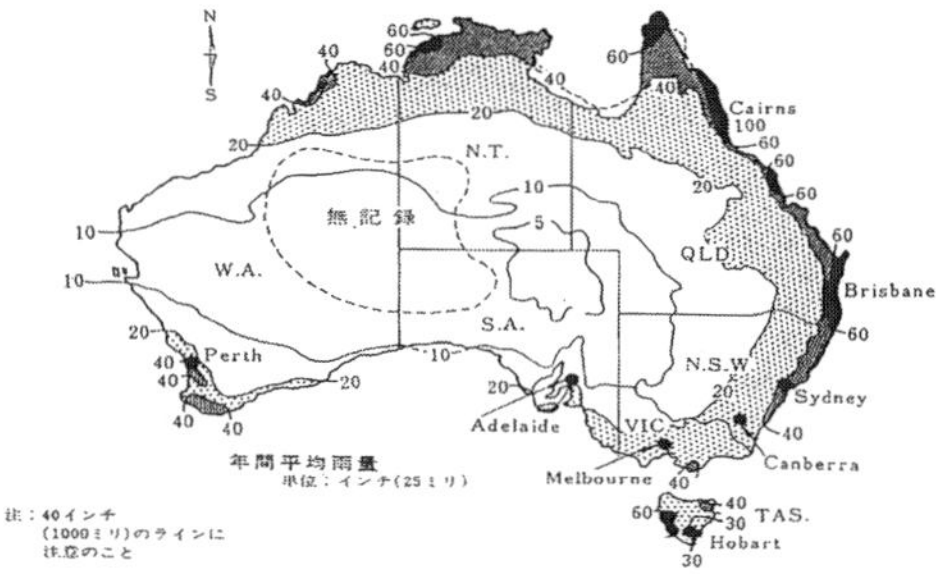

図4　小山修三『狩人の大地』雄山閣、1992年、9頁

図5　小山修三（1992年）、13頁

温帯型：平坦な北海岸。
亜熱帯乾燥型：大陸中央部の不毛地帯。
温帯冬雨型：山をひかえた西南部、東南部。
温帯多雨型：東南部とタスマニア。

3　植物相とブッシュファイア

オーストラリアの植生の特徴であるフトモモ科のユーカリ属は、一〇〇メートル以上の巨木から低い潅木まで、大陸全域に広く拡散している。[4]

オーストラリアの植物の種は、約一万二〇〇〇種あるといわれるが、大陸の面積を考えると決して多くはない[5]（図5）。

オーストラリアの植生で注目すべきは、アボリジニの野火（ブッシュファイア）[6]の影響である（図6）。先史時代からくりかえされてきたブッシュファイアは、本来ならば低木林か森になっている土地を肥沃な草原地帯にかえた。[7]例えばタスマニアは、アボリジニがいたころは、比較的見はらしのよい草原であったが、現在では大森林となっている。[8]また、ブッシュファイアがひんぱんに起こったために、ユーカリ類は、特にオーストラリア北部で広がることができた。[9]以上から、オーストラリアの植生は、火に対する適応にひとつの特徴があるといえる。そして、アボリジニは、そうした植生の形成に少なからず加担していたのである。

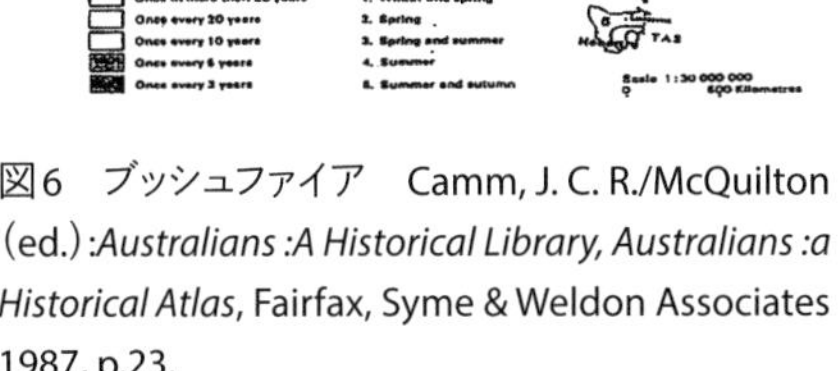

図6　ブッシュファイア　Camm, J. C. R./McQuilton (ed.) :*Australians :A Historical Library, Australians :a Historical Atlas*, Fairfax, Syme & Weldon Associates 1987, p.23.

4 動物相

オーストラリアの動物相の特徴は、哺乳類にある。周知のとおり、オーストラリア大陸には、単孔類と有袋類が広く分布している。一七八八年当時、有胎盤類は、人間と人間がつれてきたディンゴとよばれる犬しかいなかった。[10]

巨大獣は、一七八八年の時点ではすでに絶滅しており、[11] 現在最も大型の動物は、カンガルーである。蛇足ながら、白人の入植にともなう羊、牛などの侵入は、有袋類に甚大な被害を与えており、この二〇〇年間で九種が絶滅、二〇種以上が、絶滅の危機にあるという。[12]

〈2〉アボリジニ

1 概説（形質、人口など）[1]

アボリジニとは、オーストラリア大陸全土にわたって居住した狩猟採集民をさす。形質は、黒褐色の皮膚、黒い波状の頭髪、体毛が多い、眉上突起がつよい、鼻幅がひろい、歯が大きい、顔面角が小さいなどの特徴をもち、オーストラロイド人種とも呼ばれる。物質文化は簡素だが、精神文化は豊かである。親族組織は「キンシップ王国の怪物」と呼ばれるほど複雑で、その機能、構造は完全に解明されてはいない。人口は、白人との本格的な接触が始まる一七〜一八世紀までは、約三〇万人[2]と推定されている。

2 諸言語、諸部族

アボリジニは、四〇〇から五〇〇近い部族に分かれ、また二〇〇以上の言語が発達した。[3] この二〇〇の言語は、各集団の方言によってさらに細かく分類され、社会言語学的・文化人類学的な分類では、アボリジニの言語は六〇〇を超えるという[4]（図7）。

また、北部海岸や東南部では、部族が密集しており、中央部で拡散している（図8）。これは、降水量が多く、食糧の豊富な地方に部族が密集し、乾燥した不毛地帯になると逆に部族のテリトリーが拡大するためである。(5)

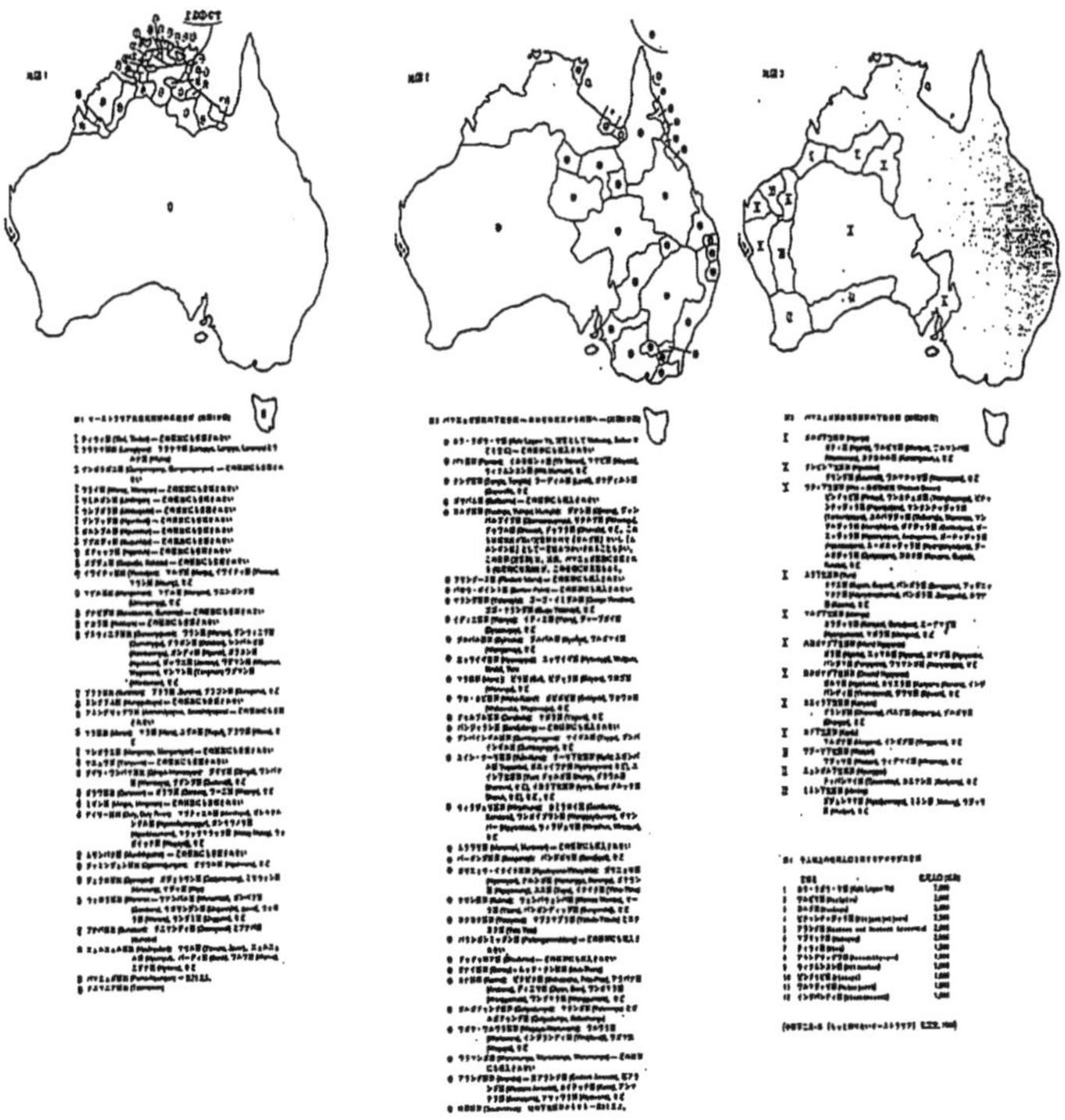

図7　アボリジニの言語　小山修三ら編『オーストラリア・アボリジニ』産経新聞社、1992年、46-47頁

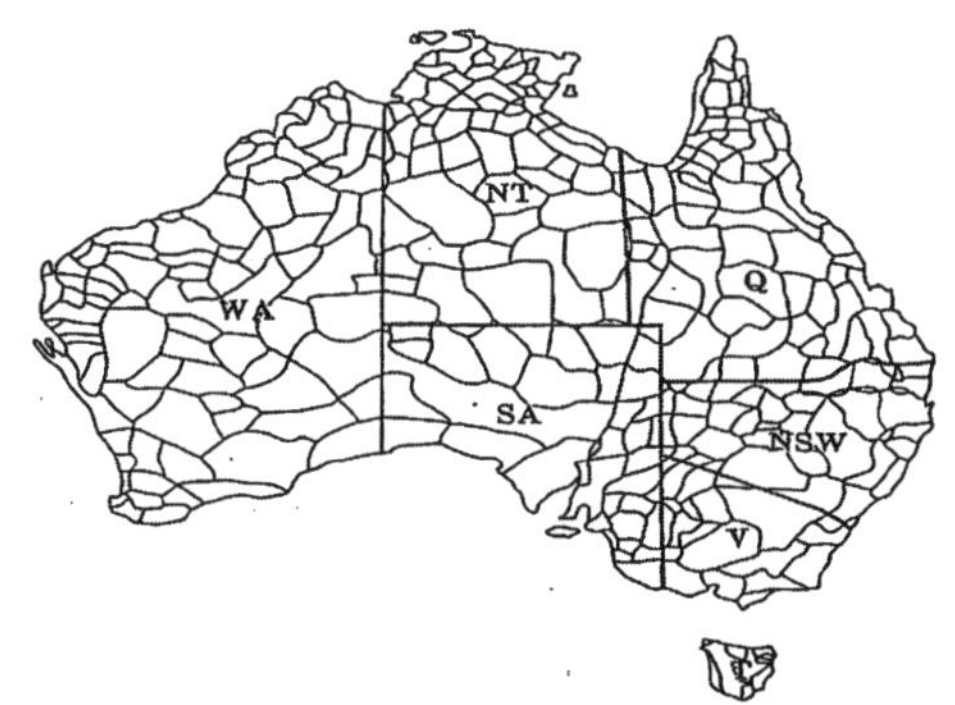

図8　オーストラリア・アボリジニの部族領域　小山修三「オーストラリア・アボリジニ社会再構成の人口論的考察」44頁（『国立民族学博物館研究報告』13巻1号、1988年）

移民過程と人口推移

アボリジニの先祖が移民であることは、ほぼまちがいないのであるが、その移民の過程や時期、その後の人口増加に関しては、諸説が提出されている。決着は、今後の考古学的調査によるであろうが、以下現時点での主な学説を紹介する。

〈1〉 移民と人口推移に関するバードセルの説

ジョセフ・バードセルは、一九五〇年代に、四〜五万年前のオーストラリア大陸への人類の移動とその後の人口推移についての仮説を発表した。(1) これがその後の論争の発端となるので、まずこのバードセルの説を紹介する。

1 移動のルートと規模

バードセルは、東南アジアからオーストラリア大陸北岸へ人が渡ってくる五つのルートを想定した(2)(図1)。そしてこの時の移民人口を二五人と仮定する。(3)

2 入植過程

大陸に侵入した後の移動についてバードセルは、移動の決定要因を降水量に求めた。(4) 人々は、食糧の獲得をめざしてあらゆる方向に同時的に拡散する。すると、降水量が多く、食糧が比較的豊富な海岸付近ではゆっくりと入植が進む。これに対して、降水量が少ない内陸の乾燥地帯では、それだけ食糧の獲得が困難である。そのために内陸では、食糧確保をめざして急速に大陸内への侵入が生じる。こうして、大陸全体に全方向的に人口が急速に拡散していった。とするのがバードセルの仮説である[5](図2)。

3 人口推移

人口推移についてバードセルは、人口が大陸全体を占領するまで、年率三%の人口増加を続け、二〇年毎に人口が二倍になったと試算する。[6] すると、ラドクリフ・ブラウンが示した一七八八年当時の約三〇万のアボリジニ人口に達するまでに、二二〇四年でたりるという。[7] のちに彼は、自然環境の変化や大陸の大きさの変化を考慮して、大陸占拠にかかった時間を五〇〇〇年と修正しているが、[8] 基本的な考え方は以上述べたものと同様である。

以上から、人口推移についてバードセルは、大陸侵入直後から人口が急速に拡大し、二〇〇〇〜五〇〇〇年を経て大陸の収容力いっぱいになると、その後は、白人の入植期までほぼ一定の人口水準をたもったと考える(図3のAの曲線)。

Birdsellのルート　〔KIRK 1981による〕

図1　堀江保範／小山修三「オーストラリアへの道」23頁(小山修三編『国立民族学博物館研究報告 別冊』15号、1991年)

図2　バードセルの説　Camm, J. C. R./McQuilton (ed.) (1987), p.136を修正。

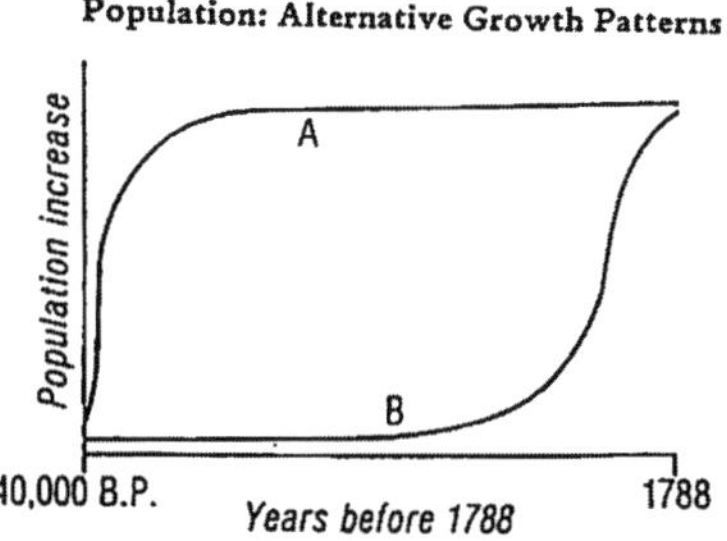

図3　Dingle, Tony, *Aboriginal economy*, McPhee Gribble :Penguin books, 1988, p.50

〈2〉大陸への移動の過程

オーストラリアとニューギニアは、最終氷河期（ヴェルム氷河期）まではひと続きであり、サフル大陸をつくっていた。また、ウォーレス線以西の島々は、スンダ大陸と呼ばれるアジアと陸続きの大陸だった[1]（図4）。

するとアボリジニの先祖は、スンダ大陸とサフル大陸の間の海峡を自力で越えた最初の人類だったことになる[2]。実際、先祖が海をこえてやってきたという話は、アボリジニの神話のなかにも残っている[3]。

1　移動の時期

初期のオーストラリア大陸への移動は、スンダ大陸とサフル大陸の間に点在する島々を経由したものと考えられる[4]。

約一二万年前、海面は現在の水準よりもやや高い水準だったが、その後海面は徐々に低下する[5]。最終氷河期の気候の寒冷化が最も厳しかったのは、五万年前と二万年前で、この時の海面は、現在の水準に比べてそれぞれ一二〇メートル、一五〇メートルほど低下していた[6]（図5）。移動は、この二つの時期におこなわれたと考えられる。

さらに堀江保範／小山修三は、アボリジニの形質的特徴から、五万年～三万年前にかけての第一次移動は、古代型ネアンデル

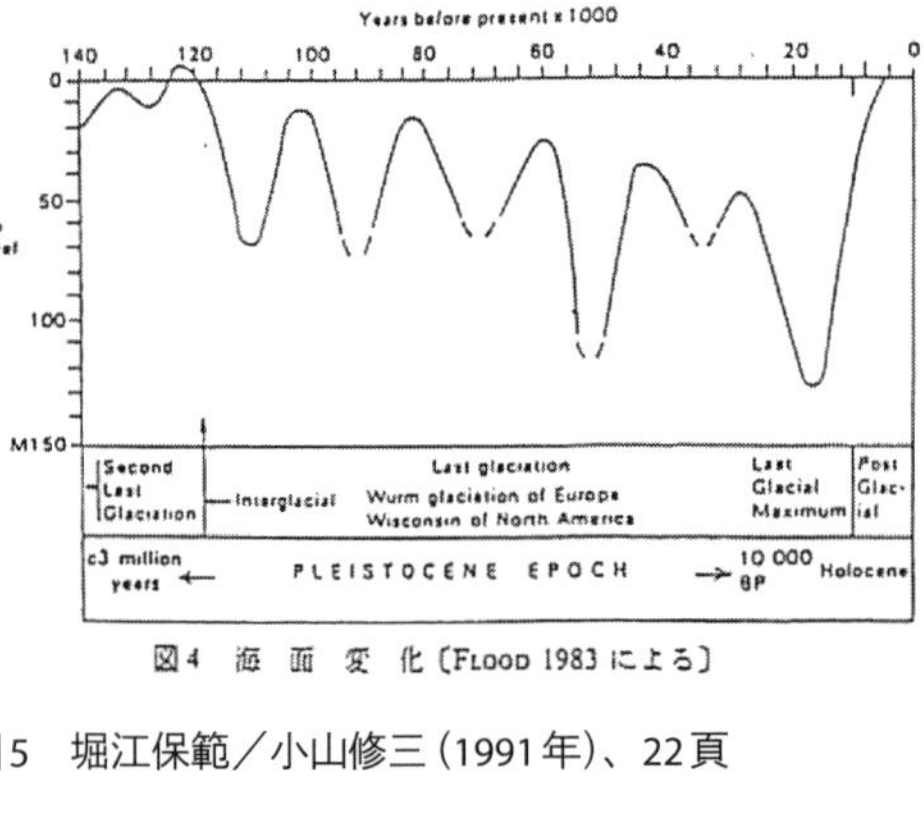

図5　堀江保範／小山修三（1991年）、22頁

図4　小山修三（1992年）、22頁

ター ル型と現代型、(7) 二万年前の第二次移動は、スンダドント形質集団(8)の移動であり、現在のアボリジニは、この三集団の混血であると考える(9)（図6）。

2　移動の方法

具体的な移動の手段は、竹のイカダが考えられる。竹は、東南アジアに広く普及しており、軽くて耐久性が高いうえ飲料水確保のための容器としての利用も可能である。(10)

移動ルートについて堀江保範／小山修三は、視界効果内での航海という仮定から、(11)唯一の移動ルートをスンダ大陸東南部、現在のボルネオ島のマンカリハト岬、もしくはその南方のバラバランガン諸島→スラウエシ（セレベス）島→ペナン島→バンガイ諸島→タリアブ島→マンゴン島→サナナ島→ブル島→セラム島→ミソール島→サラワティ島→チンドラワシ半島（ニューギニア）と推定している(12)（図7）。

ただし、こうしたオーストラリアへの移住が、全て計画的におこなわれたとは考えにくい。偶然の発見と計画的な航海とが、相補的に促進しあうかたちをとったであろう。(13)最終的にオーストラリア大陸へたどり着かないような移住もいくつもあったと考えるべきである。

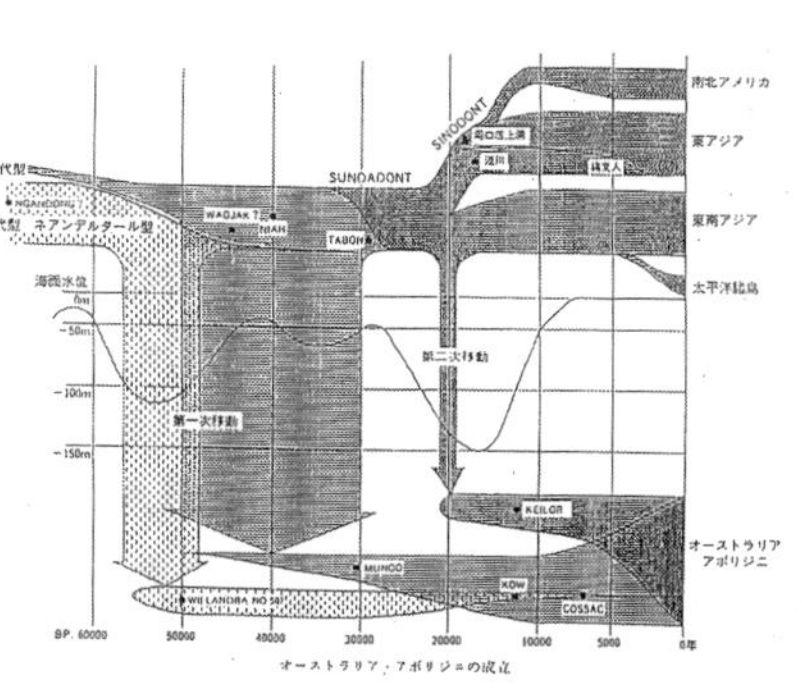

図6　堀江保範／小山修三（1991年）、30頁

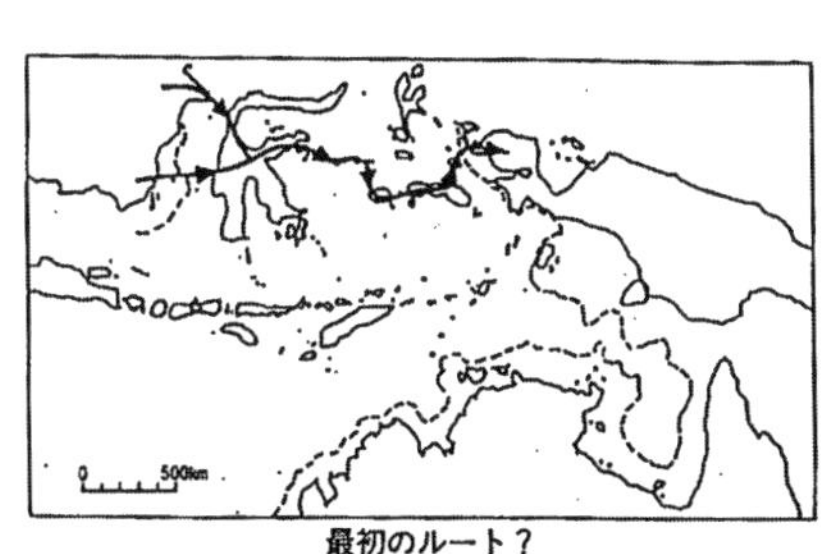

図7　堀江保範／小山修三（1991年）、25頁

3　移動の動機

アボリジニの形質的特徴から、堀江保範／小山修三は、古い形質集団が新しい形質集団の拡大によって「押し出された」と考える。すなわち、現代型による押し出しの結果、ネアンデルタール型が、最初のオーストラリア人として大陸へ移動し、その後に現代型の移動がおこる[14]（第一次移民）。その後、二万年前以降に、短期的だが集中的な移動で、スンダドント形質集団の移動がおこったと考える[15]（第二次移民）。

より具体的な移動の動機として、ブレイニーは、飢饉や部族間の争いによる新天地の希求、戦争に敗れたすえの追放、インドネシア諸島の人口過剰などを挙げているが[16]、いずれも憶測にすぎない。

〈3〉入植の過程についての諸説

バードセルの説は、その後の考古学的発見や四万年間の環境の変化に関する研究の進歩によって、様々な批判がなされた。以下、そのいくつかを紹介する。

1　「海岸入植理論」

一九七七年、サンドラ・ボゥドラーは、「海岸入植理論（coastal colonisation theory）」を発表した[1]。これは、入植者たちは、もともと海洋民族であったはずであり、かれらの技術も、海岸や河川での生活に適したものであったと考える。であるならば、入植は、全方向的ではなく、海岸や河川づたいに進んだはずである[2]（図8）。そして約一万二〇〇〇年前に、はじめて大陸内部の乾燥地帯に侵入したと考える[3]。

考古学的には、二万五〇〇〇～二万年前の遺跡が海岸において多く発見され、ボゥドラーの説を裏付けているが、その一方で二万年前のもので、海岸から一五〇キロメートルも内陸の遺跡も発見され

ているので、ボゥドラーの想定よりも早い時期に内陸への移動があったとも考えられる。(4)

2　「水と森林理論」

一九八一年、デヴィット・ホートンは、「水と森林理論（water and woodland theory）」を提案した。(5) 彼は、バードセルと同様に、食糧獲得が可能な地域では、内陸でも海岸同様に侵入があったと考える。(6) ただし、食糧の獲得が困難な乾燥地帯へは侵入せず、「森林地帯」にそった移動を想定する。(7) こうして、約二万五〇〇〇年までに、乾燥地帯を除く大陸全体が占領されたと考えるのである（図9）。その後、二万六〇〇〇年前から始まる気候の乾燥化によって、人々は、食糧を求めて海岸への移動を余儀なくされる。大陸全体への拡散は、一万二〇〇〇年前以降の、気候の改善にともなう内陸の再占領の結果である。この時に初めて乾燥地帯が占領されたのである。(8)

図8　ボゥドラーの説　Camm, J. C. R./McQuilton (ed.) (1987), p.136を修正。

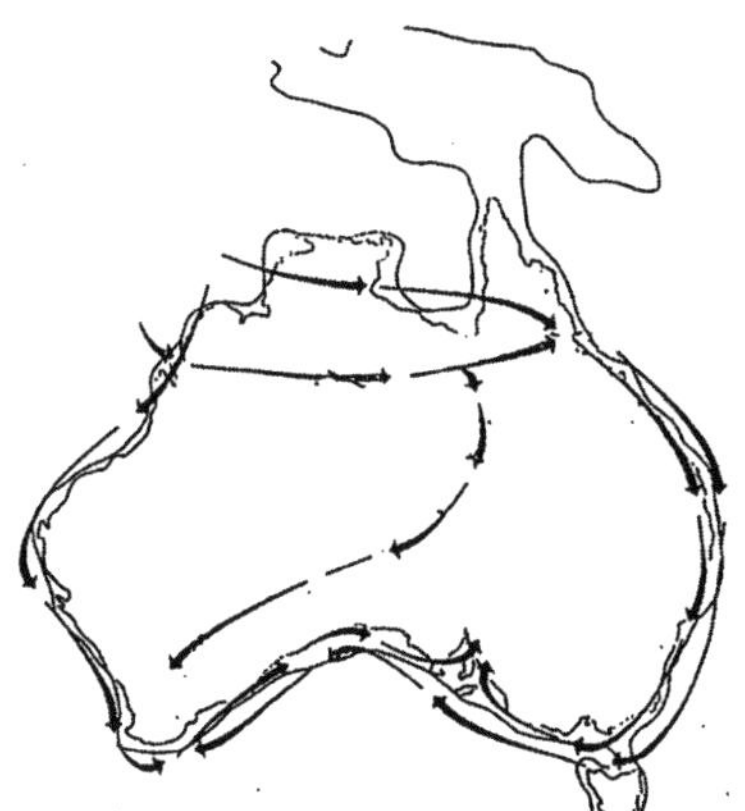

図9　ホートンの説　Camm, J. C. R./McQuilton (ed.) (1987), p.136を修正。

考古学的な事実は、この説を裏付けるものの一方で否定可能なものも出ているが、[9] 自然環境の変化を考慮にいれたという点で重要な仮説であるといえよう。

〈4〉人口推移についての諸説

人口推移に関するバードセルの説は、数万年の間に生じた自然環境の変化を考慮していなかったし、また技術力の変化にも注目しなかった。[1] さらに人口増加率が年率三％と考えるのも疑問視してかかるべきであろう。以下、人口推移に関する諸説を簡単に紹介する。

1　入植初期に人口増加があったとする説（バードセル以降）

Ｌ・Ｒ・スミスは、自然環境の変化による食糧供給の変動を認めたうえで、入植開始期の人口増加率を〇・一％として試算し、最初の八〇〇〇年間で一七八八年の人口水準に達したと考えた。そして、その後の約三万年間は、自然出生率と自然死亡率がともに年間一〇〇〇人当たり四〇人で、比較的安定した人口水準を保ったとした。[2]

2　終始一定の人口増加率を想定する説[3]

小山修三は、他文化からの刺激のほとんどない狩猟採集社会において、人口動態は、永い年月の間でゆっくりと増加し、自然環境の〝carrying capacity〟との均衡が出来上がったあと停滞する単純なロジスティック曲線をつくると予測する。また、現代アボリジニをとりまく環境ができあがったのは、約五〇〇〇年前であるとする。

以上から、三万五〇〇〇年前に二〇人の集団があり、それが順調にのびて約五〇〇〇年前に〝carrying capacity〟に近づいたと仮定してシミュレートした結果、年率〇・〇〇〇四％の人口増加率と計算できるという。これは、よく発達した旧石器時代的社会の人口増加率である。

3 白人入植の直前に人口が増加したとする説

ロウランドス、ヒューエス、ランバートらは、南オーストラリアにおける沖積世期以降の経済力の強化という考古学的事実から、経済力の変化が人口増加に関係すると考えた。(4) これを受けてJ・M・ビートンは、バードセルとは反対に、入植初期は高い死亡率の結果、人口は低い水準にとどまったと考える。そして、五〇〇〇年程前、経済力の強化から食糧の獲得が容易になり、人口が急速に増加したというのである(5)(図3のBの曲線)。

これは、四〇〇〇〜六〇〇〇年前に、様々な技術革新があったことによって裏付けられる。例えば、細かい剝離痕のある精巧な尖頭器やナイフ型石器は、六〇〇〇年前以降のものであるし、(6) ディンゴの登場は、四〇〇〇年前頃である。(7) この時期に、新たな移民があったとも考えられよう。(8)

4 人口の増減が繰り返されたとする説

ブレイニーは、種々の人口抑制機能(9)を伝統的に持ったアボリジニの人口は、バードセルの仮説ほど急速に増加することはないと批判する。(10) また、食糧確保の限界からくる人口の停滞という考えも、オーストラリアの土地の食糧生産力が一定ではないという立場から否定する。(11) また、伝染病や戦争で人口が減少すると、(12) その回復はきわめて緩慢であったという。(13)

以上から、ブレイニーは、先史時代のオーストラリアの人口推移の歴史は、増減を繰り返す複雑なものであって、(14) そのグラフはギザギザの線が、かすかに上昇してゆくものであったという。(15) 彼は、一七八八年当時の人口が、最大値であったかどうかさえ疑っているのである。(16)

第3章

アボリジニの経済活動

本章より、アボリジニの具体的な社会形態の分析にはいる。本章では、経済活動の分析をおこなうが、その際、経済行為を1生産、2流通、3消費と整理し、それぞれを独立に検討する。

〈1〉生産活動

1 フランスのマルクス主義経済人類学

いわゆる「未開社会」の経済行為のうち、流通（交換）の分析に主眼をおいたポランニー派経済人類学を批判し、財の生産に関する分析を重視したのが、フランスにおけるマルクス主義人類学である。(1)このグループ内部には、レヴィ＝ストロースの影響下に理論構築をはかるモーリス・ゴドリエ、フリードマンらと、アルチュセールの構造主義の影響下のクロード・メイヤスー、テレーらが、相対立しているが、(2)本節ではこうした理論的対立には直接触れず、アボリジニ社会を分析するうえで有用な概念、用語法を学派にとらわれず借用する。

2 生産単位と生産様式

ポランニー学派出身のマーシャル・サーリンズは、未開社会の経済活動の特徴として、「家族制生産様式」(3)を提唱する。サーリンズは、未開社会における世帯（家族）とは、消費集団であるとともに（生産、労働力の配置と利用、経済目的の決定などをひきうけた）ひとつの生産＝制度であると考える。彼は、世帯システムこそが、経済パフォーマンスの第一原理であるという。(4)

しかし、これはアボリジニに関してはあてはまるとはいいがたい。アボリジニの生活単位は、出自やトーテムが共通な家族（クラン）が複数集まった小集団（バンド、ホルド）である。[5] 生活単位が二〇～三〇人の小集団であったのは、移動の容易さと食糧確保の負担の軽減のためであるが、[6] かといって一つの家族で生計を継続的に維持するのは不可能である。モーリス・ゴドリエの指摘するように、家族は「社会の基礎単位ではない」[7]。一つの家族は、他の諸家族から独立しては、何世代にもわたる自己再生産ができないし、[8] 協業による日々の食糧獲得も困難になりかねない。

少なくともアボリジニ社会においては、「親族的につながったいくつもの家族からなる地域集団」[9] である、バンド、ホルドを生産単位と考えるべきであろう。具体的な労働過程において、バンドが直接的な生産・消費の単位となるのである。[10][11]

3 労働手段

①道具

狩猟採集経済では、生産を維持するためには、移動が必要不可欠である。[12] よって、当然ながら、生産手段をふくめた道具類は、必要最小限であるべきである。荷物が多くては移動がままならない。砂漠の狩人は、数本の槍とウォメラ（槍投げ器）、棍棒と火起こし棒のみで旅を続けたという。[13]

（a）槍とウォメラ

ブレイニーは、アボリジニが狩に使っていた武器のなかで、一番活躍していたのが槍だと説明している。[14] また、ドーソンは、贈答用もふくめて用途に応じた七種類の槍を紹介している。[15] ちなみにアボリジニは、弓矢を使用しなかった。[16]

槍は、ウォメラと呼ばれる槍投げ器とともに使われた。アボリジニは、ウォメラを使うことによって、槍の射程距離を伸ばし、殺傷力を増したのである。[17] また、地域によっては、このウォメラが、ノミや穴掘棒としても利用された。[18] ただしこのウォメラは、オーストラリアの全ての地域で使われてい

たわけでもないし、世界的にアボリジニ独自のものというわけでもない。(19)

(b) 穴掘棒

主に女性が使う穴掘棒(digging stick)は、実際の食糧獲得の量で考えれば、槍以上に活躍していた。(20)これは単なる木製の棒であるが、これを使って土をほりおこし、蛾の幼虫や根菜植物を採集するのである。

(c) ブーメラン

"boomerang"は、世界的に有名なアボリジニの言葉のひとつであろう。これは、もともとシドニー郊外のボタニー湾付近にいたアボリジニの言葉である。(21)アボリジニの持っていた道具の中で最も有名であるにもかかわらず、狩において欠かせない道具であったかどうかは疑わしい。オーストラリア北部、ノーザン・テリトリーのアーネムランドでは、ブーメランは、儀礼用の楽器として使われているだけであったし、(22)オーストラリア中西部やタスマニアには、普及していなかった。(23)ブレイニーは、ブーメランが比較的古い道具で、実用的には使われなくなりつつあったのではないかと示唆している。(24)ブーメランには、用途や地方に応じた様々な種類があるが、中野不二男は、「リターンタイプ」、「ノン・リターンタイプ」、「儀礼用ブーメラン」の三つに大別している。(25)

(d) 漁労のための道具

第2章で示したように、アボリジニの先祖が漁労民族だったからかどうかは分からないが、漁労に関係する道具は、比較的大きく、また複雑な構造をもつものが多い。アボリジニの舟は、地方によって異なるが、ユーカリなどの樹皮を張り合わせた「樹皮舟」と「丸木船」、そして、丸太を組み合わせた「いかだ」が知られている(26)(図1)。

漁具は、網とヤスが基本である。釣針と釣糸ももちろん使われたが、ヤスの方がよく使われたという。(27)こうした道具は、骨や植物繊維を利用して作るものが多かった。(28)

（e）その他

このほかにも、アボリジニは数多くの種類の道具を作り使用した。石斧、ナイフ、石臼、錐、水カゴ等々。[29] ただし、全ての地方に全ての道具が普及していたわけではない。ひとつの部族が持ち歩く道具の数はそれほど多くはなかったのではないだろうか。

（f）まとめ――石器か有機物か

アボリジニの伝統社会をはじめ、狩猟採集社会のことをしばしば「石器時代」的というが、これは疑問である。以上見てきたように、彼らの道具のほとんどは、木材、骨、植物繊維などの有機物を利用したものであるからだ。

いくつかの考古学的事実から、ジョン・マルヴェイニーは、白人が入植する直前のオーストラリアでは、石器を作ることがすたれはじめ、代わって骨などの有機物を使った道具作りが多くなったという仮説を示している。[30]

②火の利用

アボリジニにとって、火は、さまざまな道具と同様に、重要な労働手段であった。[31] 煙は、動物を巣穴から追い出すのに利用したし、烽火としても利用した。また、ワラビー（小型のカンガルー）を追いつめるのにも火を利用した。[32] 第1章で説明したブッシュファイアは、植生を変えることによって狩の効率を上げ、生産力の上昇に貢献した。

4　労働対象

①土地

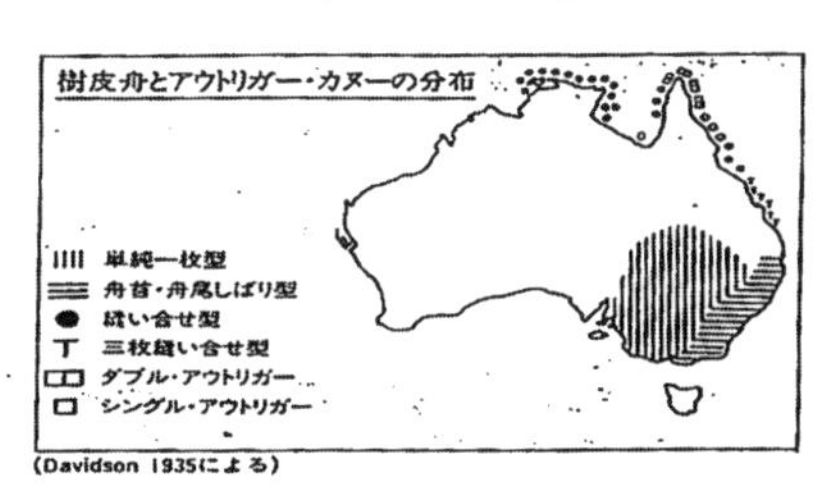

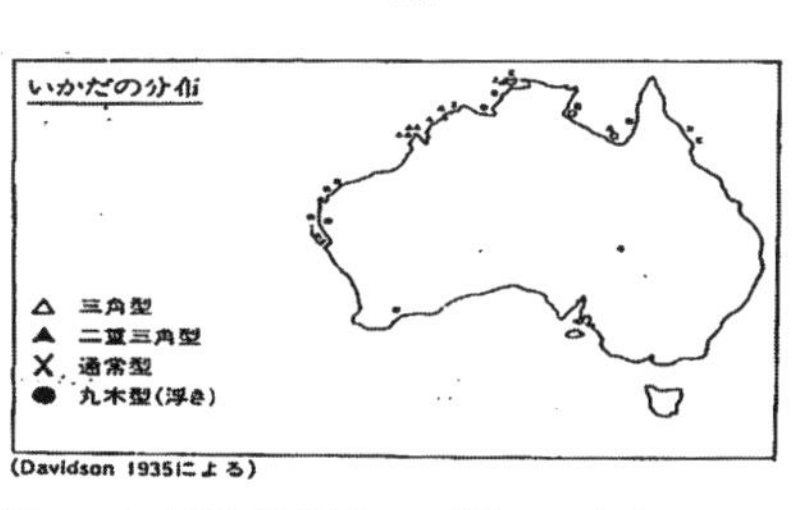

図1　小山修三ら編（1992年）、60頁

（a）労働対象としての土地

通常のマルクス経済学において、土地は広義の労働手段である。[33] しかし、これは狩猟採集経済であるアボリジニ社会の場合はあてはまらない。農耕民にとって、土地は明らかに労働手段であるが、狩猟採集社会にあっては、土地は労働対象である。[34] 土地が労働対象であるためには、自然を整備も修復もすることなく富をとりださなければならない。資源が枯渇すると、人々は動植物が自然に回復するまでは別の土地へ移動する。[35] ブッシュファイアにみられるように、アボリジニは全く土地に対して働きかけをおこなわなかったというわけではない。しかし、それが「自覚的」な経済行為でなかった以上、アボリジニは土地を労働対象としていたといって差しつかえなかろう。

以上のような土地にたいする態度について、エルキンは、アボリジニは土地を搾取するのではなく、自分たちを土地に適応させるのだ、と説明している。[36]

（b）土地（カントリー、テリトリー）の熟知

土地に対して積極的な働きかけをおこなわない狩猟採集経済においては、生産対象たる土地の徹底した熟知が必須となろう。エルキンは、土地に適応するための三つ側面として、食糧獲得の技術、土地との〝パーソナルな〟結びつき、そして土地の熟知の三点を挙げている。[37] アボリジニは、我々には信じられないほどに自分のカントリーである土地、自然を「写真の如く」熟知していた。[38] いつ、どこに行けば、何が獲れるのかについて、彼らは完璧な知識をもっていたのである。このことは同時に、自分のテリトリーでない土地においては、食糧獲得がままならないということを意味する。[39]

後に、本論の第5章で検討する土地との精神的むすびつきも考え合わせると、アボリジニにとって、自分のカントリーは、単なる労働対象というだけではなく、精神的にも経済的にも自分自身と密接なつながりをもった存在であるといえる。[40]

（c）テリトリー、カントリーの規模、所有権

ひとつの部族のテリトリーは、多くのカントリーからなり、それぞれのカントリーは、その地域のバンド、ホルドが狩猟採集の権利をもっている。(41) それぞれの境界線は、山脈や分水線、川などの、地理上、生態学上の境界であることが多い。(42) あるバンドのカントリーにおいて、よそ者が狩猟採集をする場合には、そのバンドのメンバーの許可が必要となる。(43)

部族テリトリー全体は、互酬的な全セクション員（親族構成員）による領有である。日常的な労働過程においては、バンド別のカントリーが単位となり、部族テリトリー全体の互酬関係は、「不可視」の構造である。しかし、飢饉などで、生産が危機的状況に陥ると、このレヴェルでの協業や互酬関係が機能する。(44) バンドは、自分たちのカントリーに対して、専一的な権利を有しているわけではないのである。(45)

また、内陸の乾燥地帯にはいるほど、テリトリーが拡大する傾向にあることは、既に第1章で説明した。

②水、獲物

狩猟採集経済にとって、飲食用の水分や動植物は、労働対象であると同時に生産物である。以下、具体的に検討する。

（a）水

乾燥したオーストラリア大陸にあって、水の確保は死活問題である。ブレイニーは、アボリジニの水を探す能力を特に強調している。(46) 乾燥地帯に住むアボリジニは、ウォーターホールやソークといった、干上がった川筋に残る水たまりに水分を頼った。(47) また、水分を確保するために、水場への立入が社会的に規制される場合があった。(48)

（b）獲物

アボリジニは、イモムシからクジラにいたるまでじつに様々な獲物をとる。具体的には、次の「5

生産過程」で、獲得方法とともに詳しく紹介する。

5 生産過程

①狩猟採集経済の特徴——協業の特殊性

フランスワ・プィヨンは、狩猟採集経済の特徴として、土地が労働対象となること、テリトリーに境界が区画されること、そして、狩が突発的であることの三つを挙げている。[49] 最初の二つは既に検討した。ここでは、狩の突発性ということの意味を考えてみたい。

アボリジニにとっての労働過程とは、バンドの枠内で日々営まれる具体的生産過程である。[50] 農耕と異なり、狩猟採集活動は、長期的な協業を必要としない。狩や採集活動は、日毎に区切られており、獲得した食糧がその日のうちに分配されることによって協業関係は消滅する。[51] 生産や分配は瞬時であり、狩猟採集経済は、再生産の組織化にほとんど関心をしめさない。[52]

また、バンドのメンバー構成は、季節や土地の生産性に応じて絶えず変化する。だから、日常生活における社会関係は、ゆるやかで非連続的となる。[53] ターンブルによれば、バンドは、親族的機能よりも経済的な機能によって統合されているという。[54]

②分業

（a）性別分業

アボリジニの諸活動において、男女間の分業は、基本であり根幹である。アボリジニの経済においては、男女は補完的な役割をはたしている。大型動物の狩猟は男、植物の採集は女という分業が徹底されていたのである。[55] 移動時の分担も男女別である。男は隊列の先頭に立ち、槍、ブーメランを持って、いかなる事態にも即対応できるようにして進む。一方の女性は、子供や様々な生活用具を持ち、穴掘棒で食糧を採集しながら男の後ろをついていった。[56] またアボリジニの間では、男の狩猟活動の方が、より価値ある労働と考えられていたが、実際の食生活の基調は、女性の採集活動にあった。(57) 例えばティウィ族の場合、独身の男性は生活力がないため、母とともに暮らして母の食糧供給に依存する。そして結婚後も、生産力を高めるために、多くの女性との結婚を望むという。(58) 女性＝生産力なのである。

（b）年齢別分業

年齢による階層は存在する。(59) しかし、年齢階層が分業の役割を果たしたといえるかは、はっきりしない。老人は、獲物の探し方や道具の制作に長けていたであろう。一方若者は、力を必要とするような労働においては、活躍したであろう。しかし、これを年齢別の分業と考えるには、その区別や分担が余りにもあいまいである。

年齢別分業の有無に関する検討は、今後の課題としたい。

（c）トーテム分業(60)

各トーテム集団が、他のトーテム集団に対して、自分が「生産」を担当する動植物を他の集団に提供する義務がある部族がある。

ノーザン・テリトリー（北方準州）のカイティシュ族とウンマチェラ族では、ある野生の穀物の名前を持つトーテム集団のテリトリーで、よそ者がその穀物を収穫した場合、それを食べるためには首長の許可を得なければならない。またワラムンガ族では、各トーテム集団は、それぞれがある決まった一種の動植物を増殖させ、他の集団がそれを獲得できるようにする責任がある。

（d）部族間分業(61)

各部族が、特定の道具や手工芸の製造に関して専業化し、それを土台に交易がおこなわれることがあった。

オーストラリア北西部レヴィーク岬の部族は、柔らかい木でできた槍とブーメランを南の部族に送り返礼に堅い木でできた槍とオーカー、パイプ粘土を受け取った。また、中央オーストラリアのアリススプリングス西部に住む部族は、「ビチ」という水を入れる鉢をつくる技術に長けており、ブーメランは北東部、槍投げ器は南西部、盾は北部というように専業化がおこなわれていた。こうした部族間分業は、昔から営まれており、部族の神話のなかに起源が語られている場合もある。

③季節の区分と移動

アボリジニは、季節のサイクルと食糧源にもとづいて、それぞれの部族が独自の季節区分をおこなっていた。[62] 彼らは、それぞれの季節に応じてキャンプ地を移動し、一年でひとめぐりする。[63] 季節を区切る基準は、気温、風向き、雨季か乾季か、あるいは動植物の動きなども基準となる。[64] ある地方では、毎年ハチ、蛾、カブトムシなどの大群が襲来すると、それを合図にアボリジニが長い旅をはじめるという。[65]

季節区分の方法としては、ノーザンテリトリーのジュアン族は六シーズン、ウェスタンオーストラリア州のカラジェリ族は五シーズン、バード族は七シーズンなど、部族によってさまざまである。[66] 具体的な区分については、ノーザンテリトリーのジナン族の例を（図2）で示しておく。

こうしたアボリジニの移動は、移動しなければ飢えるから

ジナン族の季節区分
— 8季区分は Borsboom [Borsboom 1978: 76] によった。9季区分は筆者の調査による。

月	9季区分	区分の指標	8季区分	区分の指標
7	Marowoul	もっとも涼しい季節。つめたい風が吹く。ガンの子供が成長する。ユーカリ属の花がおわる。	Mattai	ユーカリ属の花が咲く。
8	Mangetje (Rarandjar)	乾季。この季節のはじめはつむじ風が吹く。ブッシュファイアがひんぱんにおこる。湿地にはまだ水がある。	Rarandjar	乾季。南東風が卓越する。
9				
10				
11	Walir-Ngore-Mordjila	乾季のおわり。もっとも暑い季節。湿地は干あがり，ガンはいなくなる。	Walir	乾季のおわり。もっとも暑い季節。
12	Wulma	北西の季節風がときおり雨をもたらす。嵐が吹きあれる。	Wulma	北東の風がときおり雨をもたらす。嵐（雷雨）が吹きあれる。
	Ngoro-Maiyoruk	雨季。雨のはじまり。ガンがネネキリにもどりはじめる。イヌクログワイが成長をはじめる。	Bara	北西の季節風が吹きはじめる。草が成長をはじめる。
1	Ngore-Maiyoruk-Wanna	大雨の季節。水草が成長する。	Gummaal	雨季。毎日雨がつづく。西または北西風が卓越する。草が成長する。
2				
3	Djanbaige	雨季のさかり。ユーカリ属の木や下草が大きく成長する。		
4	Djololo	雨があがりはじめ，ガンは卵を生む。ユーカリ属の花が咲きはじめる。スイレン属が成長する。	Djmoro	東風が卓越する。規則的な雨があり，ときおり強風が吹き，草がたおれる。
5			Midawar	東風が卓越する。涼しいときで，草は枯れはじめる。
6	Ritjia	乾季のはじまり。強い東風が吹く。草は枯れる。	Mattai	ユーカリ属の花が咲く。

図2　松山利夫「アーネムランド・アボリジニ、ジナン族の狩猟と食物規制」628頁（『国立民族学博物館研究報告』12巻3号、1987年）

というだけではない。食べ物のメニューを変えたいというのも、大きな動機であった。(67)

④具体的な食糧と生産過程(68)

（a）魚介類

アボリジニは、主な食糧源を海からとっている部族が多かった。

ブレイニーは、オーストラリア沿岸で貝を食べない部族はいないという。マトンフィッシュ、ムシロ貝、ムラサキ貝、ホタテ貝、トリガイなど多種多様な貝が食べられた。ある浜辺のキャンプ跡では、二九種類の貝類を食べていたことが分かっている。もっとも、必ずしも手にはいる貝を全て食べていたわけではない。風習、タブーなどによって、その土地土地で食べる貝の種類が違うことはあったし、同じ地域でも時代によって好まれる貝が違ったことが、キャンプ跡の発掘調査で分かっている。

また、アボリジニは、貝塚をつくった。クイーンズランド州ケープヨーク半島には、マングローブの森の上に九メートルもの高さに積み上げられた貝の山があったという。なぜ貝殻を積み上げたかについては、よく分かっていない。

魚とりの技法は、地域によって違うだけでなく、同じ地方でも場所によって異なるほど千差万別である。例えば現在のシドニー周辺では釣糸と釣針を使ったが、メルボルンのあたりでは使われなかった。ただし、一般に釣針よりは、ヤスの方がよく使われていたという。また、太平洋沿岸のアボリジニは、魚網を利用して魚の群れを取り囲むという漁法をおこなっていた。

オーストラリア北部の海岸では、岸に打ち上げられたアザラシやクジラをヤスでついて仕留めた。また、カーペンタリア湾西岸では、網をむすびつけたモリをウォメラにセットし、カヌーを使って大亀をとった。

川魚をとる技法は、短いヤスを持った男たちが、川に潜って魚を追い立て、ヤスでついたりワナにかけたりするもの、あるいは魚とり用のワナなどが、広く普及していた。

（b）四足獣

アボリジニの武器は貧弱だったが、それを使いこなす感覚の冴えと、動植物に関する知識は、この弱点を補った。

ギブソン砂漠では、ウォメラを使って三〇数メートル先のカンガルーを槍で仕留める狩人がいるという。バンディクート、ゴアナ、ワラビー[69]を仕留めるには、木の棍棒が使われた。斧は、ポッサムを隠れ家から引きずりだすのに使われた。このように、地上を歩く動物は、ほとんどがアボリジニの狩の獲物であった。

アボリジニの狩では、動物の鳴きまねやボディーランゲージなど、獲物を捕らえるために様々な工夫がなされた。例えば、鷹の鳴き真似をすると、ゴアナは死んだように動かなくなるので、楽々と捕まえることができる。ヘビが出す「シュー」という音をたてれば、バングディートが飛び出してくる。臭いに敏感なカンガルーを仕留めるには、風の強い日に、身体に泥をなすりつけて体臭を消し、風下から近づく。また、二人以上で狩をするときには、音をたてないように、手のこんだボディーランゲージを使った。

（c）鳥類

何百種類もの鳥が、アボリジニによって捕獲された。鳥の卵集めも大々的におこなわれた。普通、鳥をとるには、槍、ワナ、網などを利用した。

マリー川中流での水鳥の狩では、長さ一〇〇ヤード、幅二ヤードの巨大な網をつくる。比較的歳をとった男たちが四、五人で川や池にこの鳥網を張っておく。若者は、突然カモの群れにはいる。するとカモの群れは、習性どおりに川に沿って逃げる。川を離れるカモに対しては、円盤を投げたり鹿に似た音を発したりして、再び川沿いに引き戻す。こうして、数えきれないほどのカモを網にかけることができた。

また、アーネムランドのアラフラ・スウォンプにおいては、カササギガンを唯一の獲物として、男たちが妻子と別れて何週間もスウォンプにキャンプするという、アボリジニの経済活動としては特異な猟がおこなわれていた。

（d）昆虫

ハチやガの大群の到来にあわせて、アボリジニが移動するという例は、既に紹介した。その他アボリジニは、カブトムシの産みつける卵を一日に二〇キロ前後も集めるという。ウィチティ・グラブというコウモリガの幼虫（イモムシ）は、穴掘棒を使って掘り起こされた。(70)

（e）食用植物の採集

主に女性が採集する野菜や果物の種類は、じつに豊富だった。例えばケープヨーク半島では、少なくとも一四一種類の植物が、食用に採集されていた。イチゴ類、種子類、根菜類、豆類、果物、球根、葉菜など具体例を挙げるときりがない。アボリジニは、いつどこへ行けば何が旬であるかを、代々子孫に伝え、何百種類にも及ぶ植物を獲得してきたのである。

女性の植物採集の方が、男性の狩猟よりも生産力が高いことは既に述べた。とはいっても、この事実から、女性が男性以上に働いていたのだとはいいがたい。彼女たちの労働過程は、じつにのんびりしたものである。食糧は、豊富に、しかも簡単に手に入ったから、必死で食糧集めをする必要はなかったのである。彼女たちは、おしゃべりや休憩時間をずいぶんと長く取りながら、仕事を楽しんでいた。と、実地調査をしたマーガレット・マッカーサーは報告している。

6　労働生産性、生産力についての諸説

マーシャル・サーリンズは、アーネムランドでの計量的調査やドーンブッシュマンに関する調査報告にもとづいて、狩猟採集経済の高い労働生産性を証明した。(71)

一九四八年に、アメリカ＝オーストラリア科学調査団がおこなった調査によれば、アボリジニの食物関連活動時間は、一日平均四～五時間にすぎない（図3）。また、こうした生活資料探しは、断続的で、必要なだけ手にいれるとすぐに休むという（図4）。こうした諸事実から、サーリンズはつぎのようにいう。[72]

「……農業の到来とともに、人々はいっそう激しく労働しなければならなくなったはずである。……（一人当たりの）労働量は、文化の進化につれて増大し、余暇量は、減少したのである。[73]」

こうした指摘は、我々の偏見（現代社会は物が豊富な豊かな社会であり、狩猟採集経済は、飢えに苦しむ貧しい社会である。という思い込み）を見事にくつがえすものである。しかし、ではなぜ、一部の狩猟採集社会をのぞき、世界の多くの地域では、農耕社会（あるいは牧畜社会）への移行がおこなわれたのかという根本的な疑問にいきあたらざるを得ない。

この点に関して、フランソワ・プィヨンは、サーリンズに対するつぎのような批判をおこなっている。[74]まず、狩猟採集経済における〈豊かさ〉は、文化的にごく控えめな欲求、そして、極端な過小人口を前提にしている。さらに、労働時間が短いのは、彼らの主体的選択なのではなく、貯蔵できないがためであり、また採集効率の大幅な低下（資源の枯渇）をさけるために不可欠であったからに過ぎない。農業とともに、労働生産性は確かに減少したが、土地の生産性は、逆に増大している。つまり、農業は、より長い労働時間を投下し、生産を増大させることが「可能となった」ために労働時間が長期化したのである。

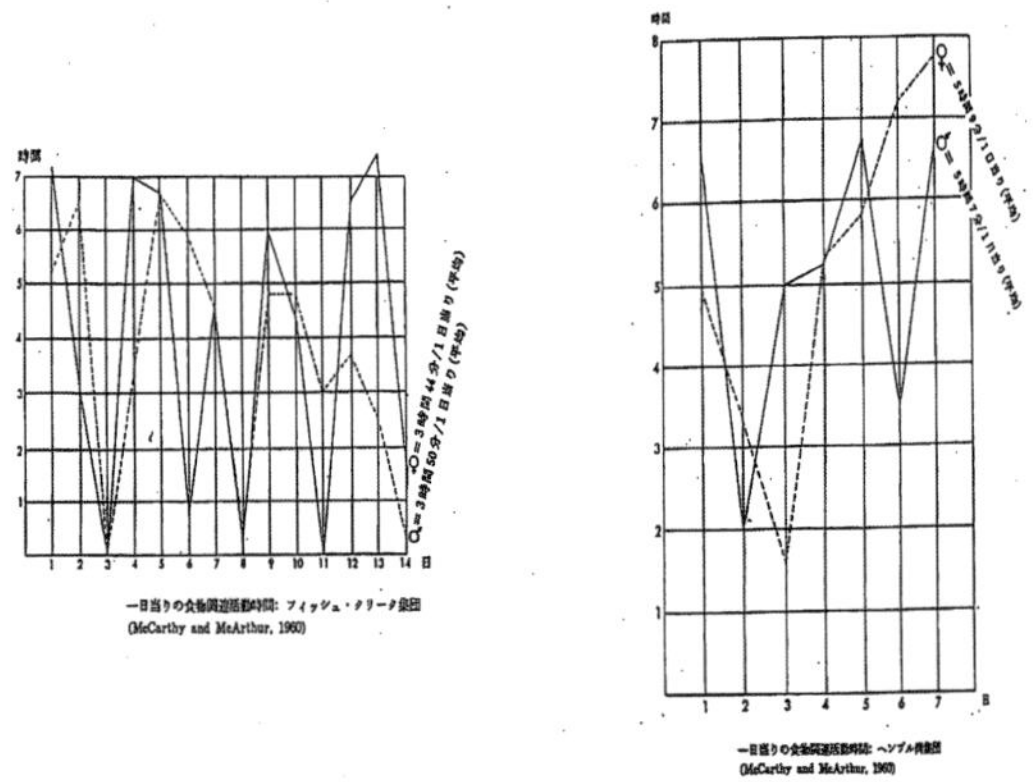

図3　サーリンズ、マーシャル（山内昶訳）『石器時代の経済学』法政大学出版局、1984年、26～27頁

サーリンズが、「労働時間」などの可変的な因子から生産力を考えるのに対して、ピィヨンは、「生産システムのもつ規定性」から生産力を考えようとしているといえよう。

最後に、アボリジニがなぜ農耕社会へ移行しなかったのかという問いに対して、つぎの二つの説明も可能であることをして記しておく。一つは、オーストラリア大陸は、世界が農耕段階へ移行したころにはすでに大陸として孤立しており、自ら自生的に農耕文化を生みださなければ、外界からの伝播は不可能だったという説。[75] そしてもうひとつは、余りにも多種多様な植物を食べていたので、農耕社会のように主食を二、三種に限定できなかったとする説[76]である。

〈2〉流通（交換）過程

1　ポランニー派経済人類学

①その課題と特徴

市場経済の分析から生まれた理論（例えば需給均衡による価格の決定）が、非市場経済の社会にも普遍的に適応できるとする立場がある。ポランニー派経済人類学は、こうした立場を「形式主義者（formalists）」と規定して批判する。[1] 形式主義者は、手段―目的関係にもとづく論理的性格から派生した意味づけと整理を、諸々の人間の経済活動に対して与える。[2] これに対してポランニー派は、自らを「実在主義者（substantivist）」と称する。[3] さて、この「実在」（あるいは「実体」）とい

日中の休息と睡眠：フィッシュ・クリーク集団
(McCarthy and McArthur, 1960 からのデータ)

日	♂ 平 均	♀ 平 均
1	2′15″	2′45″
2	1′30″	1′00″
3	1日の大半	
4	断続的	
5	断続的で午後の大半	
6	1日の大半	
7	数時間	
8	2′00″	2′00″
9	50″	50″
10	午後	
11	午後	
12	断続的，午後	
13	——	——
14	3′15″	3′15″

日中の休息と睡眠：ヘンプル湾集団
(McCarthy and McArthur, 1960 からのデータ)

日	♂ 平 均	♀ 平 均
1	——	45″
2	1日の大学	2′45″
3	1′00″	——
4	断続的	断続的
5	——	1′30″
6	断続的	断続的
7	断続的	断続的

図4　サーリンズ、マーシャル（1984年）、31頁

う用語のもつ意味であるが、これは人間と自然環境および、社会環境との間の制度化された相互作用をさすものである。[4] つまり、「経済」に関して、形式主義が論理にもとづく意味づけをおこなうのに対し、実在主義は事実にもとづいた意味づけをおこなうのである。[5]

実在主義の立場にたって、人間の社会的諸関係の中に沈み込んでいる[6]（非市場経済社会における）諸経済の意味づけをおこなうのが、ポランニー派経済人類学であるといえよう。

②カール・ポランニーの経済の統合パターンに関する理論

ポランニーは、諸経済をそれぞれの場合に支配的な統合形態にそって分類することを提案する。[7] 統合形態とは、場所の変化であれ占有の移動であれ、あるいはその両者であれ、その経済における財や人間の動きが作りだすパターンをあらわす図式のことである。[8]

つぎにポランニーが示した統合のパターンの諸類型を紹介する。

（a）互酬（reciprocity）

ポランニーは、「互酬」を個人的な相互関係と、対称的な集団間の財の移動の二通りに整理する。[9] そのうえで、彼自身の関心は集団間の財の移動、すなわち社会構造としての互酬性にあったといえる。なぜなら、「互酬」が経済の統合パターンであるためには、単なる個人的行為の寄せ集めではなく、（例えば対称的な親族集団のような）組織化された構造が必要だからである。[10] 統合形態を支える構造の基礎的な編制は、個人的行為ではなく、社会的領域から生じるのである。[11]

さて、以上をふまえたうえで、ポランニーの考えた互酬についてもう少し検討する。彼は、アリストテレスが、共同体（コイノニア）の成員の善意（フィリア）のきずなが、互酬行動であると説明したことを受けて、[12] 共同体成員の親密性が深まり、親族関係、近隣関係、あるいはトーテムなどの集団構成が、対称的に相対し、その成員間（あるいは、共同体内のサブグループ間）[13] に相互関係がとりむすばれることを、互酬と規定した。[14]

互酬を規定する要因としては、対称性の他に、社会的な義務を伴う贈与行為であるということ、[15]さらに授受関係における経済的利己主義の排除、等価性の概念の禁止などがともなうことなどを挙げている。[16]

（b）再配分（再分配）（redistribution）

再配分とは、政治的、または宗教的な中央権力への社会的義務としての財物の支払いである。[17]一度中央権力によって集められた財が、再び政治的、あるいは宗教的原理にもとづいて、その共同体の成員に分配される過程、と拡大して理解しても構わないであろう。いずれにせよ再配分の特徴は、なんらかの程度の「中心性」が、集団のなかに存在することにある。[18]また必然的に、中央に集積するだけの地域レベルでの余剰の蓄積が前提となる。[19]ポランニーは、たとえばトロブリアントの首長が、一夫多妻の特権を利用して四〇のサブクラン（親族）からヤムイモを調達し、大量のヤムイモを倉庫に貯蔵すること、[20]あるいは、国家レベルでの再配分が機能するアフリカのダホメ王国などを紹介している。[21]

さて、狩猟採集経済についてポランニーは、この再配分の機能をどのように位置づけていたのであろうか？　彼は、再分配という分配手段なくしては、バンド、ホルドは崩壊するという。しかし、狩猟採集経済における獲物や捕獲物は、その場で分配されなければならないため、収穫と消費の時間的ズレがなくなるのだという。[22]

いずれにせよポランニーは、狩猟採集経済においても「中心性」を否定しないのである。

（c）市場交換（market exchange）

ポランニーによれば、市場交換は、価格決定市場というシステムが存在する場合にのみ成立する統合形態である。[23]遠隔地取引、局地的市場、自己調整的市場は、すべてこの市場パターンの諸類型である。[24]歴史的には、一六世紀以降の重商主義のもと、市場は多数かつ重要となった。しかし、それ以前の社会において、市場は経済システムにおいて重要な役割を果したことはなかったという。[25]

さて、この市場交換は互酬、再配分、（家政）とは必ずしも対応せず、特殊な存在である。なぜなら、上記の三原理が、単なる「特性」に過ぎないのに対し、市場交換は、それ自身の特殊な動機、すなわち取引動機あるいは交易動機と関係をもち、特殊な制度＝市場（いちば）をつくりだすことができるからである。ここから、社会が市場の付属物として動く可能性がうまれるのである。[26]

（d）家政（householding）について

家政を経済の統合形態として規定するか否かについて、ポランニーは、著作によって、すなわち時期によって立場を変化させている。まず、家政をひとつの経済統合の原理と考えた『大転換』の説明を紹介する。[27]

家政とは、自らの使用のための生産である。そこで、家政は当然ながら閉鎖した集団を前提とする。家族、定住地、荘園など、自給自足単位を形成している実在は全く異なっていても、原理は常に同一のものである。その原理とはすなわち、集団諸成員の欲求を満足させるための生産と貯蔵という原理である。ポランニーは、この家政が、互酬、再配分とともに広範な適用性をもっていると説明している。

しかし、ポランニーはその後の著作で、家政を経済統合のパターンから除外している。以下、『人間の経済』の一節をそのまま引用する。「しかしながら、家政は、経済生活の初期形態ではけっしてない。人間は、彼自身と彼の家族の世話をすることから始まった、という見解は誤りとして捨てなければならない。人間社会の歴史をより遠くさかのぼるほど、我々は経済的事柄において自己の個人的便益のために活動する人間、そして自己の個人的利益を気にする人間を見つけることがまれになる。農業社会の比較的進歩した形態のもとでのみ、家政は実際的となってかなり一般化するのはたしかである。それ以前においては、食物を料理するいくつかの場合をのぞけば、広範に展開する「小家族」制は、経済的には制度化されていないのである。[28]」この説明から、後期ポランニーの立場に立てば、狩猟採集経済では家政を適用すべきでないことが分かる。

家政に関する問題は、本論「〈1〉生産活動」の「2　生産単位と生産様式」でも検討している。そこでは私は、生産単位としての家族を否定した。よって、本論においては、後期ポランニーの立場にたち、家政を経済統合のパターンとしては、認めない。

以上、四つの原理についてポランニーの立場から説明をしたが、最後に、若干の留保をおこなう。まず、上記の諸原理は、必ずしも一対一対応的に、ある時代、地域の経済活動に適用できるというものではないという点である。ポランニーは、既知の経済システムは、上記の諸原理のなんらかの「組み合わせ」にもとづいて組織されていたと考えている。(29)

つぎに、こうした経済の統合形態は、発展の「段階」を示すものでもない。ただ時代によって優位形態が異なるにすぎない。例えば部族社会は、互酬と再配分をおこなう。また、古代社会は、ある程度の市場交換と圧倒的な再配分で機能している。(30)

2　互酬性原理についての考察

ここでは、互酬に関して、ポランニー以外の諸説を検討し、私なりの整理をおこなう。そして最後に、アボリジニの経済活動における互酬性原理の意義を検討する。

①互酬性に関する諸説（カール・ポランニー以外）

（a）ピエール・マランダ

彼は『構造とコミュニケーション』(31)という論文の中で「互酬性とはすなわち、予測しうる返礼を期待することであり、それによってある社会の構成員は自らの行為を方向づけしうる。この互酬性という公理は、個人と集団との間の関係が創始され定められるのを支配している。結局互酬性とは、……それにもとづいて調和が構築されるところの蓋然性の自覚なのである。(32)」「互酬性は、人間社会における普遍的公理である。それは全ての交換形態の基盤である。(33)」と述べている。

これは、私の知るかぎり最も広義の「互酬性」の定義である。要約すると、他者（他集団）に対して返礼を期待するはたらきかけ一般が、互酬性である。つまり返礼の可能性を自覚した人間の諸行為は、全て互酬性原理にもとづいているのである。ここでは、財の有無、時間や場所のずれ、集団間か個人間かはいっさい問題とならず、人間社会における他者との相互関係、相互作用一般の基本的な原理・原則として互酬性が考えられている。

（b）マーシャル・サーリンズ

サーリンズは、親族関係の距離に応じて「互酬性」を三つのカテゴリーに分ける。つまり、「一般化された相互性」「均衡のとれた相互性」「否定的相互性」である（図5）。

最も身近な親族関係における互酬が、「一般化された相互性」である。これは、愛他主義的な互換活動、惜しみなく与えられる援助である。この種のものは、返礼の義務があいまいとなる。[34]

「均衡のとれた互酬性」とは、直接的な交換を意味する。受けとったものの慣行的な等価物が、遅滞なく返報されたとき、均衡がとれたといえる。しかし、規定をゆるめて、一定期間内に同等の価値と効用をもった返礼を不可決の条件としているような互換活動にも適用している。「均衡のとれた相互性」は、「一般化された相互性」に比べて〈非人格的〉である。[35]

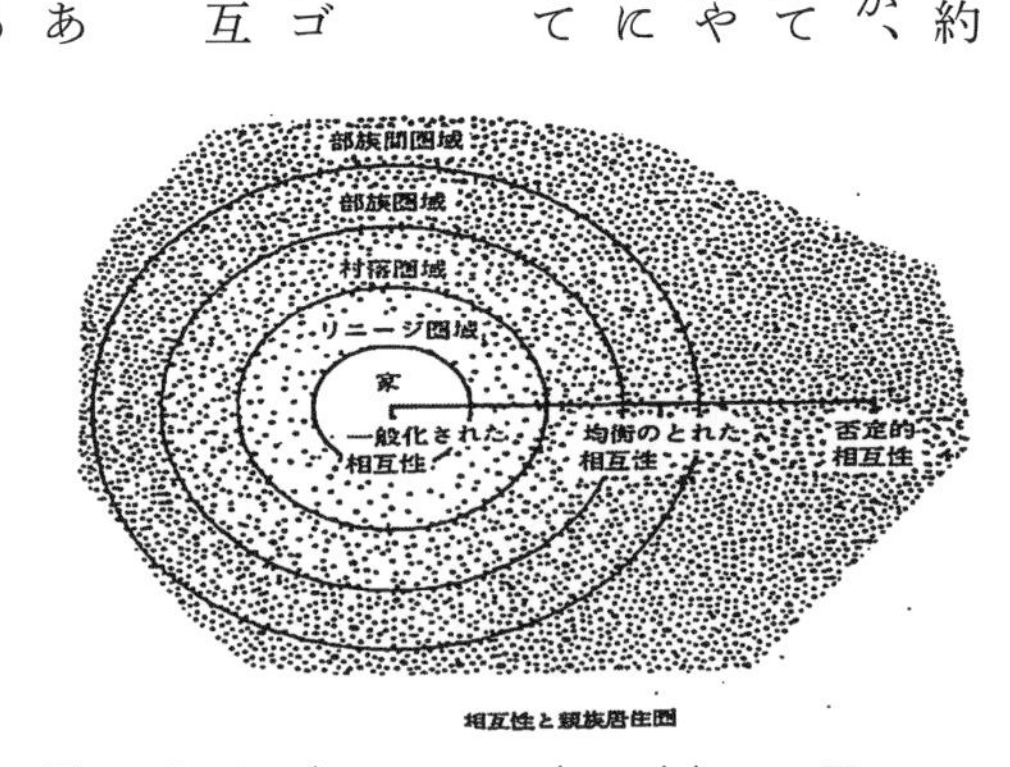

図5　サーリンズ、マーシャル（1984年）、240頁

最後に、「否定的相互性」とは、損失なしにただで何かを得ようとする試み、様々な横領の形態、純粋に功利的な利益をめざして公然とおこなわれる互換活動のことである。ここでの「相互性」は成立しない場合もあるため、条件付きのものである。つまり、相手による返報＝（報復）は、必然では

ない。(36)

サーリンズの「互酬性（相互性）」を要約すると、まず「互酬性」と「等価性」は、かならずしも一致しない。たとえば「一般化された互酬」では、贈与者は、与えたほどには返礼を受けない。また「否定的互酬」では、損失なき獲得がめざされる。等価性が意識されるのは、ただ「均衡のとれた相互性」の場合のみである。また、ここでの「相互性」は、純粋に「財の移動」についての「互酬」であり、観念的な「負債」については二次的に考えられ、留保されている。

（c）マルセル・モース

『贈与論』のなかで、モースは贈与のもつ「義務」に注目し、以下のように述べる。「……すなわち、一方では、贈り物を与える義務と、他方では、それを受ける義務を前提とする……提供と受容の権利、義務に対応して、一連の消費と返礼の権利義務が存する。(37)」つまり、一見一方的行為であるかに見える「贈与」のなかに「互酬性」が暗黙に存在することを指摘したのである。また、「相互に義務を負い、交換し、契約するのは個人ではなく集団である。(38)」と述べていることから、モースもポランニー同様、互酬性を集団相互間の行為と規定していることがわかる。

以下互酬の観点からモースの「贈与」を整理すると、「贈与」とは、財の受容者が、授与者から観念的な「負債」を受けとり、それが返礼によって解消されるべきものであるところの互換関係を意味するといえる。また「返礼」がより大きければ（等価以上であれば）、名声は高まり、それ以下であれば悪評が生じる。つまり「等価性」が、ひとつの基準としてのみ存在しているのである。

②私見（三つのレヴェルの互酬）

以上諸説をふまえ、私自身が「互酬」をどのように考えるかを説明したい。私は、上記の諸説をふまえたうえで、「互酬」を広義から狭義に、「相互性にもとづく互酬」「義務のともなう互酬（贈与）」「等価を前提とした互酬」の三つのレヴェルに区別する。

（a）相互性にもとづく互酬

個人と個人、集団と集団、人間と自然など両者が対称的に相対し、そこに相互関係が成立するとき、最も広義の互酬関係と規定する。例えば、母親が、赤ん坊に授乳する。[39] 人が、自然に働きかけて収穫を得るなど、およそヒトがある対象（個人、集団、自然など）との間に相互関係を築き上げるとき、そこには最も広義の互酬性が成立していなければならない。

（b）義務のともなう互酬（贈与）

上記（a）の定義を前提とし、対称的な相互関係にある集団間で財の移動が成立し、さらにそうした行為に義務感や名誉心がともなったり、あるいは返礼を期待する意識が生まれて相互に贈与（場合によっては、略奪）を強制する力が働く場合が、この第二のレヴェルの互酬性である。こうした、互酬関係は、慣習的で儀礼的な贈与関係においてよく見られるものである。

（c）等価を前提とした互酬

上記（a）（b）を前提とし、さらに、対称関係にある両者が、送りあう財の等価性を暗黙の前提とする場合、もっとも狭義の互酬関係となろう。これは、市場交換のように等価でなければ交換が成立しないということを意味するのではない。等価性が暗黙の前提とさえなっていれば、交換されるものが等価物である必要はないのである。よって、「価格」が成立する余地はない。交換される財が、等価物であることを示す必要はないのである。あるいは、等価にするために（効用を最大化するために）、値切ったりふっかけたりすることもない。ただ、慣習的な等価性が意識され、それにもとづいて相互の財の交換がおこなわれるに過ぎない。

こうした交換を、広義の交易の範疇にいれることも可能であろう。

3　アボリジニ社会の互酬性（贈与と交易）

①相互性にもとづく互酬

この定義による互酬関係は、ひろく人間社会一般の諸活動に見られる原理といえるので、もちろんアボリジニ社会でも広く適用できる。しかし逆にいえば、このレヴェルでとくにアボリジニに特徴的な相互性があるわけではない。

②義務のともなう互酬（贈与）

白人がはじめてアボリジニと接した当初、彼ら（白人）は、アボリジニが部族間で財を交換することはないと考えていた。(40) しかし、これは事実と異なる。例えばこの第二のレヴェルすなわち、送る財、受けとる財に関して等価性を前提とせず、ただ返礼の義務のみによって、慣習的、儀礼的に交換がおこなわれる例は、アボリジニ社会において広く見受けられる。以下、若干の例を示そう。

（a）カカデュ族の第三葬礼(41)

ノーザンテリトリーのカカデュ族は、第二埋葬についで、第三葬礼がおこなわれる。ここで、死者が、誰の呪術によって殺されたかを決定する、ある種の審問がおこなわれる。犯人が分かると、カカデュ族は、彼らの槍を集め、それと交換に請求すべきものを決める。翌日その槍は、犯人のいる部族の野営地へ持ち込まれ、束にしておかれる。ついで、〈あらかじめ決められた割合に応じて〉所望されたものが相手部族によって槍の束の前に置かれる。その後、カカデュ族は、それを全部もちかえるのである。

（b）真珠貝の交換（図6）

真珠貝は、交易品の中でも最も遠くまで運ばれた。(42) これらは普通、

図6　小山修三ら編（1992年）、75頁

ドリーミングで語られるレインボーサーペントのたどったウォーターホールの道筋にそって移動した。それは、あるグループの催す成人儀礼や二次葬などの時に、近在や遠方から招いたグループと招かれたグループとの間で交換されたのである。まず招かれた側と招いた側が、空き地で向かい合ってすわり、それぞれ準備した品物を山積みにし、ひとりひとりが相手側の山から望むものをとってゆくのである。[44]

(c)アーネムランドの「儀礼的交換サイクル」[45]

アーネムランドの海岸地方と奥地では、それぞれの地域で専門的な品物を作り相互に交換していた。彼らは一生の間、それぞれの相手に贈り物を送り続ける。こうした交換は、親戚や友人など、かたいきずなで結ばれたもの同志のものと決まっている。物を送れば、彼の自尊心は満足するが、贈り物をとどこおらせると非難が浴びせられ、村八分にされたり病気になったりする。

(d)その他

交易パートナー同志で、ヘソの緒を互いに沈黙しながら交換する儀礼、[46]あるいは、婚姻規則にもとづく女性の交換も、この第二のレヴェルの互酬性を前提としたものであるといえるだろう。

③等価を前提とした互酬(交易、戦争)

アボリジニ社会において、交換の等価性の前提が存在するか否かの判断は難しい。なぜなら、彼らにとって交換(贈与、交易)は、経済的行為であるとともに、社会的・宗教的行為でもあり、実利的交換であるとともに、儀礼的交換でもあるからだ。[47]交換が、実利的・経済的動機にもとづいている場合、双方の財の効用の大きさが同じ程度でなければ、交易は成立しにくいだろう。しかしその一方親族関係において、宗教的・儀礼的交換がおこなわれる場合には、贈り物の等価性はほとんど問題にならず、互いに贈り物を送ること自体に、意味や義務が生じる。だから、「親族間における有用物の交換」は、等価性の原則が働いているのかいないのかについて、明確な区別はつけにくいのである。ポランニーの言葉を使うならば、アボリジニ社会における交換は、親族関係、宗教的儀礼行為のなかに「埋め込まれて(48)(embedded)」いたのである。

以上をふまえて、つぎにいくつかの有用品の交換の例を紹介する。なお、戦争における殺害や略奪の論理も、「負の等価性」としてこの範疇で考察する。

(a) 様々な有用財の交換(49)

オーストラリアの陸路で運ばれた一番重いものは、石臼に使う石板である。内陸部では、種子が大切な食糧源だったが、種子を砕くための石板を産する採石場からは地理的に遠かった。そこで、交換のネットワークを通じて石板が運ばれるのである。例えばクイーンズランド北西部では、少なくとも三二〇キロもの距離を部族から部族へ石板が交換されていったことが知られている。

そのほかオーストラリアでは、原材料の交易が多かったという。様々な色の泥絵の具、粘土、植物繊維、毛皮、武器を作るための特別な材木など。こうして、原料を手にいれることができない部族も、必要な物を獲得することができたのである。

(b) 食糧の交換(50)

部族間で食糧を交換することは、それほど多くはなかった。トレス諸島では、ヤムイモや野菜の交換がおこなわれていたのに、アボリジニでは稀であった。理由として、余剰農産物がなかったこと、食糧が豊富で交換する必要があまりなかったことなどが挙げられる。

ただし、白人の侵入によって、部族暮らしがしだいに困難になってきた頃には、アボリジニの間で食糧を交換するための集まりが催され、野菜やウナギ、カンガルーの肉などが、交換されたという報告もある。

(c) レートの異なる交換(51)

財の希少性に応じて(需要と供給のバランスに応じて)、レートが変更された交換が報告されている。

クイーンズランド州（オーストラリア北東部）において、槍の製作の材料の豊富な海岸部においては、一二本の槍が石斧一本と交換され、二四〇キロメートル南下した内陸部では、槍の材料は入手しにくく、逆に石斧用の石の採石場に近づくために、一本の槍が一本の石斧と交換される。さらに内陸では、交換比が逆転する。

この例は「市場交換」を連想させるが、この場合でも、競争的市場関係が成立しているわけではなく、また価格が設定されているわけでもない。

（d）「負の等価性」＝戦争行為[52]

ワーナーは、アーネムランド北東に住むムルンギン族における様々な戦争形態を調査し、アボリジニの部族間、クラン間での戦争における基本原則は、「負の互酬性（negative reciprocation）」であると説明している。もし、ある個人や集団に危害が加えられたら、その相手に対して、少なくとも同等以上の殺傷をおこなおうとする。

これは交易ではないが、互酬性のひとつのありかたと考えてよいだろう。

④アボリジニ社会の基本原則としての互酬性

アボリジニに関する本を読むと、アボリジニ社会の特徴として「互酬性の原則」をあげている場合がしばしばみうけられる。[53] この場合の「互酬性」が意味する内容は、私の三番目の定義の範疇である。すなわち、等価交換の原則のことをさしている場合が多い。

ひとつの例を示そう。ノーザンテリトリーのアボリジニの間には、「ありがとう」に該当する言葉がないという。ある人が、相手に何かをしてやった場合、その相手は、送り手に可視的なもの（行為や物品）で返済する義務がある。言葉にだしてお礼を言っても義務を果たしたことにならない。よって、「ありがとう」という言葉は不要なのだという。[54]

4　アボリジニにおける「共同分配」（再分配の再検討）

ポランニーの説を紹介したとき、ポランニーが、狩猟採集経済における再分配をいかに考えたかを説明した。ここでもう一度確認すると、それは、収穫と消費の間の時間的ズレのない再分配である。当然ポランニーは、狩猟採集経済においても「中心性」を想定している。しかし、これは事実に反すると言わざるをえない。なぜなら、収穫物は一定の規則によって分配されるが、そのときに、いかなる権威や権力による収穫物の集中も生じないからである。それでは生産単位内における分配構造をいかに規定すべきであろうか。

具体例をひとつ示そう。ドーソンは、アボリジニの食糧分配の法則に関して興味深い報告をしている。ある地域のアボリジニ社会では、カンガルーやオポッサムなどの獲物を獲得した者は、その獲物に対する所有権を放棄し、分配は、それ以外の者によって慣習的規則にもとづいておこなわれ、獲物を獲得した者は一番おいしくないところで我慢するという。もしも獲物を隠しもって、自分ひとりで食べたりすると、自分勝手な者として社会的制裁を受ける。こうした社会的制裁によって殺された者の話が、神話のなかで語り継がれているという。[55] この例からも分かるとおり、アボリジニ社会における分配は、いかなる中心も権利も存在しない。

クロード・メイヤスーは、このような協業集団において、集団的な獲物が、短期的にその場で分けられる場合を「共同分配（sharing）」の制度と説明する。[56] この「共同分配」の特徴は、集権的で恒久的な政治権力を建設する基盤をどこにも与えない点にある。いかなる集団も、経済の統制権を掌中に収めることができない。再配分とは反対に、生産物が拘置、蓄積または集中されることはない。よって、共同分配は、非連続で反復的な過程となるのである。[57]

「再配分」に比べて、この「共同分配」という概念の方が、アボリジニ社会における、生産単位内（ホルド、バンド内）での生産物流通の原理を的確に説明しているといえる。

5　市場交換とアボリジニ

伝統的アボリジニ社会においては、「市場（いちば）」の存在はみとめられない。少なくとも、ポランニーが規定した、「価格決定市場を前提とした市場交換」はなかったと断言してよかろう。だが、需給関係にもとづいてレートのことなる交易がおこなわれていたことは前述した。全ての交換が、社会関係や儀礼によって、「埋め込まれていた」わけではないのかもしれない。

〈3〉消費過程

1　消費に関する理論

経済における大きな部分を占める消費については、経済学でも人類学でも満足な分析がおこなわれていない。[1] 理論らしい理論もあまりないというのが現状である。ここでは、メアリー・ダグラスの消費に関する分類を紹介し、それをふまえて私見を述べたい。

メアリー・ダグラスは、『儀礼としての消費』のなかで、つぎのように述べている。「生存に資することと社会関係をかたちづくることという財の二重の役割を強調するこのアプローチは、人々が、なぜ財を必要とするかを理解する正しい方法として広く人類学者に認められ、実質的に公準となっている。[2]」

「実質的公準」となっているかどうかは別としても、「生存のための消費」と「社会関係のための消費」という類型化は、アボリジニ社会の分析にある程度有効であろう。ただし私は、消費の内容に関してもうひとつ別の類型化をおこないたい。すなわち、「消費」と「非・消費」の分類である。消費分析に非・消費という概念を導入することは、矛盾であるようにも思われるが、決してそうではない。非・消費とは、積極的に消費を避けることであり消費に対する無関心ではないのである。

以下、上記の分類に即して、アボリジニの消費活動を具体的に検討してゆく。

2　生存のための消費

①アボリジニの食生活の特色

一九六〇年代までは、アボリジニをはじめ狩猟採集民族の食生活は、肉食中心だと考えられていた。[3]ブレイニーは、こうした誤解の原因として、第一に、考古学的な遺物からは狩の習慣しか類推できないこと。第二に、狩猟採集を目撃した白人が、女性による地味な野菜集めではなく、男性の狩に注目したこと。第三に、白人が雇ったアボリジニが、狩をおこなう男であることが多かったこと。第四に、白人の侵入は、植物の採集活動を急速に衰退させたことなどを挙げている。[4]

しかし、既に述べてきたように、アボリジニ社会における食糧の中心は、女性の採集する植物性食物である。オーストラリア大陸の熱帯地方では、食糧の七〇〜八〇％が植物であったという。また、ビクトリア州のバンジェラング族では、食べ物は根菜類が主で、肉は贅沢な食べ物であったという。ただし、魚が豊富な湾や、川の周辺においては、植物が半分に達していない地域もあるという。[5]

このように、食糧の中心が植物性食物であるとはいっても、（当然のことではあるが）地域によって差異がある。そのほかに季節や気候、それぞれの部族の文化的要因などによっても、食糧の種類は変化するであろう。[6]

②食糧の調理法

アボリジニの調理法は、肉であれ野菜であれ「焼く」が、大原則である。[7]「ゆでる」という調理法はない。これは、土器を作らなかったこと、食糧を保存しなかったことなどと関係があるという。[8]

さて、「焼く」といっても様々な焼き方がある。直接火にかける方法、あるいは灰に埋めて蒸し焼きにする方法など。蒸し焼きは、まず地面に浅い穴を掘り、石を敷き詰めて盛んに火を燃やす。石敷の上の焚火が燃えつき、おきになったころ、肉をのせて樹皮（ペーパーバーク）で覆ってから砂をかける。さらに草や樹皮で穴を繕い、砂をかけてこんもりとした山をつくる。時間がくれば、砂を崩して適当に切り落とし、砂をはらって食べる。この調理法は、アボリジニ社会の間では一般的であるという。(9)

また、死んだもの腐ったものは、決して口にしなかった。(10)

③栄養

アボリジニは、現在の日本人ほど飽食ではなかったかもしれないが、栄養のバランスはとれていたし、飢餓状態は異常事態であった。(11) アボリジニが適切な栄養量を摂取していたことは、アメリカ＝オーストラリア科学調査団のアーネムランドでの計量調査によって明らかにされている。この時の調査では、ヘンブル湾での一日一人当たりの平均消費量は、二一六〇キロカロリー、フィッシュクリークでは、二一三〇キロカロリーであった。これは、アメリカ・ナショナル・リサーチ・カウンシル（NRCD）の基準を渦たしている。(12)

図7は、NRCDが勧告した規定量を一〇〇として計算した、主栄養素の一日当たりの消費量である。

高い栄養摂取を実現するひとつの要因は、農作穀物と比較した場合の野生植物にふくまれる豊富な栄養である。例えば種子類は、農作穀物と比べて二倍のタンパクと数倍の脂肪をふくんでいる。果実や根茎植物も、それぞれ炭水化物、ミネラルが、農作物よりもはるかに豊富である。(13)

④住居、衣服、火の利用

（a）住居

住居は、季節に応じて様々なタイプがある。例えばアーネムランドでは、乾季は、日差しを避ける

１日当り平均消費量の勧告規定量との百分比
(McArthur, 1960 による)

	カロリー	蛋白質	鉄	カルシウム	アスコルビン酸（ビタミンC）
ヘンブル湾	116	444	80	128	394
フィッシュ・クリーク	104	544	33	355	47

図7　サーリンズ、マーシャル（1984年）、30頁

ために二本の柱にはりをわたし、葉の茂った木の枝をさしかけただけの住居だが、雨季には、雨を防ぐために床を上げ、木皮で屋根や壁をつくる。いずれにせよ定住することはないので、我々の目には極めて簡素に映る住居である。(14) またドーソンによれば、住居には、長期使用のためのものと移動時の一時的な仮住居があるという。(15)

（b）衣服

近代人が考えるような衣服はなかった。はだかである。(16) 冬季は、カンガルーやオポッサムの毛皮をまとうところもあったが、動物性の脂に砂を混ぜたものを身体にぬりつける方法が知られている。(17)

（c）火の利用

これまでも何度か述べてきたように、火は、身体の保温、調理、虫除け、烽火による通信、松明による狩、ブッシュファイアなど様々な用途に使われ重宝されていた。火の起こし方は二〜三種類あるが、うまくすれば二〇〜三〇秒で火がつくという。(18)

3　生存のための非・消費

①貯蔵、保存(19)

狩猟採集民であるアボリジニは、移動生活を前提とするので、原則として保存貯蔵はおこなわない。彼らは、余剰生産という発想が基本的に欠如していたといえるだろう。アボリジニは、燻製という保存法や、肉や魚を塩漬けにする保存法を知らなかった。しかし、小規模な食糧や水の保存がおこなわれていた例はある。クイーンズランド州ケープヨーク半島では、出盛りのヤムイモやオランダ海芋を蓄えたという。また、カーペンタリア湾東岸に住むウィク・モンカン族は、ノンダ・プラムを収穫し、乾いた砂地に深い穴を掘って蓄えていた。乾燥果物は、多くの地域で保存食として作られていた。また、オーストラリア北部の諸部族は、木の実（サイカド・パームの実）を薄切りにしてペーパーバークの樹皮に包み、六メートルほどの長い堀を掘って、内側に草を敷つめて木の実を置き、その上から土をかぶせるという比較的大きな貯蔵庫をつくったことが知られている。また、マリー川流域の砂丘では、貝を生きたまま貯蔵する方法があった。

乾燥した地方では、水を保存することもあった。アボリジニは、水を入れるためのカゴを作ったし、[20]粘土のダムをつくったりもした。

②食物規制や立入禁止地域の設定

食物規制やさまざまな立入禁止区域の指定は、それが、意識的に生存のための非・消費になっていたわけではない。こうした規則は、社会関係あるいは宗教的理由で決められている。しかし、こうした規制や禁止が、結果的に食物や水の需要を調節し、生態系を乱さない程度に生産活動を制限することに一役買っているということができよう。

ブレイニーは、食物規制は間接的にではあるが、資本主義社会における価格決定メカニズムに似た経済的機能を果たしているという。なぜなら、今日では生産の少ない食糧に高い値段がついているが、アボリジニの社会では、手に入りにくい食物の需要をタブーによって抑えていたからである。[21]例えば、あまりとれない食べ物（カメなど）が、若者に禁じられている場合が多い。[22]また、妊婦に対してタブーをかけることで、人口増加の歯止めになっていた場合もあった。[23]

しかし、ここで重要なことは、こうした「生存のための非・消費」は、意図されたものではなく、社会関係や宗教世界のなかに「埋め込まれて」いたという事実である。より具体的なタブーについては、「5　社会関係のための非・消費」で考察する。

4　社会関係のための消費（儀礼のための消費）

①装飾、儀礼用の用具の利用

儀礼時には、様々な道具が装飾され使用された。例えば、アーネムランドのジナン族の「星まつり」では、マラジリとよばれるユーカリの木でできたボールが使われ、参加者の身体には、白粘土、赤オーカーを使ったボディーペインティングがほどこされる。[24] そのほか、イニシエーション儀礼では、ブル・ローラー（うなり板）とよばれる用具がしばしば使われた。

槍、ブーメラン、盾などの日常的な道具にも彫刻をほどこし、神話を描きこんだ部族もある。[25]

②カンニバリズム（人食い）

アボリジニは、人の肉を食べることによって、死んだ人の力が自分に宿ると信じていた。であるから、葬送儀礼のなかでおこなわれる食人がもっとも一般的なカンニバリズムであった。[26]

しかし、殺人による食人がなかったわけではない。ビクトリア州のウォトジョバルク族は、婚姻規則によって禁じられている女性を奪うという罪を犯した男は、トーテム集団によって食べられてしまうのである。[27] また、オーストラリア中央部に住むロリチャ語を使う部族においては、幼い子供を殺し、その肉を少し年かさの、からだの弱い子供に食べさせることがあったという。[28]

5　社会関係のための非・消費

①食物規制

食物規制は、既に述べた妊娠に関するタブー、若者に対するタブーのほかに、月経、割礼時のタブー、そしてトーテムに関するタブーがある。ウェスタンオーストラリア州のカラジェリ族のように、食物規制が神話にもとづく場合もある。[29] というより、神話にもとづく場合がおおいのではないだろうか。

タブーは、地域によってじつに様々である。例えばある部族では、ある種の魚や有袋類を部族全員で禁止しているところがあるし、妊婦とその父親のみにタブーが課されるところもある。ウィク・モンカン族では、ある種の食物はセックスシンボルとされ、タブーになっている。例えばガンの卵は、男性の睾丸に似ているという理由で特定の人や特定の場合には、食べることが禁じられたのである。[30]

トーテムに関する食物規制の例を示そう。カウライグ族は、自分のトーテムを食べることが禁止されているだけでなく、自分の両親、母方の祖母と祖父のトーテムも食物規制の対象となっていた。[31] オーストラリア中央部のアランダ族は、自分のトーテムを食べることを禁止されていたが、その一方で、クイーンズランド州東部のワケルブラ族においては、自分のトーテムを食べることが義務になっていたという。[32] ウォリミ族のように、トーテムに関する食物規制がないところもある。[33] そのほか、コ＝ヤオ族は、半族トーテムだけが食物規制の対象とされ、マイタクティ族では、母系氏族トーテムが規制の対象となる。[34] また、ジナン族においては、地縁集団におけるトーテムを共有する者たちのあいだで死者がでた場合、これを共有する近親者に食物規制が発生する。こうした食物規制は、必然的に狩猟規制をともない、規制の解除には儀礼的な手続きが必要となる。[35]

②立入規制

オーストラリア中部のアランダ族は、最も重要な儀式場は、囲いをめぐらして立入を制限していた。こうした立入禁止区域においては、狩猟や植物採集などが全てが禁じられ、聖なる目的以外での立入りは決して許されなかった。こうして、そのような地域は、結果的に動物の保護区になったのである。[36]

そのほか、水源（ウォーターホール）に対する立入規制もさまざまな地域で見受けられる。

社会過程

〈1〉 社会組織

1 部族(トライブ[tribe])

部族とは、共通の系譜、先祖をもつひとつの集団的なまとまりをさす。[1] 各部族は、それぞれ自分のテリトリーをもち、その中で、さらにいくつものサブグループに分かれて生活している。また、ひとつの部族は共通の言語を話している。

しかし、この「部族」という言葉をアボリジニに当てはめることには、問題も多い。例えば、部族が、政治的なひとつのまとまりある単位であったとは考えにくい。なぜなら、アボリジニ社会では、部族をまとめる「首長」は存在しなかったし、部族が全体として集まるのも、大きな儀礼の時だけだったからである。[2] アボリジニの部族が一堂に会するのは、一生に一度あるかないかであった。[3]

さらに、「言語の共通性」も多くの留保が必要となる。すなわち、外婚制にもとづく結婚によって、違う言語を話す者が同じ部族に存在したし、そのうえ大抵のアボリジニは、複数の言語を話すことができたからである。[4] また、テリトリーも、明瞭で不可侵の境界があるわけではなく、部族相互間のテリトリー利用の相互依存関係もあった。[5]

さて、以上述べた問題点はあるが、一般に「部族」という用語法が、利用されているので、本論でも頻繁に利用している。それは、あいまいながらも、部族構成員の部族への帰属意識忠誠心が強いことから、[6] まとまったひとつの集団構成の存在を否定できないからである。「部族」という言葉が的確かどうかは別としても、アボリジニ社会において、この構成単位は実在するのである。

2　地縁的集団(7)（ローカル・グループ）

地縁集団は、父系出自の集団で構成されるのが一般的である。すると当然妻は、自分が生まれたグループとは違う夫のグループに属し、子供は、父方のグループに属する。地縁的結び付きの根拠は、自分の精霊がそこの土地（カントリー）に属していると考えられているからである。そして、それぞれのグループが、共通の先祖＝英雄をもつ。例えば、ウィク・ムンカン族をはじめ多くの部族では、それぞれのローカルグループが、ひとつの「トーテム氏族（トーテムクラン）」を構成する。この場合のトーテムクランは、地縁的に決定されるので、ローカルグループは「ローカルクラン」とも呼ばれる。(8)

しかし、例えばアラバンナ族のように、地域によっては、トーテムが、地縁集団と関係なく、母系制にもとづく婚姻規則のみで厳密に決定されるばあいもある。(9)一方、その逆で、完全な父系制であるアランダ族においては、地縁集団は、婚姻規則にもとづくクランとは全く関係なく組織され、トーテムの帰属は、女の懐妊の場所で偶然的に決定される。(10)

3　血縁的組織（親族構造）

①ソーシャルクラン(11)

共通の祖先をもつ血縁集団と考えられている出自集団が、父系か母系のどちらかの単系である場合、その集団を「ソーシャルクラン」とよぶ。重系（父系と母系の並立）はクランとはいわない。(12)アボリジニの場合は、一般に地縁的なローカルグループがこの父系（血縁）集団のクランを形成する（父系の場合妻は、夫と子供とは違うクランに属する）。つまりローカルクランは、クランという血縁的なグループであるにもかかわらず、同時に、地縁的にもまとまりをもっているのである。ただし、母系クランの場合は、ひとつのソーシャルクランが二つ以上の父系ローカルクランをふくむことになる。この場合、一人の人間は、ローカルクランとソーシャルクランを別々にひとつずつもつことになる。

さらにこのソーシャルクランは、ローカルクランとは別に、ソーシャルクランとしてのトーテムをもつ場合がある。いずれのトーテムにおいても、同じトーテムどうしの結婚は、一般にインセストタブーとして禁じられている。

②婚姻規則[13]

母系ソーシャルクランは、セクション制、サブセクション制をつくる。各セクション間で女性を交換することで、婚姻規則が決定されているわけだが、アボリジニ社会は、人類学者から「キンシップ王国の怪物」と呼ばれるほど、きわめて複雑なうえ地域偏差もあり、まだ完全に解明されたわけではない。そこでここでは、一例として、エルキンの説明にしたがって、ニューサウスウェールズ州のカミラロイ族における「4セクション制」を紹介する。

図1において、「=」は、婚姻交換をおこなう各セクションを結ぶ記号であり、「↑　↓」は、母親と子供のセクションを結ぶ矢印である。

さて、カンブ・セクションに属する男が、マリ・セクションの女と結婚すると、その子供たちは、カビ・セクションに属することになる。さらに、カビ・セクションの男は、イパイ・セクションの女を妻とし、その子供は、カンブ・セクションである。あるいは、マリ・セクションの男の妻は、カンブ・セクションに、その子供はイパイ・セクションに属する。その子供が男なら、彼はカビ・セクションの女と結婚し、子供はマリ・セクションに属する。

このようにして、カミラロイ族の人々は、全員がいずれかのセクションの構成員となる。アランダ族などの「8セクション制」も、原理はこれと同じ

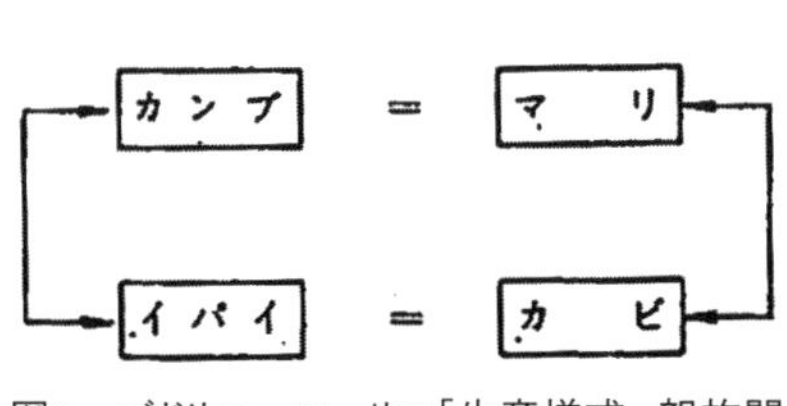

図1　ゴドリエ、モーリス「生産様式・親族関係・人口構造」172頁（山崎カヲル編訳『マルクス主義と経済人類学』柘植書房、1980年）

であるが、各セクションがさらに二つのサブセクションに分かれて八つの婚姻クラスを構成する（図2）。

エルキンは、こうした婚姻規則を「間接的母系制」と説明する。つまり、自分がどのセクションに属するかは、母のセクションによって決定されるが、にもかかわらず、自分は母とは違うセクションになるからである。

以上の諸事実から、エルキンは、父系ソーシャルクランの実質的な機能を否定している。父系制にもとづいているのは、ローカルクランであり、ソーシャルクランは、たとえ間接的であれ母系制と考える。

また、ウェスタンオーストラリア州のカリエラ族のように、それぞれのセクション名に意味が賦与されている例もある。[14] ここでは、パナンガ・セクション、カリマラ・セクション、プルンゴ・セクション、パルトアリ・セクション（図3）の4セクションが、それぞれ、図4に見られるような相互に対立的な意味をもっているのである。

③親族構造と生産関係[15]（テリトリーと相互依存）

M・ゴドリエは、本来上部構造とされる親族関係が、生産関係として機能すると説明し、親族関係を上部構造でかつ下部構造でもあると主張する。つまり、親族構造は、神話を構成する土台となるイデオロギーとして機能する一方[16]（上部構造）、セクションあ

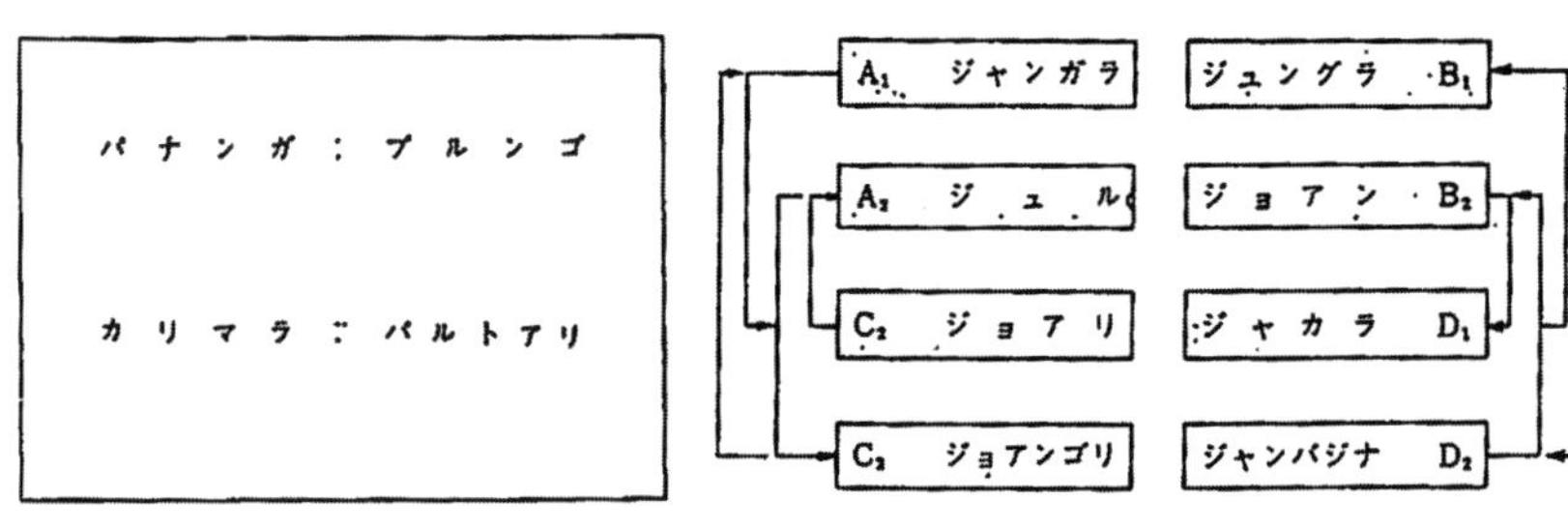

図3　ゴドリエ、モーリス（1980年）、180頁

図2　ゴドリエ、モーリス（1980年）、173頁

るいはサブセクション的親族システムが、相互のテリトリーに対して互酬的保証関係（他セクションのテリトリーの利用権）として機能し、生産関係をも規定する（下部構造）というのである。

親族構造は、テリトリーや水場への立入りを社会的に統制し、婚姻交換の土台の上で、バンド間ないしバンド全体の互酬性を規定する。(17) アボリジニ社会では、近接した部族間においては、血縁を持つ者だけが、近隣のテリトリーで狩をする権利をもっていた。つまり、母親の実家のある部族のテリトリーなら、その息子が狩をすることを許される場合がしばしばあったのである。(18)

オーストラリア大陸の海岸沿いから内陸砂漠地帯へ入り込むにつれて、つまり、資源の希少性と分散が増加するにつれて、親族組織が複雑化・多様化するという事実がある。乾燥地帯になればなるほど、食糧の確保のための移動の必要性は増大し、それだけ各バンドを隔てる時間的・空間的な距離が拡大する。その一方で、食糧確保の確実性は乾燥地帯になるほど減少するのであるから、近隣テリトリーへ接近する権利＝互酬的保証を持つことが、絶対に必要となるのである。

つまり、親族組織の社会的分割の増大が、諸集団やそこに属する諸個人の間での権利や義務のネットワークを複雑にし、それゆえに社会組織の機能に柔軟性を与え、社会的互酬性を強化・拡大するのである。

以上の説明から、ゴドリエは、「経済」と「親族」を異なった機能をもつ二つの制度として対立させることそのものに反対する。同様にマドックも、「上部構造」「下部構造」というマルクス主義的な用語法こそ用いないが、婚姻関係に規定され

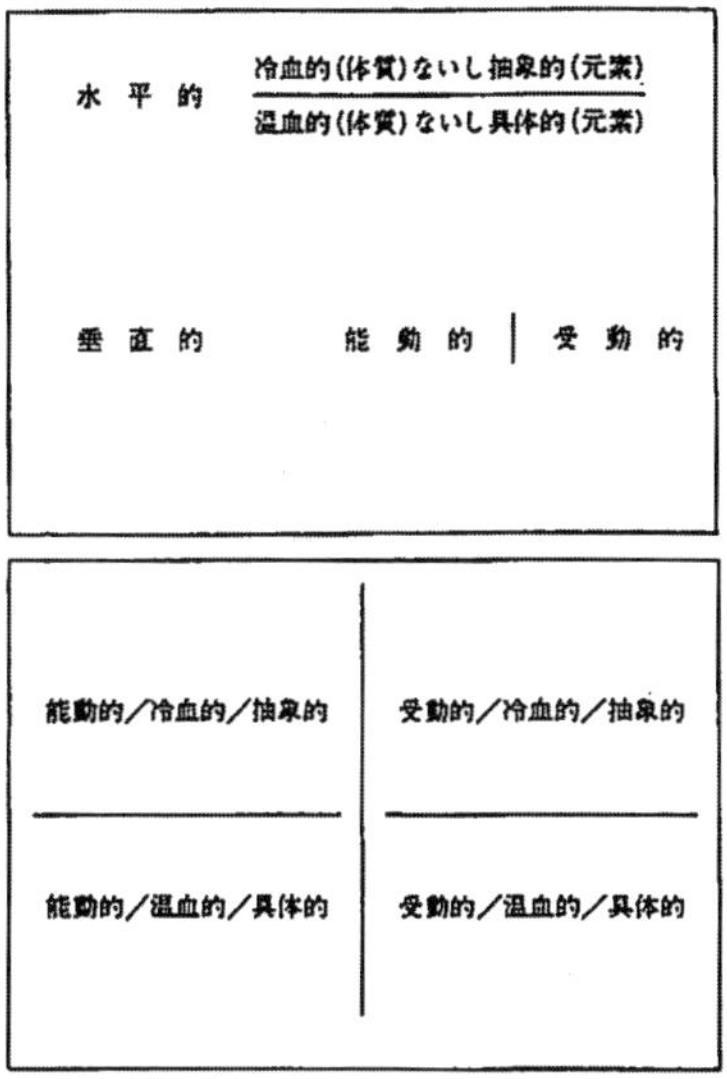

水平的　冷血的（体質）ないし抽象的（元素）／温血的（体質）ないし具体的（元素）

垂直的　能動的｜受動的

能動的／冷血的／抽象的	受動的／冷血的／抽象的
能動的／温血的／具体的	受動的／温血的／具体的

図４　ゴドリエ、モーリス（1980年）、181頁

た互酬関係を、親族構造のひとつの特性として認めているのである。[19]

4　年齢、性別にもとづく組織、階層

以下、エイジ・グレイド、ジェネレーション・ライン、セックス・グルーピングについて、順次紹介する。

①エイジ・グレイド[20]（年齢階層）

男と女で年齢階層の分け方が異なるので、別々に示そう。

まず男の場合、大まかに五段階がある。

（a）子供：母とともに生活する。

（b）思春期：イニシエーション儀礼をおこなう。

（c）若い男：結婚し、多くの神話を学ぶ。

（d）長老：社会生活や儀式を管理運営する。

（e）年寄り：死を待つのみの役立たず。

女は、婚期を境に大きく四つに分かれている。

（a）子供：母とともに過ごす。

（b）思春期：最初の結婚生活。

（c）中年：後期の結婚生活。

（d）老年：死を待つのみ。

こうした年齢別のグループ分けがもつ意義は、主に二つある。ひとつは、若者が様々な訓練を受ける段階の目安となるという点。そして、もうひとつは、食糧分配の目安となるという点である。一般に、歳をとるほどおいしいところが優先的に配分される。逆に若者は、さまざまな食物規制がある。

ただし、歳をとりすぎて役立たなくなった者は、見捨てられ、場合によっては足手まといとして殺される。(21)

②ジェネレーション・ライン(22)

多くの部族では、上記のエイジ・グレイドよりも、こちらの区分のほうが、それぞれの「世代」の区別が明確である。この世代区分は、婚姻規則のために使われる区分である。自分が結婚可能な「世代グループ」と、結婚することができない「世代グループ」に分類するのである。こうして、いくつかの世代グループをつくり、それにもとづいて結婚相手が選ばれるのである。ひとつの具体例を示そう。

サウスオーストラリア州の諸部族の場合、自分が属する「ンガナンダラガ世代」には、自分の世代（キョウダイとイトコ）と祖父母の世代と孫の世代が属し、「タナミルジャン世代」には、自分の両親、オジ、オバ、義理の両親、子供、甥、姪が属する。そして、自分の妻は、「ンガナンダラガ世代」のなかから選ばれなければならない。おなじ世代が理想的だが、そうでなければ孫の世代から選ばれることもある。この規則に従えば、自分の父の父は、自分と同じ世代グループに属するので、「兄」と呼び、自分の子供は、自分の属さない世代グループに属しているので「父」と呼ぶことになる。そして自分の子供の子供（孫）は、「弟」となる。

なおこのシステムは、セクション、サブセクションシステムと並存している場合もあるが、このシステムだけの場合（西南オーストラリア）や4セクション制のもとで、余り意味がなくなっている地域もある。

③セックス・グルーピング(23)（性別集団）

第3章でも指摘したとおり、性別のグループ分けは、労働の分業の最も基礎的な機能をはたしている。また、宗教儀礼における女性の排除や、女性のみの儀礼があるように、セックス・グルーピングは、宗教的にも機能する。[24]

また、中央オーストラリアや南東オーストラリアでは、性別トーテムがあるという。

5　世界の分類（モイエティーとフラトリー）

①モイエティー[25]（半族）（図5）

ひとつの社会（部族）が、二つに分かれている場合の、区別された各々をモイエティー（半族）という。この分割は、社会的、儀礼的な区分であるが、人間集団に限らず、大地や天空、生物や無生物すべてを二つに区別するところが特徴である。半族は、それぞれの鳥や動物などのトーテム名をもつ場合もある。アボリジニの神話によれば、創造神がこの世に出現したときは、全てが混沌としていた。そして、祖先神が生物や地形などをつくったときに、あらゆる存在が半族のどちらかに分類されたのだという。[26]

半族はそれぞれ父系か母系のグループを形成し、一般に外婚（自分の属する半族でないものとの結婚）が望まれる。しかし前述のソーシャルトーテムクランの婚姻規則が優先されることから、半族による外婚制は、守られない場合がある。また、ホワイトのように、母系半族、父系半族よりも世代半族（generation moiety）の意義を強調する学者もいる。[27]

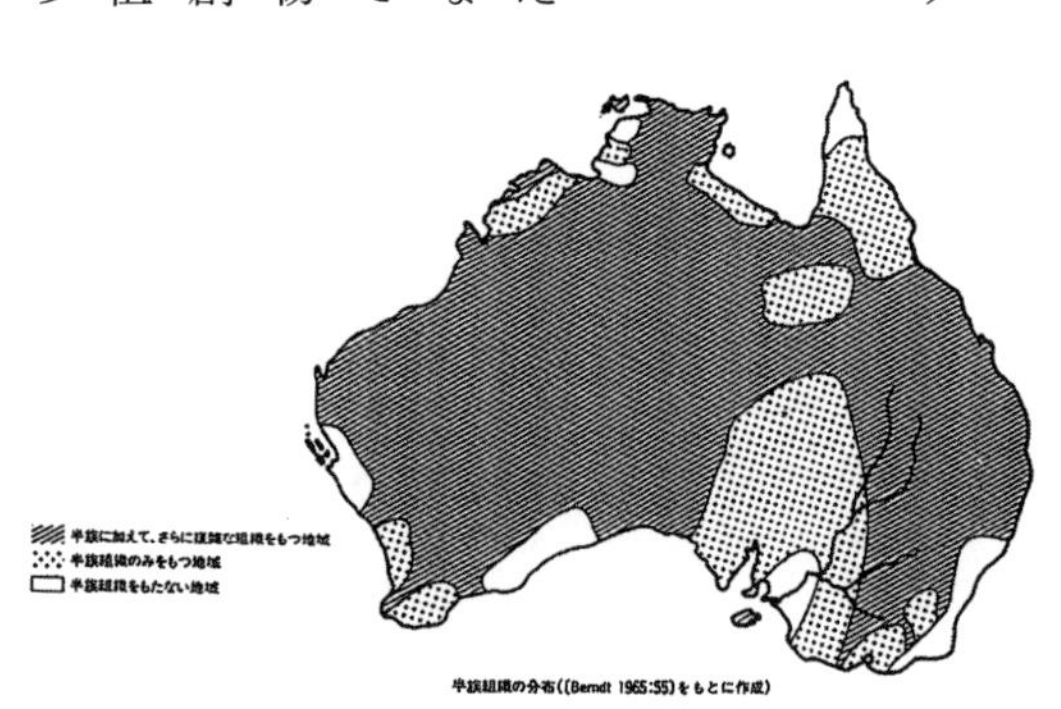

図5　小山修三ら編（1992年）、44頁

②フラトリー（胞族）

一般に、複数のクランが集まって出自集団を形成する場合の集団をフラトリー（胞族）と呼ぶ。[28]

デュルケームは『分類の未開形態』の中で、オーストラリア・アボリジニを例にとりあげ、「各部族は、われわれが胞族とよぶ二つの大きな基本区分に分けられている。胞族はまた、おのおの一定数の氏族、すなわち同じトーテムを所有する個人の群から構成されるのである。」と説明している。デュルケームは、アボリジニの部族の二分法が、自然界をも二分化することに注目しているが、半族という言葉は使用しない。[29]また逆に、デュルケーム以外で、胞族という言葉をアボリジニ社会に対して使用する例を私は見たことがない。

〈2〉人口抑制とその手段

ブッシュファイアに代表されるように、アボリジニは食糧を増産するための意識的、無意識的な工夫をしていなかったわけではない。[1]しかし、第3章でもふれたように、農業社会に比べれば、食糧生産力の上昇をはかることは、はるかに困難であった。狩猟採集経済は、労働集約的とはいいがたく、そのため、安定した食糧供給を実現するには人口を一定の範囲内に抑えておくことが重要となった。以下、いくつかの人口抑制の機能を紹介する。

1 飢餓[2]

前述したとおり、アボリジニ社会において、飢餓は異常事態である。食べるものがなくなって、人が餓死するといった事態は、ほとんどなかったといわれている。ただし、四万年の長い期間の間には、大きな干魃が何度か起こったであろうことは容易に想像がつくし、その場合に多くの餓死者をもたらしたであろうことも十分想定できる。

こうして、潜在的な餓死に対する恐怖から、以下に見るような人口抑制の制度ができあがったとブレイニーは、推測している。

2　堕胎、間引き、老人殺し[3]

①堕胎

一九四八年のアーネムランドでの調査で、質問された女性の全員が、流産をおこす方法を知っていたという。流産の方法は、腹を手で圧迫する方法と薬草を使う方法があった。アボリジニに私生児が生まれることが少ないのはこのことと関係があるという。

ただし、堕胎は必ずしも将来の食糧事情を考慮して、おこなわれていたわけではない。狩猟採集民族の場合、移動するときに女性が子供を抱いて動き回るには、一人が精一杯である。結果、必然的に数年の出産の間隔をあけなければならないのである。ゴドリエによれば、狩猟採集民の出産間隔は、少なくとも三年であるという。[4]

②間引き

間引きは、オーストラリア一般にあったといわれている。間引きがアボリジニの人口抑制の最も有効な手段であることはほぼまちがいない。ビクトリア州北部のバンジェラング族の女は、生きているうちに六〜八人の子供を産むが、そのうちの半数は、産まれてすぐに殺されるという。

また、産まれた子供を育てるかどうかは、父親しだいであった。不具の子供、双子の一方は、殺すのがしきたりだった。オーストラリア北部カーペンタリア湾周辺の部族では、私生児は必ず殺されていた。また、母乳は、赤ん坊にとって唯一の栄養源であったので、なんらかの理由で母親が死ねば、赤ん坊もいっしょに殺されたという。

ある地方では、葬儀で嬰児を殺す事例が報告されている。身分の高い人が死んだときは、子供を一緒に生贄にするという習慣である。

こうした幼児殺しには、アボリジニなりの正当化の論理がある。赤ん坊を殺すことは、単にその子が精霊に返るだけであり、別段悪いことではない。[5] 人口抑制機能が、宗教に「埋め込まれ」ていた例であるといえる。ただし、嬰児殺しの儀式が、どれほどひろい範囲でおこなわれていたは分からない。

③老人殺し

アボリジニ社会では、老人は権威があるが、それは、老人が自分の知識の豊富さで、自分たちを豊かな暮らしに導いてくれるからである。老いさらばえて、他の者の生活の足手まといになってしまえば、殺される場合もある。そこまでいかなくても、もうじき死にそうな老人には、食べ物の屑を与えて粗末に扱う。「ばあさんは、もうじき死ぬんだから、食べ物を与えても仕方がない。」のである。

3　妊婦期のタブー(6)

第3章の食物規制で紹介したように、妊婦に様々なタブーが課される事例がある。妊婦の栄養状態が悪くなり、人口抑制に役だっているという。

4　戦争(7)

アボリジニは、頻繁に戦争をしていたようだ。これも人口歯止めに役だっていた。ロイド・ウォーナーは、二〇年間の調査の中で、人口約三〇〇〇人のうち約二〇〇人が、殺されたと報告している。闇討ちや、ゲインガーと呼ばれる正規の戦いでは、一度に三〇人前後が殺されたという。これは、集団の規模の小ささを考慮に入れれば甚大な被害であり、人口の激減である。

5　伝染病(8)

伝染病が一度発生したら、人口が激減することは、容易に想像できるし、事実一七八八年以降、白人の持ち込んだ伝染病で多数の死者がでて、アボリジニの人口激減の主要な要因となった。(9) ブレイニーは、農耕段階へ移行する以前の社会では、簡単に人口は回復しないと指摘している。農耕や牧畜をおこなう社会と違って、経済活動が活性化していない狩猟採集経済社会では、一度減少した人口は、容易には回復できないというのである。しかし一七八八年以前にいつ、どのように伝染病が発生したかは分かっていない。結局、彼の仮説は、憶測にすぎない。ムーサムのように、狩猟採集経済社会では、風土病や伝染病は、なかったと考える学者もいるのである。[10]

6　婚姻規則

婚姻規則が複雑になれば、それだけ妻にすることのできる母集団が少なくなるので、人口は増えにくくなる。一般に、婚姻規則が複雑になるほど人口抑制機能がはたらくのである。婚姻規則と人口抑制の相関関係については、杉藤重信が、アボリジニのさまざまな婚姻規則のパターンにもとづいてコンピュータを利用したシミュレーションをおこなっている。[11]

〈3〉戦争

前節でもふれたように、アボリジニ社会での戦争は、頻繁におこった。そのなかには部族間での紛争もあった。ブレイニーは、オーストラリアの南部でウィリアム・バックリーという脱獄囚がアボリジニとともに暮らした回想録の中から、部族間の紛争を紹介している。[1]だが、人類学者が調査した部族間紛争についての報告を私は入手していない。

そこでここでは、オーストラリア北部アーネムランドのムルンギン族を二〇年間にわたって調査した、ロイドワーナーの部族内紛争の例を紹介したい。[2]

1　戦争の諸類型

ムルンギン族には、女性同士の争いを除いて、六種類の戦争の形態がある。

ニリマオイヨルノ：キャンプ内での戦い。
ナルプ、ジャワルト：暗殺（secret killing）。
マリンゴ：敵のキャンプを包囲する闇討ち。
ミルヴェランゲル：クラン間でおこなわれる一般的な戦い。
ゲインガー：正々堂々の戦い、決戦。
マカラタ：儀礼的な、平和を回復するための戦い。

2　戦争の単位、原因

ここで紹介されている戦争は、主にクラン間での戦争である。ムルンギン族では、部族や半族が、戦争をおこなう単位となることはないという。また、クラン内の結束はかたく、クラン内の争いも起こらない。

紛争の主要な原因は、女性の奪い合いに端を発するものが多い。また、自分のクランのメンバーが死んだとき、他クランの呪術をその死因と考え、復讐戦をいどむこともある。あるいは、儀礼で使われるトーテムの表象（エンブレム）を見た女性や子供がそれを理由に殺される場合もある。

3　具体的な戦争の経過

マリンゴは、神話にもとづいた戦争である。昔、人々に息子を殺された親ヘビ（バラナンナあるいはウォンガー）が、人間に復讐するために多くの仲間のヘビを引き連れて人間のキャンプを包囲し、襲撃したことにもとづいた戦争のスタイルである。討伐隊は、ヘビのような陣形をつくって敵のキャンプに近づき、神話を模倣した戦法をとるのである。

二〇年の調査で二度ほど起こったゲインガーは、散発的な小人数の殺し合いの後におこる決戦である。この時は、双方が二〇歩とはなれずに二列に向かいあって槍を投げあう。この形態では、多くの戦死者がでた。

その他の戦争の形態は、省略する。

4　戦争の意義

ウォーナーは「戦争は、一夫多妻制を基礎にしたメカニズムである。」と説明している。一夫多妻制を基礎とするアボリジニ社会では、どうしても男があぶれてしまい、特に若い男は妻を得にくい。そのため、戦争をすることで、結婚適齢期の男を減らしたのである。また、戦争が、結果的に人口抑制につながっていたことは、前述した。

宗教世界

〈1〉ドリーミング（神話）

1　ドリーミングとはなにか

アボリジニの宗教世界、精神世界の根幹になっているのが、この「ドリーミング」とよばれる神話である。彼らは、特別の聖職者をもっていない。[1] 部族や、クラン、個人が、それぞれ様々なドリーミングを所有しているのである。もちろん、全員がすべてのドリーミングについての知識を有しているわけではない。女性に知られてはならないドリーミングもあるし、その逆もある。

ドリーミングの特徴は、それが、太古の神話でありながら、同時に現在と直接かつ密接な関係をもつ点にある。アボリジニの生活は、ドリーミングに語られたプランにしたがっておこなわれる。この場合、アボリジニは、自分たちのような人間の時代に先行する別の時代（ドリーミングの時代）と共時的関係でつながっている。[2] ただし、ここでいう「太古の昔」は、近代人のもつ客観的な時間概念では説明できない「精神的な」時間の世界である。[3] この点は、「〈4〉時間、空間、数、富の観念」で詳しく考察する。

ドリーミングは、土地とのむすびつきが強いがそれだけでなく、月、太陽、星座、風、雲、雷、火、水などの天体や自然現象、カメ、カンガルー、ワニ、ヤムイモなどの動植物、棍棒、編みカゴなどの人工品もふくまれている。[4]

アボリジニは、文化的達成を自分たちの功績とすることに、強い抵抗感がある。ドリーミングに語られていることを忠実に守ることによってのみ、自分たちの生活が保証されるからである。「創造」は、既にドリーミングの時代になされており、人間はその諸形式を再生産するに過ぎない。[5] 人間や自然の存在の根拠は、ドリーミングによって与えられており、現在でもドリーミングによって支えられているのである。[6]

以下、具体的なドリーミングの例とその役割、意味を検討する。

2　創世神話

「ドリーミングの時代」、創造主たちは、半人半動物の姿で、あるいは、動物になったり人間になったりしながら、当時は平坦で何もなかった大地を歩き回った。彼らは地形をつくり、聖なる場所をつくり、人間、動物、植物など全てを創造した。[7] もともと大地には起伏がなく、生命は流動状態にあったが、こうした原初的状態が、先祖の行為によって変形されたのである。ここでは、地勢の形成と動植物の「種」の固定と人間集団の組織化は、すべて同時であり、相互補完的な過程である。[8]

サウスオーストラリア州のジャラルデ族の創世神話は、ングルンデリと呼ばれる祖先神が、自分の二人の妻を探して、旅をする話である。ングルンデリは、旅の時の食糧としてこの地方に果実を持ち込む。この果実は、現在でも食用にされている。海岸の向こうに見える島は、ングルンデリが槍を投げて生まれたものである。さらに、潮の満ち引きは、ングルンデリが海に向かって小便をしたからである。暑さをしのぐため運んだ岩は、現在でもそこに涼しさをもたらしている。[9]

そのほか、アランダ族のドリーミングには、二つの自立した空の存在のヌンバクラが地上に下りてきて、「イナパトゥア」という無形の創造物から、男性と女性をつくったという話がある。また、ウォチョバルック族のドリーミングでは、始原の頃はただひとつの性しかなく、コウモリのングヌング・ヌグヌットは、自分の仲間を女性に変えることでその状況を是正したという。[10]

3　レインボーサーペント

ラドクリフ・ブラウンによると、レインボーサーペント（虹の蛇）は、雨や水によって示されるもっとも重要なアボリジニの表象であるという。そして、このレインボーサーペントは、ティウィ族を除くオーストラリア大陸の全てのアボリジニの部族の神話に、なんらかのかたちで現われるという。(11)

このレインボーサーペントは、創世神話で現われることが多いが、必ずしも最高神であるわけではない。(12)また、レインボーサーペントは、雨や水の表象をもつことから、生命力や呪術的力の根拠となる。ウンガリンユィン族では、レインボーサーペントが、雨をもたらし、種の増加をつかさどると考えられているし、ウェスタンオーストラリア州の部族では、レインボーサーペントは呪術師の力の源と考えられている。(13)

4　日常生活、宗教儀礼とドリーミング

これまでも説明してきたように、ドリーミングは、日常生活と切り離しては考えられない神話である。例えばユイン族では、ダラムンと呼ばれる「万物の父」が、この部族に特別の恩恵として彼らがもっている道具や武器のすべてを発明してくれた。また、クルナイ族では、至上存在たるムンガン・ヌガウアが、時のはじめにあたって、この地上で彼らとともに住み、道具や舟や剣や「要するに彼らの知っているすべての技術」を教えたという。(14)

多くのドリーミングの話の筋は、自分たちの身近な状況にもとづいており、テーマの精緻化は、日常作業を説明するのに役立っている。(15)しかし、ドリーミングの意義は、日常生活にとどまらず、イニシエーションなどの宗教儀礼の根拠となっている点にもある。以下に、ドリーミングが、日常生活や宗教儀礼と関係する具体例を示そう。

アランダ族の祖先神である二人のエウロの兄弟は、槍やウォメラ（槍投げ器）を発明し、熱い石炭で料理する技術を部族の成員に教えた。また、北からやってきたタカ男のラカバラは、割礼の儀式や社会組織の4セクション制をつくりだした。(16)ストレーロウは、次のように説明する。「北アランダ族

の神話の全てをひとつの総体として取り上げると、オーストラリア中部の原住民が今もやっているあらゆる活動形態の目録が出来上がるだろう。神話を通して、狩、漁、野生植物の収穫、料理、道具の制作といった日常の仕事に励んでいる原住民の姿が浮かび上がる。これらの仕事は全てトーテム祖先とともに始まったのである。そして、この分野においても、原住民は、盲目的に伝統を尊重する。遠い先祖が使っていた原始的な武器を忠実に守っており、それを改良しようなどという考えは、頭にうかぶことさえ決してない。[17]」

別の例。「ドリーミング」の時代に創造主ムラムラはディエリ族の土地や近隣の領域をさまよった。彼二人のムラムラの兄弟のうちの一人が、投げ損なったブーメランの後を追って水の中にもぐった。彼は偶然にそのブーメランの鋭い縁で割礼をした。するともう一人も完全な男になりたかったので同じことをした。二人は、国じゅうを旅して割礼の手術で石のナイフを使うことを紹介して、儀礼を受ける多くの者を死から救った。この神話にもとづいて、ディエリ族の男は先祖と同じ割礼を自分たちにほどこすのである。[18]

〈2〉トーテミズムと精霊信仰

1　トーテムと精霊

「トーテム」とは、もともと北米のインディアンの言葉で、「わたしはこれを家族のシンボルとする」の意味である。[1] カンガルー、ワニ、風、雷、湖などさまざまな自然が、トーテムとなってアボリジニのアイデンティティを象徴する。一般に、トーテムには自分の先祖が住んでおり、また、自分も死ねば、精霊となって再びトーテムに返るので、自分のトーテムを殺したり傷つけたりすることは規制される。また、同様の理由から、同一トーテム内での結婚は、インセストタブーとして禁止されている場合が多い。

トーテムは、クランに属するものだけではなく、部族、半族、個人、性別などに属するものもあるので、一人の人間は、いくつものトーテムをもつことになる。マドックは、創造神とトーテム神を区別すべきだと主張する。なぜなら、創造神は、すべての人間に対して同一の関係にあり、特定のクランと特別な関係をもつことはないが、トーテム神は、特定のクランや個人と排他的にむすびつくからである。(2)

さて、トーテムに関するいくつかの具体例を示そう。

アランダ族は、四〇〇種にもおよぶトーテムをもっている。(3) トーテム内婚はインセストタブーとはならないが、トーテム内食は禁止されている。(4) また、男性は、儀礼によってトーテム動物の増殖を引き起こし、女性の出産に協力する。(5)

ワケルブラ族では、アランダ族とは反対に、トーテム内食は義務だが、トーテム内婚は禁止である。(6)

ウィク・ムンカン族やムルンギン族では、固有名はすべてトーテムから派生したものである。「生者の名は、すべてトーテム複合のなんらかの要素からできており、直接もしくは間接にトーテムに関係する。(7)」

ウォリミ族のトーテムには食物規制がない。(8)

ウマンチェラ族やワルムンガ族に見られるトーテム集団による分業については第3章で紹介した。

2　精霊と輪廻転生

アボリジニは、人間を、肉体と精霊に分けて区別する。生命の中でこの二つは合一されており、両者の分離が、肉体的意味での死をもたらすのである。重要な点は、精霊がその後も生き続けることである。(9) 精霊の子は、新たな母親が決まるまでじっとしているが、人間には見ることができない。母親が決まると、精霊の子は、夫か妻の夢にあらわれ、その女を自分の母と決めたことを知らせて自分が生まれてくることを決める。こうして、精霊の子は女のからだにはいり、妊娠が成立する。[10]

このように、肉体は死を迎えるが、精霊は再生して永遠回帰するのである。

3　バージンバース論争

かつて人類学者の間で、バージンバース（処女出産）をめぐる議論があった。精霊による妊娠というアボリジニの思想から、アボリジニは、妊娠における男性の生物学的な役割を知らないのではないだろうかという論争になったのである。[11]

実際には、アボリジニは、性交と精霊の両方を妊娠にとって不可決の要素と考えていた。性交は、精霊が宿ることができるように子宮を準備し、そこに、精霊の子が入ることで、妊娠が成立するのである。[12]ただし、リカードは、ワルビリ族の妊娠に対する考え方について、次のような興味深い報告をしている。ワルビリ族の男は、精霊の子が女性の身体にはいることの方が、性交よりも、重要であると考えるのに対して、女性は、（自分の体験によるものであろうが）性交を精霊より重要視するのである。共通の精霊信仰をもちながら、セクシャリティに関する認識は、男女で異なっているのである。[13]

〈3〉土地・自然と人間との宗教的関係

アボリジニ社会では、土地がきわめて重要な経済的基盤であることは、第3章で既に述べたが、アボリジニと土地との関係は、それだけにとどまらない。土地は、経済的な基盤であるとともに、宗教的な価値をもつのである。[1]

これまでの説明から、ドリーミングや精霊が、カントリーと深くむすびついたものであることは、これ以上説明を要しないであろう。

アボリジニは、生命をもったその瞬間から、土地とのむすびつきが始まる。[2]アボリジニにとって、自分の土地（カントリー）は、所有物でもあるが、同時に、自分自身が宗教的に「属して」いるものでもある。「カントリーが自分たちを所有している」のである。[3]
ストレーロウは、アボリジニにとっての「自然・土地」を次のように説明している。

山や小川や泉や沼は、原住民にとっては、単なる美しい景色や興味ある景観にとどまるものではない……。それらは、いずれも彼の先祖の誰かがつくりだしたものなのである。自分をとりまく景観の中に、彼は、敬愛する不滅の存在（祖先）の功績を読みとる。これらの存在は、いまもごく短期間、人間の形をとることができ、その多くを彼は、父や祖父や兄弟や母や姉妹として直接的経験で知っている。その土地全体が彼にとっては、昔からあっていまも生きているひとつの家系図のようなものである。[4]

〈4〉時間、空間、数、富の観念

1　時間・空間意識

①聖と俗

アボリジニに限らず、近代以前の伝統的社会、あるいは宗教的社会にあっては、時間・空間は、均質的・中性的ではない。[1] 近代人のように、空間や時間を正確に分割したり、あるいは測量したりすることはできない。[2] こうした時空意識を説明するのに、「聖と俗」という概念がしばしば使われる。すなわち、日常生活における「俗なる」時空と、宗教的生活における「聖なる」時空が、それぞれ違う次元で存在し、かつ、相互に密接な関係を保っているのである。次にいくつかの具体例を示そう。
宗教儀礼は、聖なる空間・時間の中でおこなわれる。あるいは、宗教儀礼をおこなうことによって、時間、空間、そして人間や自然が「浄化」される。さらに、聖なる時空とは、神話の時空でもある。

アランダ族は、毎年インティチウマと呼ばれるトーテム祭儀をおこなう。このとき、彼らは、祖先神がドリームタイム（神話の時）に歩いた道にしたがって進む。彼らは、先祖が止った個所ではすべて停止し、〈かのとき〉の祖先の行為を繰り返す。祭儀のあいだじゅう、彼らは断食し、武器をもたず、女あるいは他部族のものとの一切の接触を避ける。彼らは、完全に神話のなかに浸っているのである。[3]

また、同じアランダ族の神話で、空間の創造に関する神話がある。ヌンバクラという神的存在は、ドリームタイムに、彼らの地域を〈宇宙化〉した。ヌンバクラは、ゴムの樹の幹で聖柱（カウワ・アウワ）をつくった。彼は、これに血を塗り、それをよじのぼって天に消えた。この柱によって、それをとりまく地域は、初めて居住可能となり、〈世界〉が形成されるのである。彼らの宗教儀礼では、この聖柱が重要な役割を果たす。移動するときは、必ずこの柱を携帯し、その傾く方向に進路を取る。そうすることで、空間は浄化され、秩序が保たれるのである。[4]

このように、アボリジニにとっての神話は、単なる時間をさかのぼった過去（通時）であるだけではなく、同時に現在と共時的な関係をもつのである。聖なる時空としてのドリームタイムは、過去であるとともに、現在でも未来でもあるのである。[5]

エドマンド・リーチは、種々の祭儀を「存在の正常な世俗的秩序から異常な聖なる秩序への時間的な転換であり、またその逆戻りを表象するものである」[6]と述べ、図1をしめしている。伝統的社会に生きる人間は、時間（あるいは空間）を、聖から俗、俗から聖へと変換させることで、二つの世界を行き来するというのである。[7]

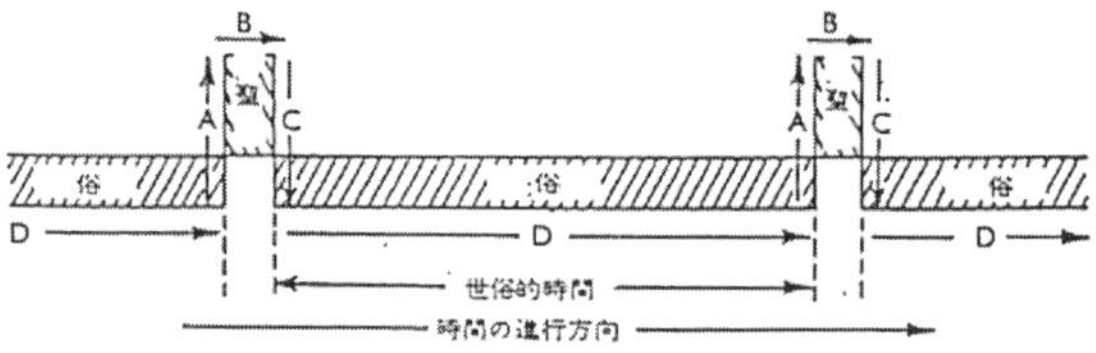

図1　リーチ、エドマンド（青木保／井上兼行訳）『人類学再考』思索社、1990年、227頁

しかし、こうした聖と俗の「変換」では、説明しづらい場合がある。すなわち、祭儀とは関係ない、日常時間における「聖なる時」ともいいうる存在である。以下、その具体例として、チューリンガについて説明する。

チューリンガは、石や木でできただ円形の物体で、両端は尖っていることも丸みをおびていることもある。多くは、その上に象徴記号が彫り込まれてある（図2）。チューリンガは、それぞれ決まったある一人の先祖の肉体を表す。そして、代々その先祖の生まれ変わりと考えられる生者におごそかに授けられる。チューリンガは、人のよく通る道から遠い場所に隠しておき、定期的に取り出して調べ、手にさわってみる。(8) チューリンガを通して、人は、祖先から自我、そして子孫へと再現する同じ人間としての「個我を越えたアイデンティティ」を所有するのである。(9)

このチューリンガにおいては、時間の聖と俗が「変換」するのではない。聖なる時間は、物的に凝縮され、いつでも手にして見ることができるのである。聖なる時間と俗なる時間は「変換」するのではなく、ともに共時的かつ、通時的であるといえよう。

②「埋め込まれた」時間・空間

アボリジニの時間・空間を考える場合に、聖と俗という説明のほかに、生活に「埋め込まれた」時空という説明が可能であろう。

例えば時間は、自然環境や自分たちの生活のリズムによって決定されている。アボリジニは、必ず時間内に仕事をやりとげる。

図2　レヴィ=ストロース、クロード（大橋保夫訳）『野生の思考』みすず書房、1976年、287頁

なぜなら、「仕事が終わった時間」が「仕事を終える時間」だからである。遅れることはありえない。[10]

絵にかいた迷路の出口を探すように言われると、彼らは早さよりも正確さをめざして午後の時間全部をこのことにつぶしてしまったという。[11] また、季節と移動について前に説明したように、彼らにとって、季節（あるいは祭儀）は、特定の期日や期間が決まっているわけではなく、自然環境の変化にあわせて決定しているのである。

距離の測定に対して無頓着なことも同じように説明できる。彼らは、自分たちのカントリーの距離をきわめて正確に把握しているが、それを距離に関する単位を使って抽象化することはできないし、する必要もない。[12] 彼らにとっての時間や空間は、神話や生活のサイクルのなかに「埋め込まれて」いるのである。

2　因果律

アボリジニは、因果関係を可視・不可視、近接しているか遠距離か、などにかかわらず、呪術や精霊、あるいは神話によって説明しようとする。精霊や神話に関しては、これまでも様々な事例の中で説明してきた。また、呪術に関する具体的な事例は、「〈6〉呪術」で紹介する。

3　数の概念

アボリジニは、数という抽象概念とも無縁であった。狩猟採集生活において、足し算や引き算などの計算は意味がない。日常的な狩において、獲物は五匹までは数えるが、それ以上であるならば、「むれ」と言ってしまえばよいのである。また、数字の数えかたは、二進法が基本である。「1」の次は「2」、その次は「1と2」、4は「2と2」、5は「開いた手」となる。[13] こうしたアボリジニ社会の二進法について、小山修三は、社会組織の基本理念のひとつである半族（第4章で説明）の思想に

もとづいたものだと指摘している。(14)

4　富と所有

アボリジニ社会には、物質的富に関する概念がない。だから、財の所有にもとづく権力や競争は生じない。(15)移動を基調とする狩猟採集経済社会にとって、財産の所有は邪魔で無意味以外のなにものでもないからである。(16)彼らにとっての財産とは、歌や儀礼や伝説に関する知識である。(17)こうした「知識としての財産」は、その人の権威を高め尊敬を集める。

最後に所有権について。自分で使用するための持ち物、すなわち槍やブーメランなどについては、個人的な所有権が尊重されている。しかし、土地に対する所有権は複雑である。部族領地全体に対する「部族全体での所有権」があり、宗教的聖地に対する「トーテム集団の所有権」があり、さらに狩猟採集をおこなう地域に対する「地縁集団の所有権」がある。こうした様々なレベル、質的に異なる所有権が、同じ土地に幾重にも重なっているのである。

〈5〉宗教儀礼

宗教儀礼は様々な種類があるが、本論ではひとまず「1　イニシエーション儀礼」「2　豊饒儀礼」「3　葬送儀礼」の三種類に分けて説明する。

1　イニシエーション儀礼(1)（通過儀礼）

成人儀礼ともいわれるが、近代の「成人式」とはその目的も意義も全く異なる。要するに、子供が、一人前の人間として宗教的に「生まれ変わる」のが、このイニシエーション儀礼である。(2)イニシエーションを受けるまでは、まだ宗教生活に入っていないので、完全な人間になっていない。イニシエーションを通じて、人は精神的価値を与えられ、人間の地位に到達するのである。

アボリジニのイニシエーション儀礼は、大きく次の段階がある。第一に、「聖所」を用意すること。第二に、修練者たちを母親から引き離すこと。第三に、修練者たちを叢林または、一定の隔離されたキャンプに押し込めること。第四に、割礼や抜歯などの手術がほどこされること。以上の四段階である。

「聖地」について、例えばユイン族、ウィラジェリ族、カミラロイ族では、土の円形の輪を用意する。ここが「聖所」であり、このなかで予備的な祭がおこなわれるのだが、ここから一定の距離をおいて、さらにもうひとつ別の小さな聖なる囲い地が作られる。これら二つの構築物は、一本の小路で結ばれ、それに沿って主催部族の人々は、いろいろな種類の像などを用意する。他部族の代表団が到着すると、この小路に案内してこれらの像を見せ、最後の代表団が到着するまで毎夜ダンスが続けられるという。「聖地」は、部族や地域によっていろいろな種類があるが、母親からの分離も、部族によって様々である。例えばムルリング族では、毛布でおおわれた女たちが、子供を前において地面にすわっていると、突如、修練者たちは走り寄ってきた男たちにつかまれ、いっしょに走り去ってしまう。こうした、母親との切り離しは、子供の世界との断絶を意味する。修練者は、子供としての自分に終わりを迎えるのである。

修練者は、日頃馴れ親しんだ環境から遠く連れ去られる。彼らは、そこでブル・ローラー（うなり板）のひびきを聞き、暗黒の中で、死と神々の世界を予感する。そこは、母親のいる俗界ではなく、神の住む聖界である。この二つの世界の断絶は、象徴的な死によってのみ移行可能となる。

イニシエーション儀礼では、象徴的であれ肉体的であれ、なんらかの試練が課される。ウィラジュリ族の修練者は、睡眠を禁じられる。ナルリニイェリ族では断食が強制される。ユイン族、ムルリング族では、修練者の門歯をハンマーで打ち砕く。祖先神は、子供たちを殺し、きれぎれに切り刻み、焼き、そして「新しい存在者」として生き返らせるが、そのかわり歯を一本だけ欠いた者となるのである。トゥルバル族では、夜、ブル・ローラーが聞こえてくると、女や子供たちは呪医が修練者を食べているのだと信じている。

イニシエーションは、この世界の聖なる歴史の要点をくりかえす。そして、この繰り返しによって、全世界が新しく聖別される。子供たちは、俗的存在として死ぬが、新しい世界に聖的によみがえるのである。

2 豊饒儀礼(3)

イニシエーション儀礼が、人という社会的存在を扱うのに対して、豊饒儀礼は、「種」という自然的存在を取り扱う。自然界のさまざまな「種」の増殖が、豊饒儀礼の目的である。ただし、人間が働きかけることで、種の増加を自然に強制すると考えるべきではない。彼らは、「種」の増加に加勢するだけなのだ。豊饒儀礼は、自然に対して奇跡を起こすものではなく、自然の豊饒を手助けするにすぎない。

イニシエーション儀礼に比べて、豊饒儀礼は、大抵の場合きわめて簡単である。カラジェリ族のブダイの祭儀の例を示そう。祭儀の指導者は、「種」が増加するように諭しながら、ブダイを象徴する卵型の石の周囲から地面を掘る。掘りながらその土を北と南にばらまき目的の魚の出現が予想される海岸地帯の名前を告げる。石が動かされてそのそばに置かれ、「干潮の時はおまえはこんなふうになるだろう」と告げられる。次に、石は脂を混ぜた消し炭と、赤や黄の泥絵の具で着色されて穴の中にもどされ、まわりを土で埋められる。小枝が、一瞬だけその上に置かれ、海に向かう一本の通路にそって、さっと引きずられると、その儀礼は終わる。この魚は増殖を約束されたのである。

また、別の地方では、指導者たる老人が、「種」の増加が予想される地域の名前を叫ぶだけで豊饒が約束されるという。

トーテム集団間で「種」の増殖を「分業」している地域については、既に紹介したので省略する。

3　葬送儀礼

アボリジニにとっての死が、単なる肉体の死であり、精霊はその後も生き続けるという点については、既に説明した。この、精霊と肉体の処理をおこなう葬送儀礼には、主に三つの機能がある。第一に、以前の肉体や環境に、精霊が誘い寄せられるのを防いで、肉体と精霊を決定的に分離させる機能。第二に、精霊が、引き寄せられなくなった後に、残った身体を処理してしまう機能。第三に、精霊を定住させる機能である。

第一の機能は、死者の名前の使用を禁じたり、煙で身体をいぶしたり、死者のキャンプを放棄したりする行事によっておこなわれる。精霊は、馴染みの湯所をなかなか離れないので、これが克服されるまでこうした行為がつづけられる。第二の機能は、身体を埋葬あるいは火葬したり、死体を食べたりすることによっておこなわれる。地域によっては、肉の処理と骨の処理に二回に分けて執り行うところもある。第三の機能は、さまざまな祭を催すことで達成される。この第三の機能に関する儀礼は、地域によっては死後五年以上もたってからとりおこなわれる。(4)

次に、神話にもとづいた葬送儀礼の具体例を示す。(5)

中部アーネムランドのジナン族では、次のようなララジェジェの神話がある。「創世時代に、精霊ムッカルが、樹皮製のカヌーで旅に出た。…中略…ムッカルが、巨大なララジェジェ（ダツの一種）を見つけたとき、同時に彼は、ララジェジェの骨を見いだした。ムッカルは、骨に話しかけた。『もしわしが死んだら、わしは骨をホロー・ログの中にいれよう。』…中略…あるとき、ムッカルは、その巨大なララジェジェに食われてしまった。ムッカルがララジェジェに飲みこまれて死ぬと、ララジェジェは、彼の骨をすべてはきだした。」

ジナン族の葬送儀礼は、以下のごとくである。

まず、死体に死者のクランに特有の模様をペインティングする。ついで、一連の歌と踊りが数日間おこなわれる（第一の機能）。次に、遺体をペーパー・バークの樹皮で覆い、死者の頭を死者の父系クランのカントリーのもっとも神聖な場所である泉の方に向ける。埋葬は、伸展葬である（第二の機能）。

この葬送儀礼の後一～二か月後に、再び葬送儀礼がおこなわれる。まず死体が発掘される。掘りだされた遺体は、下肢から順に骨を素手で外してゆき、最後に頭蓋骨を拾い上げる。それぞれを水で洗った後、ペーパー・バークの樹皮で包みキャンプに持ち帰り、その一隅に立てた中空の円筒形のホロー・ログにいれる（第三の機能）。

以上、葬送儀礼が三つの機能を有し、しかもその手続きが、神話にもとづいていることが分かったと思う（図3）。

〈6〉呪術

呪術は、近代人が科学を信奉するのと同じように、否、それ以上に、彼らの生活と密接にむすびついていた。以下、呪術が使われる場面を紹介する。

1　雨乞い

雨乞いは、特に乾燥した中央オーストラリアでは、非常に重要であった。アボリジニは、呪文を唱えたり祭を執り行なったりすることで、雨雲を従えた祖先神がやって来ると信じていた。[1] 多くのばあい、雨乞いの儀式は、雨をトーテムとする集団の長を中心におこな

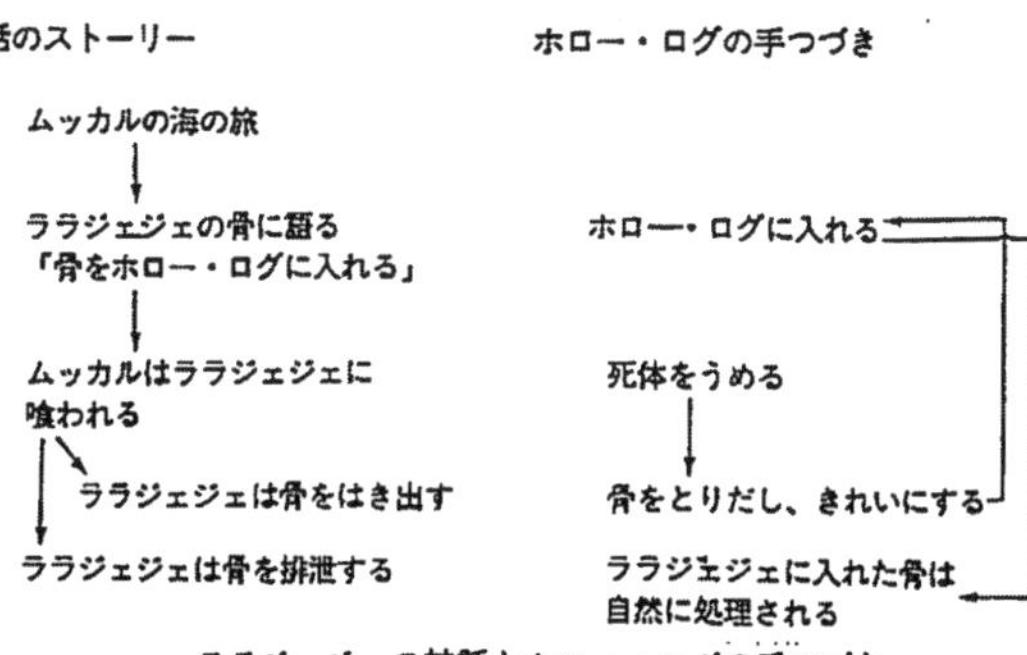

図3　松山利夫「カントリーとワンジル」174頁（小山修三編『国立民族学博物館研究報告別冊』15号、1991年）

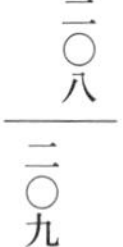

われる。[2] また、こうした雨乞い師たちは、雨と水に深くかかわっているレインボーサーペントによって、その呪術的な力を授けられる場合が多い。[3]

2　死と検死

人が死ぬのは、つぎの三つの原因のどれかによる。邪術によって呪い殺された場合、「自然的原因」、そして、タブーを侵犯した場合である。このうち、「自然的要因」は、死者がきわめて高齢であった場合など、死因が明確で、他の要因を考える必要のない場合のみに採用され、一般的ではない。[4] また、宗教が、生活と密接なかかわりをもっていたアボリジニにとって、タブーの侵犯は、近代人には想像もできない程の精神的圧迫があった。こうして、実際に死んでしまう者がいたことは十分に考えられる。

しかし、彼らの考える死因の中で、もっとも死亡率が高いのは、何者かの邪術による死であろう。殺害者を特定する検死は、死者の霊などの神秘的な力の作用を仮定して、それによって、過去に何が起こったかを判定するというものである。[5]

以下、具体例を示そう。

バード族、ウンガリニイン族、ワラムンガ族は、遺体を木の枝の間か、高い台の上に乗せる。そしてその真下の地面に、小石を円形にならべるか、棒を一列にならべる。小石、もしくは棒のひとつひとつが、集団のメンバーをあらわす。こうして遺体から、滲出液がどの石や棒の方に流れ落ちるかによって犯人が分かるという。[6]

3　医術[7]

アボリジニは、薬草を使うが、漢方薬などと同様、科学的根拠によってその効果が説明できない。

植生は、地域によって異なるので一般化することはできないが、一九六〇年代のある調査では、アボリジニは、少なくとも一二四種類の植物に薬用効果があると信じていたという。薬には麻酔、鎮痛剤、軟膏、下痢止め、避妊薬などがあった。

また、驚くべきことに、アボリジニは、外科手術もしていたのである。

腸が飛び出すような深手を負ったけが人の治療は、まず腸を引っ張りだして、けが人に水を飲ませ、腸が破れているかを調べる。水が漏れなければ腸をもとに戻す。そして、「内蔵がもとの位置におさまるように」薬草を体腔に詰める。次に外傷に白い粘土を塗り、そのうえから球根からとった薬を塗る。さいごにペーパーバークの包帯を巻く。

さてその治療の効果であるが、観察した白人の報告によると、けが人は、治るのも死ぬのもあっという間であったという。

〈7〉宗教の不変性への志向と現実

アボリジニたちが、神話にもとづいて日常的な生活規範を守ってきたことは、さまざまな機会にふれてきた。しかし彼らが、神話にもとづいて、大昔からずっと同じ生活スタイルを維持していると「信じている」ことと、「歴史的事実」とは異なる。以下、具体例を示そう。

1　マカサンと神話

「〈5〉宗教儀礼」で紹介したジナン族の葬送儀礼も、実はそれほど昔からおこなわれていた葬送儀礼ではないのではないかと疑われているが、[1]確実に一七世紀以降でなければ、ありえない葬送儀礼の方法が、オーストラリア北部の部族で、おこなわれている。

遅くとも一七世紀以降、東インドネシア、セレベス島南部からきたマカサン（マレー系のイスラム教徒）は、オーストラリア北海岸でナマコ漁をおこなっていた。彼らは、浜辺にキャンプをはり、アボリジニの労働力を利用して干しナマコをつくって東アジアで売りさばいていた。このときマカサンは、鉄器やカヌー、貨幣などを北部のアボリジニにもたらした。こうしたマカサンとの接触の様子は、伝承や唄になって語られているという。[2]

アーネムランド北東部のアボリジニの葬送儀礼に、このマカサンが、船に乗って出航する場面が採用されている。数人の男たちが死者を持ち上げ、帆を上げるときのように上下させる。次にマカサンの漁師が唱えていたらしい祈りを唱える。さらに二〜三日後に死体を埋葬した墓には、帆柱が立てられるのである。[3]

太古の昔から繰り返されてきたと信じられている儀礼にもかかわらず、実は新しい要素を取り入れて、歴史的に変化してきたのである。

2　技術革新と祖先崇拝

第2章の人口推移でもふれたが、アボリジニは、新たな技術の導入を拒絶していたわけではない。約五〇〇〇年前ごろ、なんらかの理由で、技術革新があったことが分かっているし、そもそも、もともと移民だったアボリジニが、地域差や時代による環境の変化のあったオーストラリア大陸で、変化にともなう新たな技術の導入なしで生活を営むことは、不可能であったといえる。アボリジニは変化を受容するのである。

ただ、その受容の仕方が問題となる。彼らは、自分の生活の根拠を祖先崇拝においているため、技術改良などの功績は、それを発明した個人ではなく、先祖の手柄として神話の中に埋め込まれる。[4] そうして彼らは、ドリームタイムの時代から、ずっと変わらぬ生活様式を守っているとかたく信じ続けるのである。

第I部小括

ここまで、かなりの紙数をつかって、一七八八年の白人による、オーストラリア入植以前のアボリジニ社会を記述してきた。次章からは、白人の入植過程と、それにともなうアボリジニ社会の変容の検討にはいるわけだが、その前にここで、第I部の内容をいくつかの視点で整理して、アボリジニ社会の諸特徴を明かにしておきたい。

〈1〉経済と宗教（日常生活と宗教生活）

第I部全体をつうじて、私がもっとも強調したかったのは、経済と宗教が、いかに密接な関係にあり、分離しがたいものであるかという点である。彼らの経済活動は、親族構造やトーテムなどを媒介として、神話と儀礼を中心とした宗教生活と関係する。アボリジニにとって、目的合理的行為としての狩猟採集活動は、価値合理的な宗教的営為なしには成立しえないのである。経済活動は、宗教世界、そして宗教にもとづく社会組織の網の目によって規定、あるいは規制されているのである。ポランニーの言葉を借りるならば、経済行為は、宗教世界に「埋め込まれて」いた。

それをもっとも端的なかたちで示したのが、アボリジニの土地に対する態度であろう。土地は、経済的基盤であると同時に宗教的価値があり、その所有権・所属権は、生産単位・親族構造・トーテム集団などによって宗教的・経済的に、幾重にも折り重なるように複雑に規定されている。

さらに、アボリジニにとっては、土地は代替可能なものではない。狩猟採集というその地域の自然の特性に完全に依存する経済活動の性質からも、あるいは精霊が宿る聖なるカントリーという宗教的特性からも、アボリジニにとっての土地は、決して取り替えることのできないものであることがわかる。

〈2〉不変性と可変性

神々の世界を模倣することによって、太古の昔からの繰り返しを尊重し、新たな変革・革新を価値あることとして受け入れないという態度と、社会的な変化を拒絶せず、自分たちの生活水準や宗教の在り方を絶えず変容させてきたという事実は、アボリジニ社会においては矛盾しない。

彼らは、時代とともに交易のネットワークを広げていったし、長い歴史の中では、あらたな技術革新もおこなわれた。ブッシュファイアを見ても分かるように、自然環境の中に完全に溶け込んでいたわけでもないし、全く同じ生活スタイルを維持し続けてきたわけでもない。本来最も伝統を維持するはずの宗教的な儀礼すらも、時代によって変容してきた。結局、アボリジニ社会は、新たな発明や環境の変化を受け入れて、経済生活や宗教生活を変容させるだけの弾力性と可変性をもちあわせた社会なのである。

しかしそれは、われわれ外部の者がアボリジニ社会を観察して認識することにすぎない。彼等自身は、ドリームタイムの時代から延々と同じことを繰り返していると信じて疑わないのである。新しいことは、すべてドリームタイムの時代に出来てしまった。祖先神の子孫である彼らは、何の危惧もなく、先祖によって保証された生活スタイルを守ってさえいればいいのである。

このように、アボリジニの社会構造は、不変性を指向しつつも、同時に可変的な社会として存在することが、矛盾することなく可能なのだということを証明するのである。

〈3〉均質性と差異

本論では、基本的にアボリジニ社会を一律に取り上げ、地域や部族による差異を強調してこなかった。しかし、自然環境や具体的な宗教儀礼の手続き、あるいは狩猟採集の方法などを紹介してゆくなかで、かなりの地域差があることが分かったと思う。アボリジニと一言でいっても、海の民、砂漠の民、森の民などじつにさまざまである。こうした違いを考慮せずに「アボリジニ社会とは」ということが、いかに危険であるかは、容易に想像できる。

しかしその一方で、アボリジニの生活や宗教には、多くの共通点があることも紛れもない事実である。彼らの経済生活は、どの部族でもひとつの例外もなく狩猟採集活動であるし、宗教でも、例えばオーストラリア大陸全土にわたって、レインボーサーペントに関する神話が分布しているように、共通点も多い。婚姻規則やトーテム信仰がない部族というのも聞いたことがない。

地域や部族による差異を無視することができないほど大きなものであるということは事実である。にもかかわらず、アボリジニ社会全体を一般化して語ることは、決して無意味でも無謀でもないのである。

第７章

概論――植民地の拡大と人口推移

〈1〉一七八八年白人入植以降のアボリジニの人口推移

一七八八年、白人がオーストラリア大陸に入植してからのアボリジニの人口は、大きく人口減少期と増加期とに分けることができる（図1、2）。

本節では、その要因を外的要因と内的要因にわけて簡単に紹介する。ただし、詳しい検討は、第8章以降にゆずる。

1　人口減少期（一七八八～一九二〇年代）（図3）

アボリジニ人口の激減ぶりはすさまじく、アボリジニ人口は、統計により微妙な違いはあるが、一九二〇～三〇年代には、一七八八年段階の1／5である、約六～七万人台にまで落ち込む。進化論の悪影響もあって、アボリジニの人口減少は、彼らが劣等種であるからと理解された。[1]こうした人口の激減の原因は、いうに及ばず西洋文明との接触にあるわけだが、もう少し具体的に要因を検討する。

〈外的要因〉

①土地収奪[2]

植民地人口の急速な増加により、白人入植地は、急速に拡大し、一九世紀後半には、ほぼ大陸全土に入植者が散在するようになる。こうして、当然のことながら、アボリジニの土地は、次々と奪われてゆき、その結果生じる相対的な人口過剰は、土地の生態系を悪化させ、アボリジニの食料不足にさらに拍車をかけた。こうした状況のなかで、飢餓や病気が蔓延し、人口を減少させる要因となったのである。

②虐殺[3]

特に入植初期にあっては、虐殺は頻繁におこなわれ、最も直接的に人口減少に影響を与えた。農作物を盗みに来るアボリジニに対する銃殺はもとより、白人に物乞いをするアボリジニに毒入りの食物を与える毒殺も盛んにおこなわれた。アボリジニの虐殺に対して有罪判決がだされたのは、一八三六

ESTIMATED MINIMUM POPULATION OF ABORIGINAL DESCENT, COLONIES AND STATES 1788–1981

Year	NSW	Vic	Qld	SA	Tas	WA	NT	ACT	Aust
	1	2	3	4	5	6	7	8	9
1788	48 000	15 000	120 000	15 000	4500	62 000	50 000		314 500
1861	16 000	2 384	60 000	9 000	118	44 500	48 500		180 402
1871	12 000	1 700	50 000	7 500	85	40 000	44 000		155 285
1881	10 000	1 200	40 000	6 346	120	35 500	38 500		131 666
1891	8 280	900	32 000	5 600	139	31 000	33 000		110 919
1901	7 434	850	27 500	4 888	157	26 500	27 235		94 564
1911	8 650	1 000	24 500	4 692	230	22 498	22 000	18	83 588
1921	9 350	1 400	22 500	4 598	400	19 547	17 809	33	75 604
1933	11 000	2 000	22 500	4 699	675	17 500	15 386	68	73 828
1947	14 500	3 000	27 500	5 600	1175	18 250	16 875	100	87 000
1954	17 500	3 800	32 000	6 300	1525	20 000	18 750	173	100 048
1961	23 107	5 872	29 375	6 284	2273	19 572	18 772	512	106 124
1966	26 918	6 676	34 213	7 270	2325	22 370	21 386	539	121 697
1971	31 572	7 740	39 008	8 249	2595	25 501	24 187	604	139 456
1976	36 082	8 997	43 415	9 104	2781	28 648	26 829	700	156 556
1981	39 879	10 439	46 819	9 830	2936	31 347	29 086	815	171 151

図 1　Vamplew, Wray (ed.), *Australians :A Historical Library. Australians :Historical Statics.*, Fairfax, syme & Weldon Asssociates, 1987, p.4.

アボリジニおよびトーレス海峡諸島人の人口動態[a]（1788～1981年）

年／州	NSW	Vic	Qld	SA	WA	Tas	NT	ACT	全国	増減比
1788[b]	48,000	15,000	120,000	15,000	62,000	4,500	50,000		314,500	100.00%
1861	15,000[d]	2,384[d]	60,000[e]	9,000[e]	44,500[e]	18	48,500[e]		179,402	57.04
1871	12,000[d]	1,700[d]	50,000[e]	7,500[e]	40,000[e]	85	44,000[e]		155,285	49.38
1881	10,000[d]	900[d]	40,000[e]	6,346[d]	35,500[e]	120	38,500[e]		131,366	41.77
1891	8,280	731[d]	32,000[e]	5,600[e]	31,000[e]	139	33,000[e]		110,750	35.21
1901	7,434	652	26,670[d]	4,888[f]	26,500[f]	157	27,235[e]		93,536	29.74
1911	6,524	643	22,508[d]	4,692[f]	22,498[f]	230	22,000[d]	18	79,113	25.16
1921	6,185	586	19,104[e]	4,598[e]	19,547[f]	152	17,809[d]	33	68,014	21.63
1933	9,546[d]	865	17,967[d]	4,699[e]	17,298[f]	270	15,386[f]	68	66,099	21.02
1947	11,560	1,277	19,811[e]	5,122[d]	16,234[f]	214	15,147[d]	100	69,465	22.09
1954	12,215	1,395	21,813[f]	5,373[e]	16,215[d]	93	17,163[d]	173	74,514	23.69
1961	14,720	1,796	24,903	5,735[e]	18,276[d]	38	19,707[d]	145	85,320	27.13
1966	20,618	2,715	28,262	6,584	21,238	80	22,312	169	101,978	32.43
1971	23,873	6,371	31,922	7,299	22,181	671	23,381	255	115,953	36.87
1976	40,451	14,760	41,344	10,714	26,125	2,943	23,750	828	160,915	51.16
1981	35,367	6,057	44,698	9,825	31,351	2,688	29,088	823	159,897	50.84

(注) a) 国勢調査より推計。数値は自ら原住民であると名乗りでたものである。
b) Radcliffe-Brown, Davidson, Tindale および Jones による推計。
c) 推計。
d) 公式推計。
e) 公式推計のうち高く見積もった数値。
f) 公式推計のうち低く見積もった数値。
(出所) 1788～1971＝L. R. Smith, *The Aboriginal Population of Australia*, Canberra : Australian National University Press, 1980, p. 208.
1976～1981＝Australian Bureau of Statistics, *Year Book Australia*, No. 70, Canberra : A. G. P. S., 1986, p. 103.

図2　関根政美「アボリジニ」、305頁（関根ら著『概説オーストラリア史』有斐閣選書、1988年、11章）

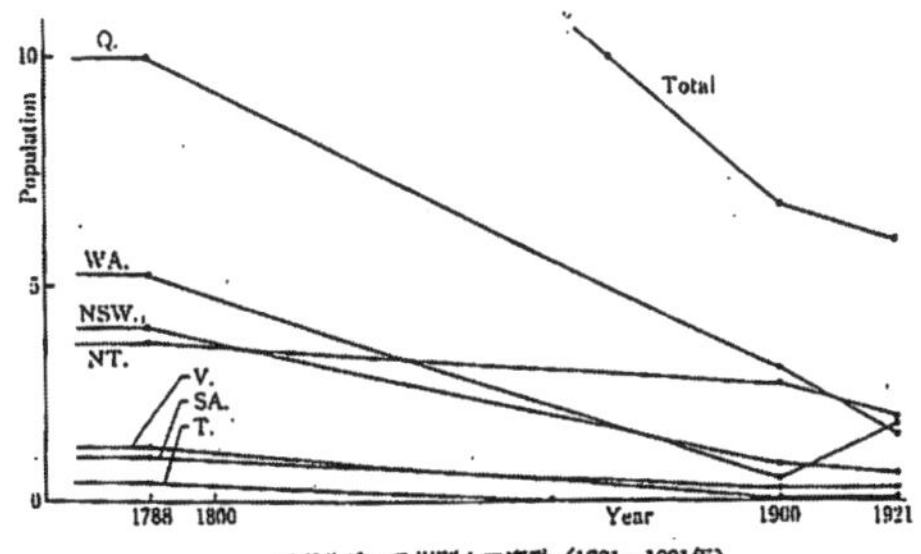

アボリジニの州別人口変動（1781―1921年）

図3　小山修三（1988年）、46頁

年がはじめてであり（マイオール・クリーク事件）、二〇世紀に入ってからもアボリジニに対する虐殺行為は報告されている。

③病気[4]

大陸の孤立性のため、アボリジニは、白人が持ち込んだ様々な流行性の感染症（結核、はしか、天然痘、梅毒）に対する免疫が完全に欠如していた。そのために、こうした病気が、アボリジニに蔓延した。特に梅毒は、アボリジニ社会が、一夫多妻の外婚制であったために急速に蔓延し、多数の死者を出した。

〈内的要因〉[5]

①社会規模の小ささと組織力の弱さ

アボリジニの生活基本単位は、二〜三の家族によるホルドであり、部族は、全体として中央集権的な政治組織をもっているわけではなかった。こうした政治構造は、土地所有権その他を白人の政治組織にたいして主張するという動きをおこりにくくした。そのため、開拓民による土地収奪に対して、なんら有効な対抗策を持ちえなかったのである。

②狩猟採集パターンの変化

アボリジニは、その土地に豊富な食料があるうちは、そこにとどまり、資源が枯渇すると他の場所に移住する狩猟採集民である。定住生活をする白人の居住地やミッションのセツルメント（後述）は、常に食料が存在するため、彼らは、そこにずっと居座るようになった。そのために、放置された狩場や採集地は、生態系が乱れ、生産力が落ちる。すると白人からの食糧供給にますます頼らなければならなくなり、悪循環が生じた。

③貨幣経済、市場経済に対する不適応

アボリジニには蓄積の概念がなく、また、交換は、互酬にもとづく親族間の交換が中心である。そのため、白人の貨幣経済に適応することができなかった。また、白人の側からすると、囚人労働力が多数あったので、労働力としてのアボリジニは、あまり重宝されなかった。こうした事情から、アボリジニは、白人から邪魔者扱いされ、虐殺や、そこまでいかなくとも不十分な救済措置しか行われなかったのである。

2　人口回復期（一九二〇年代〜現代）（図4）

一九二〇年代から、アボリジニの人口は、再び増加期にはいる。一九六〇年代までの人口増加率は、〇・〇一%と決して高くはなかったが、(6) その後、特に八〇年代にはいると、人口は爆発的に増捕する。(7) 以下アボリジニの人口を回復させた要因を検討する。

〈外的要因〉(8)

①アボリジニ保護政策

キリスト教徒や人類学者の活動により、遅れながらも、アボリジニの保護政策が、しだいに整備されていったことがあげられる。特に、一八三七年「特別原住民委員会」の設置、一八六三年、白人との接触がまだ浸透する前のノーザンテリトリーの連邦政府直轄化、さらに一九二〇年、アーネムランド、中央砂漠、キンバレー地方などの大保護区（reserve）の設立などの意義は大きい（図5）。

こうして医療や食糧配給の充実がはかられ、アボリジニの栄

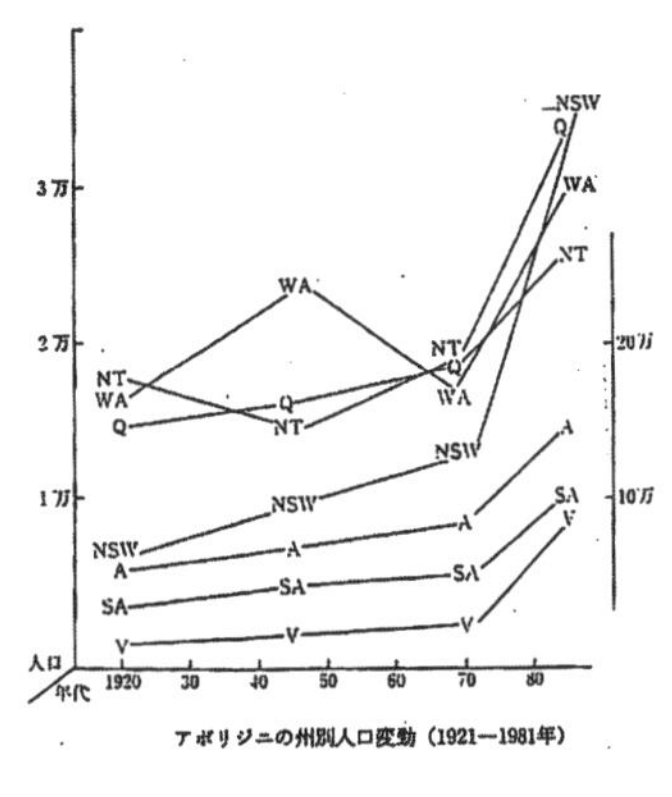

図4　小山修三（1988年）、48頁

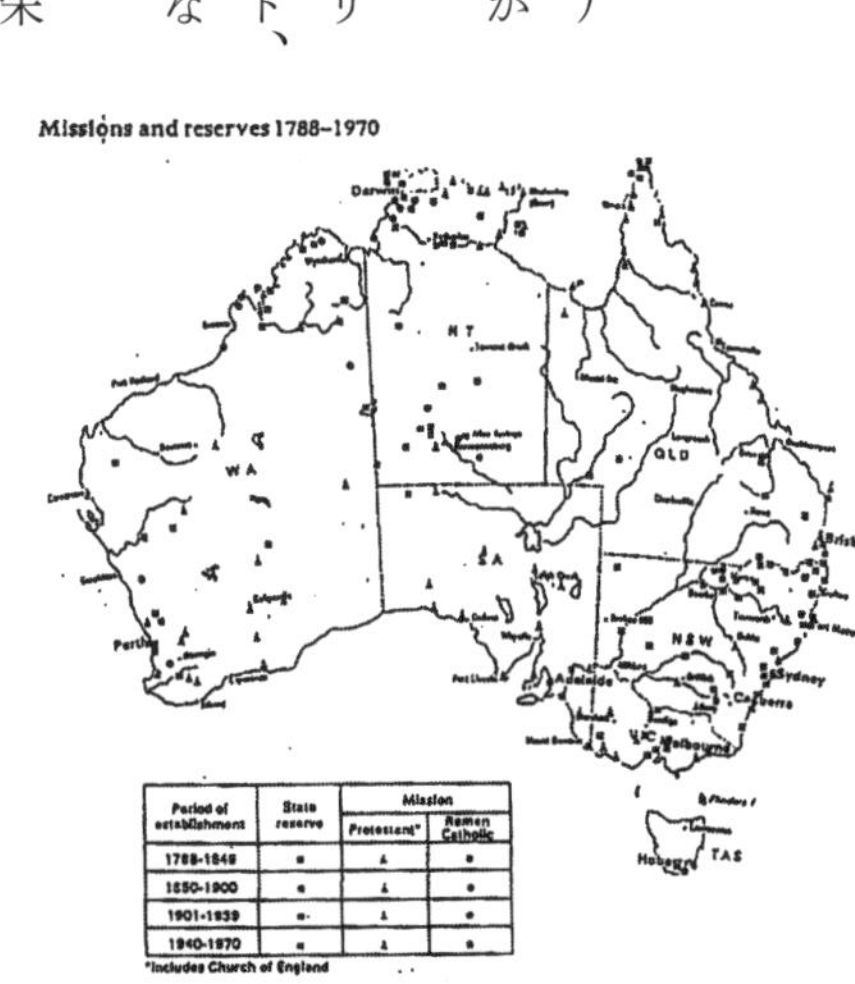

Period of establishment	State reserve	Mission Protestant*	Mission Roman Catholic
1788-1849	■	▲	●
1850-1900	■	▲	●
1901-1939	■	▲	●
1940-1970	■	▲	●

*Includes Church of England

図 5　Camm, J. C. R./McQuilton（ed.）(1987), p.140

養状態が徐々に改善された。

〈内的要因〉

①ミッション、セツルメントでの定住[9]

ミッション、セツルメントでの定住は、女性の移動を減少させ、移動生活によって規制されていた出生率が、急激に増加した。さらに、栄養状態の改善と医療による幼児死亡率の低下なども人口増加に拍車をかけた。

②混血アボリジニの増加[10]

混血アボリジニは、純血アボリジニよりも白人に近いという理由で、はやくから白人に同化する教育がほどこされ、白人の社会経済機構の最下層部を形成していった。さらに、アボリジニ特有の親族構造にしばられた複雑な婚姻の規則からもある程度解放されており、それだけに人口を爆発的に増大させることができたのである。

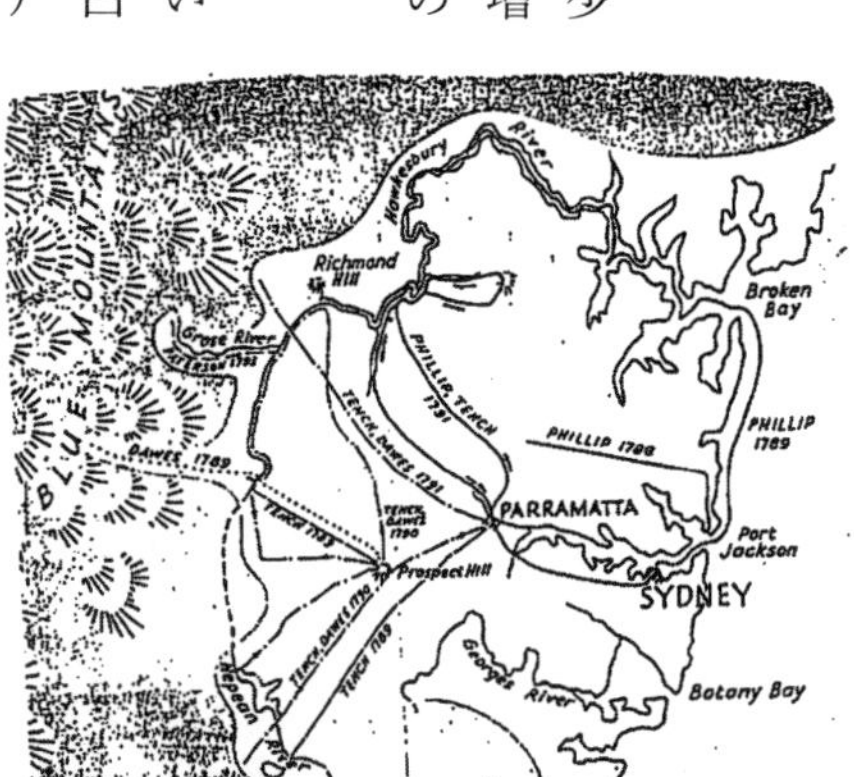

〈2〉植民地の拡大とアボリジニの土地の喪失

白人の入植によるアボリジニの人口減少の過程は、アボリジニの土地の喪失の過程でもある。入植初期にあっては、シドニーとその周辺が開拓されるにとどまり（図6）、（その付近をテリトリーとしていた部族はともかく）アボリジニ全体としては、大きな影響はなかった。しかし、一九世紀初頭に、白人がブルーマウンテンを越えてオーストラリア大陸内部に侵入し、[1] さらに、ジョン・マッカーサーが、メリノ羊毛の生産で成功すると、[2] オーストラリアは世界市場に完全に編入されることになる。[3] こうして、一八三〇年以降は牧羊地をめぐって土地の開発が急速に進んだのである。[4] その後も、ゴールド

図 6　Wynd, Ian/Wood, Joyce, *A Map History of Australia*, Oxford university Prass, Melbourne, Oxford Wellington, New York, 1978, p.10.

ラッシュやその他の鉱山開発などによって、一九世紀末には、オーストラリア大陸全土が、白人の侵入を受けることになる（図7、8、9）

〈3〉オーストラリア全体の人口推移

ここでは、一七八八年以降のオーストラリア全体の人口推移を概観する。人口は、移民による人口増加と大陸内部での自然増加がある。フィリップ総督の率いる最初の入植者は、囚人約七〇〇名と士官とその家族約三〇〇名、合計約一〇〇〇名であった。[1] その後も最初の二〇年間は、イギリスの刑務所としての役割が大きく、人口増加は主に囚人の増加によるものだった[2]（図10）。最後の囚人輸送船がウェスタンオーストラリア植民地についた一八六八年までの七〇年間に、約一五万八〇〇〇人（男＝一三万四〇〇〇人、女＝二万四〇〇〇人）の囚人が、オーストラリア大陸におくりこまれた。[3]

一九世紀に入ると、牧羊業の発展にともなって徐々にではあるが自由移民も増加する。そして一八三〇年以降、ウェイクフィールド方式と呼ば

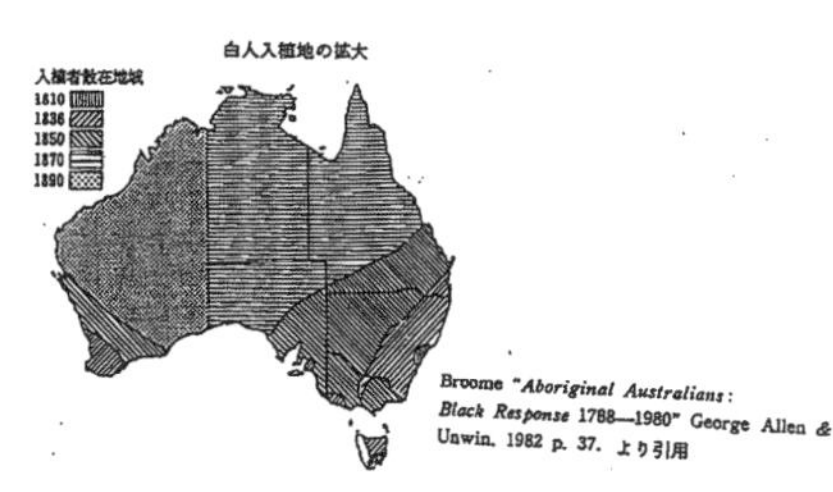

図8　鈴木清史（1993年）、34頁

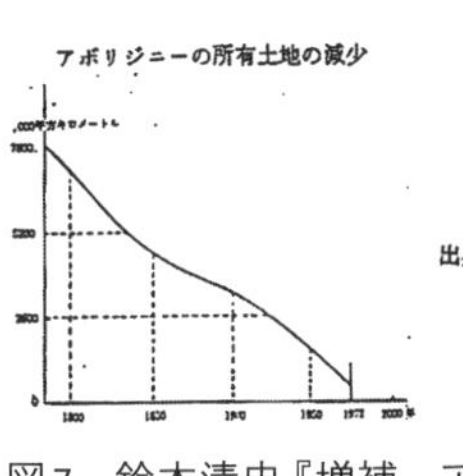

出典] Pittock, A. B. and Lippman, L. *Aborigines* in Forward ed., *Public Policy iu Australia* 1974, p. 63.

図7　鈴木清史『増補　アボリジニー』明石書店、1993年、130頁

図9　山修三ら編（1992年）、62頁

れる自由移民助成金制度がしかれ、[4] さらに一八五〇年代にゴールドラッシュがおこると、自由移民は急激に増加する（図11）。その後も経済状況に影響されながら（図12）、オーストラリアの人口は、増加の一途をたどり、二〇世紀初頭には四〇〇万人前後となり、一九七〇年代後半には一四〇〇万人前後となっている。

なお、一七八八年から、一九〇〇年までの人口変遷は、図13、14を参照、一九六〇年代からは、図15を参照。

〈4〉時代区分と地域差についての留意点

次章以降は、一七八八年から現代までを時代を区切って、それぞれの時代別に、白人の入植過程とアボリジニ政策そしてアボリジニ社会の変化を追ってゆくが、その前にここで、若干の留意点を指摘しておく。

本章で示したように、オーストラリア大陸の入植過程は、一度におこなわれたわけではない。時代とともに徐々に拡大してきたのである。しかも、その間にアボリジニに対する政策は、紆余曲折を経ている。その結果、当然のことながら、大陸東南部に生活していたアボリジニは、白人の入植初期に社会の変容が生じるし、反対に、ノーザンテリトリーのアボリジニは、白人との接触の時期が遅く、接触後もオーストラリア政府の政策

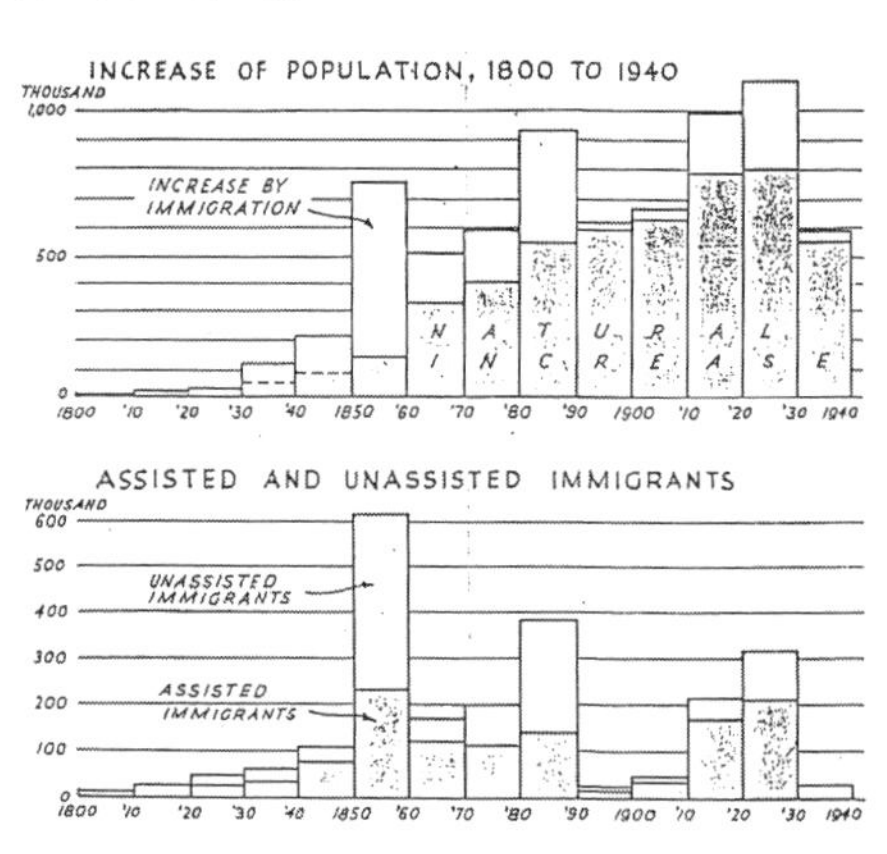

図11　Wynd, Ian/Wood, Joyce (1978), p.42

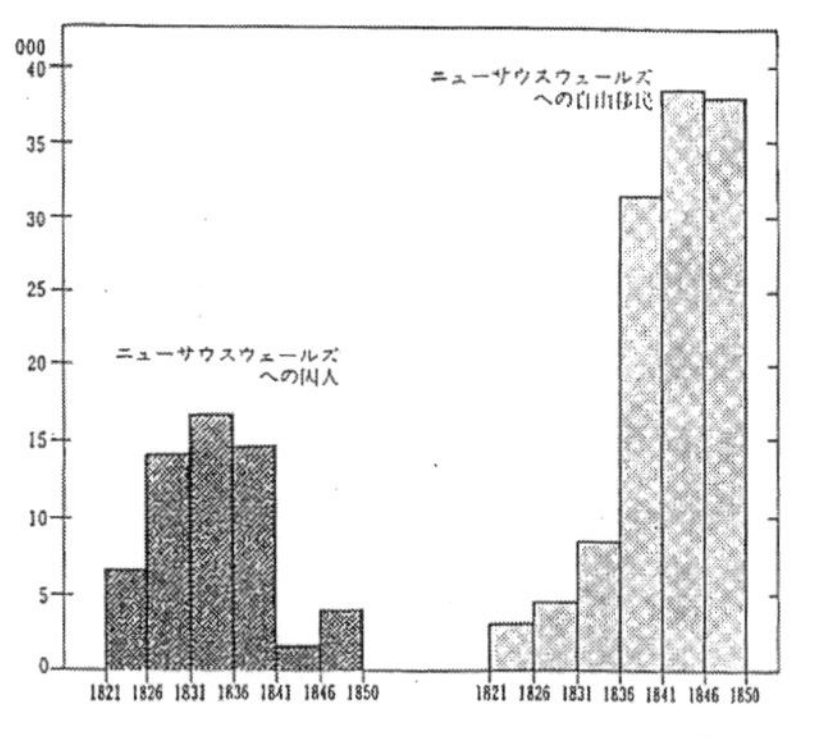

図10　シェリトン、G（加茂恵津子訳）『オーストラリアの移民』勁草書房、1985年、55頁

の変化のおかげで、比較的伝統社会が保護された。こうした事情を考慮すれば、地域差を配慮せず、単純に時代別にアボリジニ社会の変化を追うことは、かなり無理があることが分かるだろう。

また、アボリジニ社会内部の変化を調査した人類学的な資料は、二〇世紀に入ってからのものがほとんどであり、いきおい、比較的伝統が保持されていたオーストラリア北部に関する資料に偏ることになる。

本論は、こうした制約にもとづいて記述をおこなわざるをえない。例えば入植初期のアボリジニの対応に関する記述に、一九世紀も半ばの大陸奥地の事例を利用することがあるし、ミッション、セツルメントでの生活を記述するのに、二〇世紀半ば頃の調査を利用する場合もある。こうした記述の方法をとらざるをえないということは、本論の大変重大な欠陥であるといわねばならない。しかし、私の

植民地人口の変遷（1788～1851年）

	N.S.W	Tas.	W.A.	S.A.	Victoria	オーストラリア
1788	1,024(74.2%)					1,024
1791	2,887(81.6%)					2,877
1801	5,515					5,515
1811	10,025	1,898[a]				11,923
1821	29,783(41.1%)	7,185(53.3%)				36,968
1831	51,115(43.1%)	26,830(44.8%)	1,500[b]			79,455
1835	71,662(38.1%)	40,283(42.1%)	1,549[c]			
1841	130,856(20.6%)	51,449(31.8%)	2,760	14,884	20,416	220,365
1845	181,541(9.3%)	64,000	3,853	22,460	31,280	
1851	187,243	70,130	5,886[d]	66,538	97,489	427,286

（出所） M. Clark, *Select Documents in Australian History*, Sydney: Angus & Robertson, 1977, Vol. I, pp. 405-410.
（注） カッコ内は囚人構成比。a)＝1813年，b)＝1830年，c)＝1836年，d)＝1850年

図13　鈴木雄雅「植民地の形成」、39頁（関根ら著『概説オーストラリア史』有斐閣選書、1988年、1章）

オーストラリアへの移民

年	合計	経済状態
1852—61	＋520,713	ゴールドラッシュ
1862—71	＋188,158	国土売却
		公共事業
1872—81	＋223,326	移民に対する国家援助
		土地ブーム
1882—91	＋374,097	設備投資
1892—1901	＋2,377	にわか景気
1902—04	−8,104	金融危機

図12　シェリトン、G（1985年）、55頁

オーストラリア州別・地域別人口

（単位：1,000人）

Date	New South Wales	Victoria	Queensland	South Australia	Western Australia	Tasmania	Northern Territory	Australian Capital Territory	Australia
30 June—									
1964	4,107.9	3,105.5	1,610.7	1,038.0	808.4	364.3	51.5	(a) 80.3	11,166.7
1965	4,175.4	3,164.4	1,644.5	1,067.6	825.5	367.9	53.9	(a) 88.5	11,387.7
1966 (b)	4,237.9	3,220.2	1,674.3	1,095.0	848.1	371.4	56.5	96.0	11,599.5
1967	4,295.2	3,274.3	1,700.0	1,109.8	879.2	375.2	61.8	(a) 103.5	11,799.1
1968	4,359.3	3,324.2	1,729.0	1,121.8	915.0	379.6	67.5	112.1	12,008.6
1969	4,441.2	3,385.0	1,763.1	1,139.3	954.8	384.9	73.0	(a) 121.7	12,263.0
1970	4,522.3	3,444.9	1,792.7	1,158.0	991.4	387.7	78.8	131.5	12,507.3
1971 (b)	4,601.2	3,502.4	1,827.1	1,173.7	1,030.5	390.4	86.4	144.1	12,755.6
1972	4,661.6	3,547.4	1,860.3	1,186.5	1,053.2	392.2	91.7	157.4	12,959.1
1973	4,702.5	3,586.6	1,914.9	1,199.1	1,068.5	396.0	95.6	(a) 168.4	13,131.6
1974	4,743.4	3,631.9	1,967.9	1,218.2	1,094.7	400.4	101.2	180.5	13,338.3
1975	4,789.6	3,673.4	1,997.2	1,234.1	1,122.6	406.1	87.6	191.9	13,502.3
1976	4,829.4	3,696.0	2,014.9	1,244.7	1,144.3	410.2	98.7	204.6	13,642.8
1977	4,856.7	3,782.3	2,135.8	1,276.8	1,197.1	410.6	105.5	208.2	14,074.1
1978	5,011.8	3,818.4	2,168.7	1,287.6	1,222.3	413.7	112.5	215.6	14,248.6
1979	5,078.5	3,853.5	2,197.4	1,293.8	1,242.8	417.7	115.9	222.3	14,421.9
%	35.21	26.72	15.24	8.97	8.62	2.90	0.80	1.54	100.00

(a)はキャンベラ市人口。(b)は6月30日現在　　The Australian Year Book より

図15　駒井健吉（1982年）、94頁

オーストラリアの植民地人口（1851～1900年）

	N.S.W.	Victoria	Qld.	S.A.	W.A.	Tas.	オーストラリア
1851	197,265	97,489	—	66,538	7,186	69,187	437,665
1861	357,362	539,764	34,367	130,812	15,936	89,908	1,168,149
1871	516,704	746,450	121,743	188,644	25,447	101,900	1,700,888
1881	777,025	873,965	221,849	285,971	30,156	117,770	2,306,736
1891	1,153,170	1,158,372	400,395	324,721	53,177	151,150	3,240,985
1900	1,360,305	1,196,213	493,847	357,250	179,967	172,900	3,765,339

（出所） M. Clark, *Select Documents in Australian History 1851—1900*, Sydney: Angus & Robertson, 1955, Vol. II, pp. 664-5.

図14　鈴木雄雅（1988年）、55頁

現段階における資料的制約のもとでは、この状況を改善することはできない。よって、残念ながら本論では、欠陥を十分認識しつつも上記の方法による記述にし、こうした欠点の克服は今後の課題としたい。

入植開始以前

〈1〉イギリス以前——クックのボタニー湾上陸

ヨーロッパ人は、地理学者や航海士を魅了し続けた「幻の南の国（テラ・オーストラリス）」の発見を目的に、様々な探検的な航海をおこなった。一五一五年から一六〇七年にかけて、ポルトガル、スペイン、オランダがこの国を求めてジャワの南と東へ航海した。その後、「幻の南の国」を求める航海は、中断したが、一六二二年にオランダ船が黄金と香料を求めてカーペンタリア湾にやってきた。しかし、そこには原住民以外何も発見できなかった。(1)

オーストラリアは、一七世紀の中頃にはオランダのタスマンの探検などによって北部の海岸が知られ、「ニューホーランド（新オランダ）」と名付けられたが、(2)そこにはヨーロッパ人が、商品になりそうだと思われるようなものは、なにもなかったために、一八世紀後半に至るまでほとんど関心をもたれなかった。手っ取り早く商品になる特産物はなく、一定の文化水準を持った住民もいない大陸は、商業利潤の極大化を狙う重商主義時代のヨーロッパにとっては無価値だったのである。(3)

一七六八年、ジェームズ・クックは、金星観測と未知の南方大陸発見を目的にエンデバー号での航海を開始する（図1）。一七七〇年四月にオーストラリア大陸の東海

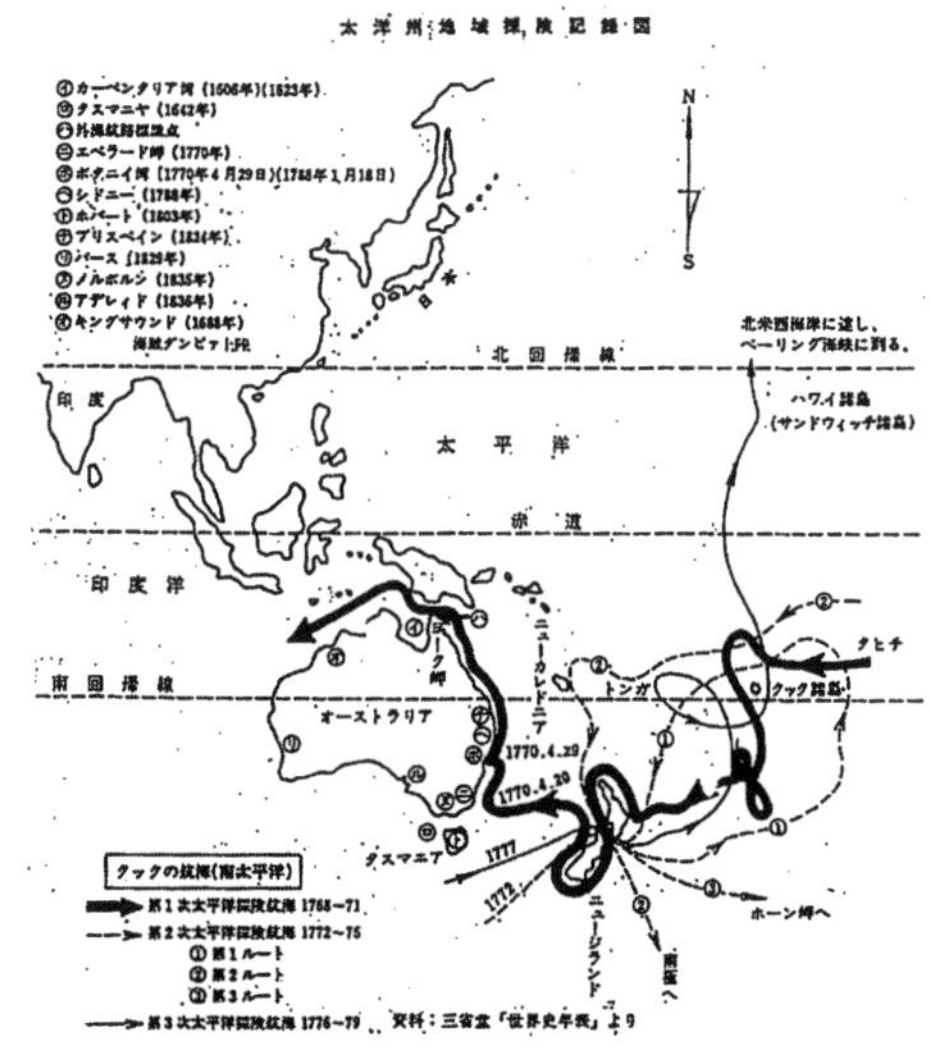

図1　駒井健吉（1982年）、36頁

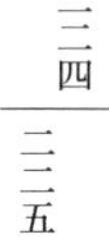

岸を発見し、ポタニー湾に投錨・上陸した。同じ年の八月、クックは「南緯三八度から一〇・五度までの東海岸のすべてを大英帝国国王ジョージ三世のものとする」とイギリスの領有権の宣言をおこない、この地を「ニューサウスウェールズ」と名付けた。クック自身も、ここが西方のニューホーランドと陸続きか否かは分からなかったという。[4]

〈2〉入植計画

一八世紀後半、イギリスはいわゆる「産業革命」が進行し、人口の急激な増加、都市化の進行、大量の貧民の発生等により犯罪（特に財産に対する）が激増する。一七世紀中期から一九世紀初頭にかけて、英国法のもとで死刑を適用しうる犯罪件数は、五〇件前後から二〇〇件以上へと急増したが、これらの犯罪のほとんどが、財産に対する犯罪であったという。こうして囚人を収容する施設が不足し、人道的見地から死刑に批判的な風潮が高まると、絞首刑にかわる手段として主にアメリカへの流刑が実施されるようになった。[1]しかし、一七七五〜八三年のアメリカ独立戦争の結果、囚人を請負業者に売り渡してアメリカ南部の地主に労働者として供給することが不可能になった。こうして一七八六年、イギリスのピット政権は、アメリカにかわる流刑地としてオーストラリアへの入植を決定する。[2]

以上は、通説的なオーストラリア入植決定にいたる経緯の説明だが、ブレイニーは、イギリス本土からきわめて遠く、それだけコストのかかるオーストラリアへの入植を決定した背景には、その他の要因もあったと考えている。具体的には、まず第一に、イギリスが、東方での貿易帝国を強化するための新しい海の基地、船の修理港としての役割。具体的には、中国との貿易、捕鯨船の基地、軍艦や商船の避難所などの役割が期待されていたという。そして第二に、天然の亜麻、帆船用材などの供給地としての役割である。[3]

〈3〉アボリジニに関する知識と対応

一七～一八世紀当時のヨーロッパでは、アボリジニに関しては、二つの考え方があった。ひとつは、一六八八年、西オーストラリア沿岸を旅したウィリアム・ダンピアが、アボリジニのことを本に書いて紹介したときの「世界でもっとも惨めで、野獣とほとんど変わらない人々」という見方。[1] そしてもうひとつは、ジェームズ・クックが、英国政府に報告した「……原住民について言えば、彼らは概して地球上のもっとも哀れな人々のように見えるが、じつは我々ヨーロッパ人よりもはるかに幸福のようである。……中略……彼らは差別的なことによってわずらわされることのない静穏な生活を送っており、土地や海が彼らに生活に必要なものをすべて与えてくれる。彼らは、豪壮な住居や家具などには全く関心をもたず、温暖な風土の中で、自然のままの空気を腹いっぱい享受して生活している。……[2]」に見られるような、「高貴な野蛮人（noble savage）」として、アボリジニを賞賛する態度である。

鈴木清史は、いずれの場合も、アボリジニを人間とは考えていなかったと指摘している。[3]

オーストラリア大陸の入植にさいして、政府は、アボリジニを英国臣民として「法の前の平等」を認めたが、彼らの土地権を認めようとはしなかった。[4] こうした政府の態度に対して批判の声もあり、在野の知識人の間では、アボリジニの人権を配慮するよう主張する者もいた。[5]

〈4〉キャプテンクックとアボリジニの接触（図2、3）

クックは、オーストラリア東海岸を北上してゆく中で、何度もアボリジニと接触している。白人とのはじめての接触におけるアボリジニの反応についての数少ない情報として、彼の航海日誌のなかから、いくつかの記事を抜粋・紹介する。[1]

四月二二日　日曜日

……海岸近くのいくつかの場所で火から上る煙を見た。……岸に近寄ったので海岸にいる数人の人間が見分けられるくらいになった。非常に黒ずんだ色、ないしは黒い色をしていたが、これが彼らの本当の肌の色なのか、着ているのかも知れない衣類の色なのかは私には分からなかった。……

四月二九日　日曜日

……湾の両側の岬に、何人かの原住民と、二、三の小屋を認めた。船とならんで南岸には、男、女、子供がいた。……岸に近づくと二人の男を残して皆逃げてしまった。その二人は抵抗する決心をしているように見えた。

五月三日　木曜日

……最初に森に入った時、三人の原住民を見かけたが、彼らはこちらを見るやいなや逃げ去ってしまった。部下たちの中にも、さらに原住民を見たものがいたが、皆同じように見つかったと知るやいなや逃げ去った。……

五月四日　金曜日

……彼（士官候補生）は、彼ら（アボリジニ）

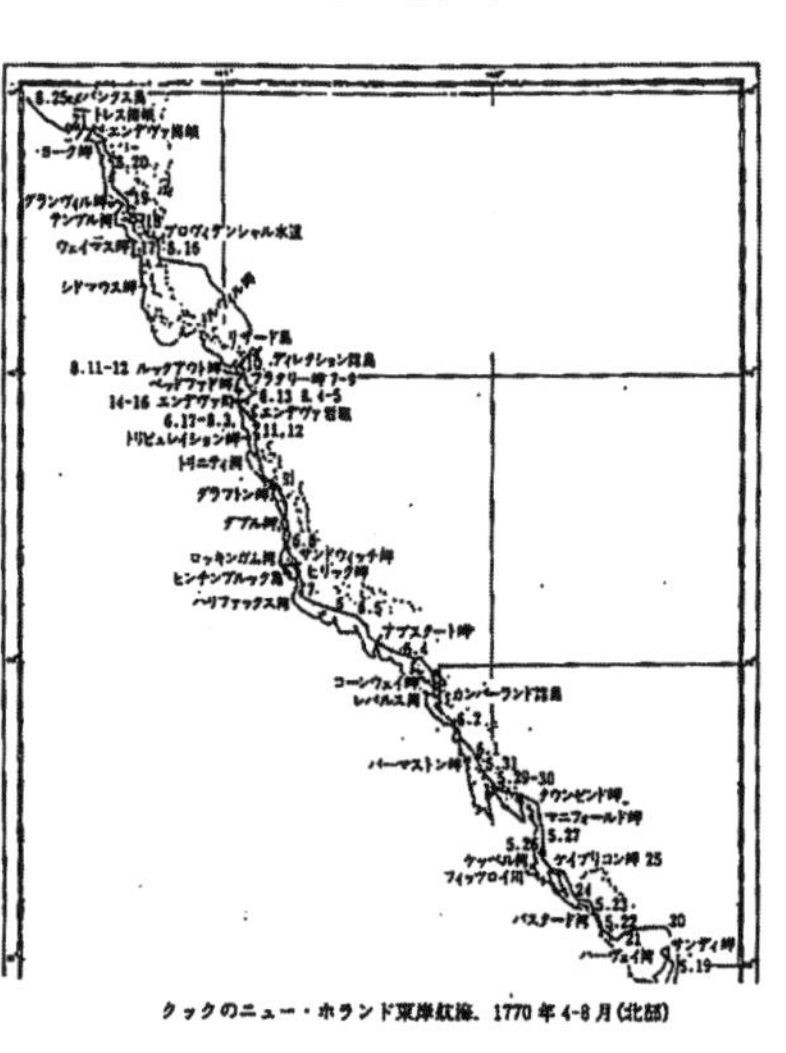

図2　クック、ジェームズ／ビーグルホール、J・C編（増田義郎訳）『太平洋探険　上』岩波書店、1992年、322頁

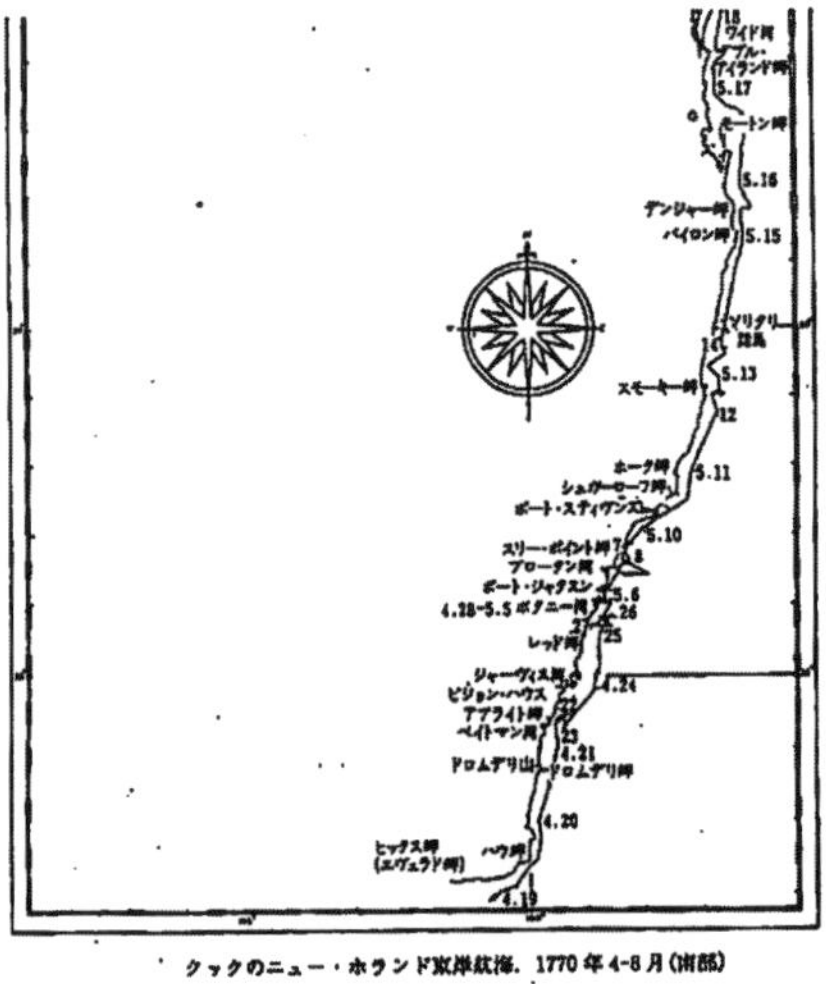

図3　クック、ジェームズ（1992年）、350頁

に鉄砲で撃った鳥を与えたが、二人ともそれに触ろうとせず、一言もしゃべらずに、おびえきっているように見えた。彼らは全身裸体で、女性すらも恥部を隠すものを全然身につけていなかった。……

五月六日　日曜日

……原住民の数は、余り多くないらしいし、大きな集団をなして住んでいるようにも思われず、水際にちいさな群れをなして散らばって住んでいる。……彼ら（アボリジニ）は、我々が彼らの小屋にもっていってもらおうと思ってわざわざおいていったもの（ビーズ玉など）に、触れようとさえしなかったのである。……

七月一〇日　火躍日

……その後、彼ら（アボリジニ）は船に近い海岸に上陸し、自分たちの武器を手にもって上陸した。しかしトゥピアが、まもなく、彼らに武器を置き、やってきてそばにすわるように説得した。……我々が食事をするということを彼らに理解させ、いっしょに来るように手まねでいったが、むこうは辞退して、我々が彼らのもとを去るやいなや、カヌーに乗っていってしまった。

……

七月一九日　木曜日

……午前中、一〇から一一人の原住民の訪問をうけた。……船にやってきた者たちはわれわれの捕まえたカメをなんとか欲しがった。そして勝手に二頭を引っ張っていって舷側から投げだそうとした……彼らは上陸するやいなやその一人がひとつかみの乾いた草を取り上げ、われわれが岸で焚いていた火でもってそれに火を付つけた。……彼らはこれが終わると、われわれの部下たちが何人かで洗濯をし、われわれの網全部とかなりの量のリンネルの布が干してある場所にいって、大変しつこくまた火をつけた。……ついに私は、小弾丸をつめた小銃を、指導者とおぼしき人間に向けて発射せざるを得なくなった。発射音を聞いて彼らは逃げ去った。……にもかかわらず彼らはそんなに遠くまでいかず、また近くの森の中で声が聞こえてきた。……彼らのそれぞれが四、五本の投げ矢をもっており、その意図が分からなかったので、我々が見つけた最初の六、七本の矢を押収した。……少しばかり意味の通じない会話をかわしてから、彼らは投げ矢を下において、非常に友好的な態度で我々のところにやってきた。われわれも彼らからとりあげた投げ矢を返したところが、これでいっさい和解できた。……

以上、ごく一部を紹介したが、これだけでも、アボリジニが、警戒心と興味をもって白人と接していたことが分かるだろう。

入植初期

〈1〉入植の過程

1　入植

初代総督アーサー・フィリップは、一七八八年一月二六日シドニー湾ポートジャクソンに入植し、ニューサウスウェールズ（NSW）植民地の範囲を東経一三五度以東の全域に拡大することを宣言した。一八二五年には、植民地をさらに一二九度以東にまで拡大し、バン・ディーメンズ・ランド植民地（一八五九年にタスマニアと改称）が分離した。ついで一八二九年には、ウェスタンオーストラリア植民地が成立して、全オーストラリア大陸をイギリスが領有することになる。[1]

最初の入植時の植民人口は、囚人七二六名と、士官・船員とその家族三〇四名。総督政庁は、海からの襲撃に備えてシドニー西方二〇キロの現在のパラマッタ市に置かれた。[2]

フィリップ総督に課された任務は、以下のとおりである。[3]

①ボタニー湾に植民地を開くこと。
②穀物その他の農作物の自給自足をはかるために最善と思われる方法で囚人の労働力を配分し、土地の開墾を進めること。
③沿岸部の探検。
④原住民に接触し、好感を抱かせて植民地の住民全員が原住民となかよく生活できるようにすること。
⑤住民に信仰を尊び秩序を守らせること。
⑥男囚の数に比例して女囚の数が非常に少ないアンバランスを克服するため、近隣諸島から女を調達すること。

⑦釈放に値すると認めた囚人は、釈放して土地と食糧と飼料と、公共物資のなかから分与できる家畜や農業機具を与え、開墾にあたらせること。

また、植民地統治を補助する機関として、法務官一名、将校六名で構成される刑事裁判所と、法務官一名、総督が任命する将校二名とで構成される民事裁判所が設置されることになった。

入植時の最大の課題は食糧の自給だった。当然、穀物栽培に集中したが、降水量の極度に少ないオーストラリアでは生産性も低く、穀物生産に適する地域は海岸沿いに限られていたので困難を極めた。[4] 入植後、一年がたとうとしたとき、深刻な食糧不足が現実的な問題となった。フィリップはアボリジニを誘拐し、白人の優越性をみせつけることで、彼らの食糧源を聞き出そうとしたりもしたが、これは失敗した。[5] こうした飢餓状況は、一七九〇年の第二次輸送船団の到着、一七九一年の第三次船隊の到着をむかえるなかで徐々にではあるが好転してゆく。[6]

2　初期の階級

入植初期の階級は、囚人を管理する軍人、文官と少数の商人、聖職者による支配者階級と、期限付き奴隷労働力としての囚人、そして中間層たるエマンシピスト（刑期を終えた開拓者）だった。

フィリップが去ったあとの植民地行政は、陸軍少将フランシス・グロースに任されたが、彼は、将校に土地を下付けすると同時に、囚人の労働力を利用して農場を開発し、余剰の収穫物は政府に売却することをすすめ、また、将校たちに割り当てられた下付け地で働く囚人に対して公定の労働時間以外も働くことを奨励するために、賃銀の支払をラム酒ですることを認めた。こうして、初期植民地では、ラム酒が通貨として流通するようになる。グロースはさらに、港に入った船から品物を仕入れて、自由な値段で小売りすることを将校たちにすすめた。[7] こうして、植民地の文官・軍人は特権階級となって、貿易や土地を独占し、富を集中させて資本家階級を形成した。[8] 後に、オーストラリアで牧羊業を成功させるジョン・マッカーサーも、ラム酒の輸入を仲間と独占し、巨額の利益を挙げている。[9]

エマンシピストにも土地と生産手段が与えらた。こうして彼らの多くは農業や牧畜業を試みた。なかには、メシオン・ロードのように、成功して財をなすものもいたが、[10] エマンシピストに対する差別的風潮と、資金不足等のための原因で、2/3近くが農業に失敗し、土地を手放している。[11]

囚人たちは政府や民間の仕事について、土地の耕作、道路の建設、教会や学校、官庁の建設などに従事した。[12]

また、アイルランド人とイングランド人との対立も英国からそのまま輸入され、入植初期から経済的、宗教的に対立した。[13] 支配者階級・資本家階級は、プロテスタントのイングランド人が多かったが、これとは対照的にアイルランド系は、(自由移民であれ囚人であれ) カトリック教徒が多く、主に労働者階級を形成した。[14] 当時はイングランド人はイングランド人で、そしてアイルランド人はアイルランド人でまとまり、オーストラリア人としての共通の意識は誰ももっていなかった。[15]

3 捕鯨——最初の輸出商品

加賀爪優によると、入植初期のオーストラリアの経済成長の条件は、以下の三つである。[16]

①囚人の人口規模。
②食糧貯蔵(生活必需品)の人口扶養力。
③国内で調達可能な輸出用生産物の発見。

この③の条件を満たすべく、オーストラリアの最初の輸出産業となったのが、捕鯨(とアザラシ獲り)である。アザラシ獲りや捕鯨は、最初期の自由移民者の主要な仕事として、あるいはオーストラリアの主要輸出産業として、一八世紀末からはじめられ、一八二〇年代の後半になって盛んになった。ロンドンの鯨油価格は上昇し、植民地からの鯨油の価格を引き上げていた輸入税は引き下げられた。

こうして捕鯨熱が高まり、一八三五年には、少なくとも七六隻のオーストラリア船が、深海の捕鯨に従事し当時のオーストラリア船団の数は、イギリスの捕鯨船団をしのいだという。造船業も、一九世紀前半のオーストラリアにあって、最大かつもっとも盛んな製造業となった。

なお、こうした捕鯨船のなかには、アボリジニやマオリ（ニュージーランドの先住民）を雇っているものもあったという。[17]

〈2〉アボリジニ政策

1　フィリップの政策[1]

初期政府のアボリジニに対する政策は、その場しのぎだったので、周囲の状況に応じて何度も変更された。最初、フィリップはアボリジニとの関係を楽観視していたが、アボリジニは、土地を奪って何の見返りもよこさない白人に対して、友好的態度をとらなかった。白人の囚人が暴力をふるうのも彼らを反抗的にさせた。一七八八年五月、フィリップは、囚人の暴力を禁止し、白人がアボリジニに対してもっとよいことをするよう命令している。しかし、同年の六～一〇月には、アボリジニが白人に近づかないよう軍隊を派遣して、付近のアボリジニを追い払った。その後、食糧不足に瀕したために、こんどはアボリジニを誘拐した話は、前述したとおりである。

さらに一七九〇年九月に、二〇〇人程のアボリジニが白人を襲うと、フィリップは、その報復として、最初のアボリジニ襲撃隊を派遣している。

2　土地収奪の論理

英国政府は、「合法的植民地化」を原則としていた。植民地をひらくには、その土地の原住民の同意を前提にしていたのである。にもかかわらず、こうした原則はオーストラリアではほとんど無視された。「土地を耕す」民のいないオーストラリアは、ヨーロッパ人にとっては無人の地も同然だったのである。

「聖書」によれば、土地を耕すことは、神が人間に与えた使命であった。アボリジニは、土地を耕さないので神の命に背いている。彼らから土地をとりあげ、開墾することは、神の喜び給う行為であった。(2)

しかしその一方で、彼らはアボリジニを「英国臣民」として規定したのである。植民地政府は、アボリジニの慣習を無視して、英国法にもとづく「法のもとの平等」を標榜しつつ、異教徒であるという理由でアボリジニに法廷での権利を与えなかった。(3)

オーストラリアで唯一例外的にアボリジニと「契約」をかわし、「合法的」にアボリジニの土地を購入した例がある。一八三五年、ジョン・バットマンは、ウルンジェリ族のいちクランであるドッタガラと次のような「契約」を結んだ。

……部族(実はクラン)のところにやってきて、翌日の正午ごろまでそこにとどまった。妻と七人の娘とともに、羊と牛をもってきて入植するために、彼ら(アボリジニ)の土地の一部を購入したいこと、……また土地を購入した代償を毎年支払うことなどを説明した。長たちが申し出を了承した後、購入したい土地を説明し、境界を丘で示したところ、彼らも固有の名称で追認したので、地図にこの境界線を記入した。

翌日、長たちとともに境界線のところへ行き、彼らは境界の隅の木に固有の印を付けた。この後、二人の通訳を通して契約書を注意深く読み、三人の主要な長と五人のこれにつぐ長が三通の証書に署名し、それぞれから土片を受けとった。(4)

この契約が取り交わされた背景には、アボリジニからの一方的な土地の剝奪を批判する人道主義団体の圧力がある。バットマンは、彼らの批判を警戒し、自分の土地所有を確実にするための手段として、こうした方法をとったのである。(5)

3 虐殺

厳しい監視下におかれた囚人たちにとって、抑圧のはけ口は、アボリジニに対する虐待であった。(6)また、社会進化論の普及により、アボリジニが滅びゆく民族と考えられていたこと、さらに労働力としてのアボリジニが重宝されなかったことなど、こうした背景のもとでアボリジニの殺害は正当化されたのである。

アボリジニの虐殺に関する事例は、枚挙にいとまがない。虐殺は、銃による殺害もあったし毒殺もあった。組織的な襲撃隊も編成された。(7)ここでは最も名高い大虐殺として、タスマニア・アボリジニの絶滅を紹介する。(8)

ファン・ディーマンズ・ランドは、流刑植民地であったニューサウスウェールズに収容できなくなった囚人のための流刑地（オーストラリア国内の流刑地）として、一八〇三年に入植がはじまった。白人は、「入植者の眼に入ったアボリジニは、すぐ射撃する伝統」のもと、植民地政府の反対にもかかわらず、現場では過激な虐殺がくりかえされた。一八〇三年の入植が始まったころのアボリジニの人口は約三〇〇〇～七〇〇〇人といわれているが、これが一八三〇年頃には、約三〇〇人にまで減少したという。一八三〇年、準総督ジョージ・アーサーは、アボリジニの「保護」のため、残ったアボリジニを捕らえて別の島へ強制移住させるという「ブラック・ライン」作戦を展開する。作戦は三か月で終了した。捕まえたアボリジニは、約二〇〇名。一八三一～一八四一年の間に、総計二〇三名のアボリジニが、ガンキャリジ島、フリンダース島へ送られた。島での生活は、物資不足や気候条件の違い、兵士たちのアボリジニに対する虐待などによって苛酷を極めた。一八四三年までには、生存者の数は五〇名前後になってしまった。すると政府はふたたび彼らをタスマニアに送り返し、収容所に移住させた。

一八七六年に最後のタスマニアンアボリジニであったトルガーニが死に、タスマニアのアボリジニは地球上から永遠に姿を消したのである。

4 初期ミッション（初期保護政策）

一八二一〜四二年にかけて、ニューサウスウェールズでは、植民地政府の資金援助のもと、アボリジニの保護を目的にキリスト教ミッションによるアボリジニの教化・文明化が試みられた。(9) また、政府ミッションとは別に、メスジスト派のミッションも活動を開始する。(10) しかしこうした試みはことごとく失敗に終わった。

ここでいう「失敗」とは、アボリジニがキリスト教に教化されなかったことを意味する。つまりミッションは、アボリジニの独自の生活スタイルと宗教観を変更させることに「失敗」したのである。

彼らは、フィジー島やトンガなどでの成功の体験にもとづいてミッションを設立し、そこで説教や農業の教育をおこなった。しかし、アボリジニは狩猟採集民である。部族全体をひとつの集住した村で教化するという、従来の方法はうまくいかなかった。一度教化しても、しばらく移動生活をして再びミッションに戻ってきたころにはキリスト教は彼らの頭のなかからすっかりぬけ落ちていた。アボリジニとともに移動しながら教化するという大胆な試みもなされたが、これでは部族全体のほんの一部としか接触することができず、期待されたほどの効果はなかった。

また、白人の入植最初期、アボリジニは、白人を自分たちの先祖の生まれかわりだと信じこんだことも失敗の要因のひとつである。あるアボリジニは葬送儀礼の時、「この人の先祖は、いまイングランドにいる。」と話したという。そして、自分も生まれ変わるとヨーロッパ人になると考えていた。ミッションは、こうした土着の精霊信仰を否定しようとしたが、うまくいかなかったのである。こうして初期ミッションの試みは失敗に終わり、一八四二年には政府の資金供与は打ち切られた。[11]

5　原住民学校[12]（初期同化政策）

植民地総督マクォーリーは、シドニー西部郊外のバラマッタに「原住民学校（NATIVE INSTITUTION）」を開設し、アボリジニ児童の教育、キリスト教化、職業訓練をほどこそうとした。

開設後しばらくして、アボリジニの児童のほとんどが英語の読み書きができるようになるなどの成果をあげたが、一八三〇年、政府財政の逼迫という経済的理由で閉鎖された。

〈3〉アボリジニ社会の変化と対応

1　白人との接触直前のアボリジニ社会[1]

白人入植後、シドニー周辺のアボリジニは白人と直接の接触を経験した。その一方、奥地のアボリジニたちは接触こそなかったが、白人たちについての情報は入手していた。

（白人にとっては）未開地の奥地へ探検をした者、あるいは土地の確保をねらったスクウォッター（後述）らは、白人を見たことすらないはずの奥地のアボリジニが、タバコ、タイヤ、ボルトなどをもっているのを見て大変驚いた。こうした品物は、実はアボリジニ間の交易ネットワークを旅していたのである。

奥地のアボリジニは、白人に会う前に、既に白人の財を「利用」していた。もちろん交易品として、彼らの経済活動のありかたに即した「利用」でだったわけだが。

交換されたのは財だけではない。様々な情報も交換されていた。儀礼などの集会の場では白人がどのあたりまで侵入したか、あるいは彼らのもつ銃がいかに危険な武器であるかなどの情報が交換された。また、白人の動きは周辺にすむアボリジニによって終始監視され、まわりの部族に報告されていたという。

2 経済的混乱(2)

土地の収奪は、アボリジニの経済生活に深刻な影響を引き起こした。白人は、アボリジニの草地と水源を強奪した。白人によって土地が占拠されると、そこでは羊、馬、牛が草を食べ、水を飲む。また、白人はカンガルーをつぎつぎと撃ち殺した。こうしてアボリジニのタンパク性食物は消滅し、食用植物は枯渇した。食糧不足を解消する方法は三つである。第一に、まだ白人のいない奥地へ逃げてその土地のアボリジニの食糧を分けてもらうこと。第二に、白人から食糧を分けてもらうこと。第三に、白人の食糧を盗むことである。

第一の方法は、部族間の闘争を激化させた。親族でもない者が自分のテリトリーに入ってくれば、当然そこに紛争が起こる。こうして弱小部族が数多く消滅していったという。第二の方法は、アボリジニの社会生活のスタイルを変更させた。彼らは白人に対して物乞いをしたり、食糧と引替に女性に売春させたりした。白人の持ち込む砂糖や小麦粉、茶などの食糧は、アボリジニの栄養のバランスを崩し、栄養失調にかかるものが続出した。特にアルコールは、アボリジニにとって魔力的な魅力のある飲み物となり、多くの性格破綻者を生み出した。こうした事態に対し、ニューサウスウェールズ植民地では、一八三八年にアボリジニの飲酒を禁止し、一九世紀の前半のうちにその他の植民地もアボリジニの飲酒を禁止した。(3)

最後に第三の方法は、白人による虐殺を激化させた。

また、白人が持ち込んだ様々な病原菌は、免疫のないアボリジニに猛威をふるった。鈴木清史は、特に性病が蔓延した理由として、食糧を獲得するために、白人に女性を提供したこと、女性の少なかった囚人たちによってアボリジニ女性が性的な搾取の対象となったことなどを挙げている。[4] さらに付け加えるならば、一夫多妻制の婚姻習慣が、病気を急速に蔓延させたことも指摘できるだろう。

3 抵抗

アボリジニは、マオリ族やネイティブ・アメリカン（北米インディアン）のように、大規模な反乱を企てることはできなかった。なぜなら彼らの社会構造は、中央集権的機構をもっておらず、比較的大きな規模での組織的な行動がとりづらかったからである。現在も、多くのオーストラリア人は、アボリジニとの間の戦争はなかったと思っている。

しかし、実は、入植直後から二〇世紀にいたるまで、小規模ながらも、数多くのアボリジニの反乱があったのである[5]（図1）。荷車や牧羊業者などは、アボリジニの槍による襲撃にさらされた。アボリジニは、白人の持つ武器に悩まされながらも、白人が捨てたガラスや金属を利用して自分たちの武器の殺傷力を高め、白人や家畜の侵入を防ごうと奮闘した。[6]

しかし、こうした抵抗は、例えば北米の先住民の大規模な組織的抵抗に比べたら些細なものであり、白人の側からすれば忘れられる程度のものだったのである。

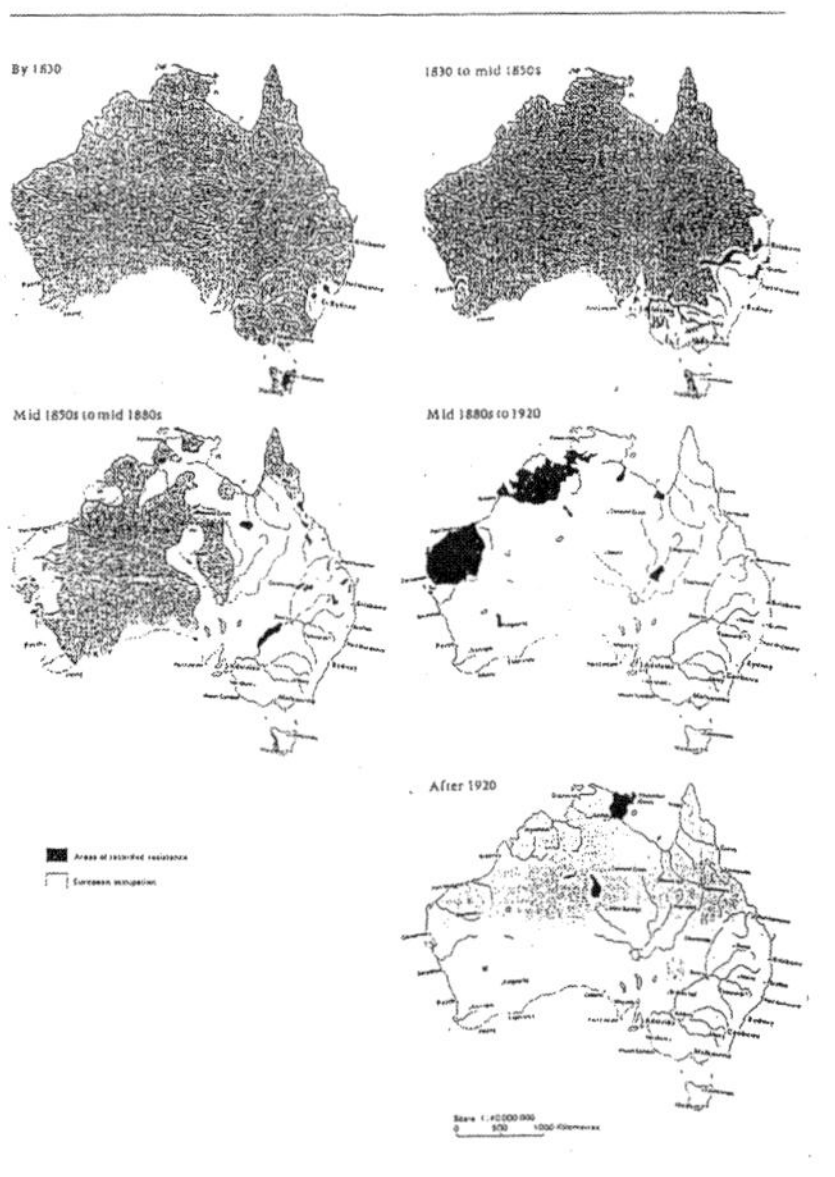

図1　Camm, J. C. R./McQuilton (ed.) (1987), p.128.

植民地の拡大

〈1〉世界経済への編入

1　牧羊業の発展

①牧羊業小史

一八〇三年、オーストラリア植民地での羊毛生産に眼をつけた「オーストラリア牧羊業の父」スコットランド人ジョン・マッカーサーによって、メリノ羊毛の生産が始まる。(1) 一八〇七年、実験的輸出によってはじめて羊毛輸出が開始され、一八一一～一八一五年のナポレオン戦争中の羊毛需要の増大とともに輸出を増やし、一八一七～一八二四年頃に八～一八万ポンドという恒常的輸出品となった。こうして、一八二〇年代には、特産品として主要輸出商品の地位につく(2)（図1、2）。

羊毛生産地としてのオーストラリアは、イギリス工業の原料供給地として、あるいはイギリス資本の投下地として、世界市場に完全に組み込まれたことになる。イギリスにとって、安定した原料供給市場としてのオーストラリアの重要性が急速に増してゆくのである。一八三一年、イギリス輸入原毛の七〇%がドイツ、一〇%がスペインからで、オーストラリアはわずか八%にすぎなかった。しかし、一八四五年には、はやくもドイツ（二四%）を追い越してトップ（三二%）にたち、ゴールドラッシュ前夜には五三%のシェアを占めていたのである(3)（図3、4）。

また、牧羊業に投下される資本も、イギリスから調達された。牧羊業者は、土地を担保にオーストラリアの銀行やその他の金融機関から融資を受け、植民地銀行が

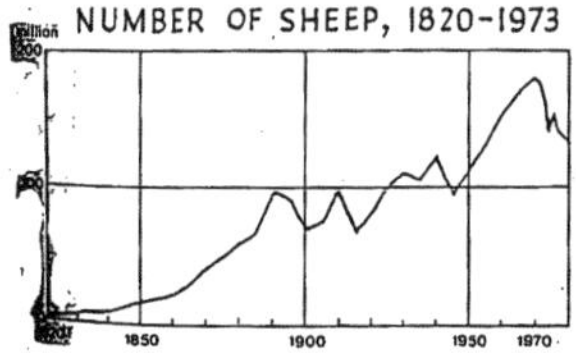

NUMBER OF SHEEP, 1820-1973

図2　Wynd, Ian/Wood, Joyce (1978), p.30

年	輸出額	年	輸出額
1807年	245封度	1821年	175,433封度
1808年	562封度	1824年	275,560封度
1813年	35,000封度	1825年	411,600封度
1815年	32,971封度	1826年	552,960封度
1816年	73,171封度	1828年	834,343封度
1818年	86,525封度	1829年	1,005,333封度
1820年	99,415封度	1835年	3,776,191封度

図1　天川潤次郎「オーストラリアにおける牧羊業の起源」29頁（「オーストラリア研究紀要」vol.5、1977年）

ロンドン金融市場との間に金融のパイプを通した。(4)

②スクウォッター（土地独占階級）

オーストラリア大陸での牧羊生産は、イギリス本国政府が意図したものではなかった。本国政府は、むしろ独立小農民の創設を意図していた。(5) しかし、初期の官僚による土地独占、そして一八一九年まで植民地を地理的に限定していたブルーマウンテンズが踏破されることで、牧羊業が飛躍的に発展し、これにともなって牧畜業者が土地投機と牧羊地獲得を目的に、広大な土地を政府の承認なしに占領するようになったのである。彼らをスクウォッターズという。植民地政府は、一八三六年に彼らの土地占有権を既成事実としてやむなく承認する。この土地占有は、一八六〇年までには、ダーリング平原へ広がり、七〇年代にかけてはクイーンズランドに波及し、一八七〇年代までに主要な牧羊地は、ほとんど全てが少数のスクウォッターズによって占領されてしまう。(6) 彼らは、植民地の貴族的上流階級＝地主階級としてイギリス上流階級の生活様式をまねた生活を送るようになる。オーストラリアで生まれたことに誇りを持つ人々（ネイティヴとよばれた）あるいはエマンシピストらは、こうした上流階級を「イギリスからの出稼ぎ人」と呼んで軽蔑したが、スクウォッターズの財力には太刀打ちできなかった。(7)

③銀行資本の流入(8)

牧羊業の成立による企業熱は、イギリス本国の銀行資本を引きつけた。一八一七年にニューサウスウェールズ銀行が設立。一八四〇年までには七つの銀行（資本金合計二三〇万ポンド）と二つの信託会社ができた。しかしこの

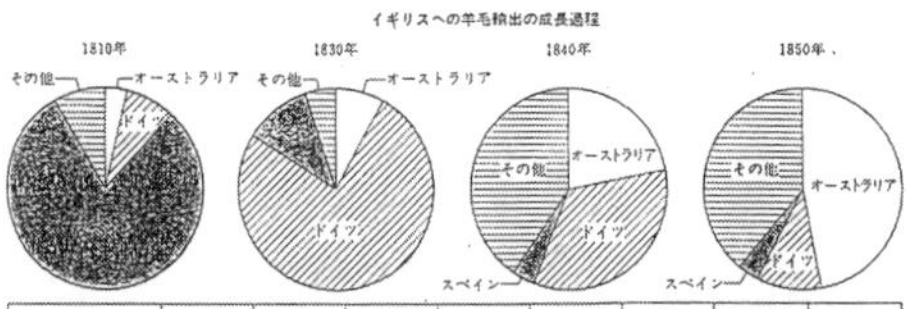

イギリス羊毛輸入に占めるオーストラリアの比重

	年平均輸入量（100万ポンド）	オーストラリア羊毛	%
1830年代	45.9	5.6	12
1840年代	63.8	23.4	37
1850年代	115.2	49.1	42
1860年代	220.8	115.8	53
1870年代	373.4	241.1	65
1880年代	561.0	345.9	62
1890年代	700.4	350.8	50
1900年代	687.3	282.6	41

資料：B. R. Mitchell and P. Deane ed., *Abstract of British Historical Statistics*, 1962, pp. 192-94.

図3　荒井政治「オーストラリア経済開発と英豪関係」118頁（矢口孝次郎編『イギリス帝国経済史の研究』1974年、第4章）

イギリスへの羊毛輸出の成長過程

	BALES (1810年)	%	BALES (1830年)	%	BALES (1840年)	%	BALES (1850年)	%
オーストラリア	83	3.8	8,003	8.1	41,025	22.0	137,177	47.0
ドイツ	2,221	8.0	74,496	75.8	63,278	33.9	30,491	10.6
スペイン	19,748	80.0	10,537	11.1	6,842	3.8	9,466	3.4
その他	3,192	8.2	5,782	5.0	74,934	40.3	114,027	39.0
合計	25,244	100.0	98,818	100.0	186,079	100.0	291,161	100.0

（出所）Stephen H. Roberts, *The Squatting Age: 1835–1847*, Melbourne Univ. Press, 1975.

図4　加賀爪優「経済・産業の歴史的発展」113頁（関根政美ら著『概説オーストラリア史』有斐閣選巻、1988年、4章）

金融力は、当時のオーストラリアには大きすぎた。一八四一～四四年の恐慌では、牧羊業者の倒産が相次ぎ、銀行恐慌にまで発展する（オーストラリア銀行倒産）。だがこれを画期に小牧羊業者は整理され、牧畜業大地主階級が形成される。

④牧羊労働[9]

羊が年々増大するにつれて、しだいに深刻な労働力不足にみまわれた。牧童は、都市の労働に比べて地位の低い仕事とされ、自由人はこの労働を嫌った。牧羊業の発達以降の囚人は、半奴隷の牧羊労働力として、オーストラリアの開発に利用された。一九二〇年代、三〇年代をつうじて、スクワッターズは流刑制度の維持を主張している。理由は何よりも囚人労働力の安さであった[10]。

一八四〇年にニューサウスウェールズへの囚人輸送が廃止されると、牧羊業は、大きな痛手を被った。一八四一年当時、ニューサウスウェールズ中央区のみで約一万人の労働力不足が報告されている。スクワッターズらは、一八四〇年代に囚人移送復活の運動を展開するが、これは不成功に終わった。他にインド人や中国人の移送が試みられるが、いずれも小規模にとどまっている。

⑤ウェイクフィールドの移民計画と自由移民

一八三〇年まで、土地は、無償か名目的価格で分与されていたが、資本家階級と労働者階級の人為的創出を目的として、ウェイクフィールドの移民計画が採用される。これは一八三一年リボン法成立によって、一エーカー当たり五シリング（三八年一二シリング、四二年一ポンド）の固定価格による土地売り払い制度を実施し、その売上金を利用して移民補助金に充当するという高地価政策である。こうして、補助金の支給によって労働者階級たる自由移民の流入が人為的に拡大された[11]。なお、こうした補助金の支給をうけた移民は、ほとんどがアイルランド人であった[12]（図５）。

補助金を受けてニューサウスウェールズに入植した人々に占めるアイルランド人の割合（1839－1851）

注：1843，1846，1847には移民助成制度が中断された。

図5　シェリトン、G（1985年）、79頁

2　ゴールドラッシュ

①ゴールドラッシュ小史

ゴールドラッシュ前夜、オーストラリアは羊毛植民地として自由移民の数も年々増加していたが、それでも人口は四〇万余にすぎず、イギリス本国の人々にとって魅力ある植民地ではなかった。しかし一八五一年、ニューサウスウェールズのバーサスト付近での金鉱発見は、その後のオーストラリアでのゴールドラッシュのきっかけとなり、牧羊国だったオーストラリアの一大転機となる[13]（図6）。ブレイニーは、「羊毛は、資本家のための産業だったが、金は長い間貧乏人向きの産業になった。[14]」と述べている。

図7からも分かるように、ゴールドラッシュは、一時的に大量の雇用をうみだした。一八五〇年に四〇万五〇〇〇人だったオーストラリアの人口は、一八六〇年には一一四万六〇〇〇人と約三倍＝七〇万人の増加がおこる。こうした人口増加はもちろん自由移民の増加である[15]（図8）。一八五〇年代には、4／5の自由移民が、経済援助を受けずにオーストラリアにやってきている。[16]金鉱がいかに強力に人々を引きつけたかが分かる。

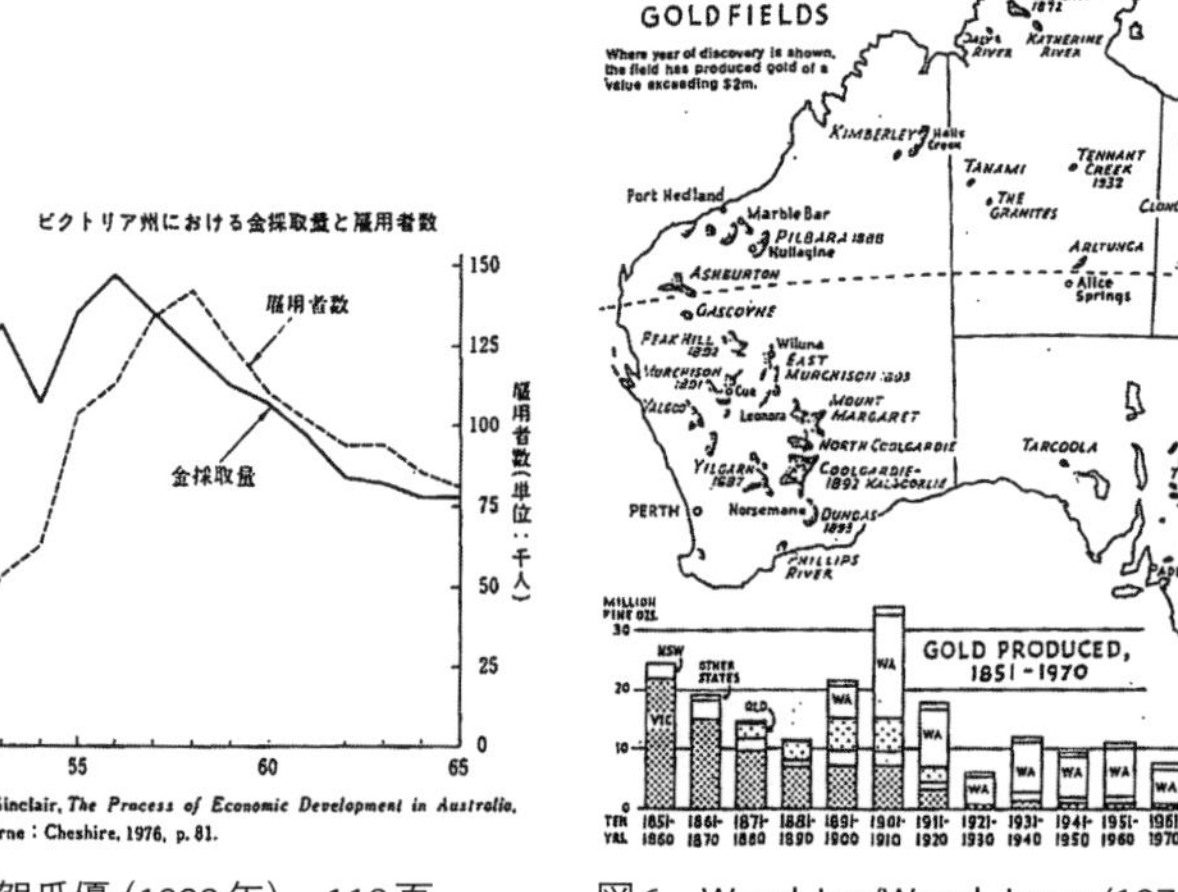

図7　加賀爪優（1988年）、118頁

図6　Wynd, Ian/Wood, Joyce (1978), p.34

政府は、治安の維持と収入確保の為に採金を免許制にし、一か月三〇シリングの採掘料を徴収する。一八五四年には、これに対して坑夫たちの暴動がおこる（ユーレカ事件）[17]。これは、オーストラリアでの民主改革運動のさきがけとなり、一八五〇年代にビクトリア州で無記名投票制度や男子普通選挙権が、相次いで制定される（オーストラリア方式）[18]。

一方スクウォッターたちは、ただでさえ少ない労働力が金鉱に吸収されたため、牧童不足が深刻化する。彼らは、牧夫に高賃金を払い、人手と資金があるものは、牧柵をはりめぐらして労働力を節約した。こうして一八五〇年代を通じて羊毛生産は停滞する。また、農業も作付け面積の減少などの被害を受けるが、ゴールドラッシュが終わった後の過剰人口が小麦生産に従事するようになるので長期的には、小麦生産を助長したことになる。[19]

②セレクターズ

ゴールドラッシュが終わったとき、一獲千金に失敗した人々が過剰人口として大量に出現した。しかし、当時のオーストラリアには、彼らを吸収するだけの工業は発展していなかった。[20]こうした社会状況を背景に、失業したディッカー（金採掘者）を農業に転化させようという要求が活発となり、一八六〇年にニューサウスウェールズで「ロバート土地法」、そしてヴィクトリアでも一八六九年に同様の法律が制定される。これは、一八六一年の牧用地借地契約満期にあたり、測量前の土地を自由選択とする制度であり、小土地所有農民層（ヨーマン）の創設を意図したものであった。この選択制度のもとにスクワッターズの土地独占に対抗し、土地を獲得した人、獲得しようとした人をセレクターズという。しかし、彼らの多くは選択地を高値で富豪に売り渡し、またスクワッターズも家族の名義によるダミー

表Ⅲ－1　1851～1891（29年3カ月）間の人口増加

年　次（期間）	人　口	増加率	年間平均増加率
1851－12－31	人 437,652	人	%
（10年）		730,497	16.7
1861－12－31	1,168,149		
（19年3ケ月）		1,082,045	4.8
1881－4－3	2,250,194		
（10年）		927,625	4.1
1891－4－5	3,177,823		

注：本表は政府統計，記録によって作成したもの。

図8　駒井健吉（1982年）、50頁

を利用して所有地を一層拡大した。こうして小土地所有農民層によるスクワッター階級に対する対抗は十分な成果を挙げることができず、主要産業である農業と牧羊業の発展は、大土地所有者層と土地をもたない労働者層の格差を広げることになった。[21]

③有色人労働者（図9）

ゴールドラッシュ時は、大量の中国系移民がオーストラリアに流入している。一八五九年までに、ヴィクトリア植民地の人口の八％が中国人で占められ、植民地の男性の二〇％にまで達した。[22] 低賃金で働く中国人労働者に対して白人労働者の敵対心は高まり、結局政府は中国系移民に対する移住制限を実施した。例えば、ヴィクトリア植民地では、中国人の入国に対して一人当たり一〇ポンドの人頭税に類するものを課税した。また、クイーンズランド植民地では、一八七七年に「中国人移住制限法」が成立している。[23] こうして中国人は徐々にオーストラリアを去るようになり、一八八一年までにヴィクトリア在住の中国人の数は、わずか一万二〇〇〇人にまで減少した。[24]

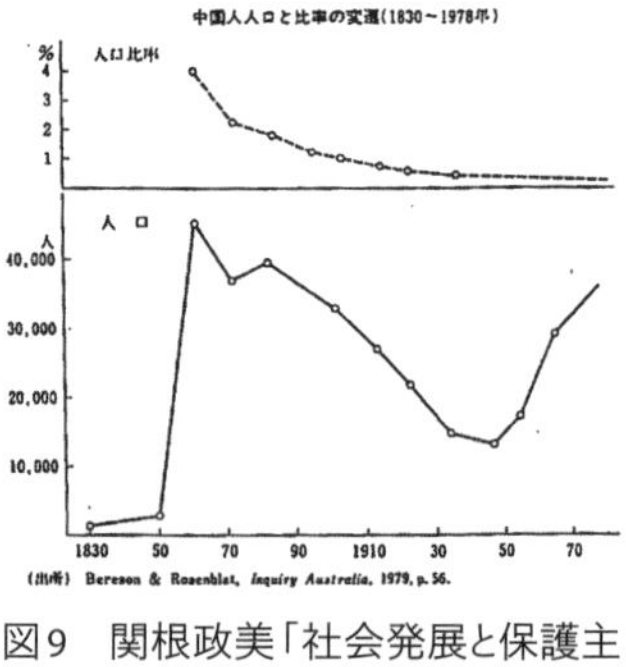

図9　関根政美「社会発展と保護主義の台頭」74頁（関根政美ら著『概説オーストラリア史』有斐閣選書、1988年、2章）

3　鉄道ブーム[25]（図10、11）

ゴールドラッシュは、商品の迅速・安全な輸送の必要性を高め、鉄道・海運などの交通手段の発達を刺激した。産金の急増と人口の膨張が、鉄道敷設の要求を高めたのである。最初の鉄道は、一八四八年のシドニー鉄道であった。その後五〇年代に数社の私鉄が開設するが、そのほとんどは、経営困難に陥り、一八五四〜五六年に政府によって買収されている。

本格的鉄道ブームは、一八八〇年代に入ってからである。この当時、鉄道建設をはじめとする土木公共事業が積極的に実施され、政府や民間の資本が活発に導入される。また、この時期は、イギリスの対オーストラリア資本輸出の高潮期に一致し、植民地政府が、資金をロンドン資本市場にあおいでいたことが分かる。一八八〇年代のイギリスは、大不況期（一八七三〜九六年）の最中であり、工業界の停滞によって生じた国内の過剰資本が、オーストラリアに流れこんだのである（図12）。

こうした鉄道ブームは、羊毛や小麦の輸送コストを引き下げ、牧羊業、農業を振興し、内陸への急速な開発を促進した。特に小麦は、この時期にようやく輸出産業として本格化する。また、イギリス資本の大量投下は、ゴールドラッシュ以降の移民の増加を促進した。

補論　各植民地の独立（図13）

さて、ここで一度、各植民地の成立時期について言及しておきたい。各植民地は、一九〇一年に連邦が成立するまでは、それぞれが独自にイギリスと関係を結んでおり、植民地相互間で関税すら存在していた。資本も、それぞれの植民地が別個に輸入し、鉄道の軌条も植民地によって異なっていた。

それぞれの植民地の成立年は、ニューサウスウェールズが一七八八年、タスマニアが一八二五年、サウスオーストラリアが一八三四年、ウェスタンオーストラリアが一八五〇年、一八五一年にヴィクトリアがニューサウスウェールズから分離、

オーストラリアの鉄道建設

（マイル）

	ニューサウスウェールズ	クイーンズランド	サウスオーストラリア	ビクトリア	合計
1860年代	270	206	77	274	953
1870年代	508	427	534	925	2,444
1880年代	1,345	1,509	943	1,272	5,069
1890年代	618	659	126	747	2,150

資料：Butlin, *op. cit.*, p. 324.

図10 荒井政治（1974年）、110頁

オーストラリアの鉄道建設

（マイル）

	ニューサウスウェールズ	クイーンズランド	サウスオーストラリア	ビクトリア	合計
1860年代	270	206	77	274	953
1870年代	508	427	534	925	2,444
1880年代	1,345	1,509	943	1,272	5,069
1890年代	618	659	126	747	2,150

資料：Butlin, *op. cit.*, p. 324.

図11　荒井政治（1974年）、111頁

イギリスのオーストラリア向け投資　1870—1914

投資対象	1870		1914	
	金額	%	金額	%
政府	21,814	68.0	216,456	72.2
地方自治体	125	0.4	5,673	1.9
鉄道	735	2.3	2,502	0.8
銀行	5,500	17.2	9,457	3.2
金融・土地投資	3,079	9.7	21,111	7.1
鉱山	808	2.4	22,326	7.5
商工業	—	—	9,577	3.2
その他	—	—	11,131	4.1
合計	32,061	100.0	298,233	100.0

資料：A. R. Hall, *The London Capital Market and Australia 1870—1914*, 1963, p. 90.

図12　荒井政治（1974年）、112頁

クイーンズランドの成立は一八五九年である。[26]

〈2〉アボリジニ政策

1 ミッション、リザーブ、セツルメント[1]

アボリジニに対する保護政策が本格化するのは、一九世紀の後半からである。それまでは、散発的にキリスト教ミッションがアボリジニ教化の活動を続けていたが、このころになってアボリジニ対策がようやくオーストラリア政府の政策となるのである。ただし、「保護政策」といっても、事実上は「隔離政策」である。各州政府は、白人入植者が利用不可能と判断した地域に「居留地（リザーブ、セツルメント）」を設定し、そこにアボリジニを隔離して彼らの生活を管理した。また、こうして設置されたリザーブも、鉱山の発見などでその土地の利用価値が生まれると、そのたびに場所を変更させられた。[2]

リザーブは、管理官とその妻によって運営され、「学校」で教育がほどこされたが、彼らは教師というよりは「警察官」であり、アボリジニに対して強圧的な管理をおこなった。「授業」も低賃金季節労働者になるための準備のようなものだった。

ミッションもこの時期、活動を続けており、アボリジニのキリスト教化や、農業指導をおこなっている。

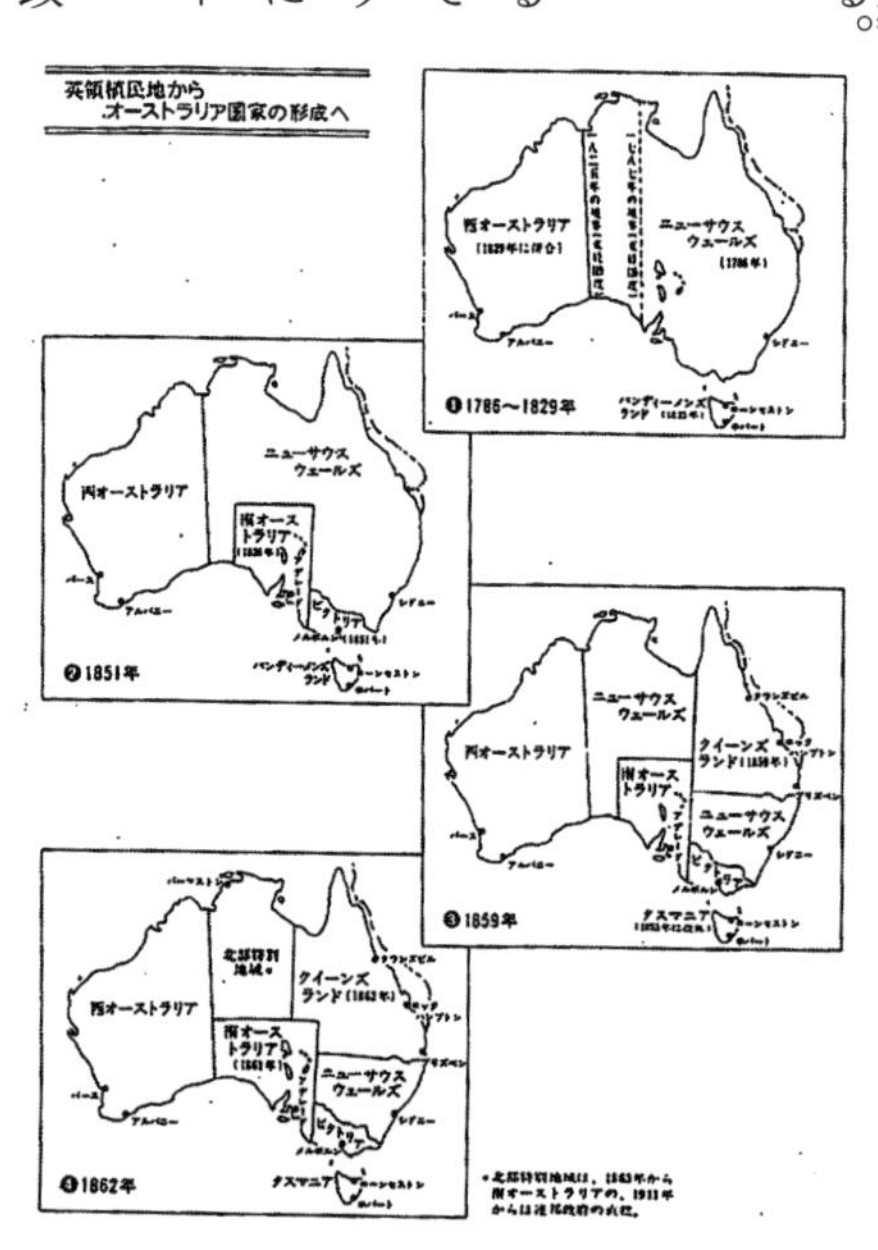

図13　クラーク、マニング／竹下美保子訳『オーストラリアの歴史』サイマル出版会、1978年

2　アボリジニ法[3]

アボリジニ政策は、一九六〇年代の後半までは各州政府の管轄であり、政策運営は州政府に委ねられていた。それぞれの州では、アボリジニに対する法律を制定している。例えば、一八八六年にヴィクトリア植民地でアボリジニ法（Aboriginal Act of 1886, Victoria）が制定されると、一八九七年にクイーンズランド、一九〇五年ウェスタンオーストラリア、一九〇九年ニューサウスウェールズ、一九一一年ノーザンテリトリーが、追随した。

アボリジニ法の特徴は、アボリジニの権利・自由の剥奪にある。例えば、移動の自由、結婚の自由、財産権、投票権、飲酒などが否定された。アボリジニは、何かをしようとするときはリザーブの監督官の許可が必要になった。

3　混血アボリジニの扱い[4]

政府は、混血アボリジニ（当時ハーフカーストと呼ばれていた）を「恥じるべき事実」とうけとめ、混血児が増加しないように白人とアボリジニの接触を禁止した。しかし、その後も混血アボリジニは増加の一途をたどり、独自のコミュニティーを形成するにいたる。結局政府は、混血アボリジニを行政の管理下におくために特殊施設をつくり、そこに混血アボリジニを隔離した。

彼らはアボリジニとも白人とも区別され、施設の中で白人と同化するよう教育された。一般に、混血アボリジニは半分は白人の血が流れていることから、白人によって熱心に教育がほどこされたという。

〈3〉アボリジニ社会の変容

1　リザーブでの生活（経済生活の変化）

強制的な隔離政策によって、アボリジニは自分たちのカントリーから引き離されリザーブやミッションでの定住と賃労働者としての生活を強いられる。カントリーから切り離されたアボリジニにとって、新たな土地は、宗教的にも経済的にも自分自身とは切り離されたものである。生産過程は、狩猟採集から賃労働へ、経済統合の原理も互酬制・共同分配から、市場原理へと否応なく巻き込まれた。こうして宗教世界と経済生活の分離が進行する中で、アボリジニは、自らのアイデンティティを喪失する。[1]

では具体的に、アボリジニの労働はどのように変化したのか、以下具体例を検討してみたい。

多くのアボリジニは、牧畜業で雇われていた。一九〇〇年から一九六〇年の間には、常時約一万人のアボリジニ労働者が牧場で働いていたという。[2] それ以前にも、アボリジニは囚人労働者にかわる労働力として利用されていた。なぜなら、彼らは囚人と同様、ほとんど賃金を支払わないで済んだからである。[3] 雇い主が、アボリジニに賃金を支払わないのは、人種差別によるものであることは疑いえないが、そこにもそれなりの論理があった。彼らは、アボリジニは賃金を支払うほどの働きをしていないと考えていたのである。例えば、アボリジニには数の概念がなかったので、羊や牛の数を数えさせても、さっぱり正確に数えることができない。アボリジニにとっては、二〇頭も二〇〇頭も「群れている」にすぎなかったのである。[4] そのうえ彼らは怠け者ですぐにさぼる。結局、牧場でのアボリジニの賃金は衣類や食糧、タバコなどの現物支給であった。[5] 二〇世紀も半ば、一九五五年の牧場での調査でも、アボリジニの給料は白人の労働者の半額となっている。[6]

NT 牧場における人種別賃銀格差（1965年）

職種	白人	パート・アボリジニー	アボリジニー
マネージャー	25～80	—	—
看護婦	16～20	—	—
教師	16～20	—	—
カウボーイ・ボス	20～30	5～18	5～11
カウボーイ	17～23	6～12	3～8
カウボーイ手伝い	15～20	6～10	3～5
運転手	20～25	—	6～10
コック	8～12	—	2～3

〈注〉週給をポンドで要約したもの。調査の結果、現行賃銀の上限と下限とを示す。シリング、ペンスは記していない。
出典：Stevens, 1974, p. 28, p. 40 & p. 44.

図14　新保満『オーストラリアの原住民』NHKブックス、1980年、108頁

一般に混血アボリジニの方が、純血アボリジニよりも就職や賃金において差別されなかったが、そうはいっても彼らも季節労働者がほとんどである。[7]

図14は一九六五年のデータであるが、この時期でもアボリジニ・混血アボリジニ（パートアボリジニ）・白人の間で、ずいぶんと賃金に格差があることが分かるだろう。これ以前ならこの格差がさらに開いていたであろうことは想像に難くない。

また、彼らの多くは、不熟練の季節労働者である。仕事はいつでもあるわけではなかった。農場などでは、穀物の収穫期には仕事があったが、農閑期の冬は、建設工事でもなければリザーブでの衣類・食糧の支給をあてにしなければならない者が多かった。女性の就職先はさらに少なく、売春にはしる者が多かった。[8]

アボリジニの消費活動も白人とはずいぶん異なる。狩猟採集活動を続けてきたアボリジニは、蓄積を知らない。アボリジニにとって、今日の収穫は今日のうちに消費されるべきものである。彼らは、お金をあるかぎりはすべて使い尽くすまで浪費し、無くなると再び仕事を探した。[9]

最後に、地域差について指摘しておきたい。リザーブでのアボリジニの管理も、地域による違いがあった。以下、一九三〇年代のケリーの調査によるが、[10] はやくから白人との接触があり、近代文明をある程度受容したニューサウスウエールズ州のリザーブは、比較的アボリジニによる自主運営に任されており、住居生活もヨーロッパ式に近いスタイルである。また、仕事は近くの町で探すことができ、リザーブの出入りも自由だった。しかしその一方で、クイーンズランド州のリザーブは、白人の行政官によって管理され、アボリジニの外出には彼らの許可が必要だった。住居は、ここでもヨーロッパ式の建物が造られたが、アボリジニはその生活に馴染めず、家具を部屋の外に出して、昔ながらの野外生活を続けたという。構成員もニューサウスウェールズのリザーブでは混血アボリジニが多く、クイーンズランドでは純血が圧倒的に多かった。

2　社会組織の変容

①婚姻規則と混血アボリジニ

（a）婚姻規則の維持と混乱

混血児の増加、白人によるアボリジニの新生児の教育などによって部族の言葉が失われると、婚姻規則はだんだんと混乱するようになる。[11] 特にニューサウスウェールズなど比較的初期に白人と接触し、アボリジニの近代化が進んだ地域では、部族テリトリーの境界線、半族、トーテム、婚姻規則などの混乱と消滅が、部族言語の消滅とともに進行した。[12] 特に、複数の部族が一個所に集住した場合には、婚姻規則に混乱が生じやすかった。[13] さらに、労働者としての賃金では、多数の妻子を養うことができなくなり、狩猟採集生活を支えてきた一夫多妻制にもとづく家族構成も崩れていった。[14]

しかし、こうした例は必ずしもオーストラリアのすべての部族に当てはまるものではない。部族の言葉が残り、トーテム信仰が維持されている部族では、リザーブでの生活においても、同一トーテム同士の結婚が極端に嫌われている。ウェスタンオーストラリアのある部族では、婚姻規則を破ったものは（以前のように）死刑になるようなことはなかったが、他のアボリジニから村八分にされたという。[15]

（b）アボリジニにとっての混血児[16]

アボリジニの夫婦は、白人との混血児と、自分たちの子供とを差別しなかった。アボリジニには「継子」にあたる単語がない。白人の行政官は、混血児を産んだアボリジニの女性が、それが原因で結婚できないという可哀相な事態にならないように、混血児を別の施設に隔離しようとしたが、これは、アボリジニの夫婦双方にとって、悲しむべきことであった。行政官は、青い眼の子供を優先的に施設に送り込んだため、白人の子供をみごもったアボリジニの女性は、黒い眼の子供が産まれることを切望したという。

（c）アボリジニの女性の結婚相手[17]

アボリジニの女性の結婚相手の選択には、次の二つの傾向がある。ひとつは、純血のアボリジニは、純血同士との結婚を希望し、純血の血を維持しようとする傾向。そして二つめは、混血アボリジニは、自分よりアボリジニの血が「薄い」男性と結婚し、自分の子供をなるべく白人に近づけようとする傾向。この二つである。

純血アボリジニは、伝統的なトーテム信仰や婚姻規則にしばられているので、純血同士の「安全な結婚」を望む。一方の混血アボリジニは、子供がなるべく差別されないように、白人に近づくことを望むのである。

しかし、混血アボリジニが、白人に近づくことには上限がある。多くの白人が、混血のアボリジニとの結婚を避けるからである。混血アボリジニ同士の結婚の中で、アボリジニの血は徐々に「薄まって」いくが、ある上限まで「薄まる」とそれ以上白人には近づけず、同じ「薄さ」の者同士での結婚が増えるのである。

②親族構造の役割

親族構造の経済的意義は、かたちを変えて存続した。つまり互酬性・共同分配の原理は、経済生活の変化にもかかわらず、親族間において維持されたのである。[18] 親族間での家財道具の共同利用や、稼いだお金の分配や貸し借りは、親族組織の結束にもとづいておこなわれた。[19]

第一部で紹介した、テリトリー間での互酬性原理にもとづく相互依存や、交易の中での互酬関係は、このようにかたちを変えながらもアボリジニ社会の中で維持され続けた。

③白人社会に対する態度

アボリジニは、白人をどのように認識し、彼らと接していたのだろうか。アボリジニは、ヨーロッパ人と自分たちとの違いをはっきりさせようとする態度と、自分たちとの類似性を見いだそうとする態度との両方が交錯していた。肌の色や髪の質など、肉体的な違いは明らかである。経済力にも格段の差があり、アボリジニは彼らの財力をそれなりに羨んでいた。しかしその一方で、彼らは、政治組織や経済システム、あるいは宗教を似たようなものだと考えていたようである。例えば、どちらの社会も権威者の指導によって、生活が営まれるし、農耕経済も狩猟採集経済と同様、季節によって収穫物が違う。違いは「単に」利用しているテクノロジーにすぎない。[20]また、キリスト教の宗派は、自分たちのセクションのようなものと考えた。「ローマカトリックは、プロテスタントと結婚しない」のである。[21]

白人とアボリジニの間で、アイデンティティに苦しんだのは混血アボリジニである。彼らは、アボリジニの集落で生活した場合には、アボリジニの伝統に強い影響を受けたが、生まれてすぐに隔離され、白人による文明化教育を受けた者は、話す言葉は英語になり、生活スタイルもヨーロッパ式に馴染んだ。彼らは、自分たちが混血であることをなるべく意識せず、白人として暮らそうとするがそう簡単に白人社会の中で受け入れられるわけではない。結局彼らは、混血アボリジニ同士で徒党を組み、コミュニティーを形成するようになった。[22]

3　宗教世界の維持と変容

①キリスト教の受容

ミッションの積極的な活動にもかかわらず、キリスト教はなかなかアボリジニには受け入れられなかった。というより、アボリジニは、自分たちの宗教観に適合するようなかたちでのみキリスト教を受容したのである。

以下、具体例を示そう。

クイーンズランドのリザーブに住むあるアボリジニは、つぎのように話している。「我々の昔ながらの生き方はよい生き方だった。それは正しい道であり、まっすぐできれいな道だった。神が我々にこの道をお与えになったのだ。神は、白人たちに自分の息子についての教えを伝えるように託した。しかし彼らはそれを怠った。〜昔ながらの方法をやめたのだ。〜私は彼らのことを信用しない。[23]」、「神は、我々が正しく結婚し、間違った食物（トーテム）を食べないことを知っている。白人は正しい教えを伝えなかった。彼ら（宣教師・司祭）は正しい結婚をしていないし、間違った教えにしたがっているのだ。[24]」

また、バンジャラン族のようにドリーミングにノアの方舟が登場する場合もある。[25] 彼らの宗教は、柔軟にキリスト教を包摂したのである。

ただし、混血アボリジニの場合はそうもいかない。彼らは、幼いころからアボリジニの集落から引き離されて白人の指導のもとに育った。彼らは部族の言葉もしらないし、自分のトーテムも分からない。白人からも差別を受け、にもかかわらずアボリジニとしてのアイデンティティたる伝統的宗教観も育たないのである。

②伝統的宗教生活の維持

生活の中に伝統的な宗教観が生きている例は、いくらでも紹介できる。ただしそれは、「昔ながらに」というわけにはいかない。白人の侵入による伝統的生活の破壊は、素朴に昔ながらの価値観を維持できるほど安泰なものではなかった。しかし、にもかかわらずアボリジニは、昔ながらの宗教生活を維持し続けるのである。神話（ドリーミング）については「①キリスト教の受容」で既に触れたので、それ以外の諸局面について具体例を示そう。

（a）トーテム・精霊信仰

アボリジニは、白人宣教師の前ではトーテムや精霊に対する信仰を明かさないが、こうした信仰は根強く残っていた。例えばクイーンズランドのあるセツルメントでは、多くの部族が集住した結果、婚姻規則がかなり混乱したが、それでもトーテム内婚の禁止は守られた。また、トーテム内食が禁止されている別の部族では、これを犯したものがひどい病気に苦しんだという。

また、自分が死んだ後に、自分の精霊がちゃんと自分のカントリーに戻れるように、死ぬ前に自分のカントリーに戻りたがる者が多いという。(26) 病院での死を嫌がるのも同じ理屈である。病院では、アボリジニの伝統にのっとった葬送儀礼をしてくれない。だから病院で死んだアボリジニは、聖地へ帰れないのである。(27)

最後に精霊信仰と妊娠に関して以下のような興味深い論争があるので紹介しておこう。

アンドレアス・ロンメルは、白人の侵入を受けたアボリジニ社会は、物質的な変容よりも精神的な変容が先に生じ、かつ決定的だったと主張する。例えばアボリジニの出生率の大幅低下の原因は、単純に病気や食糧不足によるだけではなく、精霊が自分の身体に宿るという夢を見なくなったことに大きな原因があるというのである。さらに、神話に登場する精霊が、近代的な道具や食糧（銃や紅茶など）を利用する点からも、伝統的精神の変容を強調している。(28)

これに対してロナルド・バーントは、精霊を見ないがために出生率が低下するということは、結局は精霊信仰が維持されているということであり、むしろ物質的な変化が心理的なアボリジニの世界観を変えることはないと主張している。(29)

私見としては、どちらかといえばバーントの考え方に賛成であるが、しかしながら、アボリジニ社会の宗教世界の変容を否定することはできまい。例えば、多くの神話の知識を持った老人たちは、ヨーロッパの文明に染まった若者達に神話を伝承したがらないという。(30) こうして具体的な神話は急速に失われてゆく。しかし、アボリジニの宗教に根づいた思考パターン、宗教のエッセンスは、若者達の間にも伝わってゆく。伝統は、変容しながらも維持されるのである。目に見えるかたちでの伝統的な宗教は、近代化の波とともに失われてゆくが、根底には伝統的な要素が「埋め込まれた」ままなのである。(31)

（b）呪術

近代的な医療をそれなりに信用しているアボリジニでも、病気や死亡の原因は、呪術的な力によるものだと考えている場合が多い。近代医術は、病気の諸現象を治療することはできるが、死因については昔ながらの検死によってのみ明らかとなるのである。[32]

（c）宗教儀礼

宗教儀礼のうち、豊饒儀礼はその意義を失った。アランダ族は、近代に入って豊饒儀礼がおこなわれなくなったことで、中部オーストラリアの種が減少したことを嘆いている。しかし、白人の中心地で定住生活に移行した多くのアボリジニにとって、豊饒儀礼は物理的な意義を失ったのである。[33]ただし、ワラムンガ族のように、経済的意義を失いながらも、トーテム信仰に裏付けられた儀礼的・精神的価値が失われず、近代に入ってからも豊饒儀礼をおこなう部族もある。[34]

イニシエーション儀礼は、オーストラリア全体でみると一番よく伝統が守られた儀礼である。ブル・ローラーなどは従来どおり使用されるし、[35]イニシエーションを受けていないものが、儀礼を執り行う聖地へ立ち入ることは難く禁じられている。[36]ただし、イニシエーション儀礼にともなう肉体的な苦行・試練は、簡略化した。例えば、割礼で使うナイフが、従来の石によるものから鉄製のナイフにかわったり、[37]場合によっては省略されたりする。[38]

葬送儀礼も、白人司祭たちの目を盗んで伝統的な方法をかたくなに守ろうとしている。リザーブで暮らすアボリジニは、昼間のキリスト教ミッションによる葬儀では聖歌を歌い、祈りを捧げるが、白人の司祭たちが帰宅し、夜になると再び集まり、ボディペインティングをして昔ながらの伝統的な葬送儀礼をおこなって、精霊がカントリーへ戻れるような手続きをふむ。そして昼間、白人の司祭がやってくるまでに元通りにして、そ知らぬ顔をするのである。[39]しかしここでも、遺体を食べたり、身体に傷をつけたりする行為はおこなわれなくなった。[40]伝統は存続するが、変容は避けられないのである。

連邦成立と白豪主義

〈1〉イギリス帝国経済からの自立

1　連邦成立と白豪主義

オーストラリアは、一九〇一年に、イギリス植民地から、内政自治権をもつ自治領として、カナダ・ニュージーランドと同様にイギリス帝国の一員となった。[1]

前述のように、オーストラリアでの有色人種排斥は、一八五〇年代のゴールドラッシュの頃にはじまっている。当初は、中国人の排斥であった移民制限は、その後一八九六年にニューサウスウェールズ植民地で「有色人種制限および取締法」が制定され、有色人種一般に入植制限の対象を広げる。こうして一九〇一年の連邦結成時には「移民制限法」を制定し、インド人、中国人、日本人などの有色人種は、短期的なビジネスマン、旅行者、学生あるいは連邦結成以前に市民権を取った人々を除いては来住、定住が禁止された。いわゆる「白豪主義」政策である。[2]この白豪主義政策は、連邦成立後のオーストラリアでのナショナリズムの台頭に一役買うことになる。なぜなら、オーストラリアの大衆に広く受け入れられた白豪主義政策は、しばしばイギリスの対外政策と衝突することになるからである。一九〇二年に日英同盟を成立させたイギリスにとっては、日本人の移民を制限したオーストラリアの「移民制限法」は、対日関係の上で憂慮すべき問題であった。さらに、第一次世界大戦の戦後処理を討議したパリ講和会議で、人種差別撤廃条項の国際連盟規約への挿入問題をめぐり、オーストラリアは日本やイギリスと激しく対立し、オーストラリアの白豪主義ナショナリズムは、いっそう強められることとなったのである。[3]

2　保護主義と工業化(4)

前述のように、一八八〇年代は鉄道建設をはじめとする土木公共事業が活発に行われ、政府・民間資本の導入に積極的だったが、一九世紀末にいたっても資本・技術・労働力・市場など、いずれの要素においても自生的工業化の条件は欠如し、羊毛工業ですら国内生産には成功していなかった。

こうした植民地体制からの転換は、一九〇一年の連邦結成とともに始まる。新体制下で、対英経済依存脱却の方向へと歩みだすのだが、その過程を促進したのが連邦政府の関税政策であり、その後の世界大戦であった。

保護関税の起源は、ヴィクトリア植民地が一八六六年に採用した繊維および革製品に対する課税である。この当時のニューサウスウェールズ植民地は、自由主義政策を堅持していたので、ヴィクトリアをはじめ他の植民地と対立していた。

植民地的工業体制からの決別を不可避としたのは、第一次世界大戦の勃発である。戦争は、イギリスからの工業製品の供給を著しく制約し、オーストラリア国内での品不足と価格騰貴は国民生活に深刻な影響を与えた。こうして、英国工業への依存体制が反省されるとともに国内での各種工業の新規発足を大いに促進したのである。

しかし、外国工業との競争がほとんど消滅した有利な条件のもとでの工業生産は、平和の回復とともに、欧米工業製品の供給復活によって壊滅的な打撃を受ける危険に見舞われる。だが、戦時中の経験は、国内の全面工業化が国民経済の立場からも軍事的視点からも急務であるとの認識を促すことになる。こうした背景から、一九二〇年には全面的な関税改訂をおこない、保護主義のもとでの基幹産業育成の工業化政策がはかられることになる。

このように、オーストラリアでは、工業成立の経済性を無視したオールラウンドの工業化が理想とされ、国内市場の温存が工業化の大前提となった。そのためには、連邦政府の広範で強力なバックなった。

アップが必要となる。その結果、オーストラリア近代工業は、寡占支配が非常に高度に進むことと

〈2〉第二次世界大戦とアボリジニ労働力

この時期、連邦政府のアボリジニ政策に大きな変化はない。ただ、第二次世界大戦が勃発すると、白人オーストラリア人が徴兵され、オーストラリア国内は深刻な労働力不足に陥った。そこで政府は、白人の労働力不足を補い、国防力を高めるために、アボリジニを雇用して、建設工事や機械の整備・修理を行うようになったのである。

政府の雇用は、民間企業の牧場のような賃金差別はなく、アボリジニは、白人と平等に扱われた。労働力としてのアボリジニは、政府に好意的に受け入れられたのである。[1]

例えば、アリス・スプリングスとダーウィンを中心にキャンプをはった軍隊は、キャンプ内の仕事にアボリジニを雇った。そこでは、成人男子に対してアボリジニにも白人にも差別なく日給一〇シリング、さらに時間外勤務に対しては超過勤務手当てまでもが支払われた。さらに、アボリジニ労働者の家族にも、白人と同じ宿舎と食事が提供された。こうしてアボリジニは、初めて「人間として扱われた」のである。[2]

〈3〉アボリジニ社会のその後

1 人口の増加

第7章で説明したとおり、一九二〇年代からアボリジニの人口増加が始まる。その要因についても既に触れたが、アボリジニ保護政策がこの頃になってようやく効を奏しはじめたこと、定住生活による出産率の増加、などが要因となっている。しかし、アボリジニの人口増加と一言でいっても、混血

アボリジニと純血アボリジニでは、ずいぶんと事情が異なる。そこで、本節では、混血アボリジニと純血アボリジニを区別して、アボリジニの人口増加に関する追加的説明をおこなう。

実は、この頃のアボリジニ全体の人口増加を助長したのは、混血アボリジニである。例えば、一九二〇年から一九六一年までの時点では、純血アボリジニは二〇〜二五％程度減少しているのに対し、混血アボリジニは二三八％と大きな増加を示している。このことは、混血アボリジニが、一九二〇年前後に生産性の高い集団として成立したことを意味している。[1] 混血アボリジニは、アボリジニ特有の厳しい婚姻規則から、ある程度解放されている。それがこうした人口爆発を引き起こしたひとつの要因なのではなかろうか。

2 アボリジニの労働者としての自覚

第二次世界大戦中に軍隊に雇われたアボリジニの数は、一九四五年だけでも一〇〇〇名くらいだったが、経済的に白人と平等に扱われるという経験によって、アボリジニの欲求水準は著しく高められた。[2]

牧場経営者は、いつまでも安い賃金でアボリジニを雇っていられなくなった。さらにアボリジニは、白人労働者をまねて、労働条件改善を求めたストライキをやるようになった。例えば、第二次世界大戦が終了した翌年の一九四六年に、ピルバラ地区にある二二の牧場のうち二〇の牧場で働いているアボリジニたちが平等賃金を要求してストライキにはいった。この要求は、その後三年間継続され、一九四九年になって経営者側は、全面的にアボリジニの要求を受け入れた。さらに次章で紹介する同化政策期にはいると、一九六五年にオーストラリア労使調停委員会は、アボリジニ労働者に白人労働者と同じ権利（賃金）を認める決定を下している。[3]

ただし、この後もアボリジニと白人との完全な平等待遇が実現されたわけではないのは、前章の賃金格差を示した図14からも分かるとおりである。

いずれにせよ、こうして資本主義社会の中での労働者として徐々に目覚めてくるアボリジニであるが、生活のスタイルそのものは以前とさほどのかわりはないようである。第二次世界大戦中のアボリジニのコミュニティーでも、婚姻規則に従わなかった女性が、村八分にあったり、同一トーテム内での結婚を避けたりする習慣は残っている。雨乞いの儀礼などはおこなわれなくなったが、病気や死に対する呪術的な力の信仰は残っていた。ここでも伝統は変容しながらも維持されているのである。(4)

最後に、一九六〇年代の民間企業でのアボリジニの労働の実態の具体例として、ノースクイーンズランド州のウェイパ族を紹介する。ウェイパ族は、一九五七年までミッションの集落で生活していた。しかしこのウェイパ・ミッションの周囲で、ボーキサイトの採掘権を「コモンウェルツ・アルミニウム・コーポレーション」が獲得すると、急速な開発が始まる。ミッションは、その保有地の一部をボーキサイトの採掘に解放する補償として、新たな村を付近に建設し、アボリジニはこの会社で雇用されるようになった。彼らは主に単純労働者として利用された。これは半数以上が、勤務日数の半分以上を欠勤するという勤務状態からすれば当然の結果といえなくもない。こうしたアブセンティズムの原因は、白人労働者のほとんどが、独身で寮生活であったのに対して、アボリジニは、自分の集落に仲間や家族がいたこと、さらに、アボリジニの栄養状態が悪かったこと、感情的な対立からアボリジニが白人との労働を嫌がったことなどが挙げられる。こうした状況にもかかわらず、会社がアボリジニの雇用を続けたのは、会社があまりに辺境に位置していたため、白人労働者が集まりにくかったためである。(5)

現代――文化多元主義

〈1〉オーストラリアの方向転換

1　第二次世界大戦後のオーストラリア経済①

第二次世界大戦は、オーストラリアにとってのイギリスの地位を決定的に低下させた。日本軍による真珠湾攻撃とその後のイギリス巡洋船プリンス・オブ・ウェールズとレパルスのマレー沖での撃沈は、太平洋におけるイギリスの相対的な後退と日本とアメリカの台頭を印象づけたのである。東南アジアで日本軍の前進を食い止めることができたのは、イギリスではなくアメリカだった。オーストラリアは、援助を求める国をアメリカに転換した。アメリカの軍事介入がなかったら、オーストラリアは日本に侵略されるか日本に封鎖されていたかもしれない。

戦後は、日本、アメリカ合衆国との貿易がオーストラリアの主要な通商となる（図1）。日本は、オーストラリアの羊毛、金属鉱石、石炭、食糧を買っており、その規模は一九六〇年代半ば頃までに、最大の貿易相手国だったイギリスを追い抜いた（図2）。そして一九七四年には、オーストラリアの輸入相手国としても日本がイギリスを追い抜いたのである。また、オーストラリアへの最大の供給国は、アメリカ合衆国となった。

オーストラリアおよび世界に対する日本とアメリカの貿易構成の推移と生産要素（1970〜79年）

(%)

国と期間（平均）	天然資源集約財		未熟練労働集約財		熟練労働集約財		技術集約財	
	オーストラリア	世界	オーストラリア	世界	オーストラリア	世界	オーストラリア	世界
（日本）								
輸入								
1970〜72	98.6	78.1	0.3	4.1	0.4	3.5	0.7	14.3
1977〜79	98.6	81.8	0.3	5.0	0.5	3.5	0.6	9.7
輸出								
1970〜72	7.6	8.1	23.0	23.0	41.5	44.6	27.9	24.4
1977〜79	4.1	5.3	12.4	14.2	53.8	49.8	29.6	30.7
（アメリカ）								
輸入								
1970〜72	91.3	38.9	1.2	12.5	3.6	33.2	3.9	15.4
1977〜79	89.5	49.5	0.7	8.9	3.6	26.0	6.3	15.6
輸出								
1970〜72	12.1	31.0	5.3	5.9	20.5	20.1	62.1	43.1
1977〜79	10.5	32.4	6.8	5.8	18.7	18.6	64.0	43.2

図1　加賀爪優「戦後の貿易構造と環太平洋地域の重要性」233頁（関根政美ら著『概説オーストラリア史』有斐閣選書、1988年、8章）

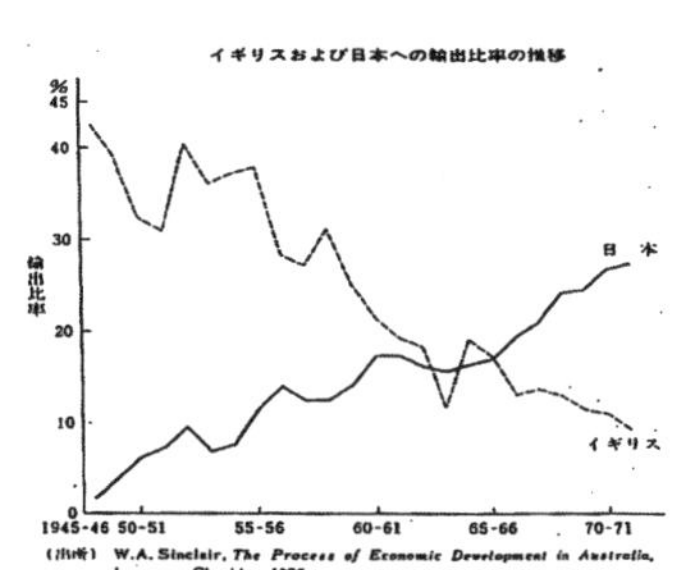

図2　加賀爪優「戦後経済の構造と市場動向」216頁（関根政美ら著『概説オーストラリア史』有斐閣選書、1988年、7章）

2　移民政策の転換と文化多元主義（2）

それまでの「白豪主義政策」と戦後のオーストラリアを特徴づける「文化多元主義（マルチ・カルチュアリズム）」とは全く反対の性格をもつ政策である。こうした大きな政策転換の背景を考えてみたい。

白豪主義にもとづく人種差別政策は、第二次世界大戦後も続いた。しかし、大戦直後から変化が生じる。大戦直後のオーストラリアは、本土防衛のための人口増加、戦後の経済復興と経済成長促進のための労働力調達の必要から、一九四七年以降、「大量移民導入計画」が実施されるのである（図3）。当初は、毎年二%の人口増加を目標とし、その半分を移民でまかなおうとしたが、歓迎されたイギリスやアイルランドからの移民ではとても供給が追いつかなかった。そこで政府は、非英語圏のヨーロッパ難民を受け入れるようになる。この結果、一九五〇年代には、イタリアやギリシアなどの南ヨーロッパ系の移民と、東ヨーロッパ社会主義圏からの難民を含んだ移住者が増大することになった。しかし、これらの人々も一九六〇年代には、減少傾向をみせはじめた。この頃になると、ヨーロッパが復興しはじめて労働力を吸収するようになり、距離も遠く、永住を前提とするオーストラリアへの移民は魅力を失ったのである。そこでオーストラリア政府は、中近東の人々の難民を受け入れるようになった。

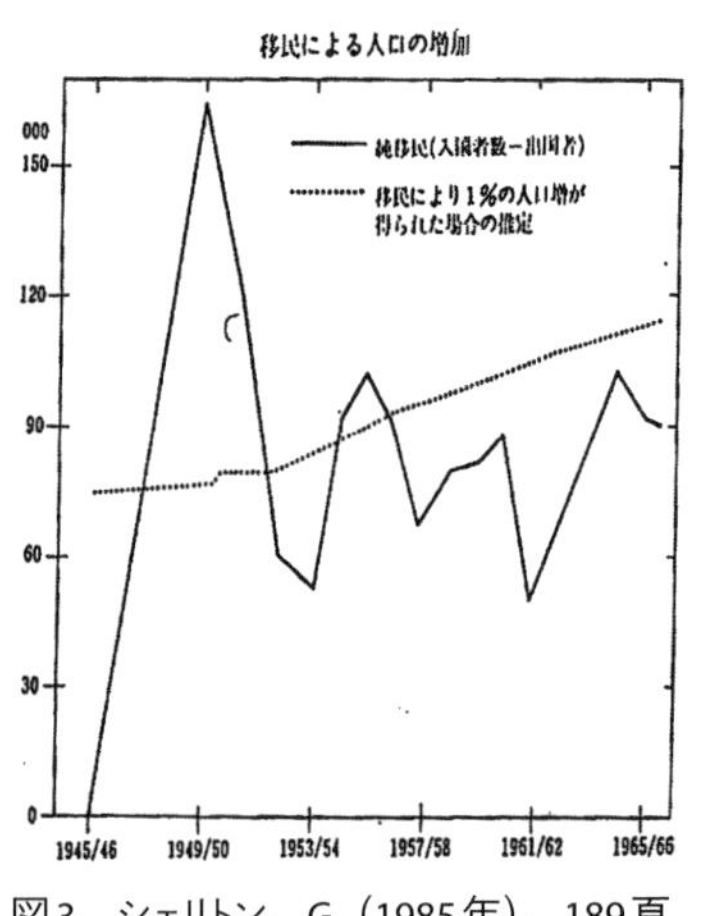

図3　シェリトン、G（1985年）、189頁

図4は、戦後のオーストラリアの難民受け入れ状況である。

中近東からの難民受け入れと同時に、労働力を補うためにアジアからの移民も教育、専門・技術、熟練などの点において高い資格を持つものに限って移住を認めるようになる。こうして一九五六年以降は、アジア人にも市民権が与えられるようになった。

このように白豪主義政策は、なし崩し的に捨て去られてゆくのであるが、その後の文化多元主義への転換には、さらにいくつかの段階がある。

オーストラリアは、その民族の優秀性に対して大きな自信があった。なぜならオーストラリアは、イギリスの文化伝統を土台としており、非英語系の移民は、そのすばらしさに共鳴して、自らを同化しようとし、彼らがオーストラリア的生活洋式と価値を内面化することは、さほど困難ではないと考えていたのである。

しかし、移民を受け入れる文化圏が拡大し、イギリス＝英語圏とは文化的な異質性が比較的顕著な地域からの移民が増えると、こうした同化主義は、うまく機能しなくなる。最初オーストラリア側は、こうした人々を問題視していたが、その後こうした人々の文化の維持と尊重が、かえって新しい移民の定着やオーストラリア社会への順応を促進させると考えるようになり、一九六〇年代に、同化政策から統合政策へと政策転換を行うのである。

しかし。この統合政策も、最終的には文化の同化をめざしたものであるとの批判を受け、一九七〇年代に登場するのが、「文化多元主義」である。

アル・グラスビー移民大臣が、一九七三年に表明したマルチカルチュラル政策によると、それ

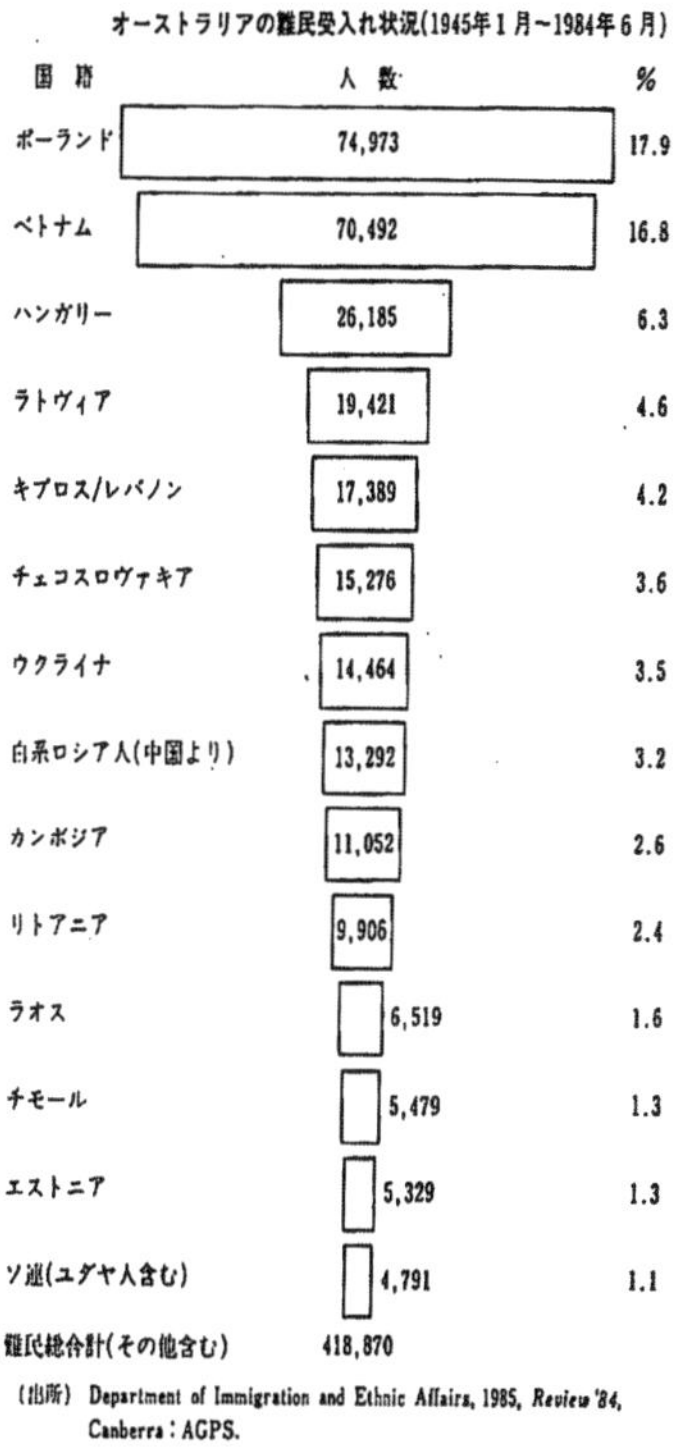

オーストラリアの難民受入れ状況(1945年1月～1984年6月)

国 籍	人 数	%
ポーランド	74,973	17.9
ベトナム	70,492	16.8
ハンガリー	26,185	6.3
ラトヴィア	19,421	4.6
キプロス/レバノン	17,389	4.2
チェコスロヴァキア	15,276	3.6
ウクライナ	14,464	3.5
白系ロシア人(中国より)	13,292	3.2
カンボジア	11,052	2.6
リトアニア	9,906	2.4
ラオス	6,519	1.6
チモール	5,479	1.3
エストニア	5,329	1.3
ソ連(ユダヤ人含む)	4,791	1.1
難民総合計(その他含む)	418,870	

(出所) Department of Immigration and Ethnic Affairs, 1985, *Review '84*, Canberra：AGPS.

図4　関根政美「マルチカルチュラル・オーストラリア」284頁
(関根政美ら著『概説オーストラリア史』有斐閣選書、1988年、10章)

は、人種・エスニック的要素によって人々の待遇を差別することなく、法の前の平等、教育・就職における機会均等を保障し、制限的移民制度や抑圧的人種差別を否定すると同時に、社会参加のための援助を行うというものであった。こうして、オーストラリアは、それぞれの民族の母国の言語や文化を維持することを認めるという文化多元主義、文化相対主義を採用したのである。

こうした諸政策のアボリジニに対する適用とその効果については、次節以降で検討する。

〈2〉アボリジニ政策

1　同化（assimilation）政策

①同化政策とは

一九五一年に、内務大臣だったP・M・C・ハズラックの発言は「アボリジニは死にゆく民族」という規定を否定し、純血、混血を問わず白人社会に同化させ、そのための積極的な援助をするとともに、機会の均等をめざすというものであった。これは、それまでの隔離・保護政策から、積極的な同化政策への転換を意味する。しかし、この同化政策は、オーストラリア社会で多数派を占める英国系白人の行動様式をアボリジニに身に付けさせ、白人社会に吸収しようという政策であった。[1]

また、一九六一年原住民福祉協議会は、「同化政策」をつぎのように定義している。「混血アボリジニを含め、すべてのアボリジニが、他のオーストラリア人と同じ生活様式を得て、また同じ権利を享受し、同じ責任を受け入れ、同じ慣習を保持し、同じ信念にもとづいて行動しながら、オーストラリアの一員として生活するようになることである。[2]」

ただしこうした同化政策が、アボリジニ独自のために生まれたものではなく、移民受け入れの拡大という国内の経済的・軍事的事情であることは既に述べた。アボリジニ政策としての同化政策は、非英国系移住者に用いられた移民政策である同化政策を、国内の異文化を持つひとびとの集団（アボリ

ジニ）に拡大延長して採用したものである。(3)

②法制度の整備(4)

一九五三年に「被保護者雇用条例」、一九五九年に「福祉条例」が公布され、一九六二年には、アボリジニに選挙権が与えられる。その後、統合政策がはじまった一九六五年には、連邦仲裁委員会によって平等賃金裁定がだされた。このように、ようやくアボリジニに対する法制度の整備が進むのである。

③混血アボリジニ(5)

同化政策以降、混血アボリジニを特別に管理するという政策は採用されなくなる。混血アボリジニに対しても、法のもとの平等が認められるのである。こうして混血アボリジニも、通常の行政サービス下で管理されるようになり、特種施設に隔離するということはなくなった。また、教育も徐々に充実し、雇用条件もこの頃から改善してくる。

④教育政策(6)

教育は、文字どおり同化達成のための絶好の手段とされた。白人オーストラリア社会への同化を促進するために、アボリジニは職業訓練を受け、労働力となるよう計画された。学校でのプログラムは、西洋白人中流階級を念頭において編成され、アボリジニの伝統的文化や慣習にはほとんど関心がはらわれなかった。教育方法といえば、「教師は英語でわけの分からないことをしゃべりまくり、ひとりひとりの生徒に質問を浴びせ、答えを強要する。」ものであったという。

同化政策がおわるころまでには、大部分のアボリジニの児童は小学校に通うようになったが、中等学校への進学率はきわめて低かった。ニューサウスウェールズ教員連盟の一九六四年の調査によると、中学二年以降に進むアボリジニ児童は九％にすぎず、しかもその中の五八％が遅進児であった。

⑤同化政策に対する批判

ハウスフィールドは「同化」の定義として、文化変容、文化統合、文化混合の三つの要点を挙げている。さらに、文化変容は必然的なものであるが、文化統合、文化混合は、少数民族の合意がなければならないとしている。つまり、大多数を占める白人、特に英語圏の文化勢力による、アボリジニなどの少数民族に対する同意のない「同化政策」は、批判されるべきものなのである。[7]

具体的な行政に対する批判もでてきている。この時期は、いろいろなアボリジニ団体が組織され、現状の告発、福祉の促進、あるいは土地返還要求（後述）、さらに差別撤廃運動などのアボリジニ権利回復運動が開始されている。[8]

2　統合政策から自己管理政策までの変遷

①統合（integration）政策　一九六五〜一九七二年

同化政策が、少数派の多数派に対する順応（服従）であったのに対し、一九六〇年代に先進国でさかんになった人権拡張運動や学生運動の影響で、少数派のもつ文化的特性を残しながら、全体としてひとつの社会を構成しようという政策がとられるようになる。これが所謂「統合政策」である。[9]

一九六六年に、サウスオーストラリアで「差別禁止法」が制定され、サウスオーストラリア州においては、公共施設、宿泊、住宅、法的契約、雇用等において、いかなる差別も犯罪と規定されることになった。[10]これは一九七五年の連邦政府による「人種差別禁止法」制定の布石となる。[11]

一九六七年、国民投票により、八九%の圧倒的多数でアボリジニに市民権が賦与され、同時に連邦政府に対してアボリジニ関係の法律の立法権が賦与された。これが後に、一九七二年の「アボリジニ省」設立を促すことになる。[12]マスメディアも、この頃から活発にアボリジニ問題をとりあげるようになり、アボリジニの窮状を社会問題として報道するようになった。[13]

しかしその一方で、このころの隔離政策の緩和と世界的な経済の好況が要因となって、アボリジニが仕事を求めて都市へ集中するようになり、都市部でスラムを形成するようになる。ここに、都市に住むアボリジニの貧困という新たな社会問題が発生する。(14)

また、一九六〇年代に、鉱物資源の開発が活発化し、アボリジニ居留地における資源開発と、土地所有権を主張するアボリジニとが対立するようになる。この問題に関しては後述する。

②自己決定（self-determination）政策　一九七二〜一九七五年

一九七三年、政権に就いたウィットラム労働党は、「経済、社会、政治問題におけるアボリジニの失われた自己決定権を回復するための」政策を発表する。いわゆる「自己決定政策」である。(15)

アボリジニ問題への政府支出は倍増し（四三〇〇万ドル→九七〇〇万ドル）、例えばアボリジニの政府諮問機関である「全国アボリジニ評議委員会」の設置等、積極策が次々と打ち出された。(16)また、ウィットラム首相は、「労働党がアボリジニに土地所有権を認める最初の党になる。」という意気込みを示し、様々な準備をすすめている（後述）。

アウトステーション運動に対する積極的な支援もこの頃はじまり、アウトステーションが、着実に制度化してくる(17)（後述）。

③自己管理（self-management）政策　一九七七年〜

一九七七年、自由党・国民党の連立政権の首相に就任したフレイザーは、「アボリジニが自分たちの問題を自らの手で解決し、自分たちの将来を決定できるようにする。」という目的で「アボリジニが、各々の威厳と自尊心と自立心を向上させる」ことをねらった「自己管理政策」を発表した。こうして生まれた新しいプログラムは、アボリジニに関する諸政策にアボリジニ自身の参加をうながすものであった。(18)

しかしこうした一連の動きが、ある程度の成果を挙げつつも、決してうまくいっているとばかりは言い難いのが実情である。

例えば、アボリジニの学歴の推移を示した図5、あるいは一九八六年のアボリジニとオーストラリア全体の就学率を比較した図6をみると、アボリジニの教育水準の向上がはっきり分かるとともに、オーストラリア全体からみた場合の教育水準の低さも一目瞭然である。また、失業率については、図7を参照。深刻な状況が依然として続いていていることが分かる。

自己管理政策のもと、アボリジニの集落での店舗の経営をアボリジニ自身にまかせようという試みがなされた。しかし、これも様々な弊害を引き起こしている。アボリジニの伝統では、長老には絶対的に服従しなければならない。そのため、若いアボリジニの店員は、客である年配者の命令に逆らえず、ただ同然で、品物をふるまってしまうのである。アボリジニにとっては、商業的成功よりも親族同士の結束の方がはるかに重要なので、経営がなかなか順調に行かない。(19)

3 土地所有権問題(20)

現代アボリジニをめぐる重要な問題としてアボリジニの土地権の問題がある。土地権運動は、先住民が白人の入植以前に土地を占有していた事実から、原初の

クィンズランド州内の地方地域のアボリジニーの推定失業率 %

地域	失業率
オールクン(Aurukun)	70
ブルームフィールド(Bloomfield)	85
ドウーメッジ(Doomadge)	60
エドワードリバー(Edward River)	70
パームアイランド(Palm Island)	70—80
ホープヴェイル(Hope Vale)	65

資料] Altman and Nieuwenhuysen, 1979 Table 19, p. 39, より抜枠。

図7　鈴木清史（1993年）91頁

就学率（1986年）—オーストラリア全体との比較—

年齢	アボリジニ (%)	オーストラリア全体 (%)
5 〜 9 才	88.2	99.0*
10 〜 15 才	83.1	98.3
16 〜 17 才	31.6	74.5
18 〜 20 才	7.5	41.4
21 〜 24 才	4.1	20.4
25 才 以上	2.7	7.9

（*推定）

図5　鈴木清史（1993年）95頁

15歳以上の男性アボリジニーの学歴の推移（1966—1971）
（非アボリジニー人口との比較） %

教育レヴェル1)	アボリジニー 1966	アボリジニー 1971	非アボリジニー 1966	非アボリジニー 1971
全く学校教育を受けていない	34.5	23.5	0.8	0.5
小学校 1〜5年まで	40.4	42.4	28.7	21.3
中学2年まで	14.1	23.4	28.5	39.9
中学校卒業	2.6	2.2	23.2	12.1
高校1年まで	0.7	1.9	16.1	21.5

注 1) 日本の教育制度に直してある。オーストラリアではグレイド (Grade) 1から10までが義務教育，Grade 10 は，日本の高校一年に相当。
出典] Fitzgerald, R. T. *Poverty and Education in Australia: Fifth Main Report*, Commission of Inquiry into Poverty, AGPS. 1976. Western, J. S. 1982, p. 216. より引用。

図6　伊藤聡「アボリジニと教育」251頁（「オーストラリア研究紀要」vol.17、1991年）

権利を最大限取り返そうとする運動である。もともとは、ノーザンテリトリーのアボリジニ保護区（リザーブ）での鉱業開発と、アボリジニのロイヤリティー権の要求が問題の発端であった。

一九五二年以降の同化政策のもと、連邦政府は直轄地であるノーザンテリトリーのアボリジニ保護区での鉱山活動を認める方針を打ち出した。オーストラリアでは、鉱物資源の国王所有原則がある。許可をうけて採掘をおこなう業者は、ロイヤリティーを各州政府に支払わなければならない。しかし連邦政府は、アボリジニ保護区での鉱業生産から徴収されるロイヤリティー権を放棄し、これをアボリジニに対する福祉事業に充当する決定をおこなった。

その後、一九七二年に政権に就いたウィットラム労働党は「アボリジニ土地権委員会」を設置し、委員長にアボリジニの法律顧問であったウッドワード判事を任命する。彼は、その調査報告のなかで、鉱物の国王帰属の原則を維持しつつも、アボリジニに鉱山開発を拒否する「拒否権」を認めた。

鉱山業界は当然反発したが、これは、法案として採用され、一九七六年ノーザンテリトリーで「アボリジニ土地権条例」が成立した。その後、サウスオーストラリア州の「ピットジャンジャラ土地権法」（一九八一年）、ニューサウスウェールズ州の「アボリジニ土地権法」（一九八三年）など、アボリジニの土地所有権や開発拒否権を認める法の成立が相次いだ。しかしウェスタンオーストラリア州では、アボリジニのみに他のオーストラリア人とは異なる特別な土地権を与えるのは「土地の平等」が脅かされるという鉱山業界の反対キャンペーンによって「アボリジニ土地権法」は否決された。

労働党政権は、全国に効力を及ぼす優先的土地権法の制定の構想を発表したが、サウスオーストラリア州、ヴィクトリア州、クイーンズランド州などが反対の態度を示し、成立には至っていない。

アボリジニの土地所有権問題は、農村部や都市部で生活しているアボリジニにとっても大きな関心がよせられている。

〈3〉現代アボリジニ社会

1　アボリジニ社会の特徴

①アボリジニの二極分化

関根政美は、現在のアボリジニの生活スタイルを四つに区分している。第一は、アウトステーション運動と呼ばれるもので、古来アボリジニの所有地とされる土地に移り住み、伝統生活に生きようとするあり方。第二は、アボリジニを主体として小さな町を形成し、牧畜や農業を営んで自立する生活形態。第三は、白人の中小都市の近辺に住み、農業、牧畜、単純作業労働者としての生活、第四にシドニーやメルボルンなどの大都市での生活である。(1) この四種の生活形態の人口分布が図8である。

とくに近年の現象として注目されるのは、アウトステーション運動と、大都市へのアボリジニの大量移動である。両者は、まさに正反対の動きであり、アボリジニの二極分化といいうる。ただし、二極分化といっても人口比をみれば、その規模は全く異なる。アウトステーションは小規模な伝統回帰の動きであるのに対し、アボリジニの都市民化は、きわめて大きな人口移動である。

さらにこの二つの動きには、もうひとつ重大な特徴がある。図9でも分かるとおり、アボリジニの大量の都市民化

アボリジニの居住地域別人口および収入[a]（1981年）

居住地域	居住人口(千人)	居住人口(割合)	収入(1人当たりの平均)
アウトステーションその他の小コミュニティ[b]	7.6%	4.9%	4,738
小都市——アボリジニ都市[c]	30.3	19.6	3,592
小都市——白人都市[d]	53.1	34.3	4,326
大都市[e]および州首都	63.9	41.3	4,929
(州首都)	(−)	(−)	(5,338)
人口合計	154.9	100.0	
アボリジニの平均収入			4,532
全オーストラリア人の平均収入			8,169

(注) a) 合計数値と各数値は、各々四捨五入しているのでズレがある。
b) ホームランド・センター、牧場その他アウトバック地域に住む人びとをも含む。
c) アボリジニ所有地、保護地区などの町、セツルメントを指す。
d) 小都市、中都市を含む。また、都市近郊のキャンプ、保護地区に住む者も含む。
e) 大都市とは20,000人以上の人口をもつものを指す。
(出所) Committee of Review of Aboriginal Employment and Training Programs, *Aboriginal Employment and Training Programs*, Canberra: A. G. P. S., 1985, pp. 33, 38.

図8　関根政美「アボリジニ」312頁（関根政美ら著『概説オーストラリア史』有斐閣選書、1988年、11章）

アボリジニの分類と住居区域の比率

州	Full/Part	Rural/Urban
ノーザンテリトリー	6.66	8.51
西オーストラリア	1.00	5.34
クィーンズランド	0.79	2.78
南オーストラリア	0.78	3.11
ビクトリア	0.16	1.11
ニューサウスウェールズ	0.11	1.55

[ROWLEY 1970: 376, Table 2, 3] による。

図9　小山修三（1988年）、52頁

を促しているのは、急激に人口を増加させている混血アボリジニであり、その一方で純血アボリジニは、アウトステーションをはじめとする地方（アウトバック）で生活しているのである。(2) つまり、アボリジニの二極分化は、混血アボリジニと純血アボリジニの生活スタイルの違いによるところが大きい。

②健康状態と栄養

現代アボリジニの失業問題と教育問題は、アボリジニ政策との関係で簡単にではあるが前節で既に述べたので、ここでは、都市や町で生活を営むアボリジニの健康状態と食生活について紹介する。なおアウトステーションでの食生活は次節で説明する。

アボリジニの幼児死亡率、平均寿命は、オーストラリアの平均と比較すると、依然としてきわめて深刻な状態が続いていることが分かる（図10）。

図11は、アボリジニの乳幼児死亡率の推移の比較と国際比較である。アボリジニの乳幼児死亡率が、改善されてきているとはいえ、まだきわめて高いことが分かるであろう。また、「ニューサウスウェールズ州健康委員会」の「APC（先住民政策委員会）（Aboriginal Policy Committee）」の一九七九年の報告では、ニューサウスウェールズの農村部に出生したアボリジニの平均寿命は約五二歳であり、これはオーストラリア人の平均よりも二〇年も低い。(3)

杉本一郎は、問題にされるべき点として、貧弱な生活状態、不適切な設備、間違った健康教育計画などとともに、食事と栄養の問題をとりあげて

乳幼児死亡率推移の比較　　(人/1000人)

	オーストラリア		アボリジニー（ノーザンテリトリー）	
	1965	1978	1965	1978
死亡率（人/1000人）	18.47	12.20	142.66	48.10

出典） Coppell, W. G. *Australia in Figures* Pelican Books, 1981 p. 16. p. 29. Western. J. S. 1983. p.221. より改変

図10　鈴木清史（1993年）、102頁

乳幼児死亡率　国際比較

国　名	死亡率（調査年）(人/1000人)
オーストラリア	12.20 (1978)
アボリジニー (N. T)*	48.10 (1978)
スウエーデン	8.6 (1968)
日本	10.1 (1975)
フランス	11.3 (1975)
カナダ	14.3 (1975)
ニュージーランド	16.0 (1975)
英国	16.1 (1969)
アメリカ	16.1 (1975)

出典） Coppell, W. G. 1981 p. 17.
*） N. T＝ノーザンテリトリー

図11　鈴木清史（1993年）、102頁

いる。健康状態の悪化は、伝統的な食糧から、マーケットで購入する食物への変化と大いに関係がある。特にアルコールの過度の摂取による健康への悪影響は深刻である。[4]

次に地方の町であるマニングリダでのマーケット調査にそって、現代アボリジニの食生活を具体的に追ってみよう。[5]

図12、13は、マニングリダ・マーケットにおける食糧供給量と栄養素等供給量についての分析表である。この表から、まず、小麦粉、砂糖の供給量が多く、野菜・果実類、魚介類の供給量が大変少ないことが分かる。また、エネルギー量、タンパク質の供給は十分であるが、無機質、ビタミン類が不足している。こうした食糧供給の実情から五島淑子は、アボリジニの食生活が、魚介類の供給量が多い「狩猟採集型」から牛乳・乳製品の供給が多い「欧米型」に移行したことを示唆している(図14)。さらに五島淑子は、本来野生食糧から栄養素を摂取してきたアボリジニが、動物の内蔵や

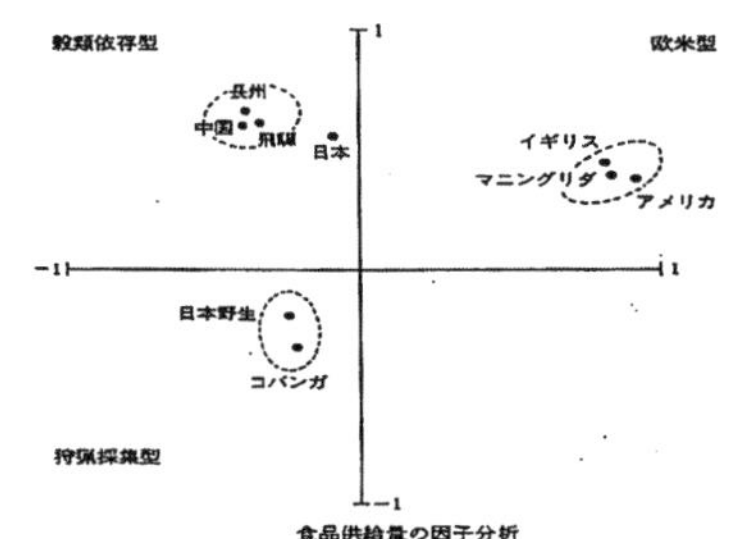

図14　五島淑子(1991年)、150頁

マニングリダ・マーケットにおける食料供給料(1988年1月から8月)
(1人1日あたり)(g)

食料	重量	食料	重量	食料	重量
砂糖	121.0	ジュース	13.0	ナシ*	3.6
炭酸飲料	111.3	牛乳	10.9	ハム類	2.7
小麦粉	77.6	シリアル類	10.4	タマネギ*	2.2
缶詰(肉類)	62.8	卵	10.3	油	2.0
冷凍(肉)	29.3	アイスクリーム	7.2	鶏肉	2.0
リンゴ*	23.3	紅茶	6.3	ケーキ	1.9
オレンジ*	21.8	缶詰(野菜)	6.1	チーズ	1.6
乳加工品	18.1	缶詰(魚)	5.9	ソース類	1.6
コーディアル	17.1	マーガリン	5.8	ジャム	1.4
スイカ*	14.6	オーツ	5.7	塩	1.3
ミカン*	14.6	ジャガイモ*	4.6	冷凍(野菜)	1.3
米	14.1	缶詰(果物)	4.4	シロップ	1.3
ビスケット	13.2	冷凍(菓子)	4.4	ベビーフード	1.3

* 1988年8月の1回分の記録による

図12　五島淑子「アボリジニの食事と栄養――マニングリダ・マーケットの調査」、144頁(小山修三編『国立民族学博物館研究報告別冊』15号、1991年)

マニングリダ・マーケットにおける栄養素等供給量(1人1日あたり)

		船便	船便(野菜)	航空便	合計	備考
タンパク質	g	75.0	0.5	0.0	75.5	
脂肪	g	62.9	0.2	0.0	63.1	
炭水化物	g	246.6	7.8	0.1	254.5	
エネルギー	KJ	7,626.6	131.2	0.9	7,758.7	1,854 kcal
カルシウム	mg	293.1	14.0	0.2	307.3	
リン	mg	877.5	12.3	0.3	890.1	
鉄	mg	8.5	0.3	0.0	8.8	
ナトリウム	mg	1,501.9	1.7	0.0	1,503.6	
カリウム	mg	1,185.6	106.1	1.8	1,293.5	
β-カロチン	μg	289.7	106.1	3.6	399.4	ビタミンA効力
レチノール	μg	205.3	0	0	205.3	1,350 IU
サイアミン	μg	773.5	38.6	0.4	871.9	
リボフラビン	mg	0.59	0.0	0.0	0.59	
ナイアシン	mg	16.6	0.2	0.0	16.8	
ビタミンC	mg	4.7	14.8	0.3	19.8	

(註) 1 kcal=4.184 KJ
ビタミンA効力=レチノール/0.3+カロチン/0.6

図13　五島淑子(1991年)、145頁

無機質やビタミンに富む野生食物を食べるのをやめて、マーケットだけに食糧供給を頼ることの危険を指摘している。伝統的に調味料を使用しないアボリジニは、ファーストフードや加工品に多く含まれる食塩、砂糖、脂肪の取りすぎから成人病になる危険が高いという。

2　アウトステーション運動

①アウトステーションとは

政府のアボリジニに対する積極的な支援によって、アボリジニの経済的な基盤が整備されると、遠隔地のアボリジニのなかから伝統的なライフスタイルに帰ろうとするアウトステーション運動がおこった。セツルメントやリザーブを離れ、自分のテリトリーに昔ながらのバンド、ホルドの村をつくり、狩猟採集を行いながら生活しようとする動きである。[6]

萌芽期のアウトステーション運動は、中央砂漠のピチャンチャジャラ族、パプニアのピンタビ族、ウェスタンオーストラリアのバーディ族、アーネムランドのレンバランガ族、ブララ族等が挙げられるが、いずれも一九七〇~七二年にこうした動きをみせはじめている。[7]

上記の四個所について現地調査を行ったクームスは、アウトステーション運動の要因として次の三点を挙げている。第一に、領地、土地に帰着する理由。自分のテリトリーは、自分で管理したいという欲求である。第二に、人口が、セツルメントに集中しすぎた結果、社会規模が大きくなりすぎ、適応に困難を感じていることである。言語が多すぎて共通語が英語になってしまい、自分の部族の言語が話せない、他部族に対する疑惑や敵意などが、具体的な問題である。第三には白人とアボリジニの関係である。白人は何を考えているのか分からない。そのうえアルコールやガソリン（若者が吸引してラリる）など有害な物を持ち込む。こうして白人に対する不信感は、かなり悪化したのである。[8]

次に人口について検討する。図15、16は、アーネムランドにおけるアウトステーションの人口と年齢・性別構成である。この図表からも分かるように、セツルメント（マニングリダ）では成人層が多く、アウトステーションでは幼、成、老年層がほぼ同率となっている。[9]このことから、相対的に成人は町での生活を指向し、老人はアウトステーションでの生活を指向するといえるだろう。

②アウトステーションの運営[10]

アウトステーション運動は、アボリジニが個人的に好き勝手に行動を起こして、それぞれが自由に伝統的狩猟採集生活を営んでいるわけではない。アウトステーション運動が行政の支援の対象となるにつれて、アウトステーションの組織化が進むのである。

例えばアーネムランドのアウトステーションでは、セツルメントごとにその管轄域内にあるいくつかの部族を代表するアボリジニの評議会を設置、顧問として白人を雇用し、その助言や技術的協力を受けながらアウトステーションの行政、経済、医療サービスを行っている。

さらにアウトステーションを運営するうえでの諸問題は、一六のアウトステーションで組織されたBAC（Bawinanga Aboriginal Corporation）の会議で検討され、対応を決定する。図17は、マニングリダのアウトステーションにかかわる主な機関とその役割を表わしている。数多くの機関がアウトステーション運動を支えていることが分かるだろう。こうした資金は、政府の出資や土地のロイヤリティーでまかなわれている。

アーネムランドにおけるアウトステーションの人口と構造

センター	アウトステーションの数	活動範囲（平均値）	総人口	アウトステーション人口
（東部）				
アングルル	6	12.5	945	163
ガリウィンク	12	52.0	1,678	113
ナンブラワ	4	77.5	427	85
ラマンギング	4	11.5	363	104
ウンバクンバ	5	30.0	455	105
イルカラ	11	130.0	1,422	468
ガブウィヤク	9	53.0	581	161
ミリンビンギ	8	15.0	1,021	221
（西部）				
マニングリダ	26	30.0	1,242	631
ミンジャラング	5	29.0	307	57
オーエンペリ	18	92.5	848	345
ジャビル	8	53.0	—	169
ウルウィ	0	—	258	—

［DAA 1984］により作成。

図15　小山修三（1988年）、60頁

マニングリダとそのアウトステーションの人口構成

年令	アウトステーション		マニングリダ		全地域	
	男	女	男	女	男	女
0—14	165	166	159	111	324	277
15—59	77	73	156	148	233	221
60以上	73	76	25	15	98	91

［DAA 1984］により作成。

図16　小山修三（1988年）、62頁

アルトマンは社会福祉による伝統生活の経営という点から「福祉国家の狩猟採集民（Hunter-Gatherer in Welfare State）」と定義している。

③アウトステーションでの生活

アウトステーションでの生活スタイルは、いかなるものなのだろうか？　特に伝統がどのように維持されているかに注目しながら検討してゆきたい。

グンウィング族を調査したアルトマンは、アウトステーションの生活では、近代テクノロジーを採用しつつも伝統的な社会構造を変化させずに維持していると説明している。ライフル銃の採用は、狩猟能力を大きく上昇させた。狩の対象となる動物は、白人入植以前なら生息していなかったバッファローなどの大型哺乳類である。こうした変化は生じたが、彼らの経済活動は、白人入植以前のように親族構造や慣習（互酬性原理）などによって管理されている。[11] 例えば季節の区分は、伝統的な名称によって区分され、それぞれの季節に応じてキャンプ地が決定される。[12] 獲得された獲物は、共同分配の原理にそってバンド成員に分配される。獲物の部所によってそれぞれの分配先が決定されるのである。種々の食物規制も伝統にのっとって守られる。グンウィング族の食物規制は、親族関係によるもの、季節によるもの、妊娠期のもの、儀礼時のものがあるという。[13]

マニングリダのおもな機関とその役割

役場 (Maningrida Council)
　マニングリダの「まち」の維持と居住者へのサービス
　　上下水道の維持・管理
　　ゴミの収集と処理
　　住宅建設
　　道路の建設と維持・管理
　　発電所の維持
　　飲酒許可証の発行　　などをおもな業務とする
開発協会 (Maningrida Progressive Association)
　「まち」とアウトステーション居住者のための食糧品をはじめとする生活物資の移入と販売
　　「まち」のマーケットと売店の経営
　　アウトステーションへの食糧品の販売　　などの業務
バウイナンガ・アボリジニ協同組合 (Bawinanga Aboriginal Corporation)
　アウトステーション居住者への生活援助を業務とする
　　そのためのつぎの部門がある
　　　自動車修理所 (Mechanical Workshop)；トラック，ボートの修理と無線電話の修理と斡旋などを担当
　　　社会保障部門 (Social Security)；失業保険などの社会保障金の給付を担当
　　　リソース・センター (Resource Centre)；住宅・井戸の建設と修理などを担当
　　　芸術局 (Aboriginal Arts and Crafts Centre)；工芸品の買い上げと販売，製作指導を担当
　　　（これらの諸部門の多くは1978年前後まで役場に属していたが，アウトステーションの増加にともなって，あらたに設立された協同組合の業務となった）
診療所 (Health Clinic)
　「まち」とアウトステーション居住者の健康管理と軽度の怪我・病気の治療
学校
　3歳〜12歳の子供の教育（「まち」に滞在する白人の子弟を含む）

図17　松山利夫「アーネムランド・アボリジニの生活史」791頁（『国立民族学博物館研究報告』14巻4号、1989年）

ジナン族のアウトステーションでは、無線やトラックを完備し、井戸や軽飛行場を建設するなど、かなりの近代設備の導入ぶりである。こうしたアボリジニは、政府の資金援助のほかにアボリジニ芸術として評価が高い木版画の販売などで貨幣を得ている。[14] 図18は、ジナン族の二人のアボリジニの保有財のリストである。

しかし、こうして近代設備で武装したジナン族のアウトステーションにおいても、生活の基本原理は伝統的な習慣にもとづいている。彼らも様々な食物規制の規則を維持し、[15] 神話にもとづいた葬送儀礼を行い、[16] 親族が集まって祖先の精霊をたたえる「星まつり」を大々的に催すのである。[17]

④ティウィ族の社会構造の変化[18]

伝統社会からミッションでの集住、そしてその後の伝統生活への復帰という一連の歴史のなかで、そのときどきの環境に応じて社会形態を変容させてきたきわめて興味深い例として、ティウィ族を紹介したい。

ティウィ族は、白人との接触以前は父系出自の地縁集団であるバンドが生活単位だった。紛争も、

ウヌウン WunuWun, ガジャオウラ Gadjaowra 両氏の保有財

分類	ウヌウン氏 1986年	ウヌウン氏 88年（特に加わったもの）	ガジャオウラ氏 1986年	ガジャオウラ氏 88年（特に加わったもの）
狩猟採集具	散弾銃1，漁網1，ヤス1，山刀1，ナイフ1，オノ1，犬4匹		散弾銃1，ヤス2，ナイフ1，オノ1，鉄棒1，犬2匹	
野生食糧	カササギガン1羽（一時的に飼育）			カメ37匹（雨季の食糧として）
マーケット・フーズ	小麦粉5袋，紅茶1箱，粉ミルク缶1，缶詰類5，砂糖3袋		小麦粉1袋，砂糖1袋，紅茶1箱	
衣類	男女衣類多数（Tシャツ，半ズボン，パンツ，ワンピース，スカート，パンティ，ブラジャーなど）		男女衣類多数（Tシャツ，半ズボン，パンツ，ワンピース，スカート，パンティ，ブラジャーなど）	
耐久消費財	トラック（ガンダディラが使用）1，ラジオカセット・デッキ1，無線電話1	トラック1，自転車2，三輪車2，テレビ・アンテナ1，テレビ1，ビデオ・デッキ1，発電機1		
生活雑貨	カップ3，ビリー缶2，ポリエチレン水タンク2，きせる1，トランプ1，懐中電灯1，ランプ1，洗濯洗剤1箱，石鹸2，蚊とり線香1箱，虫よけ器2缶，ズック靴1足，ゴム草履2足，トランク1，自動車用蓄電池5	電気コード2，ビデオ・カセットテープ15，携帯用保冷箱1，*ジェリー缶3	カップ2，ビリー缶1，ポリエチレン水タンク1，きせる1，懐中電灯1，ランプ1，洗濯洗剤1，ゴム草履2足，ノコギリ1	
住まい	トタンの家屋2，ウレタンマット3，ビニールシート1，毛布3，シーツ3，枕1，カヤ2	ベッド（マットなし）1	ナイロンテント1，ウレタンマット1，毛布2，シーツ2，枕1	天幕1
儀礼用具	儀礼用編み袋1，木製ヤリ3本，ヤリの素材5本		儀礼用編み袋1，ヤリ投げ器1	
木皮画など工芸品製作用具	顔料多数，顔料用のすり石1，筆3本，糊1缶，ナイフ2本		筆5本，ナイフ2本，ノミ2丁，包丁1本，サンドペーパー1巻	

* ジェリー缶：ガソリンまたは軽油を一時的に貯える18ℓ入りの缶。

図18　松山利夫（1989年）、816頁

バンド間でのものが多かったという。

しかし、二〇世紀に入り、ローマカトリック・ミッションが設立されると、そこに部族全体で集住するようになる。すると、それまで生活単位だった父系地縁集団は、経済的な意義を失って急速に解体し、かわりに、婚姻規則にもとづいた母系クランが生活単位となったのである。こうして紛争もバンド間でのものはなくなり、その代わりにクラン間での争いが目立つようになる。社会の基礎構造が、地縁的関係から血縁的関係に転換したのである。

その後一九五〇年代にはいると、ティウィ族はミッションを離れ、伝統的な生活に回帰をはじめる。すると息を潜めていた地縁的バンドが、社会生活単位として再浮上し、伝統的なバンド社会に戻ったのである。アボリジニの伝統の恐るべき生命力を示した例ではなかろうか。

⑤アウトステーションでの栄養状態と食生活

松山利夫は、ジナン族のアウトステーションでの食生活をエネルギー換算し、大まかにいって、五〇%のマーケット品の消費と五〇%の野生食物の消費と説明している。[19]

グンウィング族を調査したアルトマンは、もう少し詳しく分析している。[20] まず食糧の種類であるが、グンウィング族のアウトステーションでは、一九か月の調査期間中に一七〇種にのぼる野生食物を狩猟採集している。ただし、マーケットでの野菜の供給が普及した結果、食用植物の採集はあまり行われず、動物種と植物種の比は約九：一である。これは当然女性の仕事の意義の低下を意味する。一方、男性の狩猟は、ライフル銃などの近代技術の採用によって、その能力が向上した。

野生食物とマーケットの食糧の供給比は、季節によって異なる。

図19は、季節に応じた野生食物とマーケット食糧のエネルギー供給とタンパク質供給の比較表である。平均すると四七%のエネルギー（カロリー）、八一%のタンパク質が野生食物によってまかなわれている。

3 都市民化[21]（図20）

現在、アボリジニ全人口の六六・五%が、都市での生活者である。こうしたアボリジニの都市民化は、一九六〇年代に極めて顕著な現象となる。この時期は、同化政策が始まった時期でもあり、アボリジニの人権が回復され、移動の自由が比較的確保されたことに要因がある（ただし州外への移動は、一九七二年以降まで制約されていた）。

アボリジニは、なぜ都市に移動してきたのかという問いに対し、「就職の機会」、「子供の教育の機会」、「病気の治療」などを挙げている。都市での生活は、当然ながら他部族との雑居になるが、移動が始まった初期においては、なるべく自分と近い関係の親族や地域集団と暮らせるように何度も引越しをくりかえすという。

都市でのアボリジニの生活は、オーストラリア社会の最底辺者の生活であり、時にスラム化である。失業率は極端に高く、当然所得水準は低い。離婚率も高いので核家族化が進行する。また、都市のアボリジニは混血アボリジニが多いなどの事情から、英語しか話せないものが多く、部族の言語が急速に失われつつある。

Summary of estimated foodstuff consumption at Momega Outstation per capita per day: October 1979 to October 1980

		Kilocalories (nos)					*Protein (g)*				
Month	*Season*	*Bush*	*%*	*Market*	*%*	*Total*	*Bush*	*%*	*Market*	*%*	*Total*
October/November	Late dry	1696	62.9	1000	37.1	2696	112.7	87.6	16.0	12.4	128.7
November/December	Early wet	1751	54.9	1439	45.1	3190	129.8	85.6	21.8	14.4	151.6
December/January	Early wet	849	31.2	1872	68.8	2721	60.7	68.8	27.5	31.2	88.2
January/February	Mid wet	984	36.0	1749	64.0	2733	79.7	69.7	34.6	30.3	114.3
February/March	Mid wet	1051	38.4	1683	61.6	2734	85.1	71.0	34.7	29.0	119.8
March April	Mid wet	1209	43.1	1593	56.9	2802	103.6	78.6	28.2	21.4	131.8
April/May	Late wet	1455	50.1	1453	49.9	2908	153.8	84.7	27.9	15.3	181.7
May/June	Early dry	1304	45.6	1559	54.4	2863	118.7	86.1	19.2	13.9	137.9
August/September	Mid dry	1411	47.2	1575	52.8	2986	128.2	82.3	27.6	17.7	155.8
September/October	Late dry	1493	52.6	1346	47.4	2839	98.9	82.5	21.0	17.5	119.9
Mean		1320	46.2	1527	53.8	2847	107.1	79.7	25.9	20.3	133.0
Standard deviation		299	9.5	241	9.5	152	27.4	7.3	6.3	7.3	25.8

図 19　Altman, J. C., ‘The dietary utilisation of flora and fauna by contemporary hunter-gatherers at Momega Outstation, north-central Arnhem Land’, *Australian Aboriginal Studies* no.1, 1984, p.39.

地域別アボリジニ人口の推移（人）

各人口の後ろの（　）は%

国勢調査年	1971	1976	1981	1986
都市部	51,408（44.3）	95,856（59.6）	93,339（58.3）	151,416（66.6）
非都市部	64,545（55.7）	65,059（40.4）	66,558（41.6）	76,226（33.5）
計	115,953（100） 〔9,663〕	160,915（100） 〔16,553〕	159,897（100） 〔15,232〕	227,645（100） 〔21,541〕

〔出典〕 *Census of Population and Housing, Aborigines* (and Torres Strait Islanders) 1971, 1976, 1981, 1987, Australian Bureau of Statistics

注：（1） 各国勢調査はトーレス海峡諸島住民（表最下段〔　〕）を含む。
（2） 上記の表は、Ⅱ部第一章の表Ⅱ—4と部分的に重複している。
（3） 「非都市部」は表Ⅱ−4の「地方」のことである。

図20　鈴木清史（1993年）、20頁

第Ⅱ部小括

第Ⅱ部では、白人の入植過程とそれにともなって変容するアボリジニ社会を、入植直前から現在までほぼ二〇〇年間にわたって時代別に検討してきた。以上をふまえ、ここでは第Ⅱ部の小括として、序章で示した「2　アボリジニ社会と近代社会の接触と変容」「3　現代アボリジニをとりまく状況」の二つの問題設定について検討する。

〈1〉アボリジニ社会と近代社会の接触と変容

1　アボリジニ社会の変容と白人社会の変容

白人の入植過程とアボリジニ社会の変容を平行に検討してはっきりしたことは、白人の影響によってアボリジニ社会はじつに大きな変容が生じるが、白人社会はアボリジニ社会の影響を受けることはなく、世界情勢を前提としつつも、白人社会内部の変革によって変化が生じるという点である。

一七八八年以降に社会変容が生じたのは、なにもアボリジニだけではない。白人オーストラリア社会も様々な変化を経て現在に至っているわけだが、この二つの社会の変容は決して相互作用の過程ではなく、（混血アボリジニの増加というたったひとつの例外を除いて）白人社会の一方的変化と、それにともなうアボリジニ社会の従属的な変容の過程なのである。アボリジニは、白人社会の社会状況に応じて変化する対アボリジニ政策に自分たちの運命を完全にゆだねてきたと言わねばならない。

なぜこうした違いが生まれるのだろうか？

私は、社会構造の質的な相違にその原因があると思う。白人社会とアボリジニ社会の構造の質的相違が、変化の生じ方の相違となって現象したのである。この点は総括でもう一度検討する。

二八一

2　土地喪失の影響――経済と宗教の分離

アボリジニ社会の変容を生じせしめた最大の外的要因は、土地の喪失であろう。自分たちのカントリーを失うことは、アボリジニの伝統的な経済活動である狩猟採集を不可能にした。彼らは、生きてゆくために白人に依存せざるを得なくなったのである。アボリジニ社会の変化のなかで一番劇的だったのが、この土地の喪失にともなう経済活動の変化であったといえる。また、こうした経済活動の変化が、豊饒儀礼や社会組織としてのバンドの意義を喪失させたことについても本論で紹介した。しかし、興味深いことに、白人による土地の収奪にもかかわらず、精霊信仰や葬送儀礼などにおいてみられるように、自分たちのカントリーに対する宗教的意義は失われていない。

白人の入植にともなって経済と宗教は分離するが、宗教はその後も維持されつづけるのである。

3　伝統社会の維持

経済生活の劇的な変化とは対照的に、社会過程（とくに社会組織）や宗教世界は、かなりしぶとく維持しつづけている。ミッションによる干渉や文明化教育にもかかわらず、アボリジニの伝統指向はきわめて根強いといわねばならない。もちろん経済活動の変化は、彼らの宗教儀礼や社会構造をある程度解体したが、そうしたものも、近年のアウトステーション運動では復元されているのである。驚くべき生命力といえよう。また、キリスト教を伝統宗教の中にとり込むという対応も見事である。

しかしこうした伝統を維持する勢力も、純血アボリジニ人口の相対的・絶対的減少にともなってアボリジニ社会全体のなかでは、少数派の地位に甘んじなければならない。混血アボリジニの増加は、アボリジニ社会の文明化を急速に進行させた。この点は次節で検討する。

〈2〉　現代アボリジニをとりまく状況

1　混血アボリジニの意義

二〇世紀後半になって、オーストラリア政府のアボリジニに対する政策を変更せしめた大きな要因のひとつは、混血アボリジニの増加であった。アボリジニは「死にゆく民族」ではなくなったのである。オーストラリア政府は、移民政策の変更という要因もさることながら、混血アボリジニの増加にともなうアボリジニ人口の急増によって、アボリジニ政策を積極的におこなわざるをえなくなった。近年のアボリジニの積極的な権利獲得運動は、この混血アボリジニの増加によるアボリジニ勢力の台頭によるところが大きい。また、アウトステーション運動そのものは、純血アボリジニによるものであったが、こうした社会状況を背景としなければ、けっして実現しなかった。

ところがその一方で、混血アボリジニは、アボリジニの伝統を解体せしめる役割も担った。混血アボリジニの多くは、幼時期に特別施設に隔離されて、文明化教育を受けた。施設での英語教育のために、部族の言語が話せない者が増加した。さらに、混血アボリジニと純血アボリジニの結婚は、アボリジニの婚姻規則を混乱せしめた。こうした混血アボリジニの多くは、二〇世紀後半になると、都市の下層民として白人社会の最底辺を形成するようになる。

混血アボリジニがいなければ二〇世紀後半のアボリジニの復権はなかっただろう。しかし皮肉なことに同じ混血アボリジニが、アボリジニ社会の白人社会への同化を進めているのである。

2　アボリジニの二極分化の意味

純血アボリジニと混血アボリジニとの関係を考えるうえで、近年のアボリジニの二極分化は興味深い現象である。

アボリジニの人口増加やオーストラリア政府の政策転換にともなうアボリジニ社会の復権は、全く正反対の二つの権利要求となって現われた。ひとつは、「白人のように生活する権利」であり、もうひとつは「伝統的なアボリジニの生活を営む権利」である。前者が主に混血アボリジニの要求であり、後者が純血アボリジニの要求であることはもう説明を要しないであろう。アボリジニ自身によるアイデンティティの再確立は、近代文明に対して相異なる二つの反応を引き起こしたのである。

ただし、以上の説明は正確を記しているとはいえない。なぜならアウトステーション運動に見られる伝統回帰も、近代文明の支援なくしては成り立たないものであり、アボリジニ自身近代文明を積極的に採用しているからである。アウトステーション運動は、伝統的な生活スタイルに完全に戻ろうというのではない。伝統的な思考や習慣にもとづいて、現代的生活を営もうとする運動なのである。すなわち、近代文明をアボリジニの伝統に適合する範囲で採用しようとする動きなのである。

もう一度整理しよう。近年におけるアボリジニの復権は、アボリジニ社会に次の二つの指向をほぼ同時に生みだした。ひとつは混血アボリジニによる「アボリジニの近代化」への指向。そしてもうひとつは、純血アボリジニによる「近代文明のアボリジニ化」への指向である。

総括

序章で示した問題設定に関する検討は、第Ⅰ部、第Ⅱ部の小括のなかで既におこなった。そこで、総括においては、本論全体をふまえ、アボリジニの伝統社会と白人の近代文明の接触がもたらした意味について以下の二つの視点であらためて検討する。

〈1〉二つの社会構造

1　アボリジニ社会の構造

第6章の小括でも述べたとおり、アボリジニ社会は宗教世界が、経済活動や社会組織の編成などときわめて密接にむすびついており、日常的諸活動が、神話や精霊信仰のなかに埋め込まれた社会であった。そしてその宗教観にもとづく生活規範は、太古の神話の世界を模倣することに要点があり、その結果、彼らは変化を積極的に指向するという姿勢をもたなかった。

しかし、第6章の繰り返しになるが、これはアボリジニ社会が変化を拒絶してきたことを意味しない。アボリジニ社会は、変化を受け入れる弾力性のある社会である。ただそれを積極的に希求しないのである。変化は自覚的に生じさせるものではなく、勝手に生じるものなのだ。こうして生じた変化は、決して拒絶することなく、しかし神話の中に「埋め込む」ことで変化を太古の神々の時代の出来事として封印してしまうのである。

つまり、アボリジニにとっての変化は、あらかじめ計画されたり望まれたりするものではなく、事後的に承認されるものにすぎない。

2　近代社会の構造

近代社会の構造を包括的に説明しようというのではない。そんなことは私にとてもできるものではない。ただ、アボリジニ社会との対比で近代社会のもつ特徴の、ひとつの側面に注目したいのである。すなわち近代社会の「変化に対する姿勢」である。

近代社会は、（少なくともオーストラリア大陸で生じた白人文明の建設においては）変化に対してきわめて積極的な対応をとった。外的な環境の変化（例えば金鉱の発見や世界大戦の勃発）は、それを受けとった人間が、環境の変化に即して自分たちの生活を新しくつくりかえてゆこうとする自覚的な対応をうみだした（ゴールドラッシュや工業化）。

つまり、近代社会は「社会外的な変化」が認知されると「社会内的な変化」を自覚的に誘発させるシステムが組み込まれた社会なのである。変化は事後的に認知されるのではなく、事前に察知され、積極的で有効な対応策によって計画的に対応されるべきものなのである。

3　二つの社会構造の相克としてのオーストラリア史

こうした二つの社会の変化に対する対応の違いは、一七八八年以降の白人文明の拡大とそれに従属したアボリジニ文明の変容という対照的な二つの「変容」となって現象した。

白人入植者は、自らの利益のために外的環境に積極的に働きかけることで開拓地を拡大し、同時に自分自身も変化を引き受けながら社会制度を変革・整備していった。これに対してアボリジニは、外的な環境の変化を事後的に承認し、環境に即して自分たちの生活をできる範囲で維持し続けようとした。しかし、変化の事後承認という消極的態度では、近代文明の洪水のような流入と生活基盤たる土地の剝奪という巨大な変化には対応しきれなかった。伝統的な思考習慣を維持したがために、結果的に伝統的な生活スタイルをどんどん不可能にしてゆくという皮肉な事態を引き起こしてしまったのである。こうして、アボリジニ社会は崩壊するはずであった。白人もそう思い込んでいた。

ところが、二〇世紀も後半に入って事態は一変する。移民の拡大にともなう文化多元主義政策という外的環境の変化と、混血アボリジニの増加という「半内的・半外的変化」によって、アボリジニは伝統的な生活スタイルをある程度復元できるようになった。伝統的な生活スタイルを基本とし、近代文明を「埋め込める」範囲で採用するという、「アボリジニ型」の変化に対する対応が、有効に機能するだけの外的環境が整ったのである。

しかし、やはりここにおいてもアボリジニが自発的に行動を起こしたわけではないという点に注目しなければならない。アボリジニを伝統的生活へ向かわせるだけの環境が、「外的に」整備されたにすぎないのである。そして、こうした整備がなされたのは、例えばアボリジニ人口の増加などの外的な環境の変化を自覚的にうけとめ、自らの政策を変化させた白人社会の対応の結果なのである。

〈2〉媒介項としての混血児

二つの異質な社会構造の相克を考えるとき、その媒介として混血児が活躍するというのも興味深い。混血児の存在が、少数であるうちはさほど問題は生じない。しかし、彼らが人口増加を続け、社会集団として一定の規模に達すると、これは二つのどちらの社会とも異なった、しかし同時に双方の社会と関係をもった独自の地位を築くことになる。

オーストラリアの場合はどうであったか。混血アボリジニは、白人による文明化教育を受けながらも、白人によって差別されるという境遇の中で育った。結局かれらは、自分がアボリジニであるという自覚を持ちながら、近代文明を指向するという独自な社会集団として成長したのである。こうして、混血アボリジニは、アボリジニ社会にも白人社会にも変化を促した。アボリジニ社会に対しては、伝統的な習慣を混乱させる元凶となった。白人社会に対してはアボリジニの権利回復を要求する一大勢力となった。

混血アボリジニの存在なくしてはアウトステーション運動に見られるようなアボリジニ社会の復権と伝統回帰の運動は起こりえなかった。しかし同じ混血アボリジニは近代化を指向する伝統の破壊者でもあったのである。

注

序章　問題設定と検討方法

〈1〉はじめに

（1）'Aborigine'のカタカナ表記。「アボリジナル」「アボリジニー」「アボリジン」も同様。

（2）D・ジェンシュ（関根政美・関根薫訳）『オーストラリア政治入門』慶應義塾大学出版会、一九八六年、五頁

（3）例えば、鈴木雄雅「植民地の形成」二七頁（関根政美ら『概説オーストラリア史』有斐閣選書、一九八八年）。

（4）例えば、鈴木清史『増補　アボリジニー――オーストラリア先住民の昨日と今日』明石書店、一九九三年、六四頁。

（5）アボリジニは、近代人が意識するような「歴史感覚」をもたない。彼らにとっての歴史は、『神話』であって、考古学的な事実ではない。

〈2〉問題設定

（1）Rickard, John, *Australia : a cultural history*, Longman, London and New York, 1988, p. 4.

（2）Blainey, Geoffrey, *Triumph of the Nomads :History of Ancient Australia* (revised edition), Macmillan, 1982, p. 6.（越智道雄、高野真知子訳『アボリジナル――オーストラリアに生きた先住民族の知恵』サイマル出版会、一九八四年、七頁）

（3）小山修三『狩人の大地――オーストラリア・アボリジニの世界』雄山閣、一九九二年、三二頁

（4）小山修三（一九九二）、三二頁

（5）白人入植以前のアボリジニ社会を検討する素材が、考古学的資料しかないこと。さらに、フィールドリサーチなどの調査報告は、全て入植以降のものであるという制約からも、こうした記述にならざるを得ない。

（6）例えば、Rickard, John (1988), p. 19.

（7）例えば、Lawrence, David, 'Re-evaluating interpretations of customary exchange in the Torres Strait', *Australian Aboriginal Studies* no.2, 1991, pp.2–12.

（8）アボリジニ保護施設であるセツルメントやミッションを離れ、伝統的な狩猟採集のライフスタイルにかえろうとする運動。

（9）先住民の土地に対する権利を取り返そうとする運動により生じた問題。

〈3〉検討の方法

（1）ここでいう社会過程とは、社会組織の構造や、戦争行為、人口抑制の手段など、宗教活動や、経済活動とは、直接かかわりのない（ようにみえる）アボリジニ社会の諸局面をさす。

（2）市川泰治郎「論理と歴史」七七～九〇頁（『城西大学経済経営紀要』vol. 1、一九七八年）。

〈4〉留意点

（1）上村英明『世界と日本の先住民族』岩波ブックレット、一九九二年、八頁

（2）上村英明（一九九二）、八頁

（3）小山修三（一九九二）、一九頁

（4）上村英明（一九九二）、八頁

（5）上村英明（一九九二）、三～四頁

（6）上村英明（一九九二）、三～四頁

第Ⅰ部　白人入植以前のアボリジニ社会

第1章　自然環境とアボリジニ

〈1〉自然環境

（1）駒井健吉『オーストラリア――その国土と市場』科学新聞社、

一九八二年、一一頁
(2)以下、駒井健吉(一九八二)、一二〜二〇頁、小山修三(一九九二)、四〜九頁を参照。
(3)以下、駒井健吉(一九八二)、二一〜二五頁、小山修三(一九九二)、二〜九頁を参照。
(4)小山修三(一九九二)、一〇頁
(5)小山修三(一九九二)、一〇頁
(6)アボリジニが、意図的に、森林に火を放つこと。必ずしも、自然環境を変える目的で、自覚的に火を放っているわけではない。
(7)Blainey, Geoffrey (1982b), p. 80.(邦訳、九〇頁)
(8)Blainey, Geoffrey (1982b), p. 79.(邦訳、八九頁)
(9)Blainey, Geoffrey (1982b), pp. 80–81.(邦訳、九一〜九二頁)
(10)小山修三(一九九二)、一二二頁
(11)アボリジニとディンゴが、絶滅に追いやったとする説と、自然環境の変化という説がある。
(12)小山修三(一九九二)、一六頁

〈2〉アボリジニ
(1)石川栄吉ら編『文化人類学事典』弘文堂、一九九七年、一一八頁
(2)ティンデールの仮説。ラドクリフ・ブラウンは、約二五万一〇〇〇人と推定している。二五〜三〇万人が、通説だが、バードセルは、八〇万、マルベニーは、一〇〇万の人口を提言している。以上、小山修三(一九九二)、三五頁と、小山修三「オーストラリア・アボリジニ社会再構成の人口論的考察」、四三頁(『国立民族学博物館研究報告』一三巻一号、一九九〇年)を参照。
(3)関根政美「アボリジニ」、三〇〇頁(関根ら編『概説オーストラリア史』有斐閣選書、一九八八a、一一章)
(4)小山修三ら編『オーストラリア・アボリジニ』産経新聞社、一九九二年、四六頁
(5)ゴドリエ、モーリス「生産様式・親族関係・人口構造」一七七〜一七九頁(山崎カヲル編訳『マルクス主義と経済人類学』柘植書房、一九九〇年)

第2章　移民過程と人口推移

〈1〉移民と人口推移に関するバードセルの説
(1)Camm, J. C. R./McQuilton(ed.), *Australians :A Historical Library, Australians :a Historical Atlas*, Fairfax, Syme & Weldon Associates 1987, p. 136.
(2)堀江保範／小山修三「オーストラリアへの道」一五〜一六頁(小山修三編『国立民族学博物館研究報告 別冊』一五号、一九九一年)
(3)Camm, J. C. R./McQuilton(ed.), (1987), p. 136.
(4)Camm, J. C. R./McQuilton(ed.), (1987), p. 136.
(5)Dingle, Tony, *Aboriginal economy*, McPhee Gribble : Penguin books, 1988, p. 37
(6)Dingle, Tony, (1988), p. 37.
(7)Camm, J. C. R./McQuilton(ed.), (1987), p. 136.
(8)Dingle, Tony (1988), p. 37.

〈2〉大陸への移動の過程
(1)小山修三(一九九二)、二二頁
(2)小山修三(一九九二)、二三頁
(3)小山修三(一九九二)、二一頁
(4)堀江保範／小山修三(一九九一)、一八頁
(5)Dingle, Tony (1988), p. 35.
(6)小山修三(一九九二)、二三頁
(7)約三〇万年前を境に、ホモ・エレクタスから進化したホモ・サ

ピエンスの三型。古代型が、進化して、ネアンデルタール型になった。ネアンデルタール型と現代型との関連については、諸説ある。以上、堀江保範／小山修三(一九九一)、一四頁を参照。

(8)現代型が、三〜一・七万年前にかけ、アジア型の原形として、スンダ大陸で、スンダドント形質を成立させた。以上、堀江保範／小山修三(一九九一)、二八頁を参照。

(9)堀江保範／小山修三(一九九一)、二九〜三一頁

(10)堀江保範／小山修三(一九九一)、二六頁

(11)対岸が目視可能な四つの状況として、

1、燈台効果：海岸から対岸が見える

2、物見台効果：高地から対岸が見える

3、山立て効果：高地を海上で確認しつつ、同時に、対岸が見える母港確認と沖合視界効果を複合したもの

4、推測効果：上の3の効果を拡大し、2で不可能だった対岸が見える

が考えられる。このうち、4は、技術的に不可能と考え、1を前提に2、3を補助手段として推定をおこなった。以上、堀江保範／小山修三(一九九一)、一九〜二一頁を参照。

(12)堀江保範／小山修三(一九九一)、二六頁

(13) Blainey, Geoffrey (1982b), p. 21.（邦訳、二四頁）

(14)堀江保範／小山修三(一九九一)、二九頁

(15)堀江保範／小山修三(一九九一)、三一頁

(16) Blainey, Geoffrey (1982b), pp. 21–22.（邦訳、二四〜二六頁）

〈3〉入植の過程についての諸説

(1) Camm, J. C. R./McQuilton(ed.), (1987), p. 137.

(2)以上、Camm, J. C. R./McQuilton(ed.), (1987), p. 137と、Dingle, Tony (1988), p. 37を参照。

(3) Dingle, Tony (1988), p. 37.

(4) Camm, J. C. R./McQuilton(ed.), (1987), p. 137.

(5) Camm, J. C. R./McQuilton(ed.), (1987), p. 137.

(6) Dingle, Tony (1988), p. 38.

(7) Camm, J. C. R./McQuilton(ed.), (1987), p. 137.

(8)以上、Dingle, Tony (1988), p. 38を参照。

(9) Camm, J. C. R./McQuilton(ed.), (1987), p. 137.

〈4〉人口推移についての諸説

(1) Dingle, Tony (1988), p. 49.

(2)以上、Gray, Alan, 'Limits for demographic parameters of Aboriginal population in the past', *Australian Aboriginal Studies* no.1, 1985, pp. 22–27を参照。

(3)小山修三「オーストラリア・アボリジニ社会再構成の人口論的考察」四五頁（『国立民族学博物館研究報告』一三巻一号、一九八八年）

(4) Gray, Alan (1985), p. 22.

(5)以上、Dingle, Tony (1988), p. 49を参照。

(6)小山修三(一九九三)、三三頁

(7) Dingle, Tony (1988), p. 49.

(8) Dingle, Tony (1988), p. 49、小山修三(一九九三)、三三頁。

(9)本論第4章で紹介する。

(10) Blainey, Geoffrey (1982b), pp. 116–117.（邦訳、一三二頁）

(11) Blainey, Geoffrey (1982b), p. 117.（邦訳、一三三頁）

(12) Blainey, Geoffrey (1982b), p. 102.（邦釈、一一七頁）

(13) Blainey, Geoffrey (1982b), p. 115.（邦訳、一三一頁）

(14) Blainey, Geoffrey (1982b), p. 93.（邦訳、一〇七頁）

(15) Blainey, Geoffrey (1982b), p. 116.（邦訳、一三一頁）

(16) Blainey, Geoffrey (1982b), p. 120.（邦訳、一三七頁）

第3章　アボリジニの経済活動

〈1〉生産活動

(1)寺田和夫編『人類学』東海大学出版会、一九九五年、一五一頁。山崎カヲル「マルクス主考と経済人類学」四五頁（山崎カヲル編訳（一九九〇）序）

(2)小野沢正喜「マルクス主考と人類学」一五八頁。（綾部恒雄編『文化人類学15の理論』中公新書、一九八四年）

(3)サーリンズ、マーシャル（山内昶訳）『石器時代の経済学』法政大学出版局、一九八四年（一九七二年）、二、三章。

(4)以上サーリンズ、マーシャル（一九八四）九〇〜九一頁を参照。

(5) Maddock, Kenneth, *The Australian aborigines, A Portrait of Their Society*, secondedition, Penguin books, 1982 (1972), p. 42（松本博之訳『オーストラリアの原住民――社会人類学的素描』勁草書房、一九八六年、七四〜七五頁）、Rickard, John, (1988), p. 5. などを参照。

(6)鈴木清史（一九九三）、一五頁

(7)ゴドリエ、モーリス（一九九〇）、一六九頁

(8)ゴドリエ、モーリス（一九九〇）、一七〇頁

(9)ゴドリエ、モーリス（一九九〇）、一八八頁

(10)ゴドリエ、モーリス（一九九〇）、一八八頁

(11)ただし、モーリス・ゴドリエは、「バンド生産様式」なる用語は、使わない。

(12)サーリンズ、マーシャル（一九八四）、四七頁

(13)小山修三ら編（一九九二）、五八〜五九頁

(14) Blainey, Geoffrey (1982b), p. 127.（邦訳、一四四頁）

(15) Dawson, James, *Australian Aborigines*, George Robertson, Melbourne, Sydney, and Adelaide, 1981 (1881), pp. 87–88.

(16)小山修三（一九九二）、三六頁。また、アボリジニの体格が、弓矢には、向かなかったという説がある。Blainey, Geoffrey (1982b), p. 129.（邦訳、一四六頁）

(17) Blainey, Geoffrey (1982b), pp. 127–128.（邦訳、一四四〜一四五頁）、小山修三ら編（一九九二）、五九頁。

(18) Elkin, A. P., *The Australian aborigines* (Fifth edition), Angus and Robertson, 1974 (1938), p. 39.

(19) Blainey, Geoffrey (1982b), p. 128.（邦訳、一四五頁）

(20) Blainey, Geoffrey (1982b), p. 127, 162.（邦訳、一四四、一八一頁）

(21)シンプソン、コリン（竹下美保子訳）『今日に生きる原始人』サイマル出版会、一九七二年（一九五二年）、一三九頁。西オーストラリアのある部族の言棠"kylie"も、使われる。

(22) Blainey, Geoffrey (1982b), p. 126.（邦訳、一四三頁）

(23)小山修三ら編（一九九二）、五六頁

(24) Blainey, Geoffrey (1982b), p. 126.（邦訳、一四三頁）

(25)中野不二男『アボリジニの国』中公新書、一九八五年、一六六〜一六八頁。ただし、通例は、八ないし一六種類に分類する。小山修三ら編（一九九二）、五六頁、参照。

(26)小山修三ら編（一九九二）、六〇〜六一頁

(27) Blainey, Geoffrey (1982b), pp. 133–134.（邦訳、一五一頁）

(28)小山修三ら編（一九九二）、六一頁

(29)以　上、Elkin, A. P. (1974), pp. 37–42. Dawson, James (1981), pp. 24–25など参照。

(30) Blainey, Geoffrey (1982b), p. 134.（邦訳、一五二頁）

(31)火は、生産手段として重要であったにとどまらない。保湿、蚊よけ、調理、儀礼など、火は、彼らの生活の中心であって、貴重な財産であった。Blainey, Geoffrey (1982b), p. 71.（邦訳、九〇頁）

(32)以上、Blainey, Geoffrey (1982b), pp. 74–75.（邦訳、八三〜八四頁）

(33)岡本、松石編『経済原論講義』有斐閣ブックス、一九八二年、五五頁。

（34）モリオ、アンリ「フランス」四六頁（ピィヨン・フランソワ編、山内昶訳『経済人類学の現在』法政大学出版局、一九八四年）

（35）メイヤスー、クロード「狩猟・採集社会における決定レヴェル」五七頁。（山崎カヲル編訳『マルクス主義と経済人類学』柘植書房、一九八〇年）

（36）Elkin, A. P. (1974), p. 31.

（37）Elkin, A. P. (1974), p. 46.

（38）Elkin, A. P. (1974), p. 42.

（39）Elkin, A. P. (1974), p. 43.

（40）Elkin, A. P. (1974), p. 42.

（41）Elkin, A. P., "Elements of Australian Aboriginal Philosophy", *Oceania* Vol. 40, 1969–70, p. 95.

（42）Blainey, Geoffrey (1982b), pp. 28–29.（邦訳、三三頁）

（43）Dawson, James (1981), p. 7.

（44）ゴドリエ、モーリス（一九八〇）、一八九頁

（45）ゴドリエ、モーリス（一九八〇）、一八八頁

（46）Blainey, Geoffrey (1982b), p. 178.（邦訳、一九九頁）

（47）Blainey, Geoffrey (1982b), p. 178.（邦訳、一九九頁）

（48）ピィヨン、フランソワ「生産様式の規定」八七頁（ピィヨン、フランソワ編、山内昶訳『経済人類学の現在』法政大学出版局、一九八四年）

（49）ピィヨン、フランソワ（一九八四）、九三〜九四頁

（50）ゴドリエ、モーリス（一九八〇）、一八八頁

（51）ピィヨン、フランソワ（一九八四）、八四頁

（52）モリオ、アンリ（一九八四）、四七頁

（53）ピィヨン、フランソワ（一九八四）、八四〜八五頁

（54）メイヤスー、クロード（一九八〇）、五八頁

（55）Maddock, Kenneth (1982), pp. 169–170.（邦訳、二八六〜二八九頁）

（56）Elkin, A. P. (1974), p. 38.

（57）Rickard, John (1988), p. 8, Blainey, Geoffrey (1982b), p. 162.（邦訳、一八一頁）など。

（58）Hart, C. W. M. "Some Factors Affecting Residence Among the Tiwi", *Oceania*, vol. 40, pp. 297–303.

（59）第4章で検討する。

（60）以下、Lévi-Strauss, Claude, *The Savage Mind*. The University of Chicago Press, 1966 (1962), pp. 113–114.（大橋保夫訳『野生の思考』みすず書房、一九七六年、一三四〜一三五頁）。

（61）以下、Blainey, Geoffrey (1982b), p. 207.（邦訳、二三一〜二三四頁）を参照。

（62）Elkin, A. P. (1974), p. 36.

（63）Blainey, Geoffrey (1982b), p. 189.（邦訳、二一一頁）

（64）Elkin, A. P. (1974), pp. 36–37.

（65）Blainey, Geoffrey (1982b), p. 153.（邦訳、一七二頁）

（66）以上、Elkin, A. P. (1974), p. 34–36.

（67）Blainey, Geoffrey (1982b), pp. 115.（邦訳、一三一頁）

（68）以下、注が無いかぎり、Blainey, Geoffrey (1982b), pp. 125–170.（邦訳、一四一〜一九〇頁）を参照。

（69）ゴアナは、オーストラリアのオオトカゲの一種。ワラビーは、小型のカンガルーのこと。シンプソン、コリン（一九七二）、二三六、二四〇頁参照。

（70）中野不二男（一九九五）、七一〜七九頁

（71）サーリンズ、マーシャル（一九八四）、八〜五五頁

（72）サーリンズ、マーシャル（一九八四）、二八頁

（73）サーリンズ、マーシャル（一九八四）、五〇頁

（74）ピィヨン、フランソワ（一九八四）、九二〜九三頁

（75）関根政美（一九八八）、三〇〇頁

（76）Blainey, Geoffrey (1982b), p. 157.（邦訳、一七六頁）

〈2〉流通（交換）過程

（1）小野沢正喜（一九八四）、一五二頁

（2）栗本慎一郎『経済人類学』東洋経済新報社、一九七九年、五二頁。

（3）栗本慎一郎（一九七九）、三四頁

（4）ポランニー、カール「制度化された過程としての経済」二五九頁（玉野井芳郎／平野健一郎訳『経済の文明史』日本経済新聞社、一九七五年a、第10章）、あるいは、Polanyi, Karl, *The Livelihood of Man*, Academic Press, New York, San Francisco, London, 1977, p. 20.（玉野井芳郎／栗本慎一郎訳『人間の経済　I』岩波現代選書、一九八〇年、五九頁）

（5）ポランニー、カール（一九七五a）二六〇頁

（6）Polanyi, Karl, *Great Transformation - The Political and Economic Origins of Our Time*, Beacon Press, Beacon Hill, Boston, 1957, p. 46（吉沢英成ら訳『大転換』東洋経済新報社、一九七五年b）、六一頁

（7）Polanyi, Karl (1977), p. 35.（邦訳、八八頁）

（8）Polanyi, Karl (1977), p. 36.（邦訳、八九頁）

（9）ポランニー、カール（一九七五a）、二六九〜二七〇頁

（10）ポランニー、カール（一九七五a）、二七〇頁

（11）Polanyi, Karl (1977), p. 37.（邦訳、九一頁）

（12）ポランニー、カール『アリストテレスによる経済の発見』二〇七頁（ポランニー、カール、一九七五a、第8章）

（13）Polanyi, Karl (1977), p. 38.（邦訳、九三頁）

（14）ポランニー、カール（一九七五a）、二七二〜二七三頁

（15）栗本慎一郎／端信行「ポランニーと非市場社会の原理」六頁（ポランニー、カール［栗本慎一郎／端信行訳］『経済と文明』サイマル出版会、一九八一年、訳者まえがき）

（16）Polanyi, Karl (1977), p. 39.（邦訳、九四〜九五頁）

（17）栗本慎一郎／端信行（一九八一）、六頁

（18）ポランニー、カール（一九七五a）、二六九頁

（19）Berdan, Frances F., 'Trade and Markets in Precapitalist States', p. 93, Plattner, Stuart (ed), *Economic Anthropology*, Stanford University Press, Stanford, California, 1989, pp78–107.

（20）Polanyi, Karl (1977), p. 40.（邦訳、九六頁）

（21）ポランニー、カール（一九八一）、五三〜九二頁

（22）Polanyi, Karl (1977), p. 40.（邦訳、九六頁）

（23）ポランニー、カール（一九七五a）、二六九、二七四頁など

（24）Polanyi, Karl (1957), pp. 56–76（邦訳、七五〜一〇二頁）

（25）Polanyi, Karl (1957), p. 55（邦訳、七三頁）

（26）Polanyi, Karl (1957), pp. 56–57（邦訳、七五〜七六頁）

（27）以下、Polanyi, Karl (1957), p. 70（邦訳、五三頁）

（28）Polanyi, Karl (1977), p. 41–42.（邦訳、九八頁）

（29）Polanyi, Karl (1957), pp. 54–55（邦訳、七二頁）

（30）ポランニー、カール（一九七五a）、二七六頁

（31）マランダ、ピエール（永淵康之訳）「構造とコミュニケーション」四二〜六七頁（『現代思想』vol. 11-4、一九八三年四月、青土社）

（32）マランダ、ピエール（一九八三）、四九頁

（33）マランダ、ピエール（一九八三）、五二頁

（34）サーリンズ、マーシャル（一九八四）、二三二〜二三四頁

（35）サーリンズ、マーシャル（一九八四）、二三四〜二三五頁

（36）サーリンズ、マーシャル（一九八四）、二三五頁

（37）モース、マルセル「贈与論」二四三〜二四四頁（有池亨ら訳『社会学と人類学　I』弘文堂、一九七三年、第2部）

（38）モース、マルセル（一九七三）、二二六頁

（39）サーリンズ、マーシャル（一九八四）、二三三頁

（40）ボードグ、ショムロー（三苫民雄訳）「贈与、交換、商業

の起源」五四頁(『現代思想』vol. 131-11、一九八三年一〇月、一九九三年、青土社)
(41)モース、マルセル(一九七三)、二三〇頁
(42)Blainey, Geoffrey (1982b), p. 203.(邦訳、二二七頁)
(43)第5章にて説明する。
(44)以上、小山修三ら編(一九九二)、七五頁
(45)Blainey, Geoffrey (1982b), pp. 209–210.(邦訳、二三四〜二三六頁)
(46)セルヴェ、ジャン・ミシェル(山崎カヲル訳)「沈黙交易」九二頁(『現代思想』vol. 13-11、一九八三年、青土社)
(47)Blainey, Geoffrey (1982b), pp. 212.(邦訳、二三七頁)
(48)例えば、Polanyi, Karl (1977), pp. 47–56.(邦訳、一〇四〜一一九頁)
(49)Blainey, Geoffrey (1982b), pp. 206–216.(邦訳、二三〇〜二四一頁)
(50)Blainey, Geoffrey (1982b), pp. 206–216.(邦訳、二三〇〜二四一頁)
(51)Sharp, Lauriston, 'Steel Axes for Stone-Age Australians', *Human Organization* vol. 11, 1952, pp. 17–22., Cashdan, Elizabeth, 'Hunters and Gatherers - Economic behavior in bands', p. 43., Plattner, Stuart (ed), *Economic Anthropology*, Stanford University Press, Stanford, California, 1989, pp21–48.
(52)Warnar, W. Lloyd, 'Murngin Warfare', *Oceania* , Vol.1-1, 1930–31, pp. 457–494.
(53)例えば、Maddock, Kenneth (1982), p. 166.(邦訳、二八二頁)
(54)新保満『オーストラリアの原住民』NHKブックス、一九八〇年、二一一頁
(55)Dawson, James (1981), p. 22.
(56)メイヤスー、クロード(一九八〇)、五九頁
(57)メイヤスー、クロード(一九八〇)、六〇頁

〈3〉消費過程
(1)寺田和夫編(一九八五)一五一頁
(2)ダグラス、メアリー/イシャウッド、バロン(浅田彰、佐和隆光訳)『儀礼としての消費』新曜社、一九八四年、六九頁
(3)Blainey, Geoffrey (1982b), pp. 167–170.(邦訳、一八七〜一九〇頁)
(4)Blainey, Geoffrey (1982b), pp. 167–170.(邦訳、一八七〜一九〇頁)
(5)Blainey, Geoffrey (1982b), pp. 156–157.(邦訳、一七四〜一七五頁)
(6)O'Dea, K./Naughton, J. M./Sinclair, A. J./Rabuco, L./Smith, R. M., 'Lifestyle change and nutritional status in Kimberley Aborigines', *Australian Aboriginal Studies*, no.1, 1987, pp. 46–51.
(7)小山修三(一九九二)、一一七頁
(8)Blainey, Geoffrey (1982b), p. 169.(邦訳、二一八頁)、小山修三(一九九二)、一一六頁
(9)小山修三(一九九二)、一一五〜一一六頁
(10)Dawson, James (1981), p. 18.
(11)Blainey, Geoffrey (1982b), p. 94.(邦訳、一〇八頁)
(12)サーリンズ、マーシャル(一九八四)、二五〜三〇頁
(13)Brand, Janette C./Cherikoff, Vic, 'Australian Aboriginal bushfoods: The nutritional composition of plants from arid and semi-arid areas', *Australian Aboriginal Studies*, no.2, 1985, pp. 38–46.
(14)小山修三(一九九二)、七二〜七三頁
(15)Dawson, James (1981), p. 10–11.
(16)Elkin, A. P. (1974), p. 50.
(17)Dawson, James (1981), p. 8.

（18）Dawson, James (1981), p. 15, Blainey, Geoffrey (1982b), pp. 67–83.（邦訳、七五～九四頁）
（19）以下、Blainey, Geoffrey (1982b), pp. 194–197.（邦訳、二一六～二二〇頁）参照
（20）小山修三ら編（一九九二）、五五頁
（21）Blainey, Geoffrey (1982b), p. 200.（邦訳、二二三頁）
（22）Blainey, Geoffrey (1982b), p. 201.（邦訳、二二四頁）
（23）Blainey, Geoffrey (1982b), p. 201.（邦訳、二二四頁）
（24）松山利夫「アーネムランド・アボリジニ――ジナン族の星まつり」(『国立民族学博物館研究報告』13巻2号、一九八八年、四〇七～四三五頁
（25）Elkin, A. P. (1974), pp. 46–48.
（26）Blainey, Geoffrey (1982b), p. 112.（邦訳、一二七～一二八頁）
（27）Lévi-Strauss, Claude (1966), p. 105.（邦訳、一二五頁）
（28）Blainey, Geoffrey (1982b), p. 112.（邦訳、一二八頁）
（29）Piddington, Ralph, 'The Water-Serpent in Karadjeri Mythology', *Oceania*, Vol.1, 1930–31, pp. 352–354.
（30）Blainey, Geoffrey (1982b), pp. 198–199.（邦訳、二二一頁）
（31）Lévi-Strauss, Claude (1966), p. 98.（邦訳、一〇四頁）
（32）Lévi-Strauss, Claude (1966), p. 102.（邦訳、一二一～一二二頁）
（33）Elkin, A. P. 'Notes on the Social Organization of the Worimi, A Katrang-Speaking People', *Oceania* , Vol.1-2, 1931–32, pp. 359–363.
（34）Lévi-Strauss, Claude (1966), p. 100.（邦訳、一一九～一二〇頁）
（35）松山利夫「アーネムランド・アボリジニ、ジナン族の狩猟と食物規制」(『国立民族学博物館研究報告』12巻3号、一九八七年、六一三～六四五頁
（36）Maddock, Kenneth (1982), p. 33.（邦訳、五八～五九頁）

〈1〉社会組織

（1）Elkin, A. P. (1974), p. 56.
（2）Rickard, John (1988), p. 5.
（3）Blainey, Geoffrey (1982b), p. 29.（邦訳、三三頁）
（4）Maddock, Kenneth (1982), p. 34.（邦訳、六〇～六一頁）
（5）Maddock, Kenneth (1982), p. 34.（邦訳、六〇～六一頁）
（6）鈴木清史（一九九三）、一五頁
（7）以下、Elkin, A. P. (1974), pp. 112–113. を参照。
（8）McConnel, Ursula, 'The Wik-Munkan Tribe. Part II', *Oceania* vol. 1. 1930, pp. 181–192.
（9）Lévi-Strauss, Claude (1966), pp. 81–82.（邦訳、九六～九七頁）
（10）Lévi-Strauss, Claude (1966), pp. 81–82.（邦訳、九六～九七頁）
（11）以下、主にElkin, A. P. (1974), pp. 117–121. を参照。
（12）寺田和夫編（一九八五）、一六六～一七二頁
（13）以下、主にElkin, A. P. (1974), pp. 125–139、ゴドリエ、モーリス（一九八〇）、一七一～一七三頁を参照
（14）Brandenstein, C. G. von, 'The Meaning of Section and Section Names', *Oceania* vol. 41. 1970–71, pp. 39–49.
（15）以下、ゴドリエ、モーリス（一九八〇）、一六九～二〇〇頁を参照
（16）フリードマン、ジョナサン「マルクス主義・構造主義・俗流唯物論」一三〇頁（山崎カヲル編訳（一九八〇）、一二七～一六八頁）
（17）ピィヨン、フランソワ（一九八四）、八六～八七頁
（18）Blainey, Geoffrey (1982b), pp. 197–198.（邦訳、二二〇頁）
（19）Maddock, Kenneth (1982), pp. 56–57.（邦訳、九八～九九頁）
（20）以下、主にElkin, A. P. (1974), pp. 113–115 を参照。
（21）Blainey, Geoffrey (1982b), pp. 101–102.（邦訳、一一五～一一六頁）
（22）以下、主にElkin, A. P. (1974), pp. 115–116 を参照。

(23) 以下、主にElkin, A. P. (1974), pp. 116–117を参照。

(24) Maddock, Kenneth (1982), pp. 132–141.（邦訳、二二五〜二四〇頁）

(25) 以下、主にElkin, A. P. (1974), pp. 121–124を参照。

(26) 小山修三ら編（一九九二）、四二〜四三頁

(27) White, Isobel, 'Generation Moieties in Australia: Structural, Social and Ritual Implications', *Oceania* vol. 52. 1981, pp.6–57.

(28) 寺田和夫編（一九八五）、一六八〜一七〇頁

(29) デュルケーム、エミール（小関藤一郎訳『分類の未開形態』法政大学出版局、一九八〇年、一三〜三〇頁

〈2〉人口抑制とその手段

(1) Blainey, Geoffrey (1982b), pp. 118–120.（邦訳、一三四〜一三六頁）

(2) 以下、主にBlainey, Geoffrey (1982b), pp. 93–95.（邦訳、一〇七〜一〇九頁）を参照。

(3) 以下、主にBlainey, Geoffrey (1982b), pp. 95–105.（邦訳、一〇九〜一二〇頁）を参照。

(4) ゴドリエ、モーリス（一九八〇）、一九三頁

(5) Rickard, John (1988), p. 15.

(6) 以下、主にBlainey, Geoffrey (1982b), pp. 197–201.（邦訳、二二〇〜二二四頁）を参照。

(7) 以下、主にBlainey, Geoffrey (1982b), pp. 105–113.（邦訳、一二〇〜一二八頁）を参照。

(8) 以下、主にBlainey, Geoffrey (1982b), pp. 113–116.（邦訳、一二八〜一三一頁）を参照。

(9) 第Ⅱ部で検討する。

(10) Gray, Alan (1985), pp. 22–27.

(11) 杉藤重信「人口制御要因としての婚姻規則」二五一〜二七五頁（小山修三編『国立民族学博物館研究報告別冊』15号、一九九一年）

〈3〉戦争

(1) Blainey, Geoffrey (1982b), pp. 105–109.（邦訳、一二〇〜一二四頁）

(2) 以下、Warnar, W. Lloyd (1930–31), pp. 457–494.を参照。なおこの論文の一部は、Blainey, Geoffrey (1982b), pp. 109–112.（邦訳、一二四〜一二七頁）でも紹介している。

第5章　宗教世界

〈1〉ドリーミング（神話）

(1) Maddock, Kenneth (1982), p. 166.（邦訳、二八一頁）

(2) Maddock, Kenneth (1982), p. 106.（邦訳、一八〇頁）

(3) 小山修三（一九九二）、一三三頁

(4) 小山修三（一九九二）、一三三頁

(5) Maddock, Kenneth (1982), p. 119.（邦訳、二〇二頁）

(6) Elkin, A. P. (1974), p. 93.

(7) ポイニャント、ロズリン（豊田由貴夫訳）『オセアニア神話』青土社、一九九三年、四六三頁、関根政美（一九八八ａ）、三〇二〜三〇三頁

(8) Maddock, Kenneth (1982), pp. 35–36.（邦訳、六二〜六三頁）

(9) Berndt, R. M., 'Some Aspects of Jaralde Culture, South Australia', *Oceania* vol. 11, 1940, pp. 164–185

(10) ポイニャント、ロズリン（一九九三）、二八五頁

(11) Radcliffe-Brown, A. R., 'The Rainbow-Serpent Myth in South-East Australia', *Oceania* vol. 1, 1930–31, pp. 342–347.

(12) 例えば、クイーンズランド州のココ・ヤルンユ族では、レインボーサーペントに関する神話は、存在するが、最高神は、月である。McConnel, Ursula, 'The Rainbow-Serpent in North Queensland',

Oceania vol. 1, 1930, pp. 347–349.
(13) Elkin, A. P., 'The Rainbow-Serpent Myth in North-West Australia,' *Oceania* vol. 1, 1930–31, pp. 349–352.
(14) エリアーデ、ミルチャ（堀一郎訳）『永遠回帰の神話』未来社、一九六三年、四六〜四七頁
(15) ポイニャント、ロズリン（一九九三）、二七六頁
(16) ポイニャント、ロズリン（一九九三）、二九二頁
(17) Lévi-Strauss, Claude (1966), p. 235.（邦訳、二八二頁）
(18) ポイニャント、ロズリン（一九九三）、二九〇頁

〈2〉トーテミズムと精霊信仰

(1) 新保満『野生と文明』未来社、一九七九年、六九頁
(2) Maddock, Kenneth (1982), p. 106.（邦訳、一八〇頁）
(3) Lévi-Strauss, Claude (1966), p. 150.（邦訳、一八〇頁）
(4) Lévi-Strauss, Claude (1966), p. 102.（邦訳、一二一〜一二二頁）
(5) Lévi-Strauss, Claude (1966), p. 109–110.（邦訳、一三〇頁）
(6) Lévi-Strauss, Claude (1966), p. 102.（邦訳、一二一〜一二二頁）
(7) Lévi-Strauss, Claude (1966), p. 174.（邦訳、二〇八〜二〇九頁）
(8) Elkin, A. P. (1930–31), pp. 359–363.
(9) Maddock, Kenneth (1982), p. 142.（邦訳、二四一頁）
(10) 小山修三ら編（一九九二）、四〇頁
(11) 小山修三ら編（一九九二）、四一頁
(12) Rickard, John (1988), pp. 8–9.
(13) Rickard, John (1988), p. 9–10.

〈3〉土地・自然と人間との宗教的関係

(1) 鈴木清史（一九九三）、一七頁
(2) Rickard, John (1988), p. 9.
(3) Elkin, A. P. (1969–70), p. 69.
(4) Lévi-Strauss, Claude (1966), p. 243.（邦訳、二九六頁）、真木悠介『時間の比較社会学』岩波書店、一九八一年、二二一〜二三頁。

〈4〉時間、空間、数、富の観念

(1) エリアーデ、ミルチャ（風間敏夫訳）『聖と俗』法政大学出版局、一九六九年、一二、五九頁
(2) Elkin, A. P. (1969–70), pp. 91-94.
(3) エリアーデ、ミルチャ（一九六九）、七六〜七七頁
(4) エリアーデ、ミルチャ（一九六九）、二五〜二六頁
(5) Gell, Alfred, *The Anthropology of Time: Cultural Constructions of Temporal Maps and Images*, BERG, Oxford, providence, 1992, pp. 26–29.
真木悠介（一九八一）、五三〜五四頁。
(6) リーチ、エドマンド（青木保／井上兼行訳）『人類学再考』思索社、一九九〇年、二二七頁
(7) リーチ、エドマンド（一九九〇）、二二六〜二二八頁
(8) Lévi-Strauss, Claude (1966), p. 238.（邦訳、二八六頁）、真木悠介（一九八一）、二二頁
(9) 真木悠介（一九八一）、二三頁
(10) Elkin, A. P. (1969–70), pp. 92.
(11) 真木悠介（一九八一）、三八頁
(12) Elkin, A. P. (1969–70), pp. 94.
(13) Elkin, A. P. (1969–70), pp. 94–95.
(14) 小山修三（一九九二）、一一七頁
(15) Rickard, John (1988), pp. 16–17.
(16) Elkin, A. P. (1969–70), p. 95.
(17) 小山修三（一九九二）、七二頁

〈5〉宗教儀礼

(1) 以下、主にエリアーデ、ミルチャ（堀一郎訳『生と再生』東京

大学出版会、一九七一年、一五～五一頁を参照。

(2)そのほか、呪術師や、シャーマンになるためのイニシエーション儀礼もあるが、省略する。

(3)以下、Maddock, Kenneth (1982), pp. 121–125.(邦訳、二〇五～二一二頁)

(4)以上、Maddock, Kenneth (1982), pp. 152–156.(邦訳、二五五～二六五頁)

(5)以下、松山利夫「カントリーとワンジル」一六九～一九一頁(小山修三編『国立民族学博物館研究報告別冊』15号、一九九一年)参照。

〈6〉呪術

(1) Blainey, Geoffrey (1982b), p. 181.(邦訳、二〇二～二〇三頁)

(2) Elkin, A. P. (1974), p. 33.

(3)例えば、Elkin, A. P. (1930–31), pp. 349–352.

(4) Maddock, Kenneth (1982), pp. 150–152.(邦訳、二五五～二五六頁)

(5) Maddock, Kenneth (1982), p. 146.(邦訳、二四八頁)

(6) Lévi-Strauss, Claude (1966), p. 184.(邦訳、二二一頁)

(7)以下、Blainey, Geoffrey (1982b), pp. 171–173.(邦訳、一九一～一九三頁)を参照。

〈7〉宗教の不変性への志向と現実

(1)松山利夫(一九九一)、一六九～一九一頁

(2)小山修三(一九九二)、二二七～二二八頁、Rickard, John (1988), pp. 19、Elkin, A. P. (1974), p. 39など。

(3) Blainey, Geoffrey (1982b), pp. 250–251.(邦訳、二八〇～二八一頁)

(4) Blainey, Geoffrey (1982b), pp. 118–119.(邦訳、一三四～一三五頁)

第Ⅱ部　白人の入植過程とアボリジニ社会の変容

第7章　概論──植民地の拡大と人口推移

〈1〉一七八八年白人入植以降のアボリジニの人口推移

(1) Allen, Harry, 'History Matters - a commentary on divergent interpretations of Australian history', *Australian Aboriginal Studies* no.2, 1988, pp. 79–89.

(2)新保満(一九七九)、六〇～七三頁

(3)新保満(一九七九)、七三～九七頁、鈴木清史(一九九三)、三九～五一頁

(4)小山修三(一九九二)、四一頁、小山修三(一九八八)、四九頁

(5)小山修三(一九九二)、三六～四三頁、小山修三(一九八八)、四二～四九頁

(6)小山修三(一九九二)、三九頁

(7)鈴木清史(一九九三)、一六八頁

(8)小山修三(一九九二)、四一～四三頁、小山修三(一九八八)、五〇～五一頁

(9)ゴドリエ、モーリス(一九八〇)、一九四頁

(10)小山修三(一九九二)、四三～四四頁、小山修三(一九八八年)、五一～五三頁

〈2〉植民地の拡大とアボリジニの土地の喪失

(1)鈴木雄雅(一九八八)、三三頁

(2)この過程は、天川潤次郎「オーストラリアにおける牧羊業の起源」(『オーストラリア研究紀要』vol. 5、一九七七年、一～三六頁に詳しい。

(3)市川泰治郎『濠洲経済史研究』象山閣、一九四四年、一〇三～一九〇頁

（4）鈴木清史（一九九三）、一二九〜一三〇頁
〈3〉オーストラリア全体の人口推移
（1）鈴木雄雅（一九八八）、二七頁
（2）シェリトン、G（加茂恵津子訳）『オーストラリアの移民』勁草書房、一九八五年、三頁
（3）鈴木雄雅（一九八八）、二八頁
（4）Blainey, Geoffrey, *The Tyranny of Distance: How Distance Shaped Australia's History*, Sun Books Melbourne, 1982 (1966), pp. 152–156.（長坂寿久／小林宏訳『距離の暴虐——オーストラリアはいかに歴史をつくったか』サイマル出版会、一九八〇年、一二四〜一二九頁）

第8章　入植開始以前
〈1〉イギリス以前——クックのボタニー湾上陸
（1）クラーク、マニング（竹下美保子訳）『オーストラリアの歴史——距離の暴虐を超えて』サイマル出版会、一九七八年、六〜八頁
（2）クラーク、マニング（一九七八）、八〜一〇頁
（3）角山栄「南半球経済史序説」、一〜一五頁（『オーストラリア研究紀要』vol. 3、一九七七年）
（4）鈴木雄雅（一九八八）、二五〜二六頁
〈2〉入植計画
（1）シェリトン、G（一九八五）、三〜八頁
（2）クラーク、マニング（一九七八）、一一〜一三頁
（3）Blainey, Geoffrey (1982b), pp. 18–34.（邦訳、一六〜三〇頁）
〈3〉アボリジニに関する知識と対応
（1）鈴木清史（一九九三）、二七〜二八頁
（2）駒井健吉（一九八二）、三八〜四一頁
（3）鈴木清史（一九九三）、二八頁
（4）鈴木清史（一九九三）、二八〜二九頁
（5）Atkinson, Alan, 'THE ETHICS OF CONQUEST, 1786', *Aboriginal History* vol. 6, 1982, pp. 82–91.
〈4〉キャプテンクックとアボリジニの接触
（1）クック、ジェームズ／ビーグルホール、J・C編（増田義郎訳）『太平洋探険　上』岩波書店、一九九二年、三二一〜四五〇頁

第9章　入植初期
〈1〉入植の過程
（1）金田章裕『オーストラリア歴史地理——都市と農地の方格プラン』地人書房、一九八五年、一七頁
（2）駒井健吉（一九八二）、四二〜四三頁
（3）クラーク、マニング（一九七八）、一三〜一四頁
（4）加賀爪優「経済・農業の歴史的発展」、一〇九頁（関根政美ら編『概説オーストラリア史』有斐閣選書、一九八八年a、四章）
（5）鈴木清史（一九九三）、二四頁
（6）鈴木雄雅（一九八八）、二六〜二七頁
（7）クラーク、マニング（一九七八）、二五頁
（8）クラーク、マニング（一九七八）、二七頁
（9）シェリトン、G（一九八五）、二二頁
（10）クラーク、マニング（一九七八）、二六頁
（11）シェリトン、G（一九八五）、一〇〜一一頁
（12）鈴木雄雅（一九八八）、二九頁
（13）シェリトン、G（一九八五）、一三〜一七頁
（14）市川泰治郎「オーストラリア労働史とゴードン・チャイルド」、

一～六八頁(『オーストラリア研究紀要』vol. 4、一九七八年)
(15)布川清司「オーストラリアン・エートスの研究」一二三～二〇〇頁(『オーストラリア研究紀要』vol. 16、一九九〇年)
(16)加賀爪優(一九八八a)、一一一頁
(17) Blainey, Geoffrey (1982b), pp. 99–117. (邦訳、九二～九六頁)

〈2〉アボリジニ政策

(1)新保満(一九八〇)、四五～四九頁
(2)鈴木清史(一九九三)、二四頁
(3)鈴木清史(一九九三)、二八～二九頁
(4)金田章裕「初期入植者とアボリジニ」、三三～五六頁(小山修三篇『国立民族学博物館研究報告別冊』15号、一九九一年)
(5)新保満(一九八〇)、六〇～六二頁
(6)鈴木清史(一九九三)、二六頁
(7)鈴木清史(一九九三)、四二頁
(8)以下、新保満(一九八〇)、八九～九六頁、鈴木清史(一九九三)、四六～五〇頁参照。
(9) Ferry, John, THE FAILURE OF THE NEW SOUTH WALES MISSIONS TO THE ABORIGINES BEFORE 1845, *Aboriginal History* vol. 3, 1979, pp. 25–36.
(10)金田章裕(一九九一)、三三～五六頁
(11) Ferry,John (1979), pp. 25–36.
(12)伊藤聡「アボリジニと教育」、二四一～二六七頁(『オーストラリア研究紀要』vol. 17、一九九一年)

〈3〉アボリジニ社会の変化と対応

(1)以下、Reynolds, Henry, BEFORE THE INSTANT OF CONTACT': SOME EVIDENCE FROM NINETEENTH-CENTURY QUEENSLAND, *Aboriginal History* vol. 2, 1978, pp. 63–69を参照。
(2)主に新保満(一九八〇)、七〇～七三頁を参照
(3)鈴木清史(一九九三)、三七頁
(4)鈴木清史(一九九三)、三七～三八頁
(5) Camm, J. C. R./McQuilton (ed.)(1987), p. 218,
(6) Kociumbas, Jan, *The Oxford History of Australia: 1770–1860 : Volume 2 Possessions*, Oxford Univ Press, Melbourne, Oxford Auckland New York, 1992, p. 141.

第10章　植民地の拡大

〈1〉世界経済への編入

(1)オーストラリアで活躍した人物にスコットランド人は多い。初期開発では、このジョン・マッカーサーと「オーストラリア商業の父」と呼ばれるロバート・キャンベルがいる。以上、天川潤次郎「オーストラリアの開発に対するスコットランド人の貢献(1788–1879)」、三五～六〇頁(『関西学院大学経済学研究』vol. 31、一九七七年)を参照。
(2)天川潤次郎(一九七七)、二七～三〇頁
(3)荒井政治「オーストラリア経済開発と英豪関係」、一〇三頁(矢口孝次郎編『イギリス帝国経済史の研究』東洋経済新報社、一九七四年、第四章)
(4)荒井政治(一九七四)、一一六頁
(5)市川泰治郎(一九四四)、一二〇頁
(6)市川泰治郎(一九四四)、一三六～一四六頁
(7)布川清司(一九九〇)、一二九～一三一頁
(8)市川泰治郎(一九四四)、一五二～一五四頁
(9)以下、主に市川泰治郎(一九四四)、一五九～一六八頁
(10)市川泰治郎「オーストラリアにおけるヘンリー・ジョージ」、九九頁(『オーストラリア研究紀要』vol. 1、一九七五年a)
(11)市川泰治郎(一九七五a)、一〇二～一〇六頁

（12）シェリトン、G（一九八五）、七八頁

（13）荒井政治（一九七四）、九七頁

（14）Blainey, Geoffrey (1982b), pp. 137–143.（邦訳、一一一～一一七頁）

（15）市川泰治郎「オーストラリア資本主義研究序説」九八頁（『拓殖大学論集』vol. 110～111合併号、一九七七年）

（16）シェリトン、G（一九八五）、八四頁

（17）この事件の経過については、市川泰治郎「オーストラリア資本主義研究序説」五九～一一五頁（『拓殖大学論集』vol. 101、一九七五年b）に詳しい。

（18）荒井政治（一九七四）、九八～九九頁

（19）荒井政治（一九七四）、九九頁

（20）市川泰治郎（一九四四）、一八五～一九〇頁

（21）以上、市川泰治郎（一九七五b）、一一一～一一四頁、市川泰治郎（一九四四）、二〇七～二二三頁参照。

（22）シェリトン、G（一九八五）、八四頁

（23）関根政美「社会発展と保護主義の台頭」七一～七四頁（関根政美ら編『概説オーストラリア史』有斐閣選書、一九八八年b、2章）

（24）シェリトン、G（一九八五）、九二頁

（25）荒井政治（一九七四）、一〇〇～一一五頁

（26）市川泰治郎（一九七七）、一〇三～一〇四頁

〈2〉アボリジニ政策

（1）以下、主に鈴木清史（一九九三）、五八～六〇頁、伊藤聡（一九九一）、二四二～二四四頁を参照。

（2）例えば'Nash, David, 'The Warumungu's Reserves 1892–1962: A case study in dispossession', *Australian Aboriginal Studies* no.1, 1984, pp.2–16

（3）鈴木清史（一九九三）、六〇～六一頁

（4）Long, J. P. M., 'The Administration and the Part-Aboriginals of the Northern Territory', *Oceania* vol. 37, 1966–67, pp. 186–201

〈3〉アボリジニ社会の変容

（1）Elkin, A. P. (1974), p. 43.

（2）鈴木清史（一九九三）、五二頁

（3）Kociumbas, Jan (1992), p. 167–168.

（4）Elkin, A. P. (1969–70), p. 95.

（5）鈴木清史（一九九三）、五二頁

（6）Calley, Malcolm, 'Economic Life of Mixed-Blood Communities in Northern New South Wales', *Oceania* vol. 26, 1956, pp. 201.

（7）Berwick, Diane E., 'Economic Absorption without Assimilation?: The Case of Some Melbourne Part-Aboriginal Families', *Oceania* vol. 33, 1962–63, pp. 18–23.

（8）Bell , James H., 'The Economic Life of Mixed-Blood Aborigines on the South Coast of New South Wales', *Oceania* vol. 26, 1956, pp. 181–199.

（9）Calley, Malcolm (1956), p. 207.

（10）Kelly, Caroline, 'Some Aspects of Culture Contact in Eastern Australia', *Oceania* vol. 15, 1944–45, pp. 142–153.

（11）Elkin, A. P. (1931–32), p. 360.

（12）Elkin, A. P., 'Civilized Aborigines and Native Culture', *Oceania* vol. 6, 1935–36, pp. 121–122

（13）Elkin, A. P. (1935–36), pp. 142–143.

（14）鈴木清史（一九九三）、五五頁

（15）Elkin, A. P. (1935–36), pp. 141–143.

（16）Kelly, Caroline (1944–45), pp. 146–147.

（17）Reay, Marie, 'Mixed-Blood Marriage in North-Western New South Wales: A Survey of the Marital Conditions of 264 Aboriginal and Mixed-

Blood Women', *Oceania* vol. 22, 1951–52, pp. 116–129.
（18）Calley, Malcolm (1956), p. 203.
（19）Bell , James H. (1956), p. 197.
（20）Kolig, Erich, 'BI:N and Gadeja: An Australian Aboriginal Model of the European Society as a Guide in Social Change', *Oceania* vol. 43, 1972, pp.1–18.
（21）Kelly, Caroline (1944–45), p. 149.
（22）Reay, Marie, 'Behavioural Responses to Discrimination. A Supplementary Note', *Oceania* vol. 28, 1957, pp. 111–112.
（23）Kelly, Caroline (1944–45), p. 148.
（24）Kelly, Caroline (1944–45), pp. 148–149.
（25）Maddock, Kenneth (1982), p. 179.（邦訳、三〇三～三〇四頁）
（26）Kelly, C. Tennant, 'Tribes on Cherburg Settlement, Queensland', *Oceania* vol. 5, 1934–35, pp. 461–473.
（27）Kelly, Caroline (1944–45), pp. 151–152.
（28）Lommel, Andreas, 'Modern Culture Influences on the Aborigines', *Oceania* vol. 21, 1950, pp. 14–24.
（29）Berndt, Ronald M., 'Influence of European Culture on Australian Aborigines', *Oceania* vol. 21, 1951, pp. 229–235.
（30）Kelly, C. Tennant (1934–35), pp. 472–473.
（31）Kelly, Caroline (1944–45), p. 153.
（32）Elkin, A. P. (1935–36), pp. 128–130.
（33）Maddock, Kenneth (1982), pp. 122–125.（邦訳、二〇七～二一三頁）
（34）Elkin, A. P. (1935–36), p. 134.
（35）Elkin, A. P. (1935–36), pp. 136–139.
（36）Kelly, C. Tennant (1934–35), pp. 469.
（37）Elkin, A. P. (1935–36), p. 138.
（38）Elkin, A. P. (1935–36), p. 125.
（39）Kelly, Caroline (1944–45), p. 159.
（40）Elkin, A. P. (1935–36), p. 129.

第11章　連邦成立と白豪主義

〈1〉イギリス帝国経済からの自立

（1）布川清司（一九九〇）、一四一～一四二頁
（2）関根政美（一九八八b）、七二～七四頁
（3）竹田いさみ「連邦国家の成立とナショナリズム」九〇～九一頁（関根政美ら著『概説オーストラリア史』有斐閣選書、一九八八年、3章）
（4）琴野孝「オーストラリア型工業化の起源」四二一～四三六頁（大塚久雄ら編『資本主義の形成と発展』東京大学出版会、一九六八年）

〈2〉第二次世界大戦とアボリジニ労働力

（1）鈴木清史（一九九三）、五五～五六頁
（2）新保満（一九八〇）、一二八～一二九頁

〈3〉アボリジニ社会のその後

（1）小山修三（一九九二）、四三～四四頁
（2）新保満（一九八〇）、一二九～一三〇頁
（3）鈴木清史（一九九三）、五六頁
（4）Reay, Marie, 'A Half-Caste Aboriginal Community in North-Western New South Wales', *Oceania* vol. 15, 1945, pp. 296–323.
（5）Hinton, Peter, 'Aboriginal Employment and Industrial Relations at Weipa, North Queensland', *Oceania* vol. 38, 1968, pp. 281–301.

第12章　現代――文化多元主義

〈1〉オーストラリアの方向転換

(1) Blainey, Geoffrey (1982b), pp. 326–337.（邦訳、二七五～二八七頁）
(2) 関根政美「マルチカルチュラル・オーストラリア」、二七五～二九五頁（関根政美ら著『概説オーストラリア史』有斐閣選書、一九八八年c、10章）

〈2〉アボリジニ政策

(1) 鈴木清史（一九九三）、六二頁、関根政美（一九八八a）、三〇八～三〇九頁
(2) 伊藤聡（一九九一）、二四四頁
(3) 鈴木清史（一九九三）、六三頁
(4) 関根政美（一九八八a）、三〇九頁
(5) Long, J. P. M. (1966–67), pp. 195–199
(6) 伊藤聡（一九九一）、二四四～二四五頁
(7) Hausfeld, R. G., 'An Integration Policy for Australian Aboriginal Groups', *Oceania* vol. 34, 1963, pp. 32–37.
(8) 伊藤聡（一九九一）、二四五頁
(9) 鈴木清史（一九九三）、六三～六四頁
(10) 鈴木清史（一九九三）、六四頁
(11) 伊藤聡（一九九一）、二四五頁
(12) 伊藤聡（一九九一）、二四六頁
(13) 伊藤聡（一九九一）、二四六頁
(14) 鈴木清史（一九九三）、六三～六五頁
(15) 鈴木清史（一九九三）、六六～六七頁
(16) 鈴木清史（一九九三）、六七頁
(17) 小山修三（一九九二）、四八頁
(18) 鈴木清史（一九九三）、六九頁
(19) Young, Elspeth, 'Commerce in the bush: Aboriginal and Inuit experiences in the commercial world', *Australian Aboriginal Studies* no.2, 1987, pp. 46–53.
(20) 以下、杉本一郎「オーストラリア先住民（Aborigines）をめぐる社会同盟の概観と課題」、二～五頁（『オーストラリア研究紀要』vol. 12、一九八六年）、山中雅夫「アボリジニ土地権とオーストラリア鉱業開発」、一七～三九頁（『オーストラリア研究紀要』vol. 12、一九八六年）を参照。

〈3〉現代アボリジニ社会

(1) 関根政美（一九八八a）、三一三～三一四頁
(2) 小山修三（一九九二）、五二頁
(3) 杉本一郎（一九八六）、一〇頁
(4) 杉本一郎（一九八六）、一〇～一一頁
(5) 以下、五島淑子「アボリジニの食事と栄養――マニングリダ・マーケットの調査」、一四一～一五三頁（小山修三編『国立民族学博物館研究報告別冊』15号、一九九一年）参照。
(6) 小山修三（一九九二）、四七頁
(7) 小山修三（一九九二）、五八頁
(8) 小山修三（一九八八）、五九～六〇頁、小山修三（一九九二年）、四七～四八頁
(9) 小山修三（一九八八）、六三頁、小山修三（一九九二年）、五〇頁
(10) 以下、小山修三「アーネムランドにおけるアボリジニ社会の変容」、一一一～一三九頁（小山修三編『国立民族学博物館研究報告別冊』15号、一九九一年）参照。
(11) Altman, J. C., 'Hunting Buffalo in North-Central Arnhem Land: A Case of Rapid Adaptation among Aborigines', *Oceania* vol. 52, 1982, pp. 274–285.
(12) Altman, J. C., 'The dietary utilisation of flora and fauna by contemporary hunter-gatherers at Momega Outstation, north-central

Arnhem Land', *Australian Aboriginal Studies* no.1, 1984, p. 37.

(13) Altman, J. C. (1982), pp. 274–285.

(14) 松山利夫「アーネムランド・アボリジニの生活史」、七八三～八二〇頁(『国立民族学博物館研究報告』14巻4号、一九八九年)

(15) 松山利夫(一九八七)、六一三～六四六頁

(16) 松山利夫(一九九一)、一六九～一九一頁

(17) 松山利夫(一九八八)、四〇七～四三五頁

(18) Pilling, Arnold R., 'A Historical versus a Non-Historical Approach to Social Change and Continuity among the Tiwi', *Oceania* vol. 32, 1962, pp. 321–326.

(19) 松山利夫(一九八七)、六一五頁

(20) 以下、Altman, J. C. (1984), pp. 35–45.

(21) 鈴木清史「アボリジニの都市民化とその特徴」二七五～二九一頁(『オーストラリア研究紀要』vol. 16、一九九〇年)

参考文献

[欧文文献]

Allen, Harey, 'History Matters - a commentary on divergent interpretations of Australian history', *Australian Aboriginal Studies*. no.2, 1988, pp. 79–89.

Altman, J. C., 'Hunting Buffalo in North-Central Arnhem Land: A Case of Rapid Adaptation among Aborigines', *Oceania* vol. 52, 1982, pp. 274–285.

——, 'The dietary utilisation of flora and fauna by contemporary hunter-gatherers at Momega Outstation, north-central Arnhem Land', *Australian Aboriginal Studies* no.1, 1984, p. 37–45.

Atkinson, Alan, 'THE ETHICS OF CONQUEST, 1786', *Aboriginal History* vol. 6, 1982, pp. 82–91.

Bell , James H., 'The Economic Life of Mixed-Blood Aborigines on the South Coast of New South Wales', *Oceania* vol. 26, 1956, pp. 181–199.

Berdan, Frances F., 'Trade and Markets in Precapitalist States', Plattner, Stuart (ed), *Economic Anthropology*, Stanford University Press, Stanford, California, 1989, pp78–107.

Berndt, Ronald M., 'Some Aspects of Jaralde Culture, South Australia', *Oceania* vol. 11, 1940, pp. 164–185

——, 'Influence of European Culture on Australian Aborigines', *Oceania* vol. 21, 1951, pp. 229–235.

Berwick, Diane E., 'Economic Absorption without Assimilation?: The Case of Some Melbourne Part-Aboriginal Families', *Oceania* vol. 33, 1962–63, pp. 18–23.

Blainey, Geoffrey, *The Tyranny of Distance: How Distance Shaped Australia's History*, Sun Books Melbourne, 1982a (1966).(長坂寿久/小林宏訳『距離の暴虐――オーストラリアはいかに歴史をつくったか』サイマル出版会、一九八〇年)

Blainey, Geoffrey, *Triumph of the Nomads :History of Ancient Australia* (revised edition), Macmillan, 1982b (1975).(越智道雄、高野真知子訳『アボリジナル――オーストラリアに生きた先住民族の知恵』サイマル出版会、一九八四年)

Brand, Janette C./Cherikoff, Vic, 'Australian Aboriginal bushfoods: The nutritional composition of plants from arid and semi-arid areas', *Australian Aboriginal Studies*, no.2, 1985, pp. 38–46.

Brandenstein, C. G. von, 'The Meaning of Section and Section Names', *Oceania* vol. 41. 1970–71, pp. 39–49.

Calley, Malcolm, 'Economic Life of Mixed-Blood Communities in Northern New South Wales', *Oceania* vol. 26, 1956, pp. 200–213.

Camm, J. C. R./McQuilton(ed.) *Australians :A Historical Library, Australians :a Historical Atlas*, Fairfax, Syme & Weldon Associates 1987.

Dingle, Tony, *Aboriginal economy*, McPhee Gribble : Penguin books, 1988, p. 37.

Elkin, A. P., 'The Rainbow-Serpent Myth in North-West Australia', *Oceania* vol. 1, 1930–31, pp. 349–352.

——, 'Notes on the Social Organization of the Worimi, A Kattang-Speaking People', *Oceania* vol. 1–2, 1931–32, pp. 359–363.

——, 'Civilized Aborigines and Native Culture', *Oceania* vol. 6, 1935–36, pp. 121–122.

——, 'Elements of Australian Aboriginal Philosophy', *Oceania* vol. 40, 1969–70, pp. 85–98.

——, *The Australian aborigines* (Fifth edition), Angus and Robertson, 1974 (1938).

Ferry, John, 'THE FAILURE OF THE NEW SOUTH WALES MISSIONS TO THE ABORIGINES BEFORE 1845', *Aboriginal History* vol. 3, 1979, pp. 25–36.

Gell, Alfred, *The Anthropology of Time: Cultural Constructions of Temporal Maps and Images*, BERG, oxford, providence, 1992.

Gray, Alan, 'Limits for demographic parameters of Aboriginal population in the past', *Australian Aboriginal Studies* no.1, 1985, pp. 22–27.

Hart, C. W. M. "Some Factors Affecting Residence Among the Tiwi", *Oceania*, vol. 40, pp. 297–303.

Hausfeld, R. G., 'An Integration Policy for Australian Aboriginal Groups', *Oceania* vol. 34, 1963, pp. 32–37.

Hinton, Peter, 'Aboriginal Employment and Industrial Relations at Weipa, North Queensland', *Oceania* vol. 38, 1968, pp. 281–301.

Kelly, C. Tennant, 'Tribes on Cherburg Settlement, Queensland', *Oceania* vol. 5, 1934–35, pp. 461–473.

Kelly, Caroline, 'Some Aspects of Culture Contact in Eastern Australia', *Oceania* vol. 15, 1944–45, pp. 142–153.

Kociumbas, Jan, *The Oxford History of Australia: 1770–1860 : Volume 2 Possessions*, Oxford Univ Press, Melbourne, Oxford Auckland New York, 1992.

Kolig, Erich, 'BI:N and Gadeja: An Australian Aboriginal Model of the European Society as a Guide in Social Change', *Oceania* vol. 43, 1972, pp. 1–18.

Lawrence, David, 'Re-evaluating interpretations of customary exchange in the Torres Strait', *Australian Aboriginal Studies* no.2, 1991, pp. 2–12.

Lonmel, Andreas, 'Modern Culture Influences on the Aborigines', *Oceania* vol. 21, 1950, pp. 14–24.

Lévi-Strauss, Claude, *The Savage Mind.* The University of Chicago Press, 1966 (1962).（大橋保夫訳『野生の思考』みすず書房、一九七六年）

Long, J. P. M., 'The Administration and the Part-Aboriginals of the Northern Territory', *Oceania* vol. 37, 1966–67, pp. 186–201

Maddock, Kenneth, *The Australian aborigenes, A Portrait of Their Society*, second edition, Penguin books, 1982 (1972).（松本博之訳『オーストラリアの原住民――社会人類学的素描』勁草書房、一九八六年）

McConnel, Ursula, 'The Wik-Munkan Tribe. Part II', Oceania vol. 1. 1930, pp. 181–192.

——, 'The Rainbow-Serpent in North Queensland', *Oceania* vol. 1, 1930–31, pp. 347–349.

Nash, David, 'The Warumungu's Reserves 1892–1962: A case study in dispossession', *Australian Aboriginal Studies* no.1, 1984, pp. 2–16.

O'Dea, K./Naughton, J. M./Sinclair, A. J./Rabuco, L./Smith, R. M., 'Lifestyle change and nutritional status in Kimberley Aborigines', *Australian Aboriginal Studies*, no.1, 1987, pp. 46–51.

Piddington, Ralph, 'The Water-Serpent in Karadjeri Mythology', *Oceania*,

Vol.1, 1930–31, pp. 352–354.

Pilling, Arnold R., 'A Historical versus a Non-Historical Approach to Social Change and Continuity among the Tiwi', *Oceania* vol. 32, 1962, pp. 321–326.

Plattner, Stuart (ed), *Economic Anthropology*, Stanford University Press, Stanford, California, 1989.

Polanyi, Karl, *Great Transformation - The Political and Economic Origins of Our Time*, Beacon Press, Beacon Hill, Boston, 1957, p. 46（吉沢英成ら訳『大転換』東洋経済新報社、一九七五年）。

——, *The Livelihood of Man*, Academic Press, New York, San Francisco, London, 1977, p. 20.

Reay, Marie, 'A Half-Caste Aboriginal Community in North-Western New South Wales', *Oceania* vol. 15, 1945, pp. 106–323

——, 'Mixed-Blood Marriage in North-Western New South Wales: A Survey of the Marital Conditions of 264 Aboriginal and Mixed-Blood Women', *Oceania* vol. 22, 1951–52, pp. 116–129.

——, 'Behavioural Responses to Discrimination. A Supplementary Note', *Oceania* vol. 28, 1957, pp. 111–112.

Radcliffe-Brown, A. R., 'The Rainbow-Serpent Myth in South-East Australia', *Oceania* vol. 1, 1930–31, pp. 342–347.

Reynolds, Henry, BEFORE THE INSTANT OF CONTACT': SOME EVIDENCE FROM NINETEENTH-CENTURY QUEENSLAND, *Aboriginal History* vol. 2, 1978, pp. 63–69.

Rickard, John, *Australia : a cultural history*, Longman, London and New York, 1988.

Sharp, Lauriston, 'Steel Axes for Stone-Age Australians', *Human Organization* vol. 11, 1952, pp. 17–22.

Vamplew, Wray (ed.), *Australians :A Historical Library. Australians :Historical Statics.*, Fairfax, syme & Weldon Asssociates, 1987.

Warnar, W. Lloyd, 'Murngin Warfare', *Oceania* , Vol.1–1, 1930–31, pp. 457–494.

White, Isobel, 'Generation Moieties in Australia: Structural, Social and Ritual Implications', *Oceania* vol. 52. 1981, pp.6–57.

Wynd, Ian/Wood, Joyce, *A Map History of Australia*, Oxford University Press, Melbourne, Oxford Wellington, New York, 1978.

Young, Elspeth, 'Commerce in the bush: Aboriginal and Inuit experiences in the commercial world', *Australian Aboriginal Studies* no.2, 1987, pp. 46–53.

[邦文]

天川潤次郎「オーストラリアの開発に対するスコットランド人の貢献（1788–1879）」（『関西学院大学経済学研究』vol. 31、一九七七年、三五～六〇頁）

——「オーストラリアにおける牧羊業の起源」（『オーストラリア研究紀要』vol. 5、一九七七年、一～三六頁）

綾部恒雄編『文化人類学15の理論』中公新書、一九八四年

荒井政治「オーストラリア経済開発と英豪関係」（矢口孝次郎編『イギリス帝国経済史の研究』東洋経済新報社、一九七四年、第四章）

石川栄吉ら編『文化人類学事典』弘文堂、一九九七年

市川泰治郎『濠洲経済史研究』象山閣、一九四四年

——「オーストラリアにおけるヘンリー・ジョージ」（『オーストラリア研究紀要』vol. 1、一九七五年 a、六七～一一九頁）

——「オーストラリア資本主義研究序説」（『拓殖大学論集』vol. 101、一九七五年 b、五九～一一五頁）

——「オーストラリア資本主義研究序説」（『拓殖大学論集』vol. 110～111合併号、一九七七年、六九～一一五頁）

——「論理と歴史」（『城西大学経済経営紀要』vol. 1、一九七八年、

七七～九〇頁）
――「オーストラリア労働史とゴードン・チャイルド」（『オーストラリア研究紀要』vol. 4、一九七八年、一～六八頁）
五島淑子「アボリジニの食事と栄養――マニングリダ・マーケットの調査」（小山修三編『国立民族学博物館研究報告別冊』15号、一九九一年、一四一～一五三頁）
伊藤聡「アボリジニと教育」（『オーストラリア研究紀要』vol. 17、一九九一年、二四一～二六七頁）
上村英明『世界と日本の先住民族』岩波ブックレット、一九九二年
エリアーデ、ミルチャ（堀一郎訳）『永遠回帰の神話』未来社、一九六三年
――（風間敏夫訳）『聖と俗』法政大学出版局、一九六九年
――（堀一郎訳）『生と再生』東京大学出版会、一九七一年
大塚久雄ら編『資本主義の形成と発展』東京大学出版会、一九六八年
岡本正、松石勝彦編『経済原論講義』有斐閣ブックス、一九八二年
小野沢正喜「マルクス主考と人類学」（綾部恒雄編『文化人類学15の理論』中公新書、一九八四年、一三三～一六一頁）
加賀爪優「経済・農業の歴史的発展」（関根政美ら編『概説オーストラリア史』有斐閣選書、一九八八年a、四章、一〇七～一三二頁）
――「戦後経済の構造と市場動向」（関根政美ら編『概説オーストラリア史』有斐閣選書、一九八八年微b、七章、一九九～二二七頁）
――「戦後の貿易構造と環太平洋地域の重要性」（関根政美ら編『概説オーストラリア史』有斐閣選書、一九八八年c、八章、二二九～二五三頁）
角山栄「南半球経済史序説」（『オーストラリア研究紀要』vol. 3、一九七七年、一～一五頁）
金田章裕『オーストラリア歴史地理――都市と農地の方格プラン』地人書房、一九八五年
――「初期入植者とアボリジニ」（小山修三篇『国立民族学博物館研究報告別冊』15号、一九九一年、三三～五六頁）
クック、ジェームズ／ビーグルホール、J・C編（増田義郎訳）『太平洋探険　上』岩波書店、一九九二年
クラーク、マニング（竹下美保子訳）『オーストラリアの歴史――距離の暴虐を超えて』サイマル出版会、一九七八年
栗本慎一郎『経済人類学』東洋経済新報社、一九七九年
栗本慎一郎／端信行「ポランニーと非市場社会の原理」（ポランニー、カール［栗本慎一郎／端信行訳］『経済と文明』サイマル出版会、一九八一年、訳者まえがき）
駒井健吉『オーストラリア――その国土と市場』科学新聞社、一九八二年
琴野孝「オーストラリア型工業化の起源」（大塚久雄ら編『資本主義の形成と発展』東京大学出版会、一九六八年、四二一～四三六頁）
ゴドリエ、モーリス「生産様式・親族関係・人口構造」（山崎カヲル編訳『マルクス主義と経済人類学』柘植書房、一九八〇年、一七七～一七九頁）
小山修三「オーストラリア・アボリジニ社会再構成の人口論的考察」（『国立民族学博物館研究報告』一三巻一号、一九八八年、三七～六八頁）
――「アーネムランドにおけるアボリジニ社会の変容」（小山修三編『国立民族学博物館研究報告別冊』15号、一九九一年、一一一～一三九頁）
――『狩人の大地――オーストラリア・アボリジニの世界』雄山閣、一九九二年
小山修三ら編『オーストラリア・アボリジニ』産経新聞社、

一九九二年
サーリンズ、マーシャル（山内昶訳）『石器時代の経済学』法政大学出版局、一九八四年（一九七二年）
シェリトン、G（加茂恵津子訳）『オーストラリアの移民』勁草書房、一九八五年
D・ジェンシュ（関根政美・関根薫訳）『オーストラリア政治入門』慶應義塾大学出版会、一九八六年
シンプソン、コリン（竹下美保子訳）『今日に生きる原始人』サイマル出版会、一九七二年（一九五二年）
杉本一郎「オーストラリア先住民（Aborigines）をめぐる社会同盟の概観と課題」（『オーストラリア研究紀要』vol. 12、一九九六年、一～一五頁）、
杉藤重信「人口制御要因としての婚姻規則」（小山修三編『国立民族学博物館研究報告別冊』15号、一九九一年、二五一～二七五頁）
鈴木清史「アボリジニの都市民化とその特徴」（『オーストラリア研究紀要』vol. 16、一九九〇年、二七五～二九一頁）
――『増補　アボリジニ――オーストラリア先住民の昨日と今日』明石書店、一九九三年
鈴木雄雅「植民地の形成」（関根政美ら『概説オーストラリア史』有斐閣選書、一九八八年、二三～五一頁）
関根政美「アボリジニ」（関根ら編『概説オーストラリア史』有斐閣選書、一九八八年a、11章、二九七～三一八頁）
――「社会発展と保護主義の台頭」（関根政美ら編『概説オーストラリア史』有斐閣選書、一九八八年b、2章、五三～七九頁）
――「マルチカルチュラル・オーストラリア」（関根政美ら著『概説オーストラリア史』有斐閣選書、一九八八年c、10章、二七五～二九五頁）
セルヴェ、ジャン・ミシェル（山崎カヲル訳）「沈黙交易」（『現代思想』vol. 13-11、一九八三年一〇月号、青土社、七六～九五頁）
ダグラス、メアリー／イシャウッド、バロン（浅田彰、佐和隆光訳）『儀礼としての消費』新曜社、一九八四年
竹田いさみ「連邦国家の成立とナショナリズム」（関根政美ら著『概説オーストラリア史』有斐閣選書、一九八八年、3章、八一～一〇五頁）
デュルケーム、エミール（小関藤一郎訳）『分類の未開形態』法政大学出版局、一九八〇年
寺田和夫編『人類学』東海大学出版会、一九九五年
中野不二男『アボリジニの国』中公新書、一九八五年
新保満『野生と文明』未来社、一九七九年
――『オーストラリアの原住民』NHKブックス、一九八〇年
――『悲しきブーメラン』未来社、一九八八年
布川清司「オーストラリアン・エートスの研究」（『オーストラリア研究紀要』vol. 16、一九九〇年、一二三～二〇〇頁）
ピィヨン、フランソワ「生産様式の規定」（ピィヨン、フランソワ編、山内昶訳『経済人類学の現在』法政大学出版局、一九八四年、七一～一〇七頁）
ピィヨン、フランソワ編、山内昶訳『経済人類学の現在』法政大学出版局、一九八四年
フリードマン、ジョナサン「マルクス主義・構造主義・俗流唯物論」（山崎カヲル編訳『マルクス主義と経済人類学』柘植書房、一九八〇年、一二七～一六八頁）
ブレイニー、ジェフリー（長坂寿久・小林宏訳）『距離の暴虐――オーストラリアはいかに歴史をつくったか』サイマル出版会、一九八〇年
――（越智道雄、高野真知子訳）『アボリジナル――オーストラリアに生きた先住民族の知恵』サイマル出版会、一九八四年
ポイニャント、ロズリン（豊田由貴夫訳）『オセアニア神話』青土社、一九九三年

ボードグ、ショムロー（三苫民雄訳）「贈与、交換、商業の起源」（『現代思想』vol. 13-11、一九八三年一〇月、一九九三年、青土社、五四～六五頁）

ポランニー、カール（玉野井芳郎・平野健一郎訳『経済の文明史』日本経済新聞社、一九七五年ａ）

――「制度化された過程としての経済」（玉野井芳郎／平野健一郎訳『経済の文明史』日本経済新聞社、一九七五年ａ、第10章、二五九～二九八頁）

――「アリストテレスによる経済の発見」（ポランニー、カール、一九七五ａ、第8章、一八七～二三四頁）

――（吉沢英成ら訳）『大転換』東洋経済新報社、一九七五年ｂ

――（玉野井芳郎／栗本慎一郎訳）『人間の経済 Ｉ』岩波現代選書、一九八〇年

――（栗本慎一郎／端信行訳）『経済と文明』サイマル出版会、一九八一年

堀江保範／小山修三「オーストラリアへの道」（小山修三編『国立民族学博物館研究報告 別冊』一五号、一九九一年、一三～三一頁）

真木悠介『時間の比較社会学』岩波書店、一九八一年

松山利夫「アーネムランド・アボリジニ、ジナン族の狩猟と食物規制」（『国立民族学博物館研究報告』12巻3号、一九八七年、六一三～六四五頁）

――「アーネムランド・アボリジニ――ジナン族の星まつり」（『国立民族学博物館研究報告』13巻2号、一九八八年、四〇七～四三五頁）

――「アーネムランド・アボリジニの生活史」（『国立民积学慎物館研究報告』14巻4号、一九八九年、七三九～九二〇頁）

――「カントリーとワンジル」（小山修三編『国立民族学博物館研究報告別冊』15号、一九九一年、一六九～一九一頁）

マドック、ケネス（松本博之訳）『オーストラリアの原住民――社会人類学的素描』勁草書房、一九八六年

マランダ、ピエール（永淵康之訳）「構造とコミュニケーション」（『現代思想』vol. 11-4、一九八三年四月、青土社、四二～六七頁）

メイヤスー、クロード「狩猟・採集社会における決定レヴェル」（山崎カヲル編訳『マルクス主義と経済人類学』柘植書房、一九八〇年、五一～六九頁）

モース、マルセル（有池亨ら訳）『社会学と人類学Ｉ』弘文堂、一九七三年

――「贈与論」（有池亨ら訳『社会学と人類学Ｉ』弘文堂、一九七三年、二一九～四〇〇頁）

モリオ、アンリ「フランス」（プィヨン・フランソワ編、山内昶訳『経済人類学の現在』法政大学出版局、一九八四年、三七～七〇頁）

矢口孝次郎編『イギリス帝国経済史の研究』東洋経済新報社、一九七四年

山崎カヲル「マルクス主考と経済人類学」（山崎カヲル編訳『マルクス主義と経済人類学』柘植書房、一九九〇年、七～四八頁）

山崎カヲル編訳『マルクス主義と経済人類学』柘植書房、一九九〇年

山中雅夫「アボリジニ土地権とオーストラリア鉱業開発」（『オーストラリア研究紀要』vol. 12、一九九六年、一七～三九頁）

リーチ、エドマンド（青木保／井上兼行訳）『人類学再考』思索社、一九九〇年

保苅実習作時代

BEFORE・ラディカル・オーラル・ヒストリー

保苅実著作集

Book 1

「パルセウス」は新潟県立新潟高等学校在籍時に発行、「アンニュイぽんち」は一橋大学在籍中に発行していた同人誌。

現代文明賛歌

同人誌「パルセウス」創刊号（一九八七年七月二〇日）

四大文明にはじまる我々人類の文明は常に発展し続けてとどまるところをしらない。ついに人類は月に行くことができるようになり、新しい生物をつくることができるようになり、また、様々な難病を治療することができるようになった。

僕はこの現代文明に心から賛美の声を贈りたい。人間の偉大さに感嘆せざるを得ない。

しかし何故であろうか。現代文明は兎角非難の対象となる。「化学肥料は地力が衰える」「原子力発電は身体に害があるので建設反対」などこれらの運動もまた文明の発展に平行して大きな社会の関心事となった。

ところでこんな話を聞いたことがある。農家の人が化学肥料を一切使わずに育てた野菜といって菜っ葉を売っていたので喜んで買ってきたら、その葉にトイレットペーパーがからみついていたという。

さて、もしもあなたが八百屋に行き、化学肥料をどんどん使用した色艶のいい菜っ葉と「天然の肥料」だけを使った貧弱で色艶の悪いへたをすれば白い紙片のついた菜っ葉が分かれて、隣り同士並んで置いてあったなら、あなたはどちらの菜っ葉を選ぶだろう。世のため人のためを思い手にも取りたくない菜っ葉を買うことが出来るだろうか。

それができるのならあなたは文明を非難することができる。

同様に原子力発電の設置に反対するならば、一週間のうち二〜三日間は電気のこない生活をしなければならない。

あまりにも勝手すぎはしないだろうか。便利なところはそのままにしておいて自分に都合の悪い部分だけ反対する。文明の恩恵にどっぷりとつかり、ぞん分にそれを活用しているにもかかわらず流行の先端を進んでいるがごとく文明批判をしている者は自分の発言に対しもっと責任を持たなければなるまい。

文明は後もどりすることはできない。なぜならその進歩によって人類が「便利」（僕はこれを幸福といいかえたい。）を発見したからだ。電気炊飯器によって食事作りは飛躍的に楽にしかも短時間になった。車いすによって身体の不自由な人が気楽に町にでかけられるようになった。様々な問題はあるかもしれない。だが我々はもっと文明の与えてくれる「幸福」を自覚し、感謝しなければならない。その人類の発展につながる文明の発展をさまたげてはならない。文明の発展によって生じた問題はいつかきっと文明が解決してくれるだろう。

と、楽観主義の僕は思うのだった。

推薦図書

灰谷健次郎著「島へゆく」［理論社、一九八一年］を初めて読んだのは小学校六年生の時であった。この頃から僕は学校に対する不信感というものが生まれていたのでそれに気付いた（?）母が、僕にこの本を与えてくれた。以後どれだけこの本に救われただろうか。何が正しいのか分からずに苦悩している僕にこの本は何度となく結論を与えてくれた。

「教育の中の絶望と希望」に始まり「希望への橋」でおわるこの本は、かなりたくさんの章にわけられているのでここでそれを紹介するわけにはいかない。このエッセイ集を一言でいうならば、子どもの「生」を追求した作品とでもいえるだろうか。冒頭部を少し書いてみる。

> 自立的に生きるという意味においてこんにちほど子どもたちが不幸な状況に置かれている時代もめずらしい。
>
> それは物質的文明とか親の価値観の押しつけによって子どもたちの生きる場がせばめられているということを意味する。（中略）救いがないという言葉はこんにちの子どもたちのために用意されたような言葉である。
>
> 自らの尊厳がおかされるとき、人間は抵抗する権利を有する。子どもとて例外ではない。もともと保障されなくてはならないはずの抵抗精神が、ひとたび非行というレッテルをはられると、反社会的行為として糾弾され、生きようとする意志を、再起不能にいたるまで痛めつけるというむごい仕打ちにあわなくてはならないのがこんにちの子どもだ。教師のおぞましい管理体質は、非行と抵抗の区別もつかない人間洞察の甘さからくる。（中略）子どもたちのいのちを土足で踏みにじるような行為が教育という営みの中でおこなわれた場合、それは大きな犯罪であるのに罪を犯した教師は罰せられることがない。あの悪名高い日本の医師ですら、誤診によって人命に損害を与えた場合、さまざまなかたちでその償いをしなければならないのに教師にはそれがない。
>
> そこから教師の傲慢が生まれる――

このように現在の学校教育に対する鋭い考察でこのエッセイ集は、始まる。その後、自分の生い立ち、教師時代のこと、そして自分の書いた本についてと、様々な面から「生」というものを直視している。

この本のなかでどうしてもとりあげておきたい言葉が二つある。

一つは「絶望をくぐらないところにほんとうの優しさはない」という一文である。僕にはそれまで二つの疑問があった。一つは、自分が優しい人間なのかどうかということ、もう一つは世間一般に呼ばれる優しい人間が本当に優しい人間なのかどうかということである。疑問はこの一文で解決した。今の世の中優しい人間なんていないのである。（言いきってしまうのもどうかと思うが……）ソクラテスの言葉にあてはめるならば、僕は自分が優しくないということを知っている分自分が優しいと思っている人々よりもほんのちょっとだけ優しいのである。

もう一つは「学んだということのたった一つのあかしは変わるということだ」という一文である。「学ぶとは何か」という疑問を自分自身にぶつけた人は多数いるのではないだろうか。その答えの一つのような気がする。これが僕の勉強の目標になった。「学ぶことは変わること」なのである。僕らは日々変わらなければならない。

本の紹介なのか読書感想文なのかよく分からない文章になってしまった。

高校時代は、この本を子どもの立場から読むことのできる最後の機会だと思う。皆さんにはもちろん、学校教育にかかわるすべての人に読んでもらいたい一冊である。

同人誌「パルセウス」第二号（一九八七年一〇月一二日）

ボランティア反対

—1—

最近ボランティアがはやっている。〝はやっている〟などと書くといかにも批判的なふんいきになるが実はそうなのである。今回はボランティアのもつ危険な性格について書いてみたいと思う。

—2—

みんな一度は募金に協力したことがあるだろう。24時間テレビ愛は地球を救うとか、ユニセフ募金、赤い羽根共同募金など、様々な形で募金をする機会がある。さてそこでみんなに募金箱に十円玉を入れた時の心境を思い出してもらいたい。「ああ僕（私）は優しい人間なんだ」と思った人はいないだろうか。たとえ思わなくても何ともいえない満足感がうまれたのではないだろうか。僕はこの満足感に対し警告を発したいのだ。

他人に無償で何かを与えるという行為にはすべからく満足感がついてまわる。創刊号で書いた言葉を覚えているであろうか、「絶望をくぐらないところにほんとうの優しさはない」のである。もしほんとうに優しい人間であるならば自分のおこづかいなど全額寄付できるはずである。ある一家がほんとうに貧しい人を救いたいと思うのなら家の収入の二分の一から三分の二は最低でも寄付しなければならない。自分の生活に何の影響も及ぼさない程度にほんの二、三〇〇円募金箱に入れるというのは寄付ではない。それは明らかにショッピングである。〝満足〟という商品を自分のいい値で買っただけのことである。

何か募金するなといっているみたいであるが、決してそうではない。現実に今こうして僕が書いている間だって確実に餓死している人がいる。アフリカやインドはもちろん、世界各地には食べ物のない人、家のない人、職のない人がいる。国民所得二五四兆四七四〇億の日本国民がこのような人々を救わないのはむしろ罪であるといってもよい。ただ僕は募金箱に十円玉をいれるとき、それしか入れようとしない自分を〝恥る〟気持ちが必要だと言っているのである。満足感などじょうだんではない。


―3―


これと同じことがボランティア活動にもいえる。

数年前、「小さな親切運動」というのがおこった。この運動を知らない人のために簡単に説明すると例えば車いすに乗っている人が横断歩道をわたれなくて困っていたら気軽にそしてもちろん無償で手伝ってあげましょうというものである。またもう少し最近では「黄色いハンカチ運動」というのもあった。これも「小さな――」と似たようなものである。これらの運動がどのような運命をたどったか――ここには驚くべき事実がある。被救済者がこれを拒否したのだ。「小さな――」などとは「小さな親切大きなお世話」などということがいわれる始末だった。ここに無償の行為の悲劇がある。

つまりこうである。被救済者は自分一人ではできないことを誰かに無償で手伝ってもらったとき、「ありがとうございます」と言ってその人（救済者）に感謝しなければならない、というよりはせずにはいられなくなる。これが一日に何十回もつづけばどうなるだろうか。もちろんその人は無償で一日をすごすことができる。そのかわり、一日中人にぺこぺこしなければならない。これではなんにもならない。金ではない別のもので売買が成立しただけのことである。とてもボランティアではない。これに耐えられない人は決してボランティアなどたのまない。お手伝いさんを金でやとうのである。これは何の気兼ねもいらない。一日中こき使ったって「ありがとう」など言わなくてもよい。被救済者は自分の立場を〝お客様〟にすることによってむしろパート捜しの奥さまたちの救済者となるのである。僕はむしろこの方が自然なように思える。こうしてはじめて身体障害者その他の人たちは一般の人々と対等の地位につくことになる。

— 4 —

ボランティアなどという一見理想の社会の奥には金とはちがった人間の様々な利害関係が意識せずともうごめいている。

だからもしみんなの中でボランティア活動をしてみたいという人がいるのなら、一日一〇〇〇円でもいいから、金をもらったほうが、自分のためにも相手のためにもいいと思う。お互い遠慮しない程度の金のうごきがあってこそ〝親切〟や〝優しさ〟というものはノーベル平和賞などとれそうもない普通の人にも花ひらくのである。

〜蛇足〜

創刊号といい今回といいどうもへそまがりなことばかり書いているがこれは別に僕がへそまがりだからではない。（多少はあるかもしれないが…）ただ僕はみなさんに物事は、様々な見方、考え方があるということをそしてどちらが正しいかまちがっているかということは一概に言えないということを分かってもらいたいのである。もちろん僕自身自分の主張が一から十まで正しいとは思っていない。蛇足ながらつけくわえておく。

同人誌「パルセウス」第三号（一九八八年七月一日）

ある電車での出来事

　ある日、久しぶりに電車に乗る機会があった。十一時頃だったので乗る人は少なく、僕と同じシートに子供連れの家族と向かい側には友人同士だったと思うが二～三人の中学生くらいの女の子がすわって話していた。その他には離れたところに数人の人が乗っていた。

　僕が乗っていくつめの駅だっただろうか、母親に連れられて一人の少年がこの車両にのってきた。ふと見るとその少年は俗にいう身体障害者だった。何という病気なのか僕には知識がないのでよくわからないが、彼の目はどこを見ているのかわからず、時々奇声を発していた。誰が見ても正常ではないということがわかった。

　しばらくして僕の心配していた事態がおこった。その中学生の女の子と隣に座っていた家族の子供達の視線が一斉にその少年に注がれたのだ。ひそひそ話が僕の耳に入る。

「ねぇお母さん、あの人どうしたの？」

「あの人はね、病気なの。かわいそうね」

「ねぇねぇ、なんかかわいそうだと思わない？　私、自分だと思うとぞっとするわ」

　その時、僕はこの少女たちに、そして家族に激しい怒りを感じた。理由はいくつかある。一つはその視線である。僕は彼女たちの視線・目つきから彼に対する同情の気持ちを読み取ることができなかった。興味本位からくるものを感じたのだ。ホラー映画を見ている時と大差なかった。そしてもう一つはあまりにも軽薄につかわれる「かわいそう」という言葉だった。人の不幸をあわれむ、人を同情するというのは非常に勇気のいる行為である。彼の苦しみを知り、彼と同じ悲しみを感じ、彼と自分を接近させ、二人の間に接点が生まれることによって初めて同情心は生まれる。彼女たちにはそんな心はなかった。彼女らの根底にあるものは好奇心と自分ではなかったという安堵感だった。その他にも理由はあったがともかく僕は彼女らとその家族に対して怒り、そして軽蔑した。

しかし次の瞬間、僕は新たな怒りと軽蔑を感じた。それは自分自身に対してだった。何て自分は愚かだったのだろう。自分が彼ら以下の人間であることを悟った。僕は気付かぬうちに自分を「優しい人間」にしたてあげていたのだ。身体障害者のことを考え、彼らに真の同情を与えることができるのは自分だととんでもない思い込みをしてしまっていた。

僕は彼のために何かをやっただろうか？　彼が住みやすくなるようよい街をつくろうと何か努力してきただろうか？　僕もやはり彼を自己満足のために利用しただけだった。自分が女子中学生や家族より身体障害者のことを考えていると思い、それを確認するためだけに彼の存在は僕にとって意味があったのだ。僕は電車の中で赤面してしまった。

それからしばらくして僕は電車を降りた。彼にもう会うことはないだろう。結局僕は彼に何もしてやれなかった。ただ利用しただけだった。

僕はこの出来事の中で他人（身体障害者に限らず）を思うことの難しさを感じないわけにはいかなかった。心底相手のことを思うというのはたやすいことではない。相手を思っているふりは簡単にできるだろう。しかしそんなことをしたところで何になるだろうか。そこに残るのは自己満足か自己嫌悪くらいのものである。

だから僕は人に優しくしない。自分のそれが偽者であると知っているから。

こんな結論に帰着してしまうのはやはり僕が優しくない人間だからなのだろうか？

同人誌「パルセウス」第四回（一九八八年七月一日）

正統派抵抗家

先日、僕はバイクを買った。学校には乗っていけないので、家に帰ってからあちこち乗りまわしているが、これがなかなかいい気分転換になる。夜中勉強していて眠くなった時に、海へ行って月明かりを見たりしている。

ところで、バイクに乗ることはある意味では社会に挑戦状をたたきつけたことになる。今回はそのことについて紹介し、自分の考えを書きたい。

「三ない運動」と言って、「高校生に免許をとらせない・バイクを買わない・乗らせない」だったと思うが、今全国の高等学校やＰＴＡの間で盛り上がっている運動がある。問題をすべて規則・規制で解決しようとする社会の風潮に強い反感を持っていた僕（というより我が家族）はこの度この運動と真っ向から対決することになった。

自分の考えを書く前にまず確認しておきたいのは、高校生にバイクに乗る資格はあるということである。理由は言うまでもなく、法律で認められているからだ。それにもかかわらず「三ない運動」がおこり、バイクを禁止している学校が多数あるのはなぜだろうか。これは明らかにことなかれ主義の現在の学校教育の体質と、事故をおこしはしないだろうかと不安で不安でどうしようもないといった子離れのできない親との間の利害の一致により生まれた産物である。

教育という現場で絶対的な権力をもつ教師と法律的に親権をもつ親が手を結び、子供を自分の監督下におくとき、子供はまさに悲劇である。そんな中でほとんどの子供は自分の主張・表現のすべを失い、ある者は学校嫌いになり、ある者は無気力になり、そしてある者は、なぜか親も反対しない勉強に狂ったように打ち込むようになる。だがそんな中で、一部の少年は、この誰もが無理だと考えるこの巨大な城壁を破壊しようと試みる。それが「不良少年」である。しかし、そんな彼らですら反社会的なものとして、二度とたちなおれなくなるまで追い詰められ社会からは抹殺されてゆくのだ。

今の社会に必要なものは禁止ではない。大きな心を持った大人であり、その大人と子供との信頼関係である。高校生とは、「一人歩きできる子供」なのだ。危険だからといって何でも禁止すれば、必ずその副作用が生まれる。例えば、親と口をきかなくなるとか教師を殴るとか、反社会的行為に走るといったものである。すると、「子供が何を考えているのか分からない」などと言って悩む親や教師がでてくる。身から出たさびと言おうか自業自得と言おうか。しかし、そういう者にかぎって原因を他に押し付けたがる。子供が話さないからだとか忙しくて子供にかまっていられないとか言うのだ。「話さない」のではなく「話せない」子供を理解する姿勢が必要だと思う。それでも高校生が「一人歩きできる子供」であることを認めようとしない人は多数いる。だから、僕はバイクで事故を起こさずに、それを証明するつもりでいる。そして、すべての高校生免許取得者に言いたい。あなたが事故を起こさないことは、正統な「社会への抵抗」であると。

あとがき

「人はどうして生きるのか」という、疑問があり、ずっと考えていました。先日その答えが「幸せになるため」ではないかと思い、最近その是非を検証しています。

同好会員でもないのにワープロに協力してくれた二の八の岩崎君に心から感謝します。

アンニュイぽんち発行にあたって　あるいは　編集後記

雑誌のコンセプトみたいなことを語ることはできない。私はこの雑誌の原稿依頼の時、「何をしてもよい」ということを強調してきた。これもまたコンセプトであるのだが、コンセプトの否定ということもできるだろう。

ながいもの、短いもの、イラスト、文章、論文からの独り言、小説、詩、とにかくありとあらゆるものをごちゃまぜにしたかった。

主婦、学生、子供、抑圧者、被抑圧者、右翼、左翼、宗教家

書けない人達には、インタヴューも。

作家や評論家、ジャーナリストや大学教授らだけにものを書く権利があるわけではない。人に読ませる、権利があるわけではない。

書く快楽を我々の側に引き込むこと、

無名であることの快楽を享受すること

話すように、聞くように、読むように、書くこと／描くこと。

私はこの雑誌にすべてを認めたい。

ただし！

あまったるいサークルという名の共同体としてではなく

アカの他人同士の可能性と不可能性の総体として。

カリホ　ミノリ

むかつく奴はたくさんいる。威張っている奴と自慢したがる奴にはとくにいらつく。

　権威主義者、先輩、テレビ、新聞、雑誌、
金持ち自慢、貧乏自慢、病気自慢、人脈自慢、成績自慢。

威張っている自分、自慢している自分が、一番むかつく。　自己嫌悪。

さまざまな集合的組織体を解体してゆくと「個人」という担任に帰結する。

問題はここからである。

個人は、無矛盾的なものとして存在しているわけではない。個人の内部には、肉体的にも精神的にも対立や、並立、結合や、切断、そのほかさまざまな意識構造、存立構造をもつ。

ここに自律の困難さがある。

生を充実させること、、、これが目的である。　　ではいかにしてか？

快楽か？　謎ときか？　成功か？　なんの成功か？

これは机上の空論か？　ではリアリティーとは何なのか？

ニヒリズムは避けがたい。　失敗。

"Es irrt der Mensch, solang er strebt."

ゲーテのことば。「人間は、努力するかぎり迷うものだ。」

やりなおし。

一貫しようとしたところに間違いがあったのだ！

一貫することが美徳の時代は終わった。　それは画一化となにも変わりはしない。

世界征服が、世界共通言語と同様、不可能かつ無意味であるように、個人を徹底して一貫させることもまた、不可能である。　そして美徳でもない。

矛盾する自己を矛盾したまま受け入れ、矛盾したなかにこそ自己のアイデンティティーをみいだすこと、、、これが可能であるということを誰か立証できないだろうか？

ただし！

快楽のおもむくままに自分自身をほうっておくわけにもいかない

　これもまた不可能なのだ。

快楽のなかでも至上のものは死ととなりあわせなのだから。

次はマクロの問題。

巨大な集合体としての地球／世界が絶え間ない回転運動をしている。その世界の内部で、二種類の生物、すなわち植物と動物が、それぞれ上下、左右の運動を絶え間なく続けている。

これは性行為とおなじだ！　左右に動き、上下にうごき、そして、回転する。

よって世界は、性行為である。　あるいは性行為こそ世界である。

あなたは三段論法を信じますか？

反論のあるひとは順番にどうぞ。

続いて問題です。

「あなたは狂っていますか？」

　……「おまえが狂ってるんじゃないの？」

「ということは、あなたは狂っていないわけですね？」

　……「そうは言っていない。」

「質問に答えてください。」

……「何で答えなきゃいけないんだ！」

「質問は答えるためにあるからです。」

……「誰が決めた！？」

「社会です。」

……「これは大変失礼いたしました。」

「答えなさい。」

……「多分狂っていないと思います。」

「自信がないのですか？」

……「なにぶん確認のしようがありませんので、、、。」

「では確認の方法を教えましょう。〈狂っている〉と答えればあなたは正常です。〈狂っていない〉と答えればあなたは異常です。」

……「…………………」

「答えなさい」

ギャグだよギャグ。そんなキムヅカシイ顔するなよ。

別に強制するつもりも圧倒するつもりもないんだからさぁ
でも僕だって言いたいことを言っていいだろ？

君の反応まで配慮しなくちゃいけないってわけでもないし。

もちろん君の言いたいことはわかるよ。

でもチョット待ってくれ
僕はただの人間なんだ。

脳みそがはち切れるほど考えたって答えなんかだせやしないのさ。

でもそれは絶望じゃない。　断じて違う。

それはとんでもない誤解だ。

性行為みたいなもんだよ。

答えも射精も出した瞬間が気持ちいいのさ。

一晩もしたらまたやりたくなっちまう。

なのにどうだい。

世の中ときたら、学者さんたちは尊敬され、俺はSEXマシーンあつかい。

いっとくけど俺はもう何ヶ月も、、、、まあいいや。

バタイユは言った
「私は太陽であると私が叫ぶとき、そこから完璧な勃起が生じる」

クロソウスキーは言った
「沈黙のなかだけに心と心の交換がおこるのです。」

ポランニーは言った。

「経済的動機は、情緒的動機に劣る」

澁澤龍彦は言った。

「最高のエロ　「相手に期待するということは、相手を裏切ることだ。」

〈K-1〉は言った
「君いいこというねぇ」

〈G〉が言った。

「エロティシズムとは、死を幻視する術のことだ。」

〈Y〉は言った
「みんな俺のことわかってないよ！」

〈M〉が言った。

「私わかったの！」

〈K-2〉は言った。

「ちょうまてや！」

〈H〉がにやける。

「クックックッ」

〈F〉が鼻を、、、

「ンゴッ！」

〈I〉が叫んだ
「イーデオーン」

俺も叫んだ、。

「カリホ！！」

社会貢献という名のエゴイズム

～はじめに～

僕は、大学に入学した当初（軽薄にも）自分の人生の目標は、なんらかのかたちで社会に対して貢献をすることであろうと考えていた。なぜか？　社会貢献というものは、ヨイものであり、ヨイことをすることで自己のアイデンティティーを見いだそうとしたからにほかならない。社会的にヨイこと即ち〈社会的善〉さえやっていれば、自分に疑問を持つこともなく、充実した人生を送ることができるであろうという短絡的な発想の結果である。

本論は、こうした認識を持つことで自己を肯定し、かつ社会的に自己の立場を相対優位に置こうとした自分自身の内面に対する自己批判である。しかし同時に、（こうした認識を持っていた時の）僕と同様あるいは、似通った考え方をしている他の人に対する〔批判〕でもある。（ただしここでいう他人に対する批判というのは、自分の価値観を一般化し、他者に押しつけるための批判ではない。その逆に他者によって社会貢献が、善であるという価値観を押しつけられることに抵抗するための〔批判〕である。）

～社会貢献とはなにか～

まずここで使用される「社会貢献」という言葉の意味について、説明する必要があるであろう。なぜなら、この言葉のもつ意味が、一般的用法とあまりにもかけ離れているならばその後に展開される〔批判〕が、全く的外れの無意味なものとなってしまいかねないからだ。

では、社会貢献とはなにか？　一言でいえば「世のため人のために力をつくすこと」となるのではないだろうか。そこでさらに問うことにする。〈世のため人のためになること〉とはどういうことをさすのだろうか？　この問いに対する一般的見解を示すことは反論もあろうが、あえて最大公約数を取ればこのようになるのではないか。「自由、平等、博愛、平和、正義、をより多くの人が、より多く享受できるようにすること。」とすると社会貢献というのは、「自由、平等、博愛、平和、正義をより多くの人が、より多く享受できるようになることに自分が、（時には多少の自己犠牲を払いつつ、）なんらかの活動を通じて力をつくすこと」となろう。こうした説明に多少の疑問を感じる人はいるであろうが、ここに書いてあることを完全に実行することのみを社会貢献という せまい意味にしなければ、大筋においては、ここまではあまり疑問の余地はないだろう。最初の問題は、「こうした社会貢献は、ヨイこと（社会的善）である。」というロジックが、ほとんど疑われることなく用いられるという点にある。

さらに奇妙なロジックは続く。「社会的善である社会貢献をするということは、ヨイことなのだから、ヨイことをしている自分は、社会貢献をしようとしているという点において、そうでない人よりも善である」転じて「みんな社会貢献をするべきである。（そうすれば世の中みんなヨイ人になるので世の中うまくいくであろう）」という議論にたどりついたころには、すでに立派な盲目的啓蒙主義者の完成である。

こうやって論理をひとつずつときほぐしていくと、自然となにか奇妙なものを感じるものだが、実際我々の実生活の中では、こうした論理は、暗黙のものとして検討の対象にならない。むしろ焦点は、この先になる。つまり「どんな社会貢献をするか」という点で議論がおこなわれ、空き缶回収から政治改革にいたるまでじつに様々な批判、検討、提案等が、おこなわれることになる。ここから先は人によって相違あるが、ここでまた一般的な例を挙げるならば、ボランティア活動に参加したり、政治家になろうとしたり、国連で働こうとしたり、（人によっては）革命を計画したりするわけである。僕は、今回の議論では、どうすれば、一番うまく社会貢献が可能となるかということについて検討するつもりは全くない。その点に関しては、一生読んでも読みきれないほどの書物が、お偉い人々によって書かれている。まったくお偉くない私は、それ以前に暗黙の前提となっている「社会貢献は、ヨイことだ」という短絡的な肯定に批判の焦点をあてたいのである。

～「ヨイこと」とはなにか～

「社会貢献は、本当にヨイことなのか」という検討も当然おこなわなければならないが、それ以前に無批判に〈社会的善〉が規定され、かつ肯定される点の検討をしなければなるまい。しかしながらこの点について綿密に検討することは、至難のわざである。いや、むしろ至難のわざであるということが、重要となる。世の中に本当に善、悪というものは、客観的に存在するのか？　客観的に存在するならば、それを人間が知ることはできるのか？　客観的なものではないのなら我々は、何を基準にして（指標にして）善と悪の判断をするのか？　個人の主観なのか？　社会の（共同体の）習慣ないしは通念によるのか？　神のお告げによるのか？　多数決によるのか？　憲法によるのか？　判例によるのか？

こうした問題について私が、ほんの数枚のこの投稿文によって包括的な結論づけをおこなうのは、あまりにも絶望的である。が、しかし部分的に読者の（そして私自身の）容認を得られることもあると思われる。それは、善や悪が、何をさすのかという点に関しては時代、地域、立場などによってじつに多くの見解があり、時空を越えて絶対的な善と悪を導きだすことは、ほとんど不可能（に近い）ということである。実例を挙げようと思えばいくらでも提示することができる。第二次世界大戦中の日本においては、鬼畜米英、天皇制擁護の立場こそが絶対的善であった。また、人間の生命が、他のなによりも優先されるべきであるという思想が、正しいと判断されるようになった歴史は、ほんの数百年に過ぎないであろう。資本主義の良し悪し、共産主義の良し悪し、「〜教」ないしは、宗教そのものの良し悪しなどは、現在の社会の中でもじつに様々な意見対立がある。これらの諸事実から何がいえるのか？　社会的に与えられた善悪の基準は、じつに不明確、不安定なものであり、かつ歴史的な宗教戦争や、イデオロギー闘争などを振り返ると、〈社会的善〉の肯定は他者を排除ないしは否定、あるいは、他者に押しつける可能性があるという点においては非常に危険であるともいくことができよう。そしてこれはそのまま啓蒙主義の危険ということにもなりうる。

「正しい」即ち〈善〉であるという確信を持つことは、なかなか人を安心させるものである。なぜなら自分のやっていることが〈まちがいない〉ならば、人は安心してそこを自己のアイデンティティーのよりどころとすることができるからだ。「ヨイこと」という概念が、人類によってうみだされた理由は、まさにこの点にあるのかもしれない。

～社会貢献がなぜヨイことなのか～

前節で私は、我々が、善悪を区別している基準が、人によって時代によって文化によって様々であり、絶対的善悪を示すことがほとんど不可能であろうということ。にもかかわらず我々は、自己のアイデンティティーを確立する容易な手段としてこうした社会的な善悪の基準を利用しがちであることを（不完全ながら）示した。そこでつぎに、こうした善悪の基準の中で「ヨイこと」とされる社会貢献という行為について検討する必要がある。最初に私が示したように社会貢献という言葉を「自由、平等、博愛、平和、正義をより多くの人が、より多く享受できるようにすることに自分が、なんらかの活動を通じて、力をつくすこと」とするならば、なぜこうした行為が、ヨイこととされるのだろうか？　答えは意外と簡単である。少しでも過去の歴史を検討すれば、自由、平等、博愛、平和、正義が、〈社会的善〉として認識されるようになったのは、近代というほんの数百年の歴史と地球上のごく一部の地域でしかないということが同時にわかってくるにもかかわらず、「自由、平等、博愛、平和、正義をより多くの人が、より多く享受できるようになるということを、（少なくとも現代日本人の、そしてもしかしたら、近代人の）大部分の人々が暗黙のうちに容認しているからにほかならない。

ここにふたつの結論がみえてくる。すなわち、我々は、一般に社会貢献というものは、ヨイこと、〈社会的善〉であると考えているが、これが、絶対的善であるか否かは知るよしもないし、「自由、平等、博愛、平和、正義をより多くの人が、より多く享受できるようにすることに自分が、なんらかの活動を通じて、力をつくすこと」が、（即ち現代的意味における社会貢献が、）社会的善として、認識されるようになって、それほど長い年月がたったわけではないということ。そして、にもかかわらず、我々は、自分たちの共有する社会的善の価値観をかなりの程度絶対的なもの、ないしは、普遍的なものとして、暗黙のうちに肯定しているということである。

＊予想される反論として、「世の中社会貢献をしようと考えている奴なんかそんなにいやしない。むしろみんな自分の幸福だけを考えているのではないか？」というものがある。だがしかしこれは少々ポイントをはずした反論である。なぜなら、社会貢献をしない人達が多いということと、こうした人達が、社会貢献を〈社会的善〉として捉えていないということは全く別のことだからだ。また、当然のことながら、自分の幸福だけを考えて生きるひとを社会貢献をしようとしている人よりもヨイということを私が述べようとしているわけでもないということも確認しておきたい。

～〈社会的善〉とアイデンティティー～

ではなぜこんなにも不安定な〈社会的善〉という概念に立脚した社会貢献というこれまたアヤシゲナ行為が、こんなにも肯定的に受け入れられてしまうのであろうか？　私は、まさにこの点に、自律できない自己、その相対優位的快楽、社会的価値観への埋没、そして〈善〉によって隠蔽されたエゴイズムを感じずにはいられない。

ここから先の議論は、飛躍を極力避けるため、きわめて慎重に進めなければならないのであるが、そのために私は、〈善〉特に〈社会的善〉という言葉のもつ圧倒的な説得力について説明しなければならない。とはいえ、、この点について論理的に説明するのは、これもまた非常に困難である。私には、一般に、私達がある程度直感的に認識している見解について、確認する以上のことをここで展開することはとてもできそうにない。即ち以下のような見解である。「善とは、ヨイことを意味する。そして、ヨイことは、ワルイことよりも、社会的に優位である。」ここでいう〈社会的に〉とはいかないる意味なのか？　これは、「（自分の想定できる範囲における）他者一般によって形成された（と思われる）価値体系内において」ということを意味する。すなわち〈社会的優位〉の意味するところは、「世間的に認められた（大多数の人によって認められた）価値体系の中で肯定的に（高い価値をもって）認識されていること」を意味するにほかならない。では、こうした認識が、暗黙の前提となっている世界の中で社会貢献が〈ヨイこと〉として肯定的に受けとめられるということは、何を意味するのであろうか？　又、こうした認識を暗黙のうちに受け入れ、ほとんど疑問の余地なく社会貢献を口にしている人達からいかなる事態が導きだせるであろうか？

明々白々な事実からはじめよう。彼ら社会貢献肯定者は、まず社会によって与えられた価値体系に無条件の絶対的服従の態度をしめすことになる。そしてこの無条件の服従は、絶対的な確信と同義となり、さらに困ったことに、ここでの確信が、個人的なレベルではなく、社会的な価値体系に依拠しているために、社会貢献という行為をすることによって、自己を他者との比較の中で、相対的により高く位置づけることになってしまう（社会貢献をしている私は、していないあいつよりも偉い）。社会貢献がいかなる種類のものであれ、なかなか立派な行為として、社会的に称賛され、かつ自分自身でもすこし自慢げな気持になるのは、まさにこうした諸事実を暗黙のうちに受け入れているからにほかならない。そしてこうした発想の帰結として、「他の人々も自分のように社会貢献の活動をすべきである。」が用意されている。

私はこうした社会的価値観の内部に自己のアイデンティティーをみいだしてしまう（自己を支える根拠をあたえてしまう）私を含めた大多数の人々を徹底的に批判したい。これは、自律することができない自己がもつエゴイズムを無根拠だが、社会的に容認された、〈社会貢献＝善〉という公式によって隠蔽していることにほかならないのだ。自分自身で、自分の価値体系を造ることができず、いや、つくろうという努力すらせず、既に出来上がった価値観にどっぷりとひたることで自分のよりどころにするという、まさにエゴイズム丸出しの行為が、〈社会貢献＝善〉という公式にあてはめることでエゴイズムの部分が完全に覆い隠されその逆に称賛の対象として受け入れられるというこの事態を容認するだけの広く寛大な心をどうも私は持ちあわせていないらしい。

では、いったいなにがそもそも間違いだったのか？　そしてどこからはじめるべきだったのか？　これが次なる課題となる。

〜はじまりはどこか？〜

私は（私達は）一体何処までさかのぼらなければならないのだろうか？　社会に依存した独善的な自意識から解放されるために何をすべきなのか？　この問いに対する答えはひとつではないだろう。順応も答えであろうし、死も答えになる資格はある。よってこの先の説明は、極めて主観的なものである（もちろん今までの議論が、絶対的客観性の上に立脚していたものと考えているわけではないが）。だから、痛烈な批判は当然想像できるし、甘んじてそれをうける用意もあるつもりだ。

はじまりは、自律することにある。自己を見つめることにある。なんのために？　社会（ないしは世界）と自分との関係を自分なりに把握するために。なぜ？　社会的価値観から自由になるために。そして、独善に陥らないために。

これは一見矛盾に思われるかもしれない。自分勝手に自分を解釈して、自分の眼で社会を見つめることに疑問をもたずにいれば、これこそ独善なのではないか？　答えは、ＮＯである。私はこれを独善とは呼ばない。これこそが、自律した自己なのだ。独善とはなにか？　独善とは、自分が、善であるということをひとりよがりに思い込むことである。自律は、自己を肯定することではない。文字どおり、自己を律することである。社会的価値観に埋没して、そのなかで、自分をなかなかヨイことをしているイイ奴として認識することを厳しく戒め、軽率な自己肯定をゆるさないことである。〈社会的善〉という心地よいエゴイズム隠蔽の場のなかで相対的優位の快楽に酔いしれているアイデンティティーをもう一度自分自身の内面の世界へ引きずりだし、「確固とせよ!」と叫ぶことである。そしてこの作業に終わりはない。なぜなら、残念ながら（しかし幸運にも）私達は、社会的価値観、あるいは、文化的背景というものから完全に解放されることはありえないからだ（唯一狂気のみが、これを可能にするかもしれないが）。だがそのことを悲観することもないであろう。人間は、このことに自分の生きがいをみいだすこともできるからだ。そして生きがいに終わりがあったら、もう生きる意味がなくなってしまう。

ここまできて、こう思う人がいても不思議ではないだろう。「自律するということが、こんなに難しいのなら、別に自律なんかしなくてもいい。今迄のほうが、ずっと楽だったし幸福だった。」と。私は、この見解に対し、全く反駁するつもりはない。ただし、宣言したいことと要求したいことが、ひとつずつある。即ち、「社会的価値観に拘束されているより、自律した自己は、はるかに自由である。そして、自由は、ぼくを幸福に、そして有意味にしている。」という宣言と、「僕は、あなたに、君は間違っている。僕のように自分を見つめる作業をするべきだ!と言うつもりはない。（それはふたたび独善のわなにはまったことになる。）そのかわり、あなたも、自分の確信すなわち〈社会貢献はヨイことだ。そして、ヨイことをしないおまえは、ヨイことをしている私に非難されて当然だ。〉という私からすれば、まったくわけのわからない無根拠な論理を私に押しつけないでほしい。」という意味である。

さらにつづきはある。すなわち「自律した自己として、（あるいは自律しようともがいている自己として）いかに社会／世界とかかわっていくのか？　いかにして人間関係をつくりあげるのか？」という課題である。だがこれは、本論の課題ではないし、厳密には、別の問題である。この課題について僕なりの検討というものはないわけではないのだが、今ここで述べるのは適してないように思われるので、またの機会にしたい。

〜参考人物〜

本論を書くにあたって直接的に参考にした文献はない。そのかわり、こうした問題について、直接の影響を受けた人物はいる。そうした人のなかで差し障りがない範囲で、ここに紹介したい。もっとも差し障りがないかについて、本人に確認したわけではないし、本人の文脈を曲解した部分も多分にあると思われるのであしからず。

Special thanks to 権田建二、山本啓一、西村慎太郎、楠本哲也、出縄憲二、根本宮美子、加藤哲郎ゼミナールの皆さん、

アンニュイぽんち2号発行の挨拶

遅れに遅れた第二号。原因は、ひとえに私の個人的な都合にございます。このたび将来の進路を必然的にせまられる立場にたち、（要するに大学四年生になり）大学院進学なんぞを希望してしまったばかりに、試験勉強を理由にアンニュイぽんちの編集をずーーーーっと怠ってしまいました。皆さん本当に御免なさい。

しかしまあ同人誌なんてものは、いつでるか分からないところが面白いわけで、、あっやっぱりいいわけでしょうか？

結局今のところ一年に一冊という超スローペースとなっていますが、今後は皆さんの投稿状況に応じて発行してゆきたいと思っています。

もともとこの企画は、大学を卒業してしまった人が、就職すると、突然生活の中から文化的な生産活動が排除されてしまうという社会的状況を憂いてはじめようと決断したものです（知らなかったでしょ）。ですから来年以降社会人になってしまう方も時間をみては、著作活動にいそしみ、是非とも投稿を続けていただきたいと存じます。前回の巻頭言にも書いたとおり、文章を書いたり、絵を描いたりすることは、それをメシの種にする人の専売特許ではありません。お互いに赤面してしまうような素人臭い作品を共有しあうというのもけっして悪いもんじゃないと思うのですがいかがでしょう？

パラダイスへようこそ

幸せそうでなによりです。うらやましいよまったく。少しはまじめに考えたらどうでしょうか。そしたら自分がただのうんこたれのバカやろうだって気づくとおもうけど。偉そうに天下国家を論じてる奴とか、Jリーグにはしゃいでる奴とか、「グルメ」とかいってただのデブとか、結構バーカってかんじ。

でもおまえも似たようなもんでしょ。

少しは自分がつまんない人間だってこと自覚して欲しいね。おいおい他人のことって顔するんじゃないよ。君のことといってるのよ君のことを。

二〇〇年後までには今地球上にいる五〇億人全員が確実に死を経験する。おまえも死ぬしおれも死ぬ。自分が死ぬところ想像できるかい？　そう遠くない将来実現するんだぜ。今自分が生きているっていう確信と将来確実に死ぬっていう確信とどっちが重要なことなんだろう？

「だからこそ短い人生を有意義に過ごさなければならない！」だって頭悪いんじゃないの？　あんた何か有意義なことやっているんですか？　何か有意義かの判断ができるだけの知性が残っているのですか？

知性？　なにそれ？　痴性か恥性の間違いじゃないの？

つまんないことやっているおまえと、えらそうにつまんないおまえのこと書いてるくだらないこの俺と、どっちが罪深いんだろうか？　俺って俺？　おまえっておまえ？　おまえは俺？　俺はおまえ？……おれはおまえ⁉︎

どんぐりのせいくらべもそろそろ佳境にはいってまいりました。

誰もが待ち望んだパラダイスへようこそ
その名も高度大衆消費社会
車が溢れ、バカが溢れ、ゴミが溢れ、おばさんのヌード写真集が溢れる夢の楽園
「例外なき関税化」と「例外なき白痴化」による自由貿易体制。
キリストもまっ青
マルクスも苦笑い
ニーチェも飯島愛もみんなみーんな仲良しこよしの高度大衆消費社会

世の中が幸せな何よりの証拠
俺がむかつく何よりの証拠
『社会の歯車なんかになりたくない！　だから公認会計士』のポスター
多くは望まない。せめてこのポスターを破り捨てさせてくれ。

非＝厳密なることの快楽

自信と落胆の日々
自信が優勢であることの不快感
そのぶん落胆の痛みはひどいもの
この苦しみからの解放の道はないのか

たったひとつの方法
そのための莫大なむだな努力
無駄、無駄、無駄、無駄
人はどこまで自分を変えることができるのか？
ほんのささやかな方向転換に一体どれほどの苦痛を必要とするのか？

綱引きの激しい攻防
決着はついたかに見えるが
そこにも嘘はある
僕のちっぽけな精神など所詮そんなもの
逃げることはできない
解放することもできない
八方ふさがりの苦痛
あるいは苦痛のふり
多分ふり
だから激痛

すべては演技
これも演技
それでも沈黙を認めない
沈黙も苦痛

しかし演技は疲労

退行すらあやうい
センスのない言葉の羅列
おまえはまだセンスなんかに……
見ろこの厳しい言葉の数々
「非＝厳密なることの快楽」が精一杯

解説エッセイ

保苅実がまだ何者でもなかった頃の話

山本啓一

「山本？　オレ、保苅です。一年間はキンケイ（近代経済学）をガリガリやってたけど、そういうのに限界を感じて、今は経済人類学に興味を持ってるんだよね。」

あれは一九九一年の初春。昼下がりの天気の良い日だった。一橋大学に入学して一年目が終わろうとしていた。小平キャンパスの食堂で、僕の前に長身で痩せていて、ちょっとはにかみながらしかめ面をしたホカリミノルが現れた。

当時、小平にあった教養課程キャンパスは、〝刑務所〟とも揶揄される口の字型の校舎を中心とした殺風景なキャンパスだった。しかし、学生たちの雰囲気は屈託のない明るさに満ちていた。バブル経済は崩壊したといわれていたが、学生たちは日本を代表する大企業への就職が保証されていると信じ切っていた。

僕は二浪の末に土壇場で進路変更をして一橋大学法学部に合格した。だが、入学後にはじめて法律学というものに接し、その抽象的な議論にどうしても興味が持てなかった。社会のあり方に疑いの眼を向けようとしない享楽的な学生たちの雰囲気にも馴染めなかった。

そこで僕は、大学の図書館で言語哲学や現代思想などの本を借りては読む毎日を過ごしていた。いままで当然のものと考えられてきた概念を疑い、近代の西欧中心主義的な思想を解体していこうという現代思想は、なんとなく今の場所に馴染めない僕にとって魅力的だった。なかでも、言語や社会の構造とは静的なものではなく、多様な声の対話の集積であり、常に変化しているものだと論ずるロシアの思想家ミハイル・バフチンには惹きつけられた。

そんな折、僕の数少ない友人の一人で、ニューヨークからの帰国子女だった権田建二（現成蹊大学教授）から、「面白いやつがいるから話してみない？　山本とはきっと話が合うと思うよ」と紹介された相手が保苅実だった。

開口一番、彼が言ったことが冒頭の台詞だ。

それに対して僕は、「経済人類学ってポランニーとか？」と、栗本慎一郎ではなく、カール・ポランニーの名前を出して返答した。今から思えば単なるメンコ勝負だけれど。

しかし、保苅は目を思いっきり見開き、身体全体で驚いた。椅子に座っていたのに、飛び跳ねたといってもよいくらいだった。

「え？　ポランニー知ってんの？　山本〜、お前すげーやつだなー！」

後から分かるが、これぞ保苅のリアクションだった。

この時から保苅と僕は親友になった。毎日のように、お互いに読んだ本のタイトルを言い合い、哲学者や思想家、批評家にまつわるエピソードを紹介しあった。話題は尽きなかった。お互いに精一杯背伸びしている大学二年生が、今から思えば気恥ずかしくなるようなおしゃべりを毎日していた。一緒にMacintoshも買った。

僕は料理ができたので、保苅はよく僕の部屋に遊びに来てご飯を食べていった。「山本、お前が女だったら彼女にするんだけどなー」と言って、友人たちから失笑されていた。しかし、お互いに社会理論や現代思想の話し相手に飢えていたところに、突然、理想の相手が出現したのだから、恋愛にも似た気持ちを持つのも当然といえるかもしれない。

保苅は当時から大言壮語の人間だった。「多くの人は市場経済とか自由競争を普遍的なものだと思い込んでるけど、アボリジニの社会って近代文明とか市場経済を拒否してるんだよ。そういう社会が存在してるって衝撃的じゃない？　だからオレはさ、アボリジニの研究をして、近代経済学を乗り越える理論を打ち立てたいんだよね」と語っていた。

保苅は、「みんなが正しい」と思うことを正しいと思いこみがちな日本社会のあり方に強烈な違和感を抱き続けていた。だからこそ保苅は経済学を学ぶ中で、近代経済学理論に対する経済学者たちの絶対的な自信に接し、「正しさ」を疑わないその世界観にも違和感を感じたのだろう。そこから、オルタナティブな経済人類学や現代思想に出会ったのだった。また、栗本慎一郎の書籍を通じて知ったアボリジニの社会は、現代の日本社会に対してオルタナティブな生き方を示す象徴に見えたのだと思う。オルタナティブな学問分野としての経済人類学と日本社会と対極にあるアボリジニ社会。二つのオルタナティブが保苅の中で結びついたのだ。

保苅がオルタナティブなものに惹かれる傾向は、本書に収録されている高校時代の同人誌の文章からも読み取れる。彼は、「正しい言説」とか「良いと思われる考え方」に片っ端から噛みついている。学校という権威に懐疑的だったり、通俗的な現代文明批判に対抗して現代文明を擁護してみたり、ボランティアを良き行動とする考え方に対して疑念を呈したり。とにかく一般的に「正しい」思われていることに対して、まずは懐疑の目を向けなくては気がすまないのだ。

僕も彼自身から、中学時代に生徒会長として学校と戦っていたという話を聞いたことがある。学校というところがいかにくだらない因習に縛られているか、いかに生徒たちを抑圧しているか、いかに校則が馬鹿げたものであるか。彼は一人ひとりの自由を抑圧する装置としての学校や権威を心底嫌っていた。嫌っていただけでなく、それと戦うことを厭わなかった。

大学時代も、常識や当たり前と思われている考え方を、必ず疑ってかからないと気がすまなかった。

「〇〇するのが当たり前じゃない？」という言葉ほど、彼をイラつかせた言葉はなかっただろう。誰に対してであっても「当たり前って誰が決めたんだよ？」と即座に返答していた。

ただし、彼は自分ひとりが自由であればよいという独善的な考え方は取らなかった。同人誌の身体障害者に関する文章を読めば分かるように、世間一般の「かわいそう」という言葉に反発しつつも、翻って自分を顧みて、「身体障害者のことを考え、彼らに真の同情を与えることができるのは自分だというとんでもない思い込み」から自分を恥じている文章などからは、彼の思いやり深い繊細な感性を感じ取ることができる。

保苅はよく、「山本〜、お前はすげーやつだなー」と言ってくれた。「山本、お前にはなにかがあるから、絶対に大学院に行ったほうがいいよ」と、ずっと僕の大学院進学を後押ししてくれていた。

保苅は人を褒めるタイプだった。自分が知らないことや、自分がしたことのない経験をしている相手に対しては、まず称賛した。当然ながら、彼の人間関係はどんどん広がっていた。行動力もあった。どこに出かけていくことも躊躇しなかった。女性にもモテたが、ここでは詳細にはふれない。

別のエピソードを紹介しよう。実は学生時代、保苅は「学生企業」の世界に足を踏み入れていた。学生企業とは、大学時代に起業した人たちやその会社のことを指す当時の流行り言葉だ。この頃の学生起業家は、人脈を駆使して学生を集めて様々なイベントを開き、カネが余っていた日本企業をスポンサーとして獲得し、学生には似つかわしくないほどの金額を稼いでいた。保苅はこの世界でも人脈を広げ、イベントなどを手掛け、かなりの報酬を得ていたようだ。

「山本にはこういう世界に馴染んでほしくないんだよね」と言っていたが、いつの間にか僕も巻き込まれていた。いくつかのイベントの手伝いをしたり、赤坂のマンションの一室で正体不明の元大学生が経営している会社でしばらくMacintoshを使ったＤＴＰのアルバイトをしたこともあった。

当時のバブル経済が生んだ「学生企業」の大学生や元大学生は、僕から見ると、抜け目なさとアウトロー的な雰囲気を兼ね備えた独特のオーラを発していた。そんな相手でも保苅はするっと懐に入り込んでいた。

保苅はどんな場所にいても、保苅らしくリラックスしており、ほがらかだった。初対面の人であってもオープンで、ジョークを交えた会話ができた。僕からみると驚異的な能力を持っているように見えた。人見知りという言葉は彼とは最も縁遠い言葉だった。そして、そんな場所でも彼は、「オレは本当は大学院に行って、経済人類学とアボリジニの研究がしたいんですよ。まだ覚悟が決まんないんですけどね」などと言って、その世界の人達からも「こいつは面白いヤツだ」という評価を獲得していた。

「学生企業」を主催していた人たちは、その後間もなく消息がわからなくなった人も多かった。彼はなぜそんなアヤシイ人々と躊躇なく一緒に仕事ができたのだろう?

保苅は、人と会うことが好きで、アイディアも豊かで、仕事に対する集中力もあった。ビジネス面での「実用的な」能力が開花し、他者から評価されることを、彼自身が嬉しく思わなかったわけはないだろう。

ただし、それだけでないと思う。明らかに、保苅は学生企業の人たちを好意的に見ていた。彼らは、有名大学に進学しながらも、有名企業への就職という道を選ばなかった非主流派だった。大学四年間を遊びながら無為に過ごし、なんの疑問も持たずに大企業に就職する大多数の学生たちを集めて企業につなぐことで対価を得るビジネスモデルにどこか共感するものがあったのかもしれない。オルタナティブな人たちがマジョリティをうまく利用して生きていることへの好意的な視線が、学生企業という、一見似つかわしくないような経験に足を踏み入れさせたのではないかという気がしている。

保苅は、とにかく人と関わることを好んだ。人と議論をすることを好んだ。保苅は一人で考えるよりも、人と対話することで、自分の考えが深まっていくタイプの人間だった。ふと思いついた素朴な疑問をすぐさま周りに問いかけるのが癖だった。

僕にもよく問いかけてきた。「山本〜、このモスバーガーの店の曲線の手すりってさあ、ポストモダン的だと思うんだけど、お前はどう思う?」とか。ほんとにくだらないことを保苅はよく思いついた。保苅は当時から「あいつはすごいやつ」と思われていたが、実際はそこまでみんなが神格化するような人間じゃないんだよと、僕は保苅の高い評判を聞くたびにそう思っていた。少し嫉妬していたのだろうと今ならわかる。

ある時、「オレはもう英語を勉強するのがイヤになったよ。世界共通言語があったら、外国語なんて勉強しなくてすむのにな。山本、どう思う?」と言ってきた。

僕は、「ほかり〜、世界共通言語なんて帝国主義者が考えることだよ。アボリジニの研究をしたいというヤツがマイノリティの言語に無頓着なのはおかしいだろ」と反論した。すると保苅は、大学でも同人誌を始めるから、第一号にその内容を書けよと言った。そこで僕は、「世界共通言語について」という文章を書いて同人誌に寄稿した。その中で保苅の言葉を徹底的に批判した。

保苅は、反論されても批判されても基本的には嫌な顔をしなかった。むしろ、批判を歓迎していた。議論の末に、相手の言う事に納得することも多かった。だからこそ、保苅は、一貫性とか整合性をほとんど気にせず、いつでも思いついたことを直観的に口に出し、それによって議論が始まることを喜んでいたのだろう。ただこの性格は、その後、彼自身を悩ませることにつながったと思う。

保苅も僕も大学三年生になり、後期ゼミを選ぶことになった。保苅は、経済学部の中からゼミを選択する際に、消極的選択として経済史のゼミを選んだように見えた。ただし、一橋大学は当時、他の学部も含めたゼミをもう一つ「サブゼミ」として履修することもできた。保苅はサブゼミとして、社会学部の加藤哲郎（カトテツ）ゼミを選んだ。ちなみに僕は主ゼミは国際政治学、サブゼミは社会学部の田中克彦ゼミ（社会言語学）を選んだ。

加藤哲郎先生は、元々マルクス主義研究を主とした政治学者であるものの、あらゆる分野へのアンテナを張り巡らせた、一橋を代表する学者の一人だった。当時はフランスのレギュラシオン学派の研究を進められており、まさに脂の乗っていた時期だった。加藤哲郎ゼミを選んだのは、広い視野を持ち、分野を越えて縦横無尽に研究を行っていたカトテツに、ある種の理想の研究者像を見出したからではなかろうか。

四年生になる頃、保苅は、大学院進学をしつつもビジネスの世界でも生きることが可能かどうか、加藤先生に相談したらしい。もちろん加藤先生は反対し、研究とは一心不乱にやるものだとおっしゃったようだ。その直後に保苅は僕に、「いやあ、はっきり言われたよ。そんなことで研究ができるかって」と語っていた。

この加藤先生の一言で、彼は学生企業と縁を切り、ためた資金でその後の大学生活を乗り切った。彼は、この後、修士課程を出るまで、最低限のアルバイトしかせず、極貧生活に近い暮らしぶりを自らに課した。

今から考えると、大学院進学を決めた頃、保苅は悩みの時期に入ったのではないかと思う。

その理由の一つは、経済史のゼミに所属したばかりに、経済史の専門領域に沿った研究計画をたてなければならなくなったことだ。僕は保苅からカトテツゼミの話はよく聞いたが、主ゼミの話はあまり聞いたことがない。経済史学という分野に求められる緻密な文献研究にもとづく実証アプローチに対して、保苅は半ば受け入れつつも、フラストレーションをためていたようだ。そのフラストレーションは、修士課程に進学してさらに高まったように見えた。
もう一つは、今まで自由に思いついたことを口に出して人と対話する性格のために、次第に誤解を招いたり、人と対立する場面が増えたことだ。今から思えば、対話は彼のブレーンストーミングだったのだが、僕も含めて、周囲にいる研究者を目指そうと考えている青二才の学生からすると、発言が思いつきだったり、首尾一貫していないことに対して、ついつい厳しい目を向けてしまいがちだった。「保苅って、言ってることが矛盾してることが多いよね」、と僕も保苅に言ったことがある。単なる議論が辛辣な言い合いに発展してしまったことさえあった。

そのせいで二年生の頃にはあれほど仲の良かった僕らも、四年生の頃には距離ができた。あの時、僕がもう少し成熟していれば、彼の首尾一貫のなさも、思いつきを次々としゃべる癖も、おおらかに受け止めることができていただろう。そういう意味では、僕は彼の良き友人ではなかったかもしれない。ただ、我々の共通の友人である日比野克哉（ひびやん）がクッション役を果たしてくれたおかげで、交流は続いてはいた。

ここでは脚注のようにしか語れないが、彼は音楽を愛していた（特になぜかプリンスを偏愛していた）。日比野との交流によって保苅はバンド活動にも足を踏み入れた。歌は決してうまくはなかったが、権田ともう一人楠本という友人とのアコースティック・トリオで、学園祭の時にMR. BIGなどのカバーを楽しそうに歌っていた。

大学時代に手がけた同人誌「アンニュイぽんち」創刊号では、保苅らしい「社会貢献という名のエゴイズム」という文章が収録されている。「社会に対して貢献をすること」の欺瞞、無批判に「〈社会的善〉が規定され、かつ肯定されること」への不満を表明し、「時空を越えて絶対的な善と悪を導きだすことは、ほとんど不可能」と結論づける思考は、高校時代から変わっていないなと思わせる。

一方で、周囲の人達とのコミュニケーションがうまくいかず、悶々とした気持ちを抱えているような文章も掲載されている（「カリホ　ミノリ」）。また、「アンニュイぽんち」第二号では、世の中のあらゆることに批判的な見方をする一方で、そんな見方しかできない自分への嫌悪感を率直にさらけ出している。彼自身が多数派や権威への批判的思考に対する限界を感じ取り、自己嫌悪に陥っていたように思える。

しかしこの時期、彼は周囲との対話と軋轢の中で、オーストラリアで芽吹く彼の発想の種を静かに自分の中に蒔いていたのだろう。「社会貢献とエゴイズム」の中で発露されているように、「矛盾する自己を矛盾したまま受け入れ、矛盾したなかにこそ自己のアイデンティティーをみいだすこと」という、彼らしい自己形成に向けてもがいていたのだと思う。「社会的価値観から自由になるために。そして、独善に陥らないため」（前掲）の方法を、悩みつつ模索していたのだろう。

そんな中で、保苅が書いた卒論は、今読み返しても驚くべき内容であることは間違いない。当時の一橋大学の卒論は四万字が基準と言われていた。大学生にとって四万字の文章を書くことは相当困難なことである。それに対して、保苅の卒論は一五万字と途方もない分量だ。それだけの卒論を大学四年生で書き切ること自体、彼の知的な基礎体力と集中力がいかに高いかがわかる。しかもその内容は、経済人類学や人類学の膨大な知見を整理しつつ、アボリジニの歴史的変遷を包括的にまとめたものである。いわば、アボリジニの「教科書」を自分のために書いたようなものではないか。

この卒論を書くことで、彼はいよいよアボリジニ研究の入口にたったという自覚を持っただろう。そういうと彼は否定するかもしれない。「いやあ、山本、この卒論は準備運動みたいなものだよ」と。

実際、保苅はこの卒論をあまり人に見せようとしなかった。僕に対しても、「他人が読んで面白いものじゃないから」と言っていた。確かに、この卒論で保苅は、何かを論じようとしていない。ポランニーの言葉を借りて、「経済行為は、宗教世界に「埋め込まれて」いた（二一三頁）」と述べている箇所はあるものの、卒論全体では、彼の自己主張は影を潜め、ひたすら事実関係の整理と文献整理に徹している。

ただし、卒論の中で、後に『ラディカル・オーラル・ヒストリー』等で展開された彼の視点が、ところどころ萌芽的に登場していることに注目したい。

> アボリジニの社会構造は、不変性を指向しつつも、同時に可変的な社会として存在することが、矛盾することなく可能だということ（二一四頁）

という表現は、「矛盾する自己を矛盾したまま受け入れ、矛盾したなかにこそ自己のアイデンティティーをみいだすこと」という彼の信念が、アボリジニを理解するための認識論的枠組みに転換されたものではなかろうか。

保苅の卒論は、次の一文で締められる。

> 混血アボリジニの存在なくしてはアウトステーション運動に見られるようなアボリジニ社会の復権と伝統回帰の運動は起こりえなかった。しかし同じ混血アボリジニは近代化を指向する伝統の破壊者でもあったのである。（二八八頁）

ここには、アンビバレントな性質に価値を見出したいという保苅の視座が明確に表明されている。

保苅は大学卒業後、そのまま大学院に内部進学した。専攻も経済史のままである。保苅はさらに生活資金を切り詰めるために、国立（くにたち）のエアコンもない安いアパートに引っ越した。当時の一橋大院生は、二四時間出入り自由の相部屋の研究室が割り当てられていた。自宅の環境が悪くても研究には問題ないというわけだ。

修士課程の二年間、僕は保苅のアパートに行ったり、研究室で雑談したりといったことはあった。この頃には保苅とのギクシャクした関係もある程度改善した。だが、学部時代のように保苅とゆっくりと食事をしながら時間を過ごしたという記憶はない。保苅はほぼすべてを研究時間にあてていた。生活費も極力切り詰め、修道僧のような暮らしをしていた。

僕から見ると、修士課程での研究は、保苅にとってあまり面白いものではなかったように思えて仕方がない。保苅は「経済史の世界では、誰も知らない村の研究をやったりすることが評価されるってことになるらしいよ。それって意味あるのって思うけどね。でもそういうのを書くしかないんだよ」と、自嘲気味に語っているのを何回か聞いたことがある。

一般的に、地域研究や歴史研究で修士論文を書く場合、大風呂敷を広げるのではなく、時代や場所を極力絞り込み、確実に入手できる一次資料をもとに、面白みはなくとも緻密で実証的な論文を書くことが求められる。研究者としての着実な一歩を踏み出すための堅実な手法である。もちろん、保苅はそれを十分にやってのけた。

『保苅実著作集』ＢＯＯＫ２に収録される保苅の修論は、研究対象を絞り、グリンジ族の土地所有権回復運動（ダグラス牧場の独立）を扱っている手堅い論文である。とはいえ、終章では、公式の歴史からは見えてこないアボリジニ自身の歴史をすくい上げようとする、あの『ラディカル・オーラル・ヒストリー』の方法論が生まれようとしているのをみてとることができる。ただし、保苅の修論と本書の「誰が歴史家なのか――ラディカル・オーラル・ヒストリー」を比較すると、彼がオーストラリアで、いかに自由な思考を広げ、のびのびと自信を持って語る「声」を手に入れたかがわかるだろう。

保苅は、日本で研究を続けることに限界を感じていたように僕からは見えた。文献研究でなければ歴史研究ではないという学問上の常識のもとで、ひたすら研究室に閉じこもって文献をあさり、面白みはないかもしれないけれど緻密な実証的な論文を書く。そんな一生を、保苅は望んでいなかった。

大学時代の保苅は、行動する人間であり、対話を楽しみつつ、日々新たなことを経験し、日々変化する人間だった。保苅は確かに多くの本を読んだが、それ以上に人との協働や対話から多くを学ぶ姿勢を身につけていた。当時の彼の学びに大きな役割を果たしていたのは、彼の身体だった。

しかし、日本でアボリジニを研究していても、文献研究だけでは、彼の身体は研究に貢献しない。彼にとって、それは生きていることではないと思えただろう。そんな閉塞感や行き詰まりを抱えて彼はオーストラリアに旅立ったのかもしれない。

オーストラリアで出会ったジミー爺さんから、保苅は、「大地がお前をここに連れてきたんだ。お前の頭はまだ眠ってるんだよ。だから訓練して目覚めさせなくちゃいかん。そのためにお前はここまでやって来たんだ」と声をかけられた。実際にオーストラリアの大地でアボリジニの人々と過ごし、対話を重ねていったことで、何よりも目覚めたのは、彼本来の自由な精神であり、全身で「経験」つまりは「歴史」を学び取る彼の身体性ではなかったか。保苅の文章の中では、ジミー爺さんの言葉が何回も登場する。彼はジミー爺さんの言葉によって本当に救われたんだなと感じる。

ジミー爺さんと会い、グリンジ族の村に棲み込み（dwell in）、彼は、「アボリジニを研究する」人から、「アボリジニの教えをいかに学ぶかを研究する人」へと大きく変貌を遂げた。オーストラリア時代の文章からは、アボリジニとともに生活をし、夢を長老たちに解釈してもらい、アボリジニの視点から世界を見る経験を彼が身体全体で受け止めたことがよくわかる。ここから、アボリジニと生命の大地こそが「歴史実践」であり、アボリジニ自身が「歴史家」であるという信念が誕生したのだろう。保苅にとって歴史とは「経験」である。経験とは身体知である。身体で受け止めた「歴史」を、保苅は自らの知性によって言語化した。それは保苅の身体が発する「内なる声」だ。

オーストラリアで書かれた文章には、もはや「世間で正しいと思われるもの」に対する青年期特有の憤りのような感情は消え去っている。身体全体で獲得した知見を自分の座標軸に据え、自信を持って、明るくオープンに読み手に語りかけている。僕は、オーストラリア時代の文章から、生前の保苅の声が聞こえてくるような気がする。読者諸氏も、本書から聞こえてくる保苅の声に耳を傾けていただきたい。

保苅は、博士論文を完成させたのちに、病魔に襲われた。病室からのメッセージを読み返すと、なんともつらい気持ちがこみ上げる。だが、ここでも保苅の声に耳を傾けたい。保苅らしく、常に明るく、オープンで、闘病経験から学ぼうとし続けていた。「精神と身体の急速な和解、静かで深い内省、そして、ベッドに横になりながら身体に染み渡るように音楽を聴いていると、今まで経験できなかった生命の厚みを感じます」という表現に到達した彼の精神の深さに感銘を受ける。

保苅との大学時代の思い出はもはや三〇年も前のことである。お姉さんである保苅由紀さんからこの解説を依頼された時、僕は保苅とのエピソードを思い出すことがほとんどできなかった。

そうしているうちに、二〇二三年一〇月後半に保苅由紀さんが金沢を訪ねてきてくれた。また、共通の友人である日比野克哉も駆けつけてくれた。九州大学の飯嶋秀治先生にも夕食をご同席いただいた。二日間にわたって保苅の思い出を話しているうちに、大学時代のことをどんどん思い出してきた。そして、三〇年経った今、やっと当時の保苅の気持ちを理解できるようになった気がした。保苅からも「山本〜、今ならあの頃のオレをわかってくれるんじゃないかな」と言われた気がした。そこで、この解説も本書に収録されている文章の解説というよりも、保苅の大学時代のことを思い出して書くことにした。保苅が、「山本〜、オレと話した内容、そこまでよく覚えてるねー。山本、お前すげーなー」と言ってくれると嬉しい。読者諸氏も、まだ未熟な何者でもない「ホカリミノル」の思い出を共有していただければ幸いである。

最後に、本書の解説という機会を与えていただいた保苅由紀さん、大学時代の思い出を掘り起こしてくれた日比野克哉（ひびやん）、また、図書出版みぎわの堀郁夫氏にお礼申し上げます。

山本啓一（やまもと・けいいち）
一橋大学法学部卒、一橋大学大学院法学研究科修了。博士（法学）。専攻は国際政治学。二〇〇一年より九州国際大学、二〇一六年より北陸大学。自大学にとどまらず多くの大学で様々な大学教育改革を手掛ける。主著に『今選ぶなら、地方小規模私立大学！——偏差値による進路選択からの脱却』レゾンクリエイト、二〇一八年（共著）等。

解説エッセイ

月へ旅立った彼

保苅由紀

これは、僕のわがままなのですが、大好きなみなさんといつでもつながっているという感覚がどれほど、僕を安心させているかわかりません。だから、どうか僕とつながっていてください。祈りでもいい、ただ思い出すだけでも いい、会話の中で登場するのでもいい。どうか僕を孤独にしないでください。人とのつながりのなかで今の僕があり、今の僕がささえられています。

（保苅実～友人にあてた最後のメッセージから）

"Death ends a life, not a relationship."

(Mitch Albom and Morrie Shwartz)

二〇二三年八月三一日にスーパーブルームーンを見た。闘病中、弟はよく病室から月を眺めていた。「世界のどこからでも皆が同じ月をみているから」。オーストラリアにいる彼とアメリカにいる私、そして大勢の友人が日本にいて、私達は月を眺めて彼の全快を祈りながらつながっていた。

彼が用いたフィールドワークという手法ゆえに、保苅実は人類学者だと思っている人が多いようだが、本人がこだわった通り、彼は歴史学者だと私は思っている。そして彼の遺した『ラディカル・オーラル・ヒストリー――オーストラリア先住民アボリジニの歴史実践』が歴史学の分野に限らず、文化人類学、社会学、哲学や宗教学、環境学や女性学の視点からも広く読まれていることは周知の事実だが、それは弟と一緒に育った私には当然すぎることだ。彼の興味の対象は果てしなく、思考の動きは制限されず、そして彼にはそれを自由自在に表現する文章の力があった。

＊　＊　＊

育った時代なのか環境なのか、その後自ら二人の子供を育てた私からみると、私と弟は肉体も精神も健康的に育ったと思う。

祖父母宅に遊びに行き、二人で土と水と石と草花と木の葉を使い、爪を真っ黒にしてままごとをしダムを作った。二人で近くの小川にいき、糸に餌を結びつけてザリガニを釣り、おたまじゃくしをつかまえて家で育て、手足が出てくるのを観察した。

私の息子がもっぱらマニュアル通りにレゴを組み立てていたのに対し、ミノルはリビングで宿題をしている私の目の前で、手のひらサイズの同じ形のパズルでガンダムの基地を床に組みたてていた。夢中になってスペースが足りなくなり、隣の部屋や玄関先まで基地が広がっても、母が「こんなに散らかして。さっさと片付けなさい」なんて言うことはなかったように思う。

四つ違いの私たちが同じ学校に通ったことは、小中学校一貫だった新潟大学附属時代しかないけれど、一緒に通学して、ときには彼の教室に様子を見に行っていたから、彼に姉がいること、私に弟がいることは誰もが知っていた。

小学生時代。体育の授業、水泳の授業で距離ごとに昇級するプログラムがあり、一五〇〇メートルはその中で一番難しいレベルで、合格する生徒は少なかった。私が泳いだ数年後にミノルがそのテストを受けた。二五メートルのプールにレーンラインがなかったとしか考えられないのだが、ミノルはプールのレーンに沿ってまっすぐではなく、プールの角から角への対角線をよたよたと三〇往復した。

きっと一五〇〇メートルの倍の距離は泳いだだろうと思うのだが、私は友達と一緒にプールの脇を走りながら声を枯らして応援した。
その後、ミノルは日本泳法を習い、一人で釣りに行くようになった。

新潟で生まれ育った。子供の頃、僕は魚釣りが大好きだった。せせこましい住居や学校や街並みと違って、浜辺や堤防のむこう側には海が水平線のかなたまで広がっていた。まだ小学生だった僕は、魚との駆け引きといった釣りの醍醐味より、むしろ海を前にして世界の広さを、そして自由の何たるかを身体で感じていたのだと思う。もちろん海での遊びには危険がつきものだった。消波ブロックで何度も足を滑らせた。防波堤から落ちそうになったこともある。まだ受験や仕事の心配などしないで済んだ子供のころ、この自由で危険な海で、僕は一心不乱に遊んでいた。

（生命あふれる大地――アボリジニの世界：第一回「膨大な時間」より）

＊＊＊

私の両親はよく本を読んだ。夕食後の居間で、週末の朝食後のテーブルで、両親がいつも文庫本を手にとっていた。最近は親が読書しようとしまいと、子供が本を読むようになるかどうかには関係はないという人もいるようだが、子供だった私も親になった私も、影響ありと断言する派である。目の前で親が本を読んでいる。窓際の棚や、座布団の横、食卓テーブルの端っこ、手の届くところに本が一冊置かれている。寝室や廊下にある本棚に本が所狭しと並んでいる。両親は読んだ本をお互いに勧め合う。二人がその本について小さなやりとりをする。それが、私たち姉弟が育った環境だった。
小さい頃から、家族でＮＨＫの大河ドラマを毎週楽しみに見ていた。小説が映画になると色々な箇所が削られるし、読みながら形になった登場人物のイメージが映画では違っていてがっかりすることが多い。一方で、小説の原作がある大河ドラマの場合は、あれだけの回数をかけて映像にするのだから丁寧な仕上がりになるし、毎週回数を重ねるにつれて俳優のイメージは登場人物のそれに自然に一致してくる。二〇代で日本を出てアメリカに渡った私にとって、いまだに織田信長といえば役所広司で、豊臣秀吉は武田鉄矢、真田幸村は草刈正雄だ。

私もミノルも自然と歴史小説を読むようになっていった。両親の本棚に手をだし、本屋を覗いた。司馬遼太郎、池波正太郎、山岡荘八、黒岩重吾、柴田錬三郎、吉川英治。

歴史上の事柄や実在した人物とはいえ、遺跡や古文書を通じて遠い昔の風景を描くその作業はフィクションでもありノンフィクションでもある。ミノルが亡くなってから彼の博士論文を読んだ時、なんだか謎解きの旅をしたみたい、と思った。遺されたものを検証して、その時何が起こったのか誰が何を考えていたのかを想像する。それは、ひとつの歴史小説を書く作業に似ているような気がして、手法が文化人類学的だろうが考古学的だろうが、彼が追いかけていたのは歴史であり彼は歴史学者だったと思った。

＊　＊　＊

前述したように、ミノルの興味は歴史だけにとどまらない。そこが保苅実が保苅実たる所以である。博士論文の謝辞に、書きながらよく聴いたといういくつかのＣＤアルバムも含まれていたけれど、あれほど音楽好きだったらと納得した。映画も漫画も、読書は研究分野に限らず小説もエッセイも読んでいたし、コーヒーの淹れ方にもこだわったし、美味しいものにも目がなかった。頭を使いすぎる生活だから手を動かす作業をした方がいいと、編み物をしていた時期もある。病気になってからはバランスのとれた食生活への配慮も必要だと思ったのだろう、料理にも興味を示した。闘病中の彼のアパートでミートソースを作ってあげたら、真面目な顔でレストラン並みに美味しい美味しいと何度も言った。

四つ上の私が東京の大学に進み上京してから、彼はよく受験セミナーに参加するついでに会いにきた。彼が一橋に入学した年に私は外資系証券会社に就職したのだけれど、その頃、中学時代の仲間と集まって「理想のタイプ」なんて話をした時に、私はちょっと考えて「ミノルみたいな人」と言ったことを、友達が今でも覚えていて「驚愕した」と笑っている。

あのバブルの時代に大学生になった彼を鮨屋に連れていき、カウンターで「好きなだけ食べなさい」と言ったのは私だし、彼に最初のコーヒーメーカーを買ってあげたのも私だし、しゃぶしゃぶの食べ放題に連れて行ったら、牛肉がいくら食べても豚肉に変わらないとびっくりして大喜びしていた。

彼ほどプレゼントしやすい相手、プレゼントしたくなる相手はいない。それは彼の興味の対象が無限に広かったことに起因するのだろう。彼が死んでしまって、プレゼントして喜ばせる存在がいなくなったことに私はかなり打撃を受け、妹のように可愛がっていた年下の友達を身代わりにしようとした時期があったが、相手は他人だから居心地が悪くなるわけで、長くは続かなかった。iPodが登場した時、どれほど彼が喜んだだろう、肌身離さず愛用しただろうに、絶対に私が買ってあげたのに、と胸がしめつけられたのを覚えている。

そして、そういう人間だったから、どんな文章でも書けたし、どんな話題でも会話が弾んだ。皆がミノルと会って話をしたがり、ミノルに手紙を出しメールを書いた。彼はそのすべてに誠実に対応していた。

研究者として「世界を変えるために」文章を書くとしたら、読者層に合わせた文章を書かなければならない。書く内容の質は落とさずに、読者のレベルに合わせた文章を書く筆力が必要となる。新潟日報の連載「生命あふれる大地――アボリジニの世界」はそういう文章だと、担当者が言っていた。『ラディカル』はもちろん専門書であるが、第一章だけは一般読者にも読んでもらいたいとミノルは言っていた。日本の一般読者に読んでもらえなければ、「グリンジの人々とジミー爺さんとの、グリンジのストーリーを世界中の人々に、遠くの日本の人々にまで伝える」という約束は果たせない、と強く意識していたのだろう。そして『ラディカル』の第七章は、博士論文を元にした『グリンジ・ジャーニー』(*Gurindji Journey: A Japanese Historian in the Outback*)では第九章だが、"For theory lovers only"と注釈を打ってある。theory lovers でなければこの章は読まなくていい、とまで書いてある。

保苅実という思考豊かな人間が、その思考を自由自在に表現する文章力を養ったのは、いろんなジャンルの読書経験があったからだろうし、友人とたくさん語り合って相手の反応をみながら言葉を尽くして自分の思うところを伝えてきたからだろう。それは、オーストラリアに渡ってからの手紙やメールの送受信記録がたくさん残っていたことからも明白だが、文章によるやりとりを通じて、様々な相手にいろんな文章を書く訓練を無意識のうちに積み重ねていたのだろう。

私自身も読むことも書くことも好きだからわかるが、自分の文章スタイルというものは、誰かの真似から始まったとしても結局は自分独自のスタイルに落ち着くし、そうでなければなるまい。言葉は道具でしかないから、英語でも日本語でも、誰に何を伝えたいのかがはっきりしていなければ文章は書けないし読み手にも何も伝わらない。

そんなことを思いつつ、じつは保苅実記念論文賞の創設を考えている。

ChatGPTが文章を書いてくれる、なんていう恐ろしい話を聞いたばかりだが、そういう時代に向かっていく私達が、iPodすら知らないで逝った保苅実が手紙を書いていた時代に戻る、そんな時代感覚にひたる機会をつくりたい。私達人間がアナログに文章を書くという作業を失わないように。

月をみるたびに、ミノルを想う。

死後二〇年近くたって、弟・保苅実が、著作集などという出版をする身分になったことに驚いている。彼の代わりに『ラディカル』が旅をして、大勢の人に出会った結果である。この著作集を通じて、若い研究者や狭い日本から広い世界に視線を向ける人たちが、月へ旅立った彼とより強く深くつながることを祈って。

保苅由紀（ほかり・ゆき）

一九六七年生まれ。津田塾大学卒業後、クレディ・スイス・ファースト・ボストン東京支店入社。一九九四年ニューヨーク本店に転勤。ニューヨーク市立大学でマーケティングMBA取得。日興リサーチセンター、日興証券インターナショナルでアナリストとして勤務。弟の発病により退職。「保苅実とつながる会」代表。米国在住。

［附録］闘病中のメッセージ

以下は、二〇〇三年七月の発病から二〇〇四年五月に亡くなるまでの間、数百人の友人にむけて、彼が送った七つのメッセージです。日本語と英語で彼が書いたものです。

日本語のメッセージは次頁（三六九頁）から、英語のメッセージは三八九頁から横書きで掲載した。

Sent: August 05, 2003

Subject: This is Mino's sister, Yuki.

最愛なる弟、実のお友達の皆さんへ

私は、実の姉で由紀といいます。ここ数日、英語と日本語で"Message from Mino"というメールが届いたかと思います。メールにもありましたように、弟に頼まれて私が彼のhotmailのアカウントから送信したのですが、一日に送れるメール数と一つのメールで送れるあて先数が限られていたため、時間がかかってしまい、私のアドレスから直接お送りした方も多いかと思います。念のため、このメールにもオリジナルの彼のメッセージを添付するのでご確認ください。メールを送信してから、いくつもの激励のメールを頂き、感謝しています。八月一四日から二五日まで、私は渡豪しますので、頂いたメッセージは本人に届けさせていただきます。彼は私の本当に大事な大事な弟であり、この病気に打ち勝って早く回復することを私は強く信じています。

由紀

＊＊＊実のメッセージ＊＊＊

皆さん、お元気ですか。オーストラリアから保苅です。このメールは、姉に代筆してもらい、僕が持っているすべてのメールアドレスに一括送付しますので、何年もご連絡していない方にも届くと思いますが、どうかお許しください。

突然ですが、悪性リンパ腫（Lymphoma、リンパ球の癌）との診断を受けました。しばらく治療に専念します。ご迷惑をおかけする方もいらっしゃると思いますが、「癌ならしょうがないな。」とお許しいただければ幸いです。

リンパ腫というのは、癌の中では比較的治療可能なものらしいですが、貴重な時間を癌の勉強などに使いたくないので、具体的なことは医者任せにしています。背痛が悪化して歩行が困難になり、緊急入院、腫瘍が発見されて、緊急手術と一命を取り留める大変な数週間を過ごしましたが、それはそれで有意義で興味深い体験でした。

精神と身体の急速な和解、静かで深い内省、そして、ベッドに横になりながら身体に染み渡るように音楽を聴いていると、今まで経験できなかった生命の厚みを感じます。入院生活は退屈しません。社会的義務の一切から堂々と解放される自由をこんなふうに獲得できるとは、思ってもみませんでした。奇妙といえば奇妙ですが、不思議と充実した毎日を過ごしています。新しい発見の連続です。

とはいえ、このメールを受けとられた方の中には、出版や事務手続きなどで、僕に緊急に連絡を取る必要のある方もいらっしゃると存じます。「癌なんだからほっといてよ。」とわがままばかりも言えません。その際は、下記にご連絡いただければ幸いです。特に、既に提出させていただいた原稿に関しては、できるだけ滞りなく活字になることを希望していますので、前向きにご検討いただけると幸いです。尚、僕が自力で電子メールをチェックできるようになるには、もうしばらくかかりますので、このアドレスに返送されても、すぐのお返事はできません。ごめんなさい。

日本語関係の緊急連絡先（実家）

英語関係の緊急連絡先（姉、由紀）

まぁ、どうなるかわかりませんが、ここ一〇年本当にやりたいことを生き生きとやってきたので、最悪の場合でもまぁいいやと思っています。一〇年前にこの診断を受けたら、僕はもう少し狼狽していたかもしれません。とはいえ、しぶとくあと二〇年くらいは生き延びるつもりでいますので、社会復帰の際にはまたお会いできれば幸いです。そのときまで、皆さんもお体には十分お気をつけて！

保苅　実

Subject: Mino's message 2

Sent: September 1, 2003

親愛なる皆様

弟からの二回目のメッセージを添付しましたのでご覧ください。私は一四日に出発したのですが、あの停電に巻き込まれ、空港で五時間待った後に、三時間遅れのＬＡ行きの飛行機でとんだのですが、ＬＡからの乗り継ぎ便に乗り遅れ、ＬＡで一泊し、二四時間遅れでオーストラリアに向かいました。一〇日間ほど弟と過ごしましたが、その間、二二日に両親が到着、二五日にアデレードからメルボルンに引越し、私自身は二七日にアメリカに戻りました。かなりひどい時差ぼけで、その結果、皆様へのご報告が遅れたこと、お詫びします。

弟は元気にしています。副作用もそれほどありませんが、言われていた通りのタイミングで髪が抜け始めました。おそらく、三週間で1サイクルの化学療法の、回復期だったせいかとは思いますが、食欲もあり、私の料理を大変喜んでくれました。たくさんおしゃべりし、たくさん笑って、議論までしましたし、「癌だからいいよ。」と必要なモノを買うのに笑いながら散財しました。

弟は、皆様からの手紙や電話にとても力づけられていますが、電話で長く話すことでかなり疲れるというのは事実です。治療が進むにつれ、おそらくそう頻繁に電話にでることもできなくなるでしょう。どうかご理解くださいませ。また、うまく電話で話せたとしても、どうかできるだけお話は短めにしてください。たくさん食べ、感染症を防ぐために毎日シャワーを浴び、弱った筋肉を鍛えるために歩き回るための体力を温存しなければならないからです。

メルボルンの病院で、担当医とも会いましたが、私達がぶつけた全ての質問に丁寧に答えていただき、大変爽快な後味のするミーティングでした。先生に会っただけで、もう治ってしまったような錯覚が起きたほどです。

九月半ばに私がまた渡豪するまで、両親が弟に付き添います。私達家族は、あまりにも多くの人が彼のことを支えてくれている事実に驚いている次第です。本当にどうもありがとうございます。

姉・由紀

＊＊＊実のメッセージ＊＊＊

皆様、オーストラリアから保苅です。再び、姉に代筆を依頼してこのメールを書いています。信じられないくらい大勢の方からお見舞いのメール、カード、お便り、そして激励とご支援をいただき、自分が多くの方々の支えの中で生きていることに深く感動し、そして感謝の気持ちでいっぱいです。本来なら、お一人おひとりにお礼のお便りをつづらなければならないところですが、このような一括メールなることをどうかお赦しください。

このメールが皆様に届く頃には、僕はアデレードの緊急入院先を出て、メルボルンで本格的な化学療法が始まっているはずです。ご存知の方も多いと思いますが、化学療法というのは治療が進めば進むほど副作用で身体が弱っていきます。それがこれから約半年は続きます。とはいえ「癌治療の辛さを経験してわかる人間になること」は、その長さ如何を問わず今後の僕の人生にとって決してマイナスではないと思っています。既に腫瘍摘出手術と放射線療法を経ましたので、癌治療三冠獲得（！）にむけてこれからが正念場です。友人に「おまえは King Cockroach（ゴキブリの王様）だから大丈夫」と言われました。どんなに殺したくても殺せない、という意味らしいです。僕自身はといえばもう少しロマンチックで、イモムシの自分がまゆに入り、そして蝶になって生まれ変わる、というビジョンを持っています。あるいは、これまで学んできたアボリジニの人々の教えにそって、これを僕の通過儀礼という風にも考えています。儀式は一人では不可能です。皆様からの暖かいメッセージを読みながら、皆さんの応援と支えがあるから自分はまゆに入れるのだと心から実感しました。そしてこれが一方的な関係ではないことを祈るばかりです。まゆの中から、僕も皆様に「何か大切なもの」を、それが目に見えないものであったとしても送り続けるつもりです。人は繋がっているし、世界は繋がっているということを今ほど深く確信したことはないように思います。それだけでも癌になった甲斐（?）があるというものです。

「お見舞いに伺いたい」とおっしゃってくださる方も多数いて、本当に本当に嬉しく存じますが、しばらく感染症が最大の敵となりますので、せっかくのありがたいお申し出をお断りせざるをえない場合もありますこと、あらかじめ心置きください。ゴキブリの生命力をもった蝶が生まれ出たとき、またみなさんと再会できる日を本当に楽しみにしています。それまで、お互いに毎日を大切にして生きてゆきましょう。あらためて皆さまのご支援に感謝しつつ、ご健康とご活躍をお祈り申し上げます。

保苅実

追伸：発病直前に、デボラ・ローズ著『生命の大地――アボリジニ文化とエコロジー』（平凡社）という本を翻訳出版しました。「アボリジニの研究して何の役にたつの？」と聞かれることがよくあります。一般読者むけの読みやすい本ですので、ご興味ある方ご一読いただければ嬉しく存じます。また、発病直後に、ガッサン・ハージ著『ホワイト・ネイション――ネオ・ナショナリズム批判』（平凡社）という本も友人と共訳で出版しました。こちらは専門書・研究者向けですが、ナショナリズム論、多文化主義などに関心をお持ちの研究者の皆様、とんでもなく刺激的な本ですので、ぜひ。翻訳印税の一部は高額治療費の足しに使い、残りは日本に帰国した時に飲み食いに使うつもりです（笑）。

Sent: November 15, 2003

Subject: message from minoru hokari

皆さんこんにちは、オーストラリアから保苅です。

今回は姉の代筆ではなく、僕自身のメールアドレスから発信しています。化学療法の4サイクルが終わったあと、検査等でしばらく休息期となり、その間に体力も回復し、本を読んだり外を散歩したりできるようになりました。さて先日主治医とのミーティングがあり、PETスキャン等の最新の検査の結果、僕の癌が寛解をむかえたとの朗報を受けました。これは、とりあえず癌が治ったことを意味します。とはいえ、検査をすり抜けた小さな癌細胞がないという保証がないために、あと2サイクル化学療法を続けることになります。辛いですが、年末まであと六週間、最後の仕上げになりそうです。

あらためて言うのもなんですが、化学療法というのは本当に辛くひどい治療法です。まったく嫌になります。気力体力、ひいては生命力がぎりぎりのところで試されるようです。それだけに皆さんの応援にどれほど助けられてきたか知れません。危機を乗り切るために、生き延びるために、皆さんのご支援を必要としています。あと少しだけ、どうか僕を見守ってください。心から、どうぞよろしくお願いします。この最悪の年を乗り切ったら、また皆さんにお会いする日を楽しみにしています。

勇敢で冷静、そして美しくありたいと感じています。

保苅実

Sent: January 06, 2004

Subject: happy new year from mino hokari

あけましておめでとうございます。

昨年は本当に皆様のご支援に支えられて、この新しい年を生きて迎えることができました。心から御礼申し上げます。

化学療法は最後のサイクルが順調に進んでいます。まだ血液検査は続いていますし、感染症の危険から完全に脱したわけではありませんが、全体としては体力回復のための養生が始まったという感じです。読書や音楽鑑賞は毎日のようにできていますので、決して退屈した日々ではありません（最近は三島由紀夫とフランク・ハーバート、そしてグレン・グールドとチャールズ・ミンガスに凝ってます）。が、映画を見たり喫茶店で本を読んだりするまでにはもうしばらくかかりそうです。一時は一〇キログラムも落ちた体重もずいぶん回復してきました。三月には日本に帰国したいと考えていますが、これは体力の回復しだいです。

これから数年は再発の可能性と隣り合わせの生活となりますが、「それがどうした?!」とでも言うしかないですね。本の執筆をはじめ、やりたいことを少しずつはじめてゆきたいと思っています。病から本当に多くのことを学びました。それが今後の人生でどのように生かせるかが、大きな課題であるように感じています。今年もまた、皆さんと学びあえる関係でいれたらどんなにすばらしいかと思います。どうぞ末永くよろしくお願いいたします。

二〇〇四年が、われわれ全員と世界にとってよい年でありますように。

保苅実

Sent: March 03, 2004

Subject: message from Minoru Hokari

みなさん、お元気ですか？　今回は残念なお知らせです。がんが再発しました。来るなら早いとは言われていたのですが、日本を訪問する暇もなかったことが残念です。まぁ、しょうがない。進行のきわめて速いがんで、なかなか思うようにいきません。状況はさらに厳しくなりましたが、同時に希望もまだまだ十分あるので、とにかく治療を続けます。さらにタフで、笑顔の絶えない自分を目指して精進してゆきます。詩人のようにありたいですね。ひきつづき、みなさんのご支援をいただけるでしょうか。大切なみなさんのおかげで僕がいます。僕とともに大切なみなさんがいます。また、メールします。

メルボルンより　ほかりみのる

Sent: March 29, 2004

Subject: message from Minoru Hokari

親愛なるみなさん、

その後、お元気でしょうか。今回は、前回以上に残念なお知らせをしなければなりません。癌の進行が医者も驚くほど速く、化学療法で再寛解を迎えることが絶望的となり、それにともなって骨髄移植の可能性も絶たれました。近代医学の立場に立つと、この時点で、完治の可能性はなくなったことになります。とはいえ、化学療法（近代医学）だけが「治療」ではないですので、延命と鎮痛のための多様な治療を続けながら、これまで以上に質の高い生活をできるだけ長く送りたいと思っています。具体的にはホスピスでの生活になります。また、さらに貴重になった時間と体力を移動で無駄にしないために、今後もオーストラリアで治療をつづけます。おなじ理由からなのですが、生命が危ぶまれるここ数ヶ月のあいだは、お見舞いの方々をお断りするかもしれません。申し訳ありません。

これまでの治療は本当につらいものでしたが、それをくぐり抜けてきたことで、自分が今までより何倍もタフになった、精神的に成長したように感じています。そして、多くの方が、僕のメールに逆に勇気づけられた、とおっしゃってくださって、とってもうれしく感じています。やはり関係は相互的であったほうがいいじゃないですか。そして、人生に無駄ってないんですよね。入院生活、痛みや苦しみ、身体との深い対話、家族や世界中の友人たちからのサポートなどすべてが、本当にかけがいのない経験になっています。信じてもらえないかもしれないけど、僕ってなんて幸福なんだろう、としょっちゅう感じているんですよ、マジで。ご心配なく、この危機的状況にあっても、僕は、僕らしく生きています。

これが最後のメールではありません。生き延びますので。

感謝の気持ちをこめて、保苅実より

Sent: May 11, 2004

Subject: Message from Minoru Hokari

親愛なる皆様

たくさんの涙を流しつつ、最愛の弟、保苅実が五月一〇日の午前一二時四五分に息をひきとったことをお知らせします。彼自身が常に望んだように、本当にぎりぎりまで意識はしっかりとしていました。この九ヶ月間、彼はとても勇敢で、冷静で、前向きであり、私達家族は彼をとても誇りに思っています。水曜日にメルボルンにて簡単なお葬式をした後、お骨と灰をもう一つの故郷である日本に持ち帰り、そこでまたお葬式をすることになります。

彼が亡くなる数日前、弟は私に貴方達へのメッセージを英語に直すことを頼むかもしれないと言いました。そのときには、もう英語に翻訳する体力が残っていなかったからです。が、その後急速に状態が悪くなり、私が彼のラップトップを受け取ることはありませんでした。私達家族は、そのメッセージを貴方達にお送りしようと決めました。彼が前のメールで約束したように、彼はもう一度メッセージを書いたのです。

家族代表として、九ヶ月間の闘病生活の間のあなた方の暖かい支援に心から感謝申し上げます。もっとたくさんお伝えしたいことがあるのですが、今はとてもできそうにありません。またいつか、ご連絡させていただくかもしれません。そのときは、どうぞよろしくお願いします。

姉、由紀

＊＊＊実からの最後のメッセージ＊＊＊

みなさん、お元気ですか、保苅です。まだ生きてますよ。以前の病院で、二〜三週間で意識がなくなるといわれて、ホスピスに移ったのですが、それから一月以上、体力的にはずいぶん衰えましたが、僕の意識は健在で、いままでと同様のほかりをやっています。何せトイレに行くのも車椅子という状態で、体力はひどく細くなって、訪問者はおろか、電話に出るのもめったにない生活です。声を出すだけで疲労するという感じ。身体が休まるときは静かに瞑想しています。

みなさんにお願いがあります。こういう状況ですので、お電話や訪問のお問い合わせは基本的にすべてお断りしています。単純に体力が持たないのです。でも、これは僕のわがままなのですが、それでも大好きなみなさんといつでもつながっているという感覚がどれほど、僕を安心させているかわかりません。だから、どうか僕とつながっていてください。祈りでもいい、ただ思い出すだけでもいい、会話の中で登場するのでもいい。どうか僕を孤独にしないでください。人とのつながりのなかでいまの僕があり、今の僕が支えられています。それは、体力的にみなさんと会えないとか、電話に出れないということとは全く関係ないのです。孤独のなかで、人とつながる。それがいまの僕を深く支えています。

ところでうれしいお知らせ。何とか本が出版できそうです。御茶の水書房から六〜七月に僕の処女作が出版されますので、アボリジニやオーラル・ヒストリーに関心のある方はぜひ手にとってみてください。この末期がん状態でよく作ったものだと思いますが、周囲の友人たちが時間を惜しんで協力してくれたおかげなんです。仮題は『ラディカル・オーラル・ヒストリー――オーストラリア先住民アボリジニの歴史実践』です。よろしく！　英語版も、時間がかかるかもしれませんが必ず出版したいと思っています。

それでは、また何かかけるかもしれません。そのときまで、お互いに一分、一秒を大切に生きていきましょう。

保苅実。

メルボルンより

*** Mino's last message ***

How are you, everyone? It's me, Mino, again. Yes, I am still surviving. At the hospital where I had gone through chemotherapy, my doctor told me that I would lose my consciousness in a few weeks, but my mind is still clear and I am myself just like I had been. These days I have to use a wheelchair even when going to bathroom. I don't have much strength so that I rarely answer the phone and don't see visitors either. I am totally exhausted by just speaking. When I do meditation, I feel rested.

Would you please do me a favor? Under this difficult situation, I don't accept almost all the visitors and phone calls. Simply, I cannot take it physically. Although I know this is my selfish wish, I am always grateful as I feel connected with all of you, my dear friends. So, please stay connected with me. Please do not make me feel lonely. I am here with you and I feel so much support from you. This is nothing to do with the facts that I cannot either answer the phone or see you because of the lack of strength. Within the loneliness, I stay connected with all of you, which has been and is deeply supporting me.

I have a great news for you. It seems that I can soon publish my book. From Ochanomizushobo, my maiden book will be published in June or July. If you are interested in Aborigines or oral history, please take a look at it. I am amazed myself that I finished it at the terminally ill stage, but it was made possible with all the kind supports from my friends. The possible title will be "Radical Oral History - Australian Aborigines historical practice" Although it might take longer, I am planning to publish an English version.

Well, I may be able to write to you again. Until then, why don't we live every minute and every second of our precious lives.

From Melbourne

Minoru Hokari

mails from many of my friends saying they were also encouraged by my messages. We are connected and in two-way relationship, aren't we? There is nothing like meaningless life, either. Experiencing interesting but depressing hospital life, many kinds of pain and suffer and deep conversation with my body, as well as receiving your generous support and love from all over the world, I cannot believe how fortunate and lucky person I am!

This is not the last mail from me. I will survive, no worries.

With full of love and thanks,

mino

Sent: May 11, 2004
Subject: Message from Minoru Hokari

Dear Friends,

With my lots of tears, I have to let you know that my dearest brother, Minoru Hokari, passed away at 12:45 AM (Melbourne time) on May 10th. As he wished always, he didn't lose his consciousness almost all the way till the end. For the last nine months, he has been very brave, calm and positive, and we are very proud of him. We will have a memorial service here in Melbourne on Wednesday morning, cremate his body and take his ashes back home in Japan.

About a few days before he died, he mentioned to me that he might want me to translate his message to you into English. At that moment, he did not have strength to do it. Then, he got deteriorated quickly and he never handed his laptop to me. But his family decided to convey it to you. As he promised you in a previous mail, he wrote to you again.

He could have translated with different wording, but I tried my best. From his family, we appreciate all your supports for the last nine months. I have so much to tell you, but I can't right now. Maybe some day, I will write to you again.

Best regards,
Yuki, Mino's sister

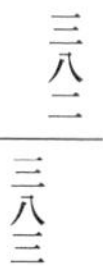

Sent: March 03, 2004
Subject: message from Minoru Hokari

Dearest Friends,

I must to tell you a bad news this time. It is unfortunate that the cancer relapsed rather quickly. I was warned by the doctor that if it happen, it would be quick, but I expected at least I could manage to visit Japan. Well, let's face the reality and go through it. I started my treatment again in Melbourne. Situation is tougher than before but nevertheless there is a hope of cure. I will continue training myself to become a more strong and smiley person. I hope I am not asking too much for your continuous support of me... I am here in this beautiful world because of your support. You are always with me, and I am always with you.

much love,

mino

Sent: March 29, 2004
Subject: message from Minoru Hokari

Dearest friends,

Very sad news I have to tell you. Since my cancer is exceptionally aggressive, doctors concluded it would be impossible to reach remission again. Accordingly, there is no possibility of bone marrow transplant. In other words, from Western modern medical point of view, there is no hope of cure of my disease. I personally do not believe the dead-end of chemotherapy is the real dead-end. I practise possible alternative treatments to make my life as long as possible, and more importantly, as more meaningful and profound as ever. I will move from the current hospital to a new hospice in Melbourne. In order not to waste my precious time, I decided not to go back to Japan at this stage. For the same reason, please allow me not to see many visitors especially during the critical period (next few months).

Treatments I have been through were really tough, but I think it was worth doin g it. I have no doubt I grew up mentally and spiritually much more than ever before. It was truly amazing experience I have gone through. I was also very happy to receive hundreds of and mentally so challenging that I feel my 'life (power)'is threatened. For this very reason, I sincerely thank for your generous support and encouragement. I need your love and prayer in order to go through this difficult time - in order to survive. Please be with me for another six weeks, and the worst year of my life will be over. I cannot wait to see you at cafe, restaurant, museum, library, office, or on the street somtime next year!

Be brave, be cool, and be beautiful.

With many many thanks,

mino

Sent: January 06, 2004
Subject: happy new year from mino hokari

Happy New Year Everyone!

I am glad and proud to tell you that I managed to survive through 2003, and am still alive and fine in 2004! I sincerely thank all of you for your generous support, love, prayer and encouragement, which meant a lot, a lot, a lot to me.

As you may heard from yuki, the last cycle of chemotherapy was over. I am still in danger of infection, but my everyday life is quite peaceful - reading books, listening to the music, meditating, eating and sleeping. My next challenge will be going to a cinema or reading a book at a cafe. My body weight, which at one stage I lost about 10kg, is now nearly back to normal. I plan to visit Japan in March, and (finally!) come back to Canberra in April.

It is true that I have to live with a risk of a relapse of cancer for next few years. But so what?! As I have always been so, I will do only what I want to do - a few books I want to publish, a few places I want to visit, etc. It is also true that I learnt so much from this sickness. I believe it is my new 'task' to make the best of this experience. It would be wonderful if we share and learn more from each other's life experiences.

Wish all of you and the world a better year!

Mino

grand slam of cancer treatments?!

A friend of mine called me "King Cockroach" ? impossible to kill Mino! I personally have a little more romantic vision that caterpillar-Mino enters a cocoon to come out as butterfly-Mino. Or, being inspired by Indigenous Australian tradition, I take this opportunity as my initiation ceremony. Ceremony cannot be hold by myself. Reading your encouraging messages, feeling your warmest support and love, I am now ready to enter the cocoon. Furthermore, I really hope our relationship is not just one-way traffic. I will send you "something important" for all of us from the cocoon ? it may not be visible, but I will. I never felt so strongly that it is such a simple truth that human cannot exist without connectedness, and the world (universe?) is connected. It was worth being sick for me even just to reach this deep realisation.

Since I will be extremely vulnerable to infection during this period, please forgive me that I may not be able to accept your kind offer of visiting me. However, let me repeat here hundred times that how much I am moved and encouraged by your web of love. I cannot wait to see you when a cockroach-powered butterfly coming into the world. Till then, let us make our lives move on to the future!

Lots of love,

Mino (Minoru Hokari)

Sent: November 15, 2003
Subject: message from minoru hokari

Dearest friends,

I'm finally writing a message from my own email account (not via my sister). At the end of forth cycle of chemotherapy, I had CT scan, PET scan and bone marrow aspiration to see how effective our cancer treatment was. The result was fantastic! I'm very happy to tell you that my cancer is now in remission. However, doctor said there was always a possibility of micro cancer being still alive and not detected by the recent technology. In conclusion, even though it may not be necessary, we agreed to have two more cycles to make sure of doing our best for the future.

I will be under chemotherapy for six more weeks until the end of this year. I don't hesitate to repeat here how tough and horrible chemotherapy is. I hate it! It is physically in the US on 27th. I am heavily jet lagged. As a result, I am sorry to pass his message late.

Mino is doing really well. Not much side effects although he started losing his hair when we exactly expected it to happen. Maybe it was because I was with him during the recovery stage of a 3-week chemotherapy cycle, he had a good appetite and enjoyed my cooking. We talked a lot, laughed a lot, even argued, and allowed ourselves to spend money freely by making an excuse "Well, I (you)'ve got cancer, what a heck."

It is really encouraging for him to receive letters and phone calls, but it is true that he gets tired very easily by talking on the phone a lot. As the treatment goes, he might not be able to answer the phone so often, but please understand the situation. Even you can get to talk to him, try not to keep him on the phone too long. He has to save his energy to eat good amount of meals, take a shower every day to avoid infections and move around to use his weakened muscles.

I also met his doctor at the hospital in Melbourne. All the questions that we had were answered very well and I felt really good after the meeting.

Our parents are with him now until the mid September when I will go back there. We are amazed there are so many friends who are supporting him and us. Again, thank you very much for your support.

Yuki, Mino's sister

*** Mino's message ***

Dearest friends,

I again asked my sister to send this mail to you all. I've received unbelievable number of very warm and encouraging messages from all over the world. I really don't know how to express my thanks to you, but I must say I was moved to tears realising how much my life has been supported and cared by many many friends. My sincere apologies for not being able to write to you individually.

By the time you receive this message, I should be in Melbourne starting a serious cancer treatment (chemotherapy). As you probably know, it is expected that the more treatment progresses, the sicker and weaker I will be ? in my case, at least for next six months. Although it's tough, I have no doubt that this will help me to grow - to become a person who experiences and understands toughness of cancer treatment. I've already been through a major operation and radiotherapy. Chemotherapy will be the toughest challenge to win the spine and had an urgent operation. Last few weeks were truly dramatic, but it was not too bad as a life experience.

I am now experiencing rapidly reconciliation between body and mind, as well as quiet and deep exploration of myself. Such experiences are so precious and amazing that I am far from miserable. Furthermore, it is such a gift to be totally free from social obligations and doing what I really want to do (listening to good music, reading quality books, exploring inner self, etc.).

However, I understand some of you may urgently need to contact me for publication or administrative purpose. I am especially keen not to delay publishing procedures of which I have already submitted manuscripts. Please contact my sister in the U.S. who can handle English. She will let me know your message and I will try to settle things out as soon as possible. Just remind you that I am not able to respond to your e-mail because I don't have an access to the Internet right now. I am very sorry for this inconvenience.

Since my last 10 years was truly amazing and wonderful, the possible worst scenario does not bother me much. It could have been much more difficult for me to accept this sickness if it had happened 10 years ago. I am lucky. But anyway, I am planning to survive at least 20 more years! So, I hope to see you when I get back on the normal social life. Until then, take care of yourself!

Lots of love,

Mino (Minoru Hokari)

Sent: September 1, 2003
Subject: Mino's message 2

Dear Everyone,

Please find the attachment, the second message from Mino. I left the US on 14th and got trapped in the airport when the blackout happened. I waited for 5 hours at the airport and finally took off 3 hours later, but missed a connecting flight from LA to Australia. I had to stay in LA for one night and caught a flight 24 hours later. I stayed with Mino for about 10 days, my parents arrived on 22nd, moved him to Melbourne on 25th and got back here

These are Mino's seven messages to hundred's of his friends during his illness (July 2003 to May, 2004). He wrote in both English and Japanese.

Sent: August 05, 2003
Subject: This is Mino's sister, Yuki.

Dear Mino's friends,

I am Yuki, Mino's sister. As you all have received a mail "Message from Mino (English/ Japanese)" recently, Mino asked me to send that mail to all of you. I accessed to his hotmail account and found the problem in sending all of you at once in one day, so I decided to send it from my own account. I will attach the original message again to this mail. I already have received encouragements and thoughts from some of you and I really appreciate that. I will visit him 8/14 to 8/25 and will bring your message to him. He is my dearest brother and I have a strong faith in him to overcome this sickness and recover as soon as possible. Please pray for him with me. Best regards,

Yuki

*** Mino's message ***

Hi, everyone,

I am sending this mail to every address I've got in my account. Please excuse me if you have not heard from me for years. Since I cannot access to the Internet right now, I asked my sister to send this to all of you.

It is unfortunate to tell you that I was diagnosed as Lymphoma. I am going to focus on my treatment from now on and my apology for canceling most of my near future schedule which may affect your plan as well.

I had a serious back pain and hospitalized, then soon doctors found a tumor in my

保苅実

（ほかり・みのる）


1971年、新潟市に生まれる。1996年、一橋大学大学院経済学研究科・経済学修士取得。1996年より、ニューサウスウェールズ大学在籍。歴史学Ph.D専攻。1999年よりオーストラリア国立大学に在籍、2001年にオーストラリア国立大学歴史学博士号取得。

1999年から2003年まで、オーストラリア国立大学太平洋・アジア研究所（人類学科、歴史学科）、人文学研究所に客員研究員として、2002年からは日本学術振興会特別研究員として慶應義塾大学に所属。

2003年7月、フィールドワークに向かう途中で発病（悪性リンパ腫）。2004年5月、豪・メルボルンにて永眠。同年7月、オーストラリア国立大学にて、フィールドワークを用いた先住民族史研究を対象とする保苅実記念奨学金が設立された。

著書に、『ラディカル・オーラル・ヒストリー――オーストラリア先住民アボリジニの歴史実践』（御茶の水書房、2004年、岩波現代文庫、2018年）、『GURINDJI JOURNEY: A Japanese historian in the outback』（University of New South Wales Press、2011）がある。

保苅実とつながる会／Being Connected with HOKARI MINORU

保苅実が投じた一枚の花弁が引き起こす爆発の行方を見守り、彼が最期の瞬間まで求めた人々とのつながりを大切にし、新しいつながりを創りつづけることを活動目的とする。著作権肖像権の管理をはじめとし、オーストラリア国立大学・保苅実記念奨学基金の窓口、保苅実写真展の開催の他、年に二回（7月と年末年始）のニュースレター発行などを活動内容とする。
https://sites.google.com/view/hokariminoru
note.com/hokariminoru
X.com/hokari_minoru

HOKARIMINORU.ORGのコンテンツは、デジタルアーカイブ Trove @オーストラリア国立図書館に永久保存されています。
https://webarchive.nla.gov.au/awa/20210428220319/http://www.hokariminoru.org/

保苅実著作集 Book 1

BEFORE・ラディカル・オーラル・ヒストリー

生命あふれる大地

二〇二四年四月一〇日　第一版第一刷発行

著　者……保苅 実
編集協力……保苅実とつながる会
発行者……堀 郁夫
発行所……図書出版みぎわ
〒270-01119
千葉県流山市おおたかの森北3-1-7-207
電話 090-9378-9120　FAX 047-413-0625
https://tosho-migiwa.com/

装釘……宗利淳一
組版……森貝聡恵（アトリエ晴山舎）
印刷・製本……シナノ・パブリッシングプレス

ISBN978-4-911029-05-3 C1020